Paixões que ferem

Segunda edição/2018

Revisão: Sumico Yamada Okada & Iria Müller Poças

Revisado de acordo com o novo acordo ortográfico da língua portuguesa. Certas palavras e expressões escritas conforme a solicitação do autor.

Projeto gráfico e diagramação: Meco Simões

Foto capa: Getty Images

Dados Internacionais de Catalogação na Publicação (CIP)
Garrido Filho, Américo Simões
Paixões que ferem/ Américo Simões.
São Paulo: Barbara Editora, 2018.

ISBN 978-85-99039-66-3

1 - Espiritismo. 2. Psicografia 3. Romance espírita.
1. Simões, Américo. II. Título

CDD-133.93
Índices para catálago sistemático:
1. Mensagens psicografadas: Espiritismo. 133.93

Todos os direitos reservados.
Nenhuma parte desta obra pode ser reproduzida ou transmitida por qualquer forma e/ou quaisquer meios (eletrônico ou mecânico, incluindo fotocópia e gravação) ou arquivada em qualquer sistema de banco de dados sem permissão expressa da Editora (lei n° 5.988, de 14/12/73).

Barbara Editora
Rua Primeiro de Janeiro, 396 - 81
Vila Clementino - São Paulo - SP
CEP: 04044-060
Tel.: (11) 2309 90 50
9 5905 58 42
E-mail: editorabarbara@gmail.com

Américo Simões
Ditado por Clara

Paixões que ferem

Barbara

CAPÍTULO I

EM BUSCA DE UM SONHO...

Europa, século dezoito...
Gianluza Greco Nunnari fora sempre uma criatura respeitável em todos os sentidos; de boa aparência, com um brilho no olhar que só vemos nos olhos de quem se encanta e se entusiasma pela vida. Tipo de pessoa que jamais cometeu um erro em tudo que se envolvera.

Desde os treze anos de idade, quando teve noção mais clara da vida, passou a viver a expectativa de saber quem seria o rapaz com quem um dia se casaria. Sabia que haveria um, como acontece com toda mulher, mas ansiava por conhecer sua identidade. Sendo assim, a todo rapaz que despertava sua atenção, perguntava-se, intimamente:

"Será com esse que vou me casar? É ele? É?"

Quando vislumbrava os olhos de um moço voltados para ela, estudando seu semblante, a mesma pergunta ressurgia dentro dela com força total:

"Será com esse que vou me casar? É ele? É?"

Depois de muito questionar a si mesma e a vida, Gianluza Greco finalmente o conheceu: seu nome era Gianni Nunnari e ela tinha dezesseis anos nessa época e ele dezessete. (1780)

Ela não percebeu de imediato que ele seria o grande amor de sua vida, mas quando descobriu, foi como se fogos de artifício tivessem brilhado no céu de sua alma. Foi um dos dias mais felizes de sua vida.

Lembrou-se então dos conselhos que recebera da avó querida:

— Minha neta, ouça o conselho de uma mulher experiente. Não é prudente gostar excessivamente. Tampouco, demonstrar seu amor na sua totalidade. Deixe o homem que vier a se interessar por você na dúvida! Não deixe que ele se sinta muito seguro em relação a você! Muitos homens, se não a maioria, recuam diante de uma moça que deixa transparecer todo o seu afeto por ele. E saiba, minha querida, que há sempre o lado oculto das paixões, ou seja: amar apaixonadamente um outro ser humano sempre traz mais tristeza do que alegria. Mas apesar disso, ninguém deve passar pela vida sem essa experiência. Quem jamais amou, jamais viveu realmente.

Que pena, pensou Gianluza Greco que até então pensava que o amor era algo que só trazia felicidade. Algo sincero e eterno...

Gianluza e Gianni Nunnari se casaram um ano depois de se conhecerem (1781) e ela logo engravidou de seu primeiro filho: um menino, que foi batizado com o nome de Maurizio, o varão da família. Fora um parto difícil, devido à tensão de Gianluza diante de sua primeira gestação, algo que afeta muitas mães de *primeira viagem*. Com o leite da mãe que mamava com gosto, o bebê logo encorpou e se tornou robusto. Uma beleza de menino.

Nem bem terminara o período de resguardo, Gianluza engravidou do segundo filho, uma menina: Umbelina foi o nome que recebeu. Foi um parto cheio de dores e gemidos, mas não tantos quanto os que teve ao dar à luz a Maurizio. Umbelina também nasceu sadia e disposta a mamar com vontade e determinação.

Já que o marido queria ter três filhos, o casal *embalou* no terceiro logo depois do nascimento da menina. Assim nasceu Liberata, por meio de um parto tranquilo, o menos sofrido e que Gianluza considerou uma dádiva.

Portanto, do enlace matrimonial entre Gianni Nunnari e Gianluza Greco Nunnari nasceram:

Maurizio Greco Nunnari (1782)
Umbelina Greco Nunnari (1783)
Liberata Greco Nunnari (1784)

Itália, 1793

Aos 29 anos, Gianluza tornara-se uma mulher cheia de corpo, com uma cor saudável e a boca de ar bem-humorado. Uma boa esposa que mantinha o lar asseado cheirando a limpeza porque esfregava os assoalhos e polia os metais sempre que necessário. A cozinha brilhava e próximo às refeições um cheiro apetitoso de comida fresquinha se espalhava pelo ar.

Era uma mãe sempre disposta a dar atenção aos filhos toda vez que precisavam dela. Naquela tarde agradável de abril de 1793, Gianluza, cerzia uma meia quando os filhos apareceram, querendo um pouco de sua atenção.

Maurizio puxara e muito, fisicamente, ao pai: o nariz reto, a linha perfeita do queixo, os cabelos castanhos, fartos e ondulados, jogados para trás, evidenciando a testa bem proporcionada combinavam com seu sorriso gentil e o calor de sua afeição pela família. Já estava com 11 anos nessa data.

Umbelina, cujos cabelos combinavam com o marrom das folhas de outono, de um castanho amarelado, emoldurando a cabeça de talhe primoroso com suaves ondas naturais, olhos num tom de mel profundo e vívidos, o pescoço longo e delicado, aos 10 anos tornou-se uma criatura encantadora, com um quê de princesinha.

Liberata, a caçula da família, com nove anos nessa ocasião tinha uma personalidade mais tranquila, era mais compreensiva, diferente de seus irmãos. Gianluza acreditava que ela era assim por ter tido uma gestação e um parto mais tranquilos. Bastante sensível, era também muito apegada à família.

A educação que as três crianças recebiam dos pais era elogiada tanto pela família de Gianluza quanto pela de Gianni. Os três respondiam a tudo com voz calma e tinham respeito e adoração pelos pais, numa atitude admirável, como todo filho deve ter.

– Mamãe!* – falou Umbelina.

– Mamãe! – falou Liberata quase que simultaneamente.

– Mamãe! – falou Maurizio, erguendo a voz para encobrir a das irmãs.

Gianluza ergueu a mão e disse:

– Um de cada vez.

Umbelina achou que deveria ser ela a primeira a falar por ser menina, mas Maurizio tormou a dianteira, impostando a voz:

– Já que sou o primeiro filho, serei o primeiro a falar.

– Diga, Maurizio – concordou Gianluza –, o que houve?

– As nuvens de hoje são as mesmas de ontem?

Umbelina foi a próxima a se expressar:

– A cor vermelha não é mais bonita que a rosa?

Liberata teve de se contentar com o terceiro e último lugar:

– Mamãe... O leite que tomamos é o mesmo que o bezerro toma? É?!

Depois de se contentarem com a atenção recebida da mãe, as três crianças foram para os fundos da casa atrás de outros afazeres para se entreterem.

Gianluza ficou com um sorriso bonito bailando nos lábios enquanto pensava nos três filhos e no quanto era bom ser mãe. Voltou então seus pensamentos para a própria mãe, imaginando no quanto ela também fora feliz por tê-la gerado assim como a seus irmãos.

---

*Sendo italianos, falavam italiano, sua língua nativa. Todavia, manteremos somente algumas palavras e expressões em italiano para que a leitura se torne fácil e agradável. (Nota do autor).

Pensou também na sua bisavó e seus filhos e se emocionou ao perceber quantas e quantas mulheres existiram para que ela nascesse e concebesse seus três filhos, riquezas da sua vida.

– Dio mio... – murmurou –, minha origem, na verdade, vem de muito longe... Data da época de Jesus Cristo. Muito mais do que isso, vem da época dos faraós, de períodos da história ainda mais longínquos do que esse... Tive antepassados que viveram durante a Idade Média, a inquisição cristã, a escravidão negra, entre outras épocas. Foi necessário que a paixão, o amor e o desejo carnal unissem casais e mais casais para que eu chegasse até aqui... Nasci de pessoas que se amaram, viveram alegrias e tristezas... Pessoas que a maioria, assim como eu, sequer lembramos que existiram. Pessoas sem as quais não estaríamos aqui...

Minutos depois, a porta da frente da casa se abria e Gianni Nunnari adentrava o recinto. Gianluza suspendeu o que fazia e voltou seus olhos apaixonados e cheios de interesse pelo marido que acabara de chegar.

Gianni Nunnari, aos 30 anos na data em questão, havia se tornado um homem ainda mais bonito do que fora na juventude. Suas maneiras e a voz eram joviais e os olhos eram pequenos e astutos, de um castanho-claro particularmente penetrante, muito semelhante aos da filha Liberata. Seu riso contagiante dava a impressão de juventude e vitalidade infindáveis.

Quando os olhos do marido se encontraram com os da esposa, ela percebeu de imediato que algo havia transformado o seu dia.

– Você está diferente hoje, Gianni, o que houve? Percebo pelo seu olhar que algo aconteceu.

O rosto do italiano se iluminou:

– E aconteceu mesmo, *bambina*.

– Algo de bom, eu espero.

– Sim. Algo de muito bom. Você já ouviu falar do Brasil, não? Um país que fica na América do Sul. Muitos italianos estão se mudando para lá. Não só italianos, mas de outras nacionalidades também. Suas terras são férteis, o pouco de dinheiro que temos aqui, lá vale muito. E...

A voz dela se elevou:

– Você não está pensando em se mudar para lá, está?

As mãos dele se agitaram no ar tanto quanto seu corpo e sua voz ao responder:

– Estou, sim, Gianluza! Se continuarmos na Itália nunca teremos nada além do que já temos. No Brasil podemos fazer o nosso dinheiro triplicar.

– Você teria mesmo coragem de se mudar para uma terra totalmente desconhecida, onde não reside parente algum seu, só para melhorar a sua condição financeira? Vale mesmo a pena o sacrifício?

– A meu ver não será um sacrifício!

– Será, sim! Pois a mudança nos distanciará de todos os nossos familiares e amigos, pessoas queridas que conquistamos ao longo da vida. Além do mais, nem sabemos se existem médicos naquele lugar para cuidar dos nossos filhos caso adoeçam.

– Existem sim! Quanto a isso, não se preocupe. Já obtive informações a esse respeito!

Gianluza levantou-se do sofá num salto e falou com todas as letras:

– Eu não vou, Gianni! Não há nada que me faça abandonar a Itália. Aqui estão minhas raízes e um ser humano sem suas raízes é o mesmo que uma árvore podada.

– Ora, Gianluza, não dramatize a situação!

– Dramatizo sim, porque é verdade! Nada me fará distanciar de minha mãe, meu pai, meus irmãos, tios e primos... Nada! Simplesmente, nada!

– Gianluza, você é minha esposa e o papel de uma esposa é seguir o marido aonde quer que ele vá!

– Tudo isso por causa de dinheiro?

– Tudo isso por nossos filhos, Gianluza! É para lhes dar um futuro melhor que estou disposto a mudar de continente.

– Nossa vida aqui está estável, nada nos falta, para que arriscar tanto?

– Já lhe dei motivos suficientes para isso. Queira ou não, nós iremos mudar para o Brasil e ponto final! Já pus a nossa casa à venda, já há até uma pessoa interessada, disposta a pagar o que vale. Com o dinheiro da venda da casa poderemos comprar um sítio no Brasil, até mesmo uma fazenda, se Deus ajudar. Seremos ricos em poucos anos e nossos filhos nos agradecerão por isso.

– Será mesmo?

– Não seja pessimista.

– É que dinheiro não é tudo, Gianni.

– No mundo em que vivemos é tudo, sim! Hipócrita quem diz o contrário!

Fez-se um breve silêncio desconfortável a seguir. Foi Gianni quem o rompeu, chamando pelos filhos:

– Umbelina, Liberata, Maurizio! Venham até a sala que o papai tem uma grande novidade para vocês.

As três crianças atenderam prontamente ao chamado do pai.

O italiano abraçou cada um dos filhos e contou a eles sobre seus planos de mudança. Gianluza ouviu tudo sem esconder a aflição. Subitamente, começou a chorar e deixou o aposento.

– O que houve com a mamãe? – quis saber Umbelina, perguntando em nome dos três.

– Nada sério, Umbelina... Ela está apenas emocionada com nossa mudança para o Brasil. Não se preocupem.

Abraçando novamente os filhos, Gianni, tal como uma criança, falou:

– Repitam comigo! Brasil, aí vamos nós!

Os três obedeceram:

– Brasil, aí vamos nós!

Gianni vibrou:

– Isso mesmo! Brasil, aí vamos nós! *Ipi ipi urra!*

– *Ipi Ipi urra!*

Naquele mesmo dia, ao se ver a sós com a esposa, Gianni foi enfático:

– Gianluza, é lógico que vou sentir muito em ter de me separar dos nossos familiares e amigos também. Mas a vida é feita de sacrifícios, o que se há de fazer?

Ela voltou-lhe seus olhos vermelhos e lacrimejantes e com voz triste e profunda, indagou:

– E se o Brasil, Gianni... E se o Brasil não for nada do que você espera? Será mesmo que é uma terra de oportunidades como se ouve falar por aqui? Aqui pelo menos temos uma casa para nos abrigar. Uma casa modesta, mas uma casa. Lá não temos nada além do desconhecido. Tudo que sei sobre o Brasil é que as pessoas andam em canoas, que só tem índios e muitos deles são canibais.

– Se fosse um lugar perigoso, centenas de italianos, portugueses, espanhóis, entre outras nacionalidades, não se mudariam para lá para tentar a vida. Acalme-se, *bambina*. Tudo vai dar certo para nós, acredite. Um dia você também há de me agradecer por ter tomado a decisão de nos mudarmos para o Brasil.

– Eu não sei se vou suportar viver longe da minha mãe, do meu pai, dos meus irmãos... Você também, Gianni, é bastante apegado a sua família. Duvido muito que consiga suportar a saudade de seus familiares. Especialmente de seus pais. A propósito, eles já sabem de seus planos?

O marido desconversou:

– Vamos sentir saudade sim, será o preço que teremos de pagar para prosperarmos na vida!

– Eu torno a perguntar: será que vale a pena tamanho sacrifício por dinheiro?

– O dinheiro é a alma do mundo, *meu amor*. Nunca se esqueça disso. Nunca, mesmo!

Ele abraçou a esposa e lhe beijou a testa...

Enquanto isso, os filhos do casal trocavam ideias.

– Como será esse Brasil? – indagava Maurizio. – Se o papai disse que é um lugar bonito é porque realmente é.

– Eu não quero me mudar para lá – choramingou Liberata. – Quero continuar morando aqui. Perto do vovô e da vovó!

– Não chore, irmãzinha – aconselhou o irmão, abraçando carinhosamente a menina. – Nós poderemos vir visitá-los sempre que o papai e a mamãe permitirem. Esse tal de Brasil não deve ser longe daqui...

Umbelina concordou:

– É isso mesmo, Liberata. Deve ser um pulinho daqui até lá e, de lá até aqui!

Maurizio concordou:

– Isso mesmo, Liberata, um pulinho daqui até lá e, de lá até aqui!

A menina olhou desconfiada para os dois, ainda assim não se sentiu confiante para se mudar para o tal país.

Quando a mãe apareceu no quarto para desejar boa noite para as filhas, a pequena Liberata quis logo saber:

– Mamãe, a vovó e o vovô irão conosco para esse lugar chamado Brasil?

– Não, filha, eles continuarão morando aqui.

– Mas eu não quero morar longe do vovô e da vovó.

– Eu também não gostaria, mas o que se há de fazer, filha? Seu pai está decidido a se mudar para lá e nós temos de acatar sua decisão.

A menina espelhou o rosto da mãe onde se via a expressão: "O que se há de fazer?".

Umbelina deu então seu parecer:

– Eu disse para a Liberata não se preocupar, afinal, nós poderemos vir visitar o vovô e a vovó sempre que a senhora e o papai permitirem. Esse tal de Brasil não deve ser longe daqui...

Gianluza achou melhor deixar os filhos acreditando que aquilo realmente seria possível. Que os dois continentes eram realmente pertinhos um do outro, como a Itália da França.

Na madrugada daquela noite, a pequena Liberata teve uma febre tão forte que na manhã do dia seguinte foi preciso chamar a avó materna para tomar uma providência. Quando a mulher soube da decisão do genro, indignou-se:

– Seu marido perdeu o juízo, Gianluza?! Onde já se viu trocar o certo pelo duvidoso! Eu sempre achei que ele ainda ia meter os pés pelas mãos! Sonhador como é...

– Gianni não é um sonhador, mamãe.

– É, sim, filha e você sabe muito bem disso. Desde que o conheço sempre o ouvi falar abertamente de seus sonhos, de seus planos de grandeza.

– Um homem tem de ter ambição, mamãe.

– Uma ambição sadia, filha. Sadia!

O pai de Gianluza deu seu parecer:

– Não se intrometa na vida de sua filha, mulher.

– Intrometo-me sim, meu marido! É a vida dela e a dos meus netos que está em jogo. Não vou permitir que aquele desmiolado leve minha filha e meus netos, que amo tanto, para o buraco. Não, mesmo!

Gianni, que acabara de chegar à casa, pôde ouvir com clareza a opinião da sogra a respeito de sua pessoa e de seus planos para o futuro. Assim que achou conveniente, entrou no cômodo e procurou se defender:

– Pode ficar tranquila, minha sogra, que eu jamais faria algo para prejudicar a vida de minha esposa, sua filha, e a de meus filhos, seus netos!

A mulher torceu o nariz.

– A senhora me ouviu?

Ela acabou assentindo a contragosto e, amaciando a voz, aconselhou:

– Meu genro, meu genro... Aqui vocês têm familiares, amigos, médicos conhecidos para qualquer emergência e lá, o que terão?

– Teremos Deus ao nosso lado.

A mulher tornou a torcer o nariz. Aproveitando o momento, o sogro achou conveniente ter uma palavra em particular com o genro:

– Gianni, meu filho, você tem certeza de que é isso mesmo que você quer para a vida de vocês? Não seria melhor refletir um pouco mais antes de partir? Obter mais informações sobre o Brasil?

– As informações que obtive sobre o país, meu sogro, para mim já são mais do que suficientes para eu saber que é o lugar certo para eu prosperar com a minha família.

– Por que não tenta os Estados Unidos? Ouço maravilhas a respeito de lá.

– No Brasil o pouco do dinheiro que levarei comigo valerá muito mais do que em qualquer outro canto do planeta.

– Você tem certeza?

– Absoluta! Não se preocupe. Um dia o senhor sentirá orgulho do seu genro.

– Meu bom Gianni... Eu já sinto orgulho de você.

– Pois sentirá ainda muito mais. E agora, meu estimado sogro, façamos um brinde à nova vida que está prestes a começar para mim, sua filha e seus netos!

E assim, taças de vinho foram elevadas para brindar. Tim tim!

Filomeno Nunnari, pai de Gianni, tinha a cabeça ligeiramente enterrada nos ombros, olhos faiscantes que despertavam o interesse de qualquer um que os encarasse.

Chiara Nunnari, mãe de Gianni, era obviamente uma mulher que geralmente aceitava os fatos como lhe eram apresentados. Aos 50 anos, seus cabelos eram grisalhos, bonitos e ondulados e a pele tinha um belo tom rosado. Era calma e extremamente apegada à família.

No momento, o casal discutia a decisão do filho de se mudar com a família para o Brasil.

Filomeno Nunnari, andando desassossegadamente de um lado para o outro, falou:

– Calma, mulher. Muita calma...

Os nervos de Chiara Nunnari estavam num estado lastimável. Suas mãos se crispavam, seus olhos estavam injetados, sua voz rouca e triste. A esposa espalmou as mãos em sinal de desespero e falou mais uma vez:

– Não quero meu filho longe de mim, Filomeno! Não quero!

– Mas ele tem de seguir a vida dele, Chiara! Como eu e você um dia seguimos a nossa, longe dos nossos pais.

– Mas não noutro continente, Filomeno!

Ela suspirou e acrescentou em tom de queixa:

– Onde já se viu querer morar num país sem nenhum conhecido para amparar em qualquer eventualidade?

– Você tem razão, minha esposa, mas... De que adianta falar? Gianni está decidido...

Um pouco melodramaticamente ele completou:

– E conhecendo bem meu filho, nada o fará voltar atrás na sua decisão.

– Os filhos não deveriam ser de mais ninguém senão nossos, Filomeno... Dos pais!

O marido mirou bem os olhos da esposa e arriscou fazer a pergunta que ele próprio antevia a resposta:

– Nem deles mesmos?

A resposta dela foi automática:

– Nem deles próprios!

As sobrancelhas de Filomeno Nunnari ergueram-se pronunciadamente. Ele aproximou-se da janela, brincou com a borla da cortina e disse:

– Mas o cordão umbilical foi cortado há muito tempo, Chiara. Há muito tempo.

Ainda mais dramática ela respondeu:

– Você não é mãe para saber...

Como ela hesitou, ele insistiu:

– Para saber...

Olhando por cima dos óculos, a esposa respondeu cautelosamente:

– Para saber que para uma mãe o cordão umbilical, na verdade, jamais é cortado, ainda está unindo toda mãe a todo filho, só que de forma invisível...

Filomeno, consternado, sacudiu a cabeça afirmativamente.

– Eu a compreendo, meu amor. De certo modo eu sinto o mesmo em relação aos nossos filhos.

Ele foi até ela e a envolveu em seus braços. Beijou-lhe a testa e ficou assim, imerso no silêncio, sentindo apenas as lágrimas quentes rolarem de seus olhos.

CAPÍTULO 2

ATRAVESSANDO UM OCEANO DE ESPERANÇA...

O dia do embarque finalmente chegou. Tratava-se de um navio grande onde muitos viajavam para rever seus parentes que haviam se mudado para o Brasil e outros seguiam para o país com o mesmo propósito de Gianni Nunnari.

Os olhos de Gianluza se moviam, inquietos, de um canto a outro do cais onde se espalhavam passageiros e mais passageiros e tufos de bagagem, prontos para irem a bordo.

As despedidas foram feitas em meio a muitas lágrimas. A pequena Liberata não queria se desgrudar da avó materna de jeito algum. Foi preciso Gianni pegá-la à força e levá-la nos braços, espernegando e aos berros para dentro do navio. Quando o transatlântico começou a se mover, os passageiros acenaram para os seus entes queridos:

— Boa viagem!!! – dizia a maioria.

— Voltem logo! – acrescentavam outros.

— Lembranças para todos! – arrematavam diversos.

— Que Deus os proteja! – completavam mais alguns.

— Adeus! Adeus!!!

Para muitos tratava-se de um breve adeus, para outros, simplesmente, um adeus eterno.

Minutos depois, o navio singrava as densas águas do oceano Atlântico.

Gianni, segurando Liberata nos braços, tentou, mais uma vez, acalmar a menina que não parava de chorar. Disse:

— Nós todos seremos muito felizes no Brasil, Liberata. Acredite em mim, filha. É uma promessa!

A menina não se aquietou, mas Gianluza, sim, diante da afirmação do marido, dita com tanta segurança.

O desespero de Liberata chamou a atenção de uma das passageiras. A mulher, penalizada, aproximou-se da criança, pegou em seu ombro e disse, carinhosamente:

– Não chore, minha querida. Você vai gostar da viagem, será muito divertida.

Liberata calou-se, mas foi por meros segundos, logo escondeu novamente o rosto entre a saia da mãe e voltou a chorar.

– Ela não quer se separar da avó de jeito algum – explicou Gianluza.

– Eu a compreendo – respondeu a passageira, passando carinhosamente a mão pela cabecinha da menina. – Vocês também estão de mudança para o Brasil?

– Sim. Meu marido acredita ser um país próspero.

– O meu também. Pelo menos é o que dizem.

– Será mesmo verdade?

– Acho que só saberemos quando chegarmos lá. A propósito, meu nome é Margarita Corridoni e aquele é meu marido, Mario e meu filho Roberto.

– Muito prazer. Meu nome é Gianluza Nunnari, esta é Liberata, a caçula da família, essa aqui é Umbelina, minha outra filha e este é Maurizio, o primogênito.

As mulheres chamaram seus maridos e apresentações foram feitas. Em menos de cinco minutos, Gianni Nunnari e Mario Corridoni tornaram-se bons de prosa. Cada um, a seu modo, contava com grande entusiasmo a respeito de seus planos para a nova vida que estava prestes a começar.

Margarita Corridoni era uma pessoa adorável, diferente da maioria que só consegue enxergar os problemas à medida que estes as afetam. Era capaz de se colocar na situação dos outros, com isso sentir seus dramas e ajudá-los sem embromação. Dona de um autocontrole quase excessivo, estava sempre disposta a pôr panos quentes sobre desentendimentos e aborrecimentos com qualquer um. Era uma daquelas mulheres que levam a sério o lema: é preferível pagar para não brigar!

Fisicamente era baixa, de compleição robusta, com uma expressão estranhamente vivaz. Havia também completado há pouco sua vigésima nona primavera. (1793)

Mario Corridoni, por sua vez, tinha os cabelos castanhos anelados que brotavam orgulhosamente do teto da testa, olhos castanhos muito vivos, queixo quadrado e agressivo e nariz reto. Além de ser um homem muito bonito, tinha um espírito muito vivo e um senso de humor perfeito. Usava um terno da época, acinzentado, bem talhado e impecável. Sinal de que apreciava se vestir bem, manter sempre sua aparência em perfeito estado.

Para Gianluza Nunnari ele parecia italiano da cabeça aos pés, e isso é o que mais chamou sua atenção. Ninguém, pensou, poderia ser mais italiano do que Mario Corridoni; e, ao mesmo tempo em que pensava naquilo, indagou-se se, de fato, ele era, ou melhor, poderia ser tão italiano quanto aparentava. Era da mesma idade que a esposa dele, porém alguns meses mais jovem.

Sua atenção voltou-se então para Roberto Corridoni, o menino de quase 11 anos de idade completos nessa época. Tinha os mesmos fartos e viçosos cabelos castanhos do pai. Seus olhos também eram castanhos e tão vivos quanto os dele, o queixo quadrado e o nariz reto, idênticos. Todavia não herdara o espírito vivo e o senso de humor perfeito de Mario Corridoni, mas tinha força e magnetismo no olhar e na fisionomia, que impressionavam todos que o conhecessem. Gianluza logo percebeu que era uma daquelas crianças que sabem se fazer, quando querem, muito desagradáveis.

Ao ser apresentado a seus filhos, o pequeno Roberto olhou primeiramente para Umbelina Nunnari, depois para Maurizio e, por último, para Liberata. Ali fixou seu olhar como se tivesse sido colado aos dela. Havia um interesse, inconsciente, por parte de ambos, um em relação ao outro, um interesse que tomaria proporções surpreendentes ao longo do tempo.

Enquanto os maridos conversavam e debatiam seus planos para o futuro no Brasil, onde dentro em breve recomeçariam suas vidas, as esposas ficaram conversando sobre amenidades enquanto os filhos observavam o porto se perdendo ao longe.

No dia seguinte, a pequena Liberata acabou se acalmando e Gianluza deu graças aos céus por sua melhora. Ao reencontrar Margarita, contou com alegria sobre o novo ânimo da filha.

– Que bom! – alegrou-se a italiana. – Estimo muito sua melhora.

Voltando-se para o filho, Margarita disse:

– Roberto, meu querido, por que você não vai brincar com os filhos de Gianluza?

O menino olhou primeiramente para Umbelina, depois para Maurizio e, por último, para Liberata Nunnari.

Margarita, rindo, falou:

– Ele é muito tímido, sabe?

Gianluza, passando a mão sobre a cabeça do garoto, disse:

– Os meus também ficam sem graça diante de um novo amiguinho, mas isso logo passa... Nós também éramos assim, lembra?

— É verdade.

Voltando-se para o filho, Margarita pegou na mão do menino e uniu à de Umbelina e insistiu mais uma vez:

— Sugiro a vocês quatro que deem um passeio pelo convés. Eu e Gianluza estaremos de olho em vocês. Podem ir.

Gianluza incentivou os filhos com o olhar e, assim, eles acabaram aceitando a sugestão de Margarita Corridon, que logo se tornou querida pelos três. Assim que os quatro partiram de mãos dadas, Margarita falou com grande satisfação:

— Eles são adoráveis, não? Filhos são tudo na vida da gente... Especialmente das mães, não concorda?

— Totalmente! Vale toda a dor do parto para trazê-los ao mundo!

Margarita assentiu e quis saber:

— Seus partos foram difíceis?

— O do meu menino, sim. Penso que foi mais difícil, cercado de insegurança por ter sido o primeiro. A gestação também foi mais complicada na minha opinião por esse motivo. Temi que algo desse errado, sabe? Mas com a graça de Deus o garoto nasceu forte e saudável. Todavia, penso que foi por isso que, talvez, tenha sido mimado mais que as meninas.

Margarita achou graça tanto quanto Gianluza de suas próprias palavras.

— O parto de Umbelina, minha primeira filha, foi menos dolorido... Já o de Liberata, a caçula, não senti dor alguma. Foi surpreendente. E o de seu filho, como foi?

— Foi tenso... Assim como você, temia que algo desse errado. Quando senti as dores do parto, pensei que não suportaria, que, literalmente, morreria de dor.

— Sei bem do que está falando.

— Só sabe quem já passou por isso, não é mesmo?

— Sem dúvida.

— Por mais que se diga a um homem o quanto as dores de um parto são doloridas, ele nunca fará ideia do quanto realmente são.

— É verdade.

As duas novamente acharam graça.

Voltando os olhos para as crianças, Gianluza perguntou:

— E você, nunca pensou em ter outros filhos?

Diante da pergunta, com o rosto ligeiramente alterado, Margarita respondeu:

— Eu e Mario pensamos sim, é lógico que sim, mas... Depois da minha segunda gravidez eu não consegui mais engravidar... Houve um outro bebê depois do Roberto, sabe? Mas nasceu morto.

— Ah, que pena... Desculpe-me, eu não deveria ter perguntado.

— Não há o que se desculpar, querida. Você não sabia... Como poderia saber, não é verdade?

Gianluza, sem graça, assentiu. Margarita voltou a falar:

— Foi sem querer, sabe... Foi uma fatalidade...

A frase fez Gianluza voltar os olhos novamente para Margarita e perguntar:

— Desculpe-me, não compreendi. O que foi uma fatalidade?

— Ah, querida... — respondeu rápido Margarita —, refiro-me à perda do meu segundo filho.

— Ah, sim...

— Ele tirou sem querer o banquinho em que eu estava prestes a me sentar, sabe...

— Ele?

— Roberto, meu filho. Assim, caí sentada ao chão, e... É melhor esquecer tudo isso. Pobrezinho, foi um ato totalmente inocente, que maldade tem uma criança de seis, sete anos de idade? Nenhuma, não é mesmo?

— Oh, sim... É melhor mesmo esquecer.

Gianluza voltou os olhos para Roberto que continuava de mãos dadas com Umbelina, caminhando de volta para elas. Jamais em toda a sua vida poderia imaginar que uma criança de olhar tão inocente pudesse sem querer causar a morte do irmão que estava prestes a nascer.

— Gostaram do passeio? — perguntou Margarita assim que os quatro se juntaram a elas. — Eu não disse que iriam se divertir? Há muito ainda a ser explorado neste navio, o que significa muita diversão para vocês durante toda a viagem.

As crianças pareceram se entusiasmar mais uma vez com as dicas de Margarita Corridoni.

Minutos depois, Gianluza encontrava Gianni debruçado sobre a amurada, quieto, ouvindo o rufar das ondas que batiam contra as laterais do navio.

— Tudo bem? — perguntou ela, achegando-se a ele.

— Sim, meu amor. Esse rufar das ondas batendo contra as laterais do navio acentua mais e mais a minha ansiedade de chegar ao Brasil, para dar continuidade à minha vida, romper de vez os vínculos que me prendem ao passado, àquela vidinha financeiramente cheia de limites, frustrações e insatisfações.

A esposa assentiu. Ao voltar-se para ela, nova ânsia fez com que Gianni levasse rapidamente a mão à boca e corresse em busca de um lugar propício para vomitar. Muitos passageiros sofriam desse mal logo nos primeiros dias de viagem a navio.

Dias depois, Mario Corridoni se espantou ao encontrar Gianni Nunnari com o rosto pálido e olheiras, sinal de que havia dormido muito mal à noite.

– O que houve, meu caro?

– Passei mal essa noite. Vomitei umas cinco vezes.

– É enjoo do mar. Logo passa.

– Deus queira que sim, pois estou me sentindo péssimo. Parece até que me deram um pontapé no estômago tamanho mal-estar que sinto ali.

– É natural que se sinta assim. Muita gente passa mal durante a viagem. Logo isso passa. Acalme-se. Vamos prosear um pouco para distrair sua mente.

Mario desatou a falar alegremente sobre sua vida, sobre o que ouvira falar do Brasil, mas ao perceber que o amigo era só ouvidos, achou melhor calar-se.

– Acho que você não está para prosa, não é mesmo?

– Sinceramente não, meu amigo. Desculpe-me. Sinto-me tão indisposto que tudo o que mais quero é ir para a cabine me deitar.

– Eu o levo até lá.

Nem bem Gianni deu um passo, cambaleou. Mario foi rápido em escorá-lo antes que fosse ao chão.

– Vamos – disse Mario, segurando o amigo com toda força –, eu o ajudo a chegar até a cabine.

Gianluza assustou-se ao ver o marido chegando naquele estado. Ainda mais porque estava bem mais pálido do que quando deixara o aposento. As crianças também ficaram assustadas ao ver o pai naquelas condições. Com a ajuda de Mario, Gianni foi posto no leito.

– Isso que ele tem é enjoo do mar – explicou. – Acontece muito com quem não está acostumado a viajar de navio. Não se preocupe, logo passa.

Gianluza, preocupada a olhos vistos, falou:

– Será que há um médico no navio que possa examiná-lo?

– Talvez. Vou me informar. Mas o repouso será de grande ajuda para o restabelecimento de seu marido.

Minutos depois, Mario, juntamente com o capitão do navio, localizava um médico a bordo o qual, todo solícito, examinou Gianni e lhe prescreveu repouso e uma alimentação leve. Gianluza ficou mais tranquila desde então. Todavia, nos dias que se seguiram, Gianni permaneceu se sentindo cada vez pior. Mal conseguia engolir a sopa prescrita pelo médico. Tudo que engolia era logo expelido do seu interior em golfadas de vômito.

Os filhos permaneciam ao lado do pai praticamente o dia todo. Procuravam conversar com ele, contar passagens de suas vidas, histórias para alegrá-lo, mas a alegria que se estampava na face de Gianni era puro fingimento, só mesmo para agradá-los.

– Aguente firme, meu amor – pedia Gianluza, carinhosamente aos ouvidos do marido. – Muito em breve chegaremos ao nosso destino.

Ele também forçava um sorriso para ela se tranquilizar diante daquilo. Ela o beijou mais uma vez, como se o calor de seu beijo pudesse devolver ao marido sua saúde perfeita, a saúde total de que ele tanto precisava para recomeçar a vida no Brasil.

CAPÍTULO 3

ATRAVESSANDO UM MAR DE INCERTEZAS...

Margarita Corridoni passeava pelo convés de mãos dadas com o filho quando avistou Gianluza rente à amurada do navio, olhando para o céu. Ela aproveitou para ir saber como estava o marido dela.

— Ainda acamado — respondeu Gianluza, secamente. — Mal vejo a hora de essa viagem terminar.

— Eu sinto muito.

— Sabe, eu jamais quis sair da Itália. Só estou aqui pelo meu marido.

— Eu a compreendo.

Nisso, ouviu-se a voz aguda de Liberata:

— Mamãe!

O chamado assustou todos ali. A menina correu até a mãe e a puxou pelo braço sem dizer uma palavra sequer. Estava vermelha e esbaforida.

— O que foi Liberata? Fale, filha! O que foi?

Tudo o que a menina fez foi continuar puxando a mãe pelo braço com toda força que dispunha até fazê-la seguir a passos ligeiros em direção à cabine que ocupavam no navio. Chegando lá, o horror se apossou de Gianluza ao ver o marido estirado sobre o leito.

— Gianni! — chamou ela, arrojando-se ao pé da cama. — Gianni, pelo amor de Deus, acorde!

Desesperada, começou a dar palmadas em suas bochechas enquanto chamava pelo nome do marido em intervalos cada vez mais curtos. Descontrolada, começou a chacoalhá-lo.

— Acorde, homem. Acorde! Agora não é hora de morrer! Você não pode me deixar sozinha com seus filhos. Acorde seu desmiolado! Pare de brincar comigo!

Os três filhos assistiam à cena tomados de horror. A histeria da mãe os assustava bem mais do que o fato de o pai estar morto.

Nisso, um funcionário do navio entrou na cabine e pediu licença para examinar Gianni. Não levou mais do que alguns segundos para voltar-se para Gianluza e afirmar:

— Minha senhora, seu marido está morto. Eu sinto muito.

— Morto?! — murmurou a italiana de quase 30 anos, agarrando-se aos filhos. — Não, não pode ser. Ele só está brincando conosco. Sempre foi muito brincalhão. Quer ver só como tudo não passa de uma brincadeira e de muito mau gosto, por sinal?

A mulher, sem medir as consequências, pegou um jarro d'água e derrubou o líquido sobre o rosto do homem recém-levado para o mundo dos espíritos. Sem obter o efeito desejado, agarrou seu colarinho e voltou a chacoalhá-lo violentamente com uma força até então desconhecida para si própria.

— Acorde, Gianni! Acorde, pelo amor de Deus! Não me deixe só. Você tem seus filhos para criar... Acorde!

O funcionário, todo solícito, procurou acalmar a passageira em total desespero, mas Gianluza perdera totalmente o controle, não se soltava do marido por nada. Subitamente, explodiu em lágrimas, largou o corpo do morto e prensou as costas contra a parede do aposento. Mergulhou o rosto entre as mãos enquanto o pranto e o desespero dominavam sua pessoa como uma entidade do mal domina um ser fragilizado.

— Gianni... Deus meu, o que você foi fazer conosco?

Só então ela se lembrou da presença dos filhos. Liberata e Umbelina choravam baixinho, enquanto Maurizio fazia esforço para não chorar porque aprendera com o pai que homem não chora, mantém-se firme mesmo diante das emoções mais fortes.

Gianluza abraçou os três filhos, fazendo um círculo e disse:

— Ah, meus queridos... meus amados... O pai de vocês está morto. Precisamos ser fortes diante de um momento como este!

— O papai está morto? — murmurou Liberata.

— Sim, querida.

A menina soltou-se do abraço e voltou-se para o pai estirado no leito. Ficou a admirá-lo por instantes até debruçar-se sobre ele, deitando o rostinho em seu peito e derramando-se num pranto sentido.

Liberata sentou-se na beiradinha do leito e também chorou intensamente.

Ao perceber o esforço que o filho estava fazendo para não derramar-se em lágrimas, Gianluza olhou bem para ele e disse, firmemente:

— Se você está com vontade de chorar, Maurizio, chore! Não segure mais o choro dentro de si. Não faz bem.

O menino mordeu os lábios, fazendo-se de forte.

– Chore, filho, vamos! Eu sei que seu pai e seu avô sempre lhe disseram que homem que é homem não chora, mas isso não é verdade, homens choram, sim! E muito!

Apenas uma lágrima vazou dos olhos do menino.

Diante de tudo, Gianluza havia se esquecido da presença do funcionário.

– Minha senhora, meus pêsames. Será melhor transferir seu marido para um outro departamento do navio até que ele seja...

Ela, sem perceber, o interrompeu:

– Falta muito para chegarmos ao Brasil?

– Sim. De 30 a 40 dias.

– Mesmo?! Mas eu preciso voltar à Europa o quanto antes, para enterrá-lo no jazigo da família!

– Receio que isso seja impossível, senhora. O corpo tem de ser sepultado em 24 horas.

– Como assim em 24 horas? Onde? Por acaso há um cemitério no navio, há?

– Não, senhora. Quando há uma morte durante a viagem os corpos são jogados ao mar.

– Ao mar?! Onde já se viu tamanho absurdo?!

– É a única solução, senhora.

– Eu tenho de enterrar meu marido como se deve. Além do mais, sua família não me perdoaria se ele não for sepultado devidamente.

– Eu sinto muito. Procure se acalmar. Vou buscar algo para a senhora beber, algo para acalmar todos vocês.

Assim que Margarita Corridoni soube do acontecido foi imediatamente prestar solidariedade a Gianluza.

– Meus pêsames, querida. Sei o quanto deve estar sendo difícil para você este momento.

Gianluza nada disse, apenas assentiu com o rosto riscado de lágrimas.

– O que pretende fazer de agora em diante? – foi a próxima pergunta da italiana.

– Voltar para a Europa, para o lugar de onde nós nunca deveríamos ter saído.

– E as crianças como estão reagindo?

– Ainda não compreenderam a gravidade do acontecido.

– Faço ideia.

– O pior de tudo é que não temos mais casa na Itália. Meu marido a vendeu para aplicar o dinheiro da venda em terras no Brasil. Não sei se sobrou muito após pagar as dívidas que tínhamos e as passagens de navio, mas ele acreditava piamente que o pouco que sobrou daria para comprar pelo menos um sítio no país. Se isso é verdade, eu nunca saberei, pois pretendo voltar para a Itália assim que partir o próximo navio do Brasil para lá.

Ela suspirou e continuou:

– Não sei como será minha vida de agora em diante. Era Gianni quem sustentava a casa. Eu nunca trabalhei fora, não acredito que possa trabalhar em alguma coisa... Meus filhos ainda são crianças para trabalharem... não sei como vamos nos sustentar de agora em diante. A vontade que sinto é de me atirar no oceano e dar fim o quanto antes a tudo isso. Só me seguro por causa das minhas crianças. Somente por elas.

– É preciso manter a calma, sei que isso nem sempre é possível, mas você tem de se esforçar.

– Obrigada por estar aqui, Margarita. Por suas palavras...

– A que horas será o sepultamento?

– Amanhã pela manhã segundo me informaram. Ainda não me conformo que o corpo de Gianni tenha de ser jogado ao mar. Não, mesmo!

– Eu e meu marido estaremos presentes para lhe dar todo apoio de que precisar.

– Sou-lhe muito grata.

Quando o casal Corridoni reencontrou Gianluza na manhã do dia seguinte, a italiana vestia-se de preto, o que, de maneira curiosa, surpreendeu os dois, pois quem levaria consigo na bagagem um vestido daquela cor, que na época geralmente só se usava em sinal de luto?

Diante dos olhos de espanto do casal, a viúva explicou:

– Esse vestido... Eu não ia trazê-lo... Disse a mim mesma: por que levá-lo, ninguém há de morrer tão cedo, vai ser um peso a mais e desnecessário na bagagem. Ainda assim, na última hora, o apanhei e... agora o estou usando... Não é incrível? Foi como se o tivesse trazido de propósito, porque haveria de perder alguém tão próximo a mim e em pouco tempo...

Margarita procurou dizer alguma coisa:

– Quantas e quantas vezes não fazemos coisas que no momento nos parecem desconexas, sem ter nem porque, e então, subitamente, descobrimos que havia um propósito maior por termos feito o que fizemos?

Gianluza mirou os olhos da mulher e assentiu, enquanto se esforçava para não chorar mais uma vez.

Muitos passageiros estavam presentes ao sepultamento de Gianni. Antes do corpo ser arremessado ao mar, o capitão do navio pediu permissão a todos para dizer algumas palavras diante do ocorrido.

— Temos de acreditar que ainda podemos ser felizes depois de tudo o que aconteceu, nos esforçar para nos adaptar a essa nova realidade. Não se conformar, praguejar o rumo que nossa vida tomou só serve para tornar nossa vida mais difícil, encher o peito de insatisfação, transbordarmos de irritação, ódio e rancor.

Gianluza, por mais que tentasse, não conseguia aceitar o fato de ter de sepultar o marido no oceano. Quando o corpo de Gianni foi lançado às águas, que pareceram engoli-lo como uma enorme boca, foi como se o coração dela tivesse sido levado com ele. Uma dor terrível, uma sensação de vazio terrível. Pobre Gianni, ele não merecia ser deixado ali, o certo era ter seu corpo sepultado num túmulo para que todos pudessem visitá-lo quando bem quisessem, mas o que podia fazer se não tinham outra escolha senão aquela?

Lá se ia uma vida, lá se ia uma história..., murmurou para si mesma.

Margarita temeu que o ar de sofrimento estampado no semblante de Gianluza seria algo que a vida e o tempo não mais poderiam apagar. E era triste demais deparar-se com tal realidade. Ela era jovem demais para terminar a vida daquela forma. Que Deus iluminasse seus passos... Que os anjos a levassem ao encontro de um novo amor, um que pudesse pelo menos cicatrizar as feridas que o destino traiçoeiro deixou em sua alma.

Naquela noite, Margarita fez questão de passar pela cabine de Gianluza para ver como ela estava. Gianluza olhava para os filhos que acabavam de embalar no sono, quando ouviu um leve toque na porta. Ver Margarita Corridoni ali, alegrou a recém– viúva de certo modo.

— Vim saber como estão passando – disse a italiana com voz carinhosa de uma mãe preocupada com os filhos.

— Eles acabaram de adormecer – explicou Gianluza com voz triste. – A morte do pai mexeu com eles drasticamente.

— Não é para menos. A perda de um pai para um filho, ainda mais nessa idade, é terrível.

Gianluza assentiu.

— E como você está?

— Mais tranquila por vê-los dormindo.

— Estimo.

— E quanto ao seu filho? Roberto, é esse o nome dele, não?

— Sim. A morte de seu marido também mexeu com ele drasticamente. Acho que é a primeira vez em que ele se depara com a morte assim tão de perto.

— Nunca é fácil para uma criança encará-la. Eu mesma, quando menina, sentia-me mal num velório.

— Eu também.

Diante do bocejo espontâneo de Gianluza, Margarita Corridoni virou-se para ela e disse:

— Você precisa dormir. Eu já vou indo. Amanhã nos vemos. Não hesite em me chamar caso precise de alguma coisa. Mesmo que seja na madrugada.

— Obrigada, você é mesmo um amor.

Margarita fez um gesto carinhoso com a mão por sobre o ombro da viúva e seguiu pelo corredor estreito do navio que levava até a sua cabine.

Gianluza voltou-se a seguir para os seus pensamentos, batendo com a mão no queixo. A incapacidade de prever o futuro a irritava profundamente. Que entidade negra e misteriosa era o amanhã. Apavorante como uma assombração.

Ao voltar os olhos para o leito, lembrou-se do marido, de sua vontade de vencer no continente distante e desconhecido... Todavia, tudo o que levava consigo para aquela terra nova e distante fora enterrado no mar juntamente com seu corpo. Nada mais restava senão as memórias dentro dela.

Ao entrar na sua cabine, Margarita encontrou o marido semi adormecido. Sua entrada o despertou.

— Como eles estão? – quis saber ele, também entristecido com o ocorrido.

Margarita voltou os olhos castanhos para ele e respondeu:

— Devastados pela dor e pela virada brusca que o destino lhes deu.

— Coitados.

— Nem fale. Teremos de fazer algo por eles, Mario. É preciso.

Ele abraçou a esposa e concordou:

— É lógico que faremos, meu amor. Não se preocupe.

Um meio sorriso de contentamento despontou na face de Margarita Corridoni. Ela gostava da Gianluza tanto quanto de seus filhos... Como fora dito no início, era uma mulher capaz de se colocar na situação dos outros e, com isso, sentir seus dramas e ajudá-los sem embromação.

CAPÍTULO 4

QUANDO A TRISTEZA NÃO É PASSAGEIRA...

Nos dias que se seguiram, o sol derramava seu calor por sobre o navio singrando calmamente pelas águas do oceano, mas dentro das cabines, onde o sol não tinha acesso, fazia um frio característico do inverno europeu. Sob a pele clara de Gianluza Nunnari aninhava-se um ressentimento crescente. Desde a perda do marido tornara-se pálida e silenciosa. Os filhos também se comportavam assim. Já não havia mais interesse por parte deles em relação à viagem e às brincadeiras que poderiam fazer pelo navio. Tudo se tornou tão desinteressante quanto a morte.

Os filhos tornaram-se, para a mãe, seu céu e sua terra. Tornaram-se o receptáculo de todo o seu afeto e preocupação. Ela queria compensá-los pelo que lhes acontecera, reparar aquela aresta aberta pelo cruel destino.

Ainda era difícil para Gianluza acreditar que Gianni estava morto, e morto de uma forma tão inesperada e estúpida. Ainda podia se recordar, com nitidez, como se fora no dia anterior àquele, os dias em que ele ia até sua casa para cortejá-la. Lembrava-se dela se vestindo com cuidado, penteando os cabelos de forma diferente e partindo, quase que flutuando, para a sala para recebê-lo e onde ficavam de prosa até a hora que seus pais permitiam. Horas que passavam voando e eram sempre regadas de grande alegria.

Lembrava-se dela, depois de casada, recebendo-o de braços abertos, toda tarde, quando chegava do trabalho. Louca de amor por ele, louca de saudade dele, louca para ouvir aquelas frases que toda mulher anseia ouvir toda vez que o homem amado a reencontra. Mas como poderia haver tanta saudade se os dois se viam praticamente todos os dias? Só mesmo uma mulher apaixonada como ela para querer tanto.

Gianluza ainda se lembrava dela ao lado de Gianni caminhando pelos lindos cantos e encantos de Roma, sentindo-se absorvida pelo que ele lhe contava e pelo tom de voz agradável que usava para se expressar.

"Sabe, Gianluza... Você é tudo o que eu tenho no mundo. O que há de mais importante.", dizia ele.

Essa foi uma das frases mais marcantes de Gianni, na sua opinião. Tanto que ela não cansava de repeti-la para si mesma, mentalmente:

"Sabe, Gianluza... Você é tudo o que eu tenho no mundo. O que há de mais importante.".

De todas que ele disse, a mais emocionante foi, sem dúvida:

"Nosso encontro foi assentado no plano espiritual.".

Essa ela também não cansava de repetir para si mesma:

"Nosso encontro foi assentado no plano espiritual.".

Ela não sabia muito bem o significado daquilo, mas era bonito de se ouvir. Chegou a se perguntar se o próprio Gianni saberia o significado, pois teve a impressão de que ele dissera o que disse sem pensar no seu real significado.

Haviam sido quase 13 anos completos de casados. Anos maravilhosos na medida do possível. Todavia, tudo isso agora pertencia ao passado, eram só memórias nada mais. Gianni Nunnari estava morto, submerso no oceano gigante e profundo e ela estava viva, com três filhos para criar, sem saber como e, o que era pior, seguindo para um continente, um país, uma cidade onde só havia estranhos que falavam uma língua que ela mal compreendia.

Por muitos momentos, Gianluza passava minutos reclinada na amurada, contemplando o mar. As ondas espumavam e borrifavam as laterais do navio numa cena cinzenta e agitada. Os passageiros e tripulantes andavam pé ante pé ao seu redor. Alguns eram francamente interessantes, outros pareciam quase irrelevantes. Evitou conversas, até mesmo com pessoas estranhas que tentavam se aproximar para expressar seu pesar pelo ocorrido. A única companhia que buscava era a de Margarita. Sentia sua força como nunca sentira antes, a mesma que já vislumbrara em sua melhor amiga, em quem podia confiar totalmente.

Numa noite de lua crescente, ao dar o beijo de boa-noite em Liberata, Gianluza assustou-se com sua temperatura. A menina estava quente, parecia ardendo em febre. Tratou logo de fazer compressas na esperança de que a temperatura baixasse. Nada poderia piorar ainda mais a vida de todos do que um deles doente, doente como Gianni ficara.

Na manhã do dia seguinte, lá estava Margarita outra vez na cabine de Gianluza, para lhe dar forças diante do estado de saúde precário da pequena Liberata.

– Você está nervosa, procure relaxar. Logo estaremos em terra firme – sugeriu Margarita, carinhosamente.

Gianluza suspirou e confessou:

– Nada me parece firme como antes, Margarita. Desde pequena, a perspectiva de lugares novos sempre me deixou mais cheia de ansiedade do que de empolgação. Agora, tão longe de casa, sinto-me tão desamparada!

Margarita apertou delicadamente o punho da amiga na esperança de lhe transmitir algum conforto e disse:

– Não se sinta só, estou aqui. Mario, eu e Roberto estamos aqui ao lado de vocês. Tenha a nós três como membros de sua família.

Gianluza voltou os olhos lacrimejantes para a italiana e procurou dizer alguma coisa, todavia chorou ao invés de falar. Margarita consolou a amiga em seu ombro como uma mãe consola uma filha em desespero.

Mais tarde, quando a italiana reencontrou o marido e o filho, os dois estavam juntos à balaustrada do navio, onde Mario mostrava a Roberto um pontinho reluzindo à distância.

– Estamos chegando, filho.
– Estamos?
– Sim, Roberto, ao Brasil.

O menino voltou-se para a mãe e passou adiante a informação:
– Estamos chegando ao Brasil, mamãe!
– Que bom, Roberto – exclamou Margarita curvando-se para beijar o menino na testa.

Mario então quis saber de Gianluza e dos filhos.
– A menina Liberata ainda está febril, Mario e isso me é preocupante. Segundo o médico que a examinou, o mesmo que examinou Gianni antes de sua morte súbita, não é nada aconselhável para a menina, neste estado, fazer outra viagem de navio em seguida dessa. Como pretende Gianluza assim que chegarmos ao porto.

– O médico explicou isso para Gianluza?
– Sim, mas ela não vê a hora de voltar para a Itália para junto dos seus. Está desesperada, pobrezinha, não é para menos.
– É compreensível que se sinta assim depois de tudo o que aconteceu.
– Eu sei...

Margarita silenciou-se e ficou tamborilando impacientemente seus longos e elegantes dedos na balaustrada.

Santos, Brasil 1793

Assim que o porto de Santos tornou-se visível aos olhos de todos que estavam no navio, a maioria dos passageiros foi para o convés para admirar a vista. A viagem cansativa finalmente estava prestes a terminar.

Gianluza trouxe os filhos para o convés, especialmente Liberata, na esperança de que o verde à distância a alegrasse.

— Aquele é o Brasil, minha filha — disse, levantando a menina para que ela avistasse as terras verdejantes ao longe.

A menina não prestou muita atenção àquilo. Por sobre o ombro da mãe, olhou para Roberto Corridoni porque ele também olhava para ela. Um olhar incógnito e, ao mesmo tempo, gentil, doce e pacífico. Seria tudo isso de fato?

A atenção do menino voltou-se para o pai quando disse:

— Nós todos seremos muito felizes no Brasil, meu filho. Eu, sua mãe e você! Aqui você se casará, terá seus filhos, meus netos... seremos uma família feliz.

E novamente os olhos do menino se prenderam aos de Liberata e nenhum dos dois soube o porquê daquele estranho magnetismo que os ligava.

O navio finalmente aportou e a prancha de desembarque foi posicionada no seu devido lugar. Logo, balançava sobre a água, em meio à aglomeração e ao alarido das pessoas descendo por ela e dos sacos e caixotes que começaram a ser levados para terra firme.

— Como é bom pisar em terra firme — alegrou-se Mario, assim que sentiu seus pés tocarem o solo. Suspirando, acrescentou: — Aqui faremos a nossa vida!

Sorriu para a esposa e o filho que retribuíram o sorriso, mas ao avistar Gianluza vestida de preto dos pés à cabeça, com os três filhos à barra de sua saia, sentiu seu coração se dilacerar de pena. Imediatamente foi oferecer-lhe seus préstimos.

— Quanto às passagens para o próximo navio para a Europa — comentou Gianluza com ele. — Poderia me dizer onde comprá-las?

— Eu acompanho vocês até o local de compra — prontificou-se o italiano.

— É uma boa ideia — alegrou-se Margarita.

Chegando à bilheteria onde se compravam as passagens de navio, Mario Corridoni disse ao que vinha. Ao informar o custo das passagens para Gianluza, a mulher se assustou:

— Custa tudo isso?!

— As mais baratas — explicou Mario, admirado com seu espanto.

— Deus queira que tenhamos dinheiro suficiente para pagá-las — agitou-se Gianluza, pegando a quantia que o marido trazia para o Brasil e entregando ao italiano.

Ao contar as notas, Mario Corridoni descobriu que o dinheiro não era o suficiente para pagar as passagens. Pela expressão de seu rosto, Gianluza indagou:

— Algum problema?

— Esse é todo o dinheiro que seu marido trazia consigo?
— Sim. Por quê? Não é suficiente para as passagens?
— Não. Mas não se desespere, eu completarei a quantia que falta.
— Isso não é justo, você mal nos conhece.
— Fazemos questão – adiantou-se Margarita.
— Eu nem sei o que dizer... Se houver um meio de lhes devolver a quantia um dia...
— Não se preocupe com isso, agora! Só que há um outro problema. O navio parte somente daqui a três dias. Vocês terão de ficar abrigados em algum lugar.
— Ficaremos aqui mesmo no porto até que...

Gianluza não conseguiu terminar a frase, um choro desesperado não permitiu. Enquanto Margarita a consolava, Mario falou:

— Não se preocupe, arranjarei um lugar para vocês pernoitarem até que o navio...

Liberata subitamente desmaiou. Roberto, apesar de pequeno, a segurou firmemente. Mario foi rápido em acudir a menina.

— Ela ainda está queimando em febre – comentou. – Acho melhor procuramos um médico que a examine.

— Pelo amor de Deus, não temos dinheiro para pagar...

— Não se preocupe com o dinheiro, Gianluza – adiantou-se Margarita. – O importante é socorrer sua filha.

Não levou muito tempo para que encontrassem o hospital mais próximo do porto e a menina fosse examinada. O médico, como também o médico que a examinara no navio, desaconselhou totalmente que a criança enfrentasse outra longa viagem em alto mar. Ela precisava de repouso. E, se possível, de muita prece, pois não sofria só de enjoo do mar, sofria também pelo baque da perda do pai, o que a fragilizou física e mentalmente.

Puxando o marido para um canto distante, Margarita lhe falou:

— Estou com tanta pena dessa mulher e dessas crianças... Que situação...

— Estou fazendo tudo que posso para ajudá-los, meu amor – desabafou Mario Corridoni sem faltar com a verdade.

— Mas...

O pesar no rosto da esposa martirizou o marido.

— O que sugere?

— Nós temos de ajudar essa gente, Mario. Ponha-se no lugar deles...

Um sorriso singelo, de admiração, despontou na face bonita do marido.

— Isso é o que eu mais admiro em você, Margarita. Seu dom de se pôr na pele do outro antes de julgá-lo.

Assim que acharam conveniente, o casal Corridoni novamente falou com Gianluza. Foi Mario quem iniciou a conversa:

– Gianluza, sei o quanto você está desesperada para voltar para a Itália. Estar cercada por seus familiares, mas espere pelo menos até que sua filha esteja totalmente restabelecida. Siga o conselho do médico. Enquanto isso você ficará hospedada em nossa fazenda.

Margarita tomou a palavra a seguir:

– Eu ainda não conheço o lugar, mas estou certa de que há acomodações para todos. Se não houver, criamos.

Gianluza opinou:

– Eu não quero dar trabalho a ninguém, além do mais, tudo o que mais quero é voltar para a Itália.

Margarita voltou a falar:

– Pense na sua pequenina, minha querida. Só nela, nesse momento. Por favor.

Mirando os olhos da mulher, Gianluza cedeu:

– Você está certa. É realmente o melhor que devo fazer neste momento.

– Isso mesmo.

– Tem certeza de que não vou atrapalhar vocês?

– Em absoluto. Acredite-me.

Enlaçando sua pequena Liberata, Gianluza falou, baixinho, ao pé do seu ouvido:

– Você vai ficar boa, minha pequenina. Eu prometo.

Roberto assistia a tudo atentamente e só então rompeu sua introspecção:

– Mamãe, eles vão para a fazenda conosco?

– Sim, Roberto. É preciso.

– Por quê?

– Porque a Liberata não está bem.

– Ahn...

Mario deu seu parecer ao filho:

– Veja o lado bom de toda essa história, Roberto. Com Umbelina, Liberata e Maurizio na fazenda você terá com quem brincar.

O menino pareceu não ouvir o pai, estudando atentamente o semblante de Liberata, perguntou:

– Ela... a menina doente... vai morrer como o pai dela?

– Oh, não, meu querido – respondeu Margarita abraçando o filho. – Este é um dos principais motivos para a levarmos junto conosco à fazenda, para que ela se restabeleça, recupere a saúde.

O menino pareceu refletir. E então seus olhos cruzaram mais uma vez com os de Liberata Nunnari e se fixaram um no outro. Um calor estranho percorreu o corpo dos dois. Um eco do destino.

CAPÍTULO 5
A ESPERANÇA DE UMA SUPERAÇÃO...

Os primeiros dias no Brasil
As terras que Mario Corridoni comprou haviam pertencido a um casal que não tivera filhos, mas foram declaradamente muito felizes ali. A viúva, logo após a morte do marido, quis vender o lugar e viu em Mario Corridoni a pessoa certa para cuidar das terras que ela e o marido cultivaram com tanto amor, embora ele não tivesse a quantia exata para pagar pelo que as terras realmente valiam.

Na hora de assinar a escritura a senhora fez um pedido, uma exigência, na verdade, ao novo proprietário da fazenda: Que ele mantivesse a paz do lugar, a paz que reinou em absoluto por ali, enquanto ela e o marido ali viveram e que mantivesse os escravos que ali já moravam, pois eram de confiança e bons trabalhadores.

Mario atendeu ao pedido no mesmo instante.

Depois de tudo acertado, o italiano de cabelos castanhos anelados que brotavam orgulhosamente do teto da testa, olhos castanhos muito vivos, queixo quadrado e agressivo, e de nariz reto e expressivo, voltou à Europa para buscar Margarita e o filho e acertar o que ficara pendente por lá. Não quisera levar a família para o Brasil antes de ter tudo acertado.

O pequeno Roberto ficou muito empolgado e interessado com a mudança para o novo país, para uma fazenda onde havia cavalos para montar, um ribeirão de águas rasas e cristalinas, onde se podia pescar e até mesmo se refrescar no verão, tudo enfim que tanto lhe inspirava aventuras e alegrias. Onde havia também a casa, a casa-grande que seu pai tanto detalhara. Uma morada aconchegante e espaçosa, três vezes maior do que aquela em que viviam na Itália. Finalmente o garoto iria conhecer a tão falada fazenda que agora chamava-se Fazenda dos Corridoni. Margarita também estava empolgada para chegar ao local. Mario falara tanto dali que era impossível não sentir vontade de conhecer e viver no lugar.

A propriedade ficava situada nas proximidades da cidade de São Paulo que crescia consideravelmente devido ao enriquecimento dos fazendeiros da região.

As charretes, trazendo os Corridoni, Gianluza e os três filhos e a bagagem de todos, subiram uma longa alameda sinuosa, cercada de eucaliptos, até chegarem a um pátio de cascalho, em frente a uma casa de arquitetura retangular. Todos detiveram o olhar na casa, estudando cada detalhe até saltarem dos veículos.

Era sem dúvida uma morada bem maior do que Margarita e Roberto projetaram em suas mentes. Era também mais bonita do que imaginaram.

– Venham – convidou Mario a todos. – A casa nos espera!

A família e os novos amigos seguiram o italiano pelo gramado que se estendia em frente ao casarão, de onde se tinha uma bela vista do bosque de eucaliptos que se estendia ao longe até uma colina e mais além, até perder-se no céu azul com nuvens brancas esfumaçadas.

O italiano endireitou o corpo, estendeu a mão esquerda para o filho, a direita para a esposa e os conduziu para o interior da casa.

A primeira atitude de Margarita foi a de puxar as cortinas para deixar que o sol iluminasse totalmente o aposento. Logo, a grande e confortável sala estava toda iluminada. Os vasos de cor amarela, que haviam sido deixados ali pela antiga moradora, brilharam diante dos poderosos raios do sol.

O pé direito deveria ter quase três metros. O piso de tábua corrida fora bem lustrado, por isso parecia novinho em folha. A mobília foi o que mais impressionou as mulheres. Os móveis de carvalho escuro e metais reluzentes, de no mínimo, 40 anos de idade, foram tão bem cuidados pelos antigos moradores que pareciam novos. A morada tinha um ar harmonioso e irreal. Como o de um palácio.

– O que achou, *bambina?* – perguntou Mario Corridoni, olhando para a esposa com ternura.

– Sinceramente?

– Sim.

– Eu gostei.

Voltando-se para o pequeno Roberto, o italiano repetiu a pergunta. O menino olhou primeiramente para a mãe, depois para o pai e respondeu, como se fosse um adulto:

– Eu também gostei, papai.

– Que bom, meu filho. Que bom!

– Venham – Mario convidou a todos. – Venham conhecer os outros cômodos.

Assim fizeram. O interior da casa era altamente espaçoso e confortável. Na cozinha havia dois fogões a lenha e outros dois do lado de fora sob um cobertinho. Fora projetado assim pelos antigos moradores, para que houvesse bastante água quente durante o inverno.

– Quatro fogões! – exclamou Margarita, surpresa. – Que maravilha, não?

– Sem dúvida – concordou Gianluza. – E os móveis? Quantos móveis...

– Impressionante – concordou Margarita, agitando as mãos à moda italiana.

– Não pensei que as casas do país, ainda mais de uma fazenda, fossem tão equipadas.

– Nem eu, querida, nem eu.

Houve uma breve pausa até que Margarita olhasse bem para sua mais nova amiga e dissesse:

– Como vê, Gianluza, a casa é bastante grande, dá para todos morarem.

A resposta de Gianluza foi rápida e precisa:

– É grande sem dúvida, Margarita...

– Essa casa é sua também, Gianluza. Sua e de seus filhos. Dá para morar duas famílias aqui tranquilamente.

– Ainda assim... Não queria aborrecer vocês vindo morar aqui.

– Ainda assim você fica aqui e ponto final. Não se discute mais a respeito. Além do mais, é por pouco tempo, só até Liberata melhorar.

– Sim, você tem razão.

Gianluza sorriu agradecida mais uma vez por tudo que aquela mulher estava fazendo por eles.

Em seguida, Margarita e Roberto seriam apresentados aos escravos pelo novo capataz, que fora contratado por Mario antes de regressar à Europa para buscar a mulher e o filho.

Foi quando Gianluza e os filhos saíram para dar uma volta em torno do casarão que eles avistaram uma casinha humilde que muito lhes chamou a atenção.

– Quem será que mora ali? – indagou Umbelina, olhando atentamente para a simples morada.

– Vamos descobrir – respondeu Maurizio dando um passo à frente.

Os quatro atravessaram um jardim um pouco abandonado, onde havia um banco rústico de madeira, bastante judiado pelo tempo. Bateram à porta da frente da casinha e aguardaram pelo morador. Ninguém apareceu.

Bateram novamente e outra vez nada se ouviu vindo do interior da humilde casa. Gianluza então ousou tocar na porta e para sua surpresa ela se abriu, estava destravada por dentro. Outra surpresa para todos foi descobrir que o local estava completamente abandonado, cheirando a mofo. A sala era até que ligeiramente espaçosa, mobiliada de forma modesta por uma mobília coberta de pó, muito pó, por sinal, indicando que ninguém habitava o local há pelo menos um ano.

O choque entre a casinha e a casa-grande da fazenda era gritante. Era como se eles estivessem adentrando uma casa de boneca, bem diferente do casarão cujo interior parecia um palácio.

– O que acharam? – perguntou a mãe para os filhos. – É uma casinha simples, mas aconchegante, não? Penso que seria melhor para todos nós, morarmos aqui até que possamos voltar para a Itália.

– Morar aqui?! – espantou-se Umbelina.

Gianluza, pacientemente respondeu:

– Depois de limpinha essa casa ficará uma gracinha, Umbelina, acredite-me!

A menina fez ar de dúvida.

– E então, o que me dizem de morarmos aqui até que...

Prestando bem atenção aos filhos, a italiana exigiu uma resposta:

– Vocês ainda não me responderam...

Voltando-se para a mãe, Maurizio falou:

– Se a senhora quiser morar aqui, para mim tudo bem, mamãe. Eu moro com a senhora.

Mirando os olhos da filha mais velha, Gianluza aguardou por sua resposta. A menina então sorriu, demonstrando por meio do sorriso seu contentamento em morar ali.

– E quanto a você, Liberata? O que achou da ideia?

A menina, abatida, acabou exibindo um meio sorriso de contentamento.

– Muito bem! – exclamou Gianluza com certa euforia. – Vamos dar a notícia aos Corridoni.

– *Mamma mia!* – exclamou Maurizio, eufórico.

Quando Gianluza voltou à casa para revelar sua decisão ao casal Corridoni, Mario apresentava à esposa os escravos que comprara junto com a fazenda. Eram doze ao todo: oito negros fortes para ajudar no plantio, na colheita e noutros trabalhos braçais e quatro mulheres que ajudariam na limpeza da casa, a fazer a comida, lavar a roupa, dentre outras necessidades. Margarita cumprimentou todos com um sorriso bondoso e um ar cortês.

As crianças prestaram atenção aos escravos que olhavam para os recém-chegados com certa desconfiança, principalmente para os novos proprietários: seriam bondosos como aparentavam ser? Tão bondosos quanto os antigos proprietários? Uns não tinham dúvida alguma em relação à bondade de Mario Corridoni, viam nele o mesmo que a antiga proprietária viu e por isso vendera a fazenda para ele: bondade, bondade, bondade... E de fato, Mario Corridoni era contra qualquer tipo de maus tratos e punições, violência em geral contra os negros. Queria construir um lugar pacífico e estava determinado a isso.

Uma vez que na Europa também havia escravos nessa época, não houve grande espanto por parte das crianças em relação a eles, somente o que vestiam chamou-lhes a atenção. Em comparação com a vestimenta dos escravos europeus, o que os escravos brasileiros trajavam eram meros trapos.

Estava presente também o capataz que fora contratado para manter tudo ali organizado. Seu nome era Santos, um homem de 32 anos, de olhar austero e com muita vontade de trabalhar e agradar o patrão. Tinha cabelos de um louro avermelhado, um rosto sardento, feio, mas simpático, e um queixo excepcionalmente quadrado. A não ser pelos olhos, penetrantes e argutos, parecia todo feito de pau.

Tentava com grande esforço responder às perguntas que Mario lhe fazia num português precário. Era mais uma linguagem de sinais do que verbal, com muita mímica para que um pudesse compreender o outro.

Ao avistar Gianluza, Mario Corridoni apresentou-a bem como aos três filhos a todos. Santos chegou a tirar o chapéu e fazer uma reverência diante da mulher. Ficou espantado com sua doçura e beleza. Gianluza não era exemplo de extrema beleza, era bonita, mas sem exageros, porém, o capataz enxergou nela somente beleza, todos os seus traços lhe agradaram.

– A senhora pode contar comigo para o que precisar – ofereceu-se ele com sotaque caboclo*.

Ela não compreendeu suas palavras, apenas deduziu seu significado, por isso, numa voz calma e bem modulada, agradeceu:

– *Grazie!*

Umbelina Nunnari puxou a barra da saia da mãe e cochichou ao seu ouvido quando ela se curvou para ouvi-la:

– Não gostei desse homem, mamãe. Ele olhou para a senhora de um jeito estranho.

– Ele só está procurando ser gentil, Umbelina. Só isso.

A filha não se deu por satisfeita com a resposta, a cisma permaneceu.

Assim que as apresentações tiveram fim, Gianluza conversou com Margarita a respeito de sua decisão de morar com os filhos na humilde casinha. É lógico que a italiana protestou no mesmo instante:

---

*Diferente dos romances que se passam nessa época, a linguagem dos negros e dos interioranos não apresentará aqui seus erros convencionais. Somente algumas palavras ou expressões serão mantidas para abrilhantar o texto.

– Isso não é certo, minha querida. Como viu, nossa casa é grande o suficiente para abrigar todos vocês.
– Agradeço sua preocupação para conosco, ainda assim, prefiro mesmo é morar na casinha de que lhe falei a respeito. Não quero em absoluto tirar a liberdade de vocês aqui nesta casa.
– Mas essa casa é tão grande e espaçosa! Dá para todos morarem aqui.
Numa voz calma e bem modulada, Gianluza insistiu:
– Agradeço, agradeço mesmo de coração pelo convite, Margarita, mas...
– Você tem certeza?
Gianluza assentiu, balançando de leve sua cabeça bonita e delicada. Depois, disse:
– Não quero também que encarem minha opção como uma desfeita.
– Em absoluto, meu anjo. Se você prefere ficar na tal casinha, assim será. Não creio, porém, que seja tão confortável como esta.
– Não faço questão de luxo, Margarita. Tendo um teto para abrigar a cabeça dos meus filhos é o que importa.
Margarita sorriu para a sua mais nova amiga, chamou pelo marido e lhe falou sobre a decisão dela.
– Eu tentei convencer Gianluza a ficar morando aqui nesta casa conosco, Mario – explicou Margarita –, mas ela...
– Não me compreendam mal – defendeu-se Gianluza –, é que não me sentirei bem estando aqui, no meio de vocês...
– Eu disse a ela que não será incômodo algum.
– Isso mesmo, Gianluza, não será incômodo algum – confirmou Mario.
Gianluza, um tanto sem graça, agradeceu ao italiano novamente:
– De qualquer forma eu agradeço o convite. Em meu nome e em nome dos meus filhos. Obrigada do fundo do meu coração pela gentileza de vocês, mas...
Mario, a fim de quebrar o constrangimento, falou:
– Se você se sentir mesmo melhor morando lá com seus filhos...
– Foi o que eu disse – reiterou Margarita.
– Sentir-me-ei melhor sim, e também é por pouco tempo, só até que Liberata esteja cem por cento recuperada para nossa viagem de volta para a Itália.
– Está bem.
– Obrigada por me compreenderem.
Dez minutos depois, Margarita e Mario Corridoni acompanhavam Gianluza e seus filhos à casa humilde e modesta, até então abandonada, construída a menos de 200 metros do casarão, que seria ocupado pelos Corridoni.

Ao conhecer a casa, Margarita, balançando negativamente a cabeça, falou:

– Você tem certeza de que quer mesmo morar aqui, Gianluza? É tudo tão simples... Além do mais a casa está uma sujeira só, em petição de miséria.

– Nada que uma boa limpeza não resolva, minha querida.

– Vê lá... Pense bem... De qualquer modo se mudar de ideia, é só nos dizer. A minha casa, de Mario e Roberto estará sempre de portas abertas para vocês.

– Obrigada mais uma vez pelo convite e por tudo... Tudo o que estão fazendo por mim e minhas crianças.

Voltando-se para os filhos, Gianluza Nunnari pediu:

– Agradeçam ao senhor e à senhora Corridoni pela casa, por estarem nos acolhendo tão gentilmente em suas terras.

A primeira a falar foi Umbelina Nunnari:

– Obrigada, senhor e senhora Corridoni.

A segunda foi Liberata Nunnari:

– Obrigada, senhor e senhora Corridoni.

E por último foi a vez de Maurizio Nunnari:

– Obrigado, senhor e senhora Corridoni.

O italiano sorriu, e com toda simpatia falou:

– Aqui vocês estarão protegidos. Não se preocupem com nada, pois não lhes deixarei faltar nada. Tudo que precisarem é só falarem comigo e eu providenciarei. Vou pedir que as escravas venham ajudá-la na limpeza e que alguns escravos verifiquem o teto da casa para impedir goteiras durante as chuvas.

– Não precisa...

Ele a interrompeu, erguendo o dedo:

– Pelo menos isso, Gianluza.

Não houve escolha para ela, se não assentir, polidamente.

O homem despediu-se com uma mesura, recolocou o chapéu que até então mantivera preso na mão e voltou para a casa-grande da fazenda acompanhado da esposa. Pelo caminho foi admirando as terras que agora eram suas, onde pretendia prosperar, criar seu filho e netos, alcançar a felicidade tão almejada por todos.

Assim que o italiano partiu, Maurizio voltou-se para a mãe e perguntou:

– Qual será o meu quarto, mamãe?

– Vamos decidir isso agora, meu filho. De qual você gostou mais?

– Daquele ali.

– Muito esperto você, Maurizio! – esbravejou Umbelina. – Aquele é sem dúvida o quarto mais atraente por ser o maior!

– Umbelina tem razão, filho – concordou Gianluza, pacientemente. – Como suas duas irmãs dividirão o mesmo quarto, aquele será o quarto delas duas.

– Ahn – o menino fez beicinho.

– Você ficará com aquele ali.

– Mas é muito pequeno.

– É do tamanho suficiente para você.

– Por que elas duas não ficam com aquele quarto?

– Porque não cabem duas camas de forma confortável.

– Ah – o menino fez novo beicinho e completou: – se o papai estivesse aqui ele me daria aquele quarto.

– Só que seu pai não está mais aqui, Maurizio. Se estivesse nós nem estaríamos nesta casa, nestas terras, amparados por aquele casal simpático que nos estendeu a mão quando mais precisamos.

As palavras da mãe fizeram todos se silenciarem por instantes. A perda do pai ainda doía fundo na alma de todos.

Foi Maurizio quem, minutos depois, rompeu o silêncio, dizendo:

– Mamãe, o papai não vai voltar mesmo? Quando alguém morre, morre para sempre?

– Sim, filho. É para sempre.

– Nunca mais o veremos?

– Não. Em carne e osso, não. Por meio dos sonhos, sim. Muitas vezes você sonhará com ele e terá a nítida sensação de que ele esteve ao seu lado.

– Que bom! Pelo menos isso, mamãe.

– Sim, meu filho. Pelo menos isso.

Os olhos de Gianluza, rasos d'água, transbordaram. Umbelina confortou Liberata em seus braços, pois a irmãzinha também chorou.

A mãe então lembrou a si mesma do quanto ela teria de ser forte para se reerguer depois daquela tragédia. Lembrou-se também dos filhos que precisavam dela, agora mais do que nunca, e que ela teria de ser mãe e pai dos três ao mesmo tempo.

CAPÍTULO 6

A ESPERANÇA DE UM RECOMEÇO...

Depois de tomar um banho, fazer a barba e trocar de roupa, Mario Corridoni saiu para dar uma volta pelos arredores da fazenda e admirar, mais uma vez, as terras das quais tinha tanto orgulho. Estava orgulhoso de si mesmo e extremamente agradecido à vida por estar realizando tudo o que sonhou, da forma que planejou, por poder possuir aquelas terras.

Foi na fazenda com seu cenário deslumbrante esculpido lindamente pelas mãos de Deus que Maurizio e Umbelina começaram a superar a morte do pai. Logo, Maurizio caminhava pelos arredores falando alto, fingindo ser quem inventava na sua imaginação. Seguindo saltitante muitas vezes, abrindo os braços, sacudindo a cabeça, murmurando frases, engrossando a voz.

Umbelina o seguia rindo, vez ou outra, da voz de falsete e da voz grossa que o irmão fazia para interpretar seus personagens.

Tão absorvido vivia Maurizio nestas fantasias, que certa vez não se apercebeu que Mario Corridoni vinha na sua direção, carregando uma enxada ao lado do capataz.

— Ora, veja! — exclamou o italiano. — Temos um ator dentre nós!

— Senhor Corridoni... — balbuciou o menino, corando até a raiz dos cabelos.

Batendo com carinho no ombro do menino, Mario o incentivou:

— Continue, Maurizio, continue! Estava muito bom!

— É?!!! — o menino corou, esfregando o nariz e continuou o caminho, sentindo-se importantíssimo.

Mario, sorrindo, comentou com o funcionário:

— Ah... os velhos tempos de criança...

Voltou-lhe à mente quando ele tinha aquela idade e era um menino sorridente também que vivia correndo e brincando por todos os cantos possíveis da casa dos pais na Sicília. Maurizio era quase ele próprio no corpo de um menino.

O capataz soltou um risinho como se tivesse entendido o que fora dito em italiano, mas entendera patavinas, riu porque achou que ficaria bem rir naquele instante. Mario, de tão empolgado com Maurizio e suas memórias, acabou esquecendo que o pobre homem não compreendia sua língua ainda que tivesse palavras pronunciadas muito semelhantes ao português.

Ao avistar Gianluza em frente a humilde casinha, Mario dirigiu-se para lá, acompanhado do capataz. Santos chegou a tirar o chapéu diante da italiana.

– Como vão as coisas, Gianluza?

– Às mil maravilhas, Mario, obrigada. Os escravos estão reparando o telhado e as escravas me ajudando a tirar o grosso do pó da casa.

– Estimo.

Assim que os dois homens se foram, Gianluza prestou novamente atenção ao capataz que seguia seu caminho em passos bem concentrados. Sabia que ele havia se encantado por ela, o que muito a espantou, pois ainda usava preto pelo luto da perda do marido e seu rosto estava branco como a neve, destituído de qualquer cor e alegria que tanto despertavam o interesse dos homens. Ela sabia também que jamais se envolveria com outro homem, nascera para ser somente de um: Gianni Nunnari, seu marido, e guardaria luto pela sua morte até o último instante de sua vida.

Foi quando Gianluza passeava com os filhos pela fazenda, com o propósito de fazer com que Liberata caminhasse um pouco, se entusiasmasse outra vez com a vida, que os quatro conheceram a senzala do lugar.

– Quantos negros, mamãe! – exclamou Umbelina, surpresa com o que viu. – Jamais vi tantos assim numa propriedade.

– O senhor Corridoni precisa de muitos, querida, porque numa fazenda há muitos afazeres. Acredito que estes ainda são poucos para dar conta de uma fazenda como esta.

– Mamãe... Por que os escravos são sempre todos pretos? Por que não há escravos brancos?

– Porque os brancos não são escravos, filha... Só os pretos.

– Não?!

– Não.

– Por que é assim?

– Dizem que é porque eles não são humanos como nós, Umbelina.

– Não?

– Não.

A menina voltou a olhar cheia de curiosidade para a senzala.

Dias depois, chegaram à fazenda duas moças que moravam em Santa Mariana, a cidade mais próxima à fazenda. A função de ambas era ensinar o português a todos: ler e escrever e a pronunciar a língua também da melhor forma. Sem o aprendizado seria muito difícil para todos se comunicarem.

Mario, gentil como sempre, convidou Gianluza e os filhos a tomarem parte das aulas, assim entreteriam seu tempo e aprenderiam uma língua que poderia vir a ser importante para eles no futuro. Gianluza e as crianças acabaram gostando da ideia. Até mesmo Liberata pareceu se entusiasmar com a proposta.

Ainda assim, o italiano continuou imperando nas conversas entre todos os italianos e o português só era usado quando aparecia por lá alguém de fora ou iam à missa em Santa Mariana e trocavam algumas palavras com os moradores. Até o padre da paróquia da cidadezinha viera da Itália e parecia ansioso por encontrar italianos para expressar-se em sua língua nativa da qual sentia tanta falta.

Em dois meses a fazenda começou a ganhar novos ares com a ajuda dos escravos. O que precisava ser consertado, o que precisava ser feito, era, e sem a necessidade de chicotadas ou punições para que tudo corresse às mil maravilhas por lá. Como fora dito, Mario era contra qualquer tipo de violência contra os negros.

Ao perceber que a fazenda ainda requeria muito trabalho para deixá-la em ordem, do jeito que Mario e Margarita Corridoni tanto sonhavam, Gianluza decidiu ficar por mais um tempo para ajudar aqueles por quem tinha profunda gratidão no seu propósito. Com isso, Liberata ficaria cem por cento restabelecida.

Num dos encontros entre as duas italianas, Margarita perguntou à amiga:
– E então, o que tem achado de tudo por aqui?
– Não é tão ruim depois que a gente se acostuma.
– Eu também acho.
– As crianças gostam muito. É a liberdade que usufruem do lugar.
– Sem dúvida.
Prestando melhor atenção a Gianluza, Margarita perguntou:
– Mas você não me parece feliz, digo, totalmente feliz estando aqui.
– Não dá para estar, Margarita. Tenho de ser honesta para comigo e com todos. Eu amava a Itália e tudo de bom que ela podia me oferecer. Você há de convir comigo que trocar a Itália por este lugar é um choque. São lugares extremos; o luxo e a pobreza. Eu amava o meu país, tento gostar daqui, por meus filhos, mas não é, nunca será a mesma coisa.
– Eu também sinto falta da Itália, mas tento me acostumar à nova vida.

Por meu marido, sabe? Para ele é muito importante que eu me adapte a essa nova vida, a esse novo lugar. Ele conta comigo. Acredita piamente que um dia todo o sacrifício valerá a pena.

– O meu Gianni também acreditava nisso.

Houve uma breve pausa até que Margarita perguntasse:

– E quanto a ele? Já superou sua morte? Já pode tirar o luto, não?

Gianluza respondeu num tom de desabafo:

– Às vezes sinto ódio dele, sabe? Muito ódio, na verdade.

– Por quê?

– Por ele ter tido a ideia de vir para o Brasil. Ter morrido durante a viagem, me deixando só e desamparada. Com três filhos à barra da minha saia para eu criar.

– Ele não fez por querer. Sua morte foi também surpreendente para ele próprio, creio eu.

– Sim, eu sei. Ele jamais pensou que isso poderia lhe acontecer. Tola sou eu em nutrir ódio por ele, ignorar o que sei: que ele não teve culpa nenhuma por ter morrido repentinamente como aconteceu. Mas um lado meu não quer ver, quer criticá-lo a todo custo, fazê-lo culpado de tudo, entende? É o meu lado mau. Não sei se todos o possuem, mas eu tenho um. Um lado birrento, que quer ser o dono da verdade, criticar, reclamar e instigar o meu ódio e revolta. Esse lado às vezes me cansa, sabe? Muito.

– Eu sei. Também tenho esse lado negativo dentro de mim. Acho que todos têm.

– Esse meu lado, por mais que compreenda que Gianni não teve culpa, continua a culpá-lo e acho que será assim para todo sempre.

Houve uma pausa até que Margarita perguntasse:

– Tem certeza de que não quer que as escravas, pelo menos uma, venha ajudá-la nos afazeres da casa?

– Não, minha querida. Não mesmo, obrigada. Gosto de me movimentar. Atividades como estas ajudam a manter o nosso corpo esbelto e saudável, algo importante para o nosso equilíbrio físico e mental.

– Sou da opinião de que uma mulher não precisa se cuidar tanto depois que já conseguiu um marido. Uma vez tendo um de papel passado, nada mais pode separá-los.

Ela riu e Gianluza fez ar de dúvida. Margarita completou:

– Se eles, os maridos, não se cuidam, por que nós, mulheres casadas, temos de nos cuidar?

Gianluza opinou:

– É... De certa forma você tem razão, mas ainda acho que o cuidado para conosco deve ser feito para que mantenhamos o nosso físico harmonioso acima de qualquer coisa.

– É... Talvez você tenha razão, Gianluza. Vou procurar me exercitar mais doravante, fazendo caminhadas pela fazenda.

– Sim! Caminhadas são ótima ideia! Irei com você se quiser.

A italiana sorriu agradecida.

Itália, três meses depois dos últimos acontecimentos.
Final de 1793.

A família de Gianni Nunnari continuava aguardando por notícias suas. Chiara Nunnari, a mãe de Gianni é quem mais ansiava por uma carta de seu filho amado trazendo notícias dele. A carta finalmente chegou e foi Filomeno Nunnari, o pai de Gianni, quem a abriu, ansioso para saber se tudo estava dando certo com o filho, a nora e os netos no Brasil.

O choque foi tremendo ao ler as linhas em que Gianluza descrevia a morte do marido. O homem precisou parar a leitura, tomar um copo d'água e respirar fundo. Tentou evitar o choro, mas foi impossível, chorou feito uma criança desesperada e entristecida por saber que o pai morrera. Ele nunca se preocupara em perder um filho, pois sempre acreditou que, pela ordem natural da vida, ele, por ser mais velho, iria antes.

Ao perceber que a esposa estava chegando a casa, Filomeno tratou logo de esconder a carta, sabia que seria um baque tremendo para ela saber do acontecido com Gianni.

– Meu marido, o que houve? Estava chorando, por acaso?

– Eu?! – fingiu ele, alegria. – Que nada, meu amor. Foi um cisco que entrou no meu olho direito e joguei água para tirá-lo... Foi um sufoco só.

– Pobrezinho.

Ele procurou sorrir e a beijou.

– Alguma notícia do nosso amado filho?

Ele limpou a garganta antes de responder:

– Não, meu bem, por enquanto não. Mas logo, logo a carta deve chegar. É que uma carta vinda do Brasil demora mesmo muitas semanas para chegar aqui.

– Não pensei que fosse tanto.

– Eu também não.

Depois de muito refletir, para poupar a esposa de todo aquele sofrimento, Filomeno Nunnari decidiu esconder dela a verdade, para isso escreveu, de próprio punho, uma carta como se fosse o filho quem a tivesse escrito e a colocou no envelope que chegara do Brasil. Então, foi para a casa, entrou chamando pela mulher com entusiasmo:

– Querida! Querida!

– Sim, meu bem.
– Trago boas notícias!
A mulher correu até a sala, ansiosa:
– Não vai me dizer que...
– Sim, meu amor. A carta do Brasil chegou!
– Jura?!
– Sim, querida, aqui está.
– Deixe-me ver, deixe me ver!
A esposa tomou o envelope de suas mãos e ao ver que estava aberto, falou:
– Você já leu? Está tudo bem? Não, não me diga! Deixe me ler!
Ela sentou-se junto à janela onde a claridade lhe permitia enxergar melhor e desfrutou da leitura.

Querida mamãe e papai, como vão? Aqui no Brasil está tudo bem. Durante a viagem fizemos amizade com um casal de italianos: Mario e Margarita Corridoni, pais de um menino muito simpático que logo fez amizade com Umbelina, Liberata e Maurizio, seus netos adorados. Por falar nas crianças, elas estão bem e lhes mandam lembranças. Gianluza também. O Brasil é um lugar muito ensolarado, cheio de matas virgens, um lugar que ainda precisa ser muito explorado. Moramos atualmente na fazenda dos Corridoni porque eles, muito gentilmente, nos ofereceram uma casa e trabalho até que eu junte mais dinheiro para poder comprar um maior número de terra. O que espero fazer dentro em breve. A saudade que sinto de vocês é muita, mas com a graça de Deus, todo esse sacrifício e essa distância um dia valerá a pena... Já está valendo.
Com carinho,
Gianni Nunnari.

A mãe levou a carta ao peito e ali a apertou. Depois de um suspiro, disse:
– Oh, marido que notícia boa! Agora posso dormir mais tranquila, sabendo que o nosso filho, nossa nora e os nossos netos estão bem.
O marido foi até a esposa, beijou-lhe a testa e se conteve para não chorar. Chiara Nunnari tornou a suspirar de alegria. Houve um outro suspiro, o de Gianni Nunnari em espírito, que também estava presente no recinto só que invisível aos olhos dos pais. Voltando-se para o seu guia espiritual*, disse:
– Que Deus compreenda por que meu pai fez uso dessa pequena mentira.

---

*O guia que recebe cada um fala a língua que você aprendeu na sua última encarnação. A providência Divina garante o guia certo para o espírito certo, caso contrário seria uma Torre de Babel. (N. dos A.)

Não foi por mal, foi apenas para poupar minha mãe. Todas as mães devem ser poupadas da dor da perda de um filho. Mais vale viver a ilusão de que o filho está bem em algum lugar que não tenham acesso do que saber que está morto.

O guia tomou a palavra:

— Mas você não está morto, Gianni.

— Para eles estou. Para todos na Terra estou, sim!

— Sim, de fato. Mas seu espírito...

Gianni o interrompeu:

— Se eu mesmo não tive condições de compreender que estava morto quando me vi morto, que eu voltara a ser somente espírito novamente, imagine como é para quem nada enxerga.

— Desculpe-me, você tem razão.

O guia assentiu e disse:

— Vamos?

— Antes quero dar um beijo em minha mãe.

— Vá.

— Será que eu posso? Será que eu consigo?

— Assim na terra como no céu, tudo depende do que você acredita poder.

Ele tomou coragem e foi até a mãe que se mantinha abraçada ao marido e a beijou. Depois foi a vez do pai que, tal como a esposa, sentiu uma mistura de calor e prazer tocar sua alma.

— Meu filho amado... – murmurou Chiara Nunnari.

— Meu menino amado – murmurou Filomeno Nunnari.

A seguir, Gianni e o guia espiritual tomaram o caminho de luz que levava à colônia que se tornara sua morada no Além. Pelo caminho, Gianni comentou mais uma vez com o guia:

— Foi mesmo uma bênção aquele homem e aquela mulher...

— Você se refere aos Corridoni?

— Sim. Foi uma bênção, eles terem aparecido na nossa vida. Graças a eles, minha esposa e meus filhos estão bem amparados.

— A vida é cheia de bênçãos, Gianni. Poucos reconhecem, mas é cheia de bênçãos.

— E agora, o que será de mim?

— Foi o mesmo que sua esposa se perguntou.

— Sim, eu sei. E qual é a resposta?

— A resposta se descortinará a sua frente. Você tem duas escolhas: deixar a vida levá-lo ou administrar sua vida até onde for possível. Creio que a segunda opção é a mais inteligente.

Um leve sorriso estampou-se na face de Gianni.

– É... Você tem razão.

Depois de admirar mais uma vez as nuances de cores projetadas pela luz que seguiam, Gianni comentou:

– Gianluza disse que jamais se apaixonará por outro homem. Que guardará o meu luto até a morte. Acho bonito seu gesto, suas palavras... Acho, sinceramente...

– Mas...

– Como sabe que tem um "mas"?

– Senti.

Gianni riu e continuou:

– Acho-a tão jovem para ser viúva. Não sei se deve permanecer sozinha até o final de sua vida.

– Até o final de sua reencarnação você quer dizer – corrigiu o guia.

– Como queira.

Gianni, sem dar muita atenção ao guia, indagou:

– Você não concorda comigo quando digo que Gianluza é muito jovem para permanecer sozinha até o final de sua vida?

– Concordo. Mas deixemos que a alma dela a desperte para um novo amor quando isso lhe for evolutivo.

– É... Novamente você tem toda razão.

O guia assentiu.

A família de Gianluza também levou um grande choque ao receber sua carta, contando as últimas. Houve choro e desespero por verem a filha e os netos num continente distante ainda que sob o amparo de gente tão boa quanto os Corridoni.

Houve uma preocupação maior com a pequena Liberata e orações foram redobradas em prol de todos que se encontravam no Brasil.

Enquanto isso, na Sicilia, a família de Margarita e Mario recebiam as cartas do casal contando-lhes as novidades. Todos ficaram felizes e radiantes com tudo que foi descrito, uma reação oposta das famílias de Gianni e Gianluza cujo destino lhes pareceu por demais cruel.

CAPÍTULO 7

SEGUINDO EM FRENTE...

Nesse ínterim, na Itália... (Início de 1794)
Disposto a fazer com que a esposa continuasse acreditando que o filho estivesse vivo no Brasil, Filomeno Nunnari foi até a casa da família de Gianluza pedir a todos que se por ventura encontrassem sua esposa pela rua, omitissem dela o fato de que Gianni havia morrido durante a viagem para o Brasil e apresentou seus motivos.

— Mas você acha certo agir assim, Filomeno? – perguntou o pai de Gianluza. – Não tenho nada a ver com a sua vida, mas...

— Sei que mentir é errado, mas faço isso pelo bem de minha esposa. Temo que, se souber da morte do nosso filho, ela não resista por muito tempo. Anda frágil de saúde.

— Eu compreendo. Sendo assim, você pode contar conosco.

A mãe de Gianluza quis dizer a Filomeno Nunnari poucas e boas a respeito de Gianni, expressar sua revolta por ele ter levado a filha e os netos para longe e ter morrido durante a viagem, mas calou-se diante do olhar reprovador do marido. Não ficaria bem dizer tudo o que pensava ainda mais para um homem que perdera um filho tão recentemente.

O próximo passo de Filomeno foi conseguir envelopes e carimbos do correio para provar que suas cartas eram autênticas. Explicou a situação entre lágrimas para os responsáveis do local, todavia não concordaram com ele, o que o obrigou a criar uma imitação de carimbo usado pelo correio da época para carimbar as cartas que apresentava à esposa, dizendo terem sido enviadas pelo filho do Brasil. Aproveitou também para escrever à nora, contando sobre sua decisão e pedindo sua colaboração.

Quando a carta de Filomeno Nunnari chegou a Santa Mariana, a cidadezinha perto da fazenda dos Corridoni, demorou para que Gianluza a recebesse. Quando o fez, leu-a com muita atenção. Nela, Filomeno Nunnari, seu sogro, pedia-lhe encarecidamente que ela, caso escrevesse uma carta para eles, não mencionasse a morte de Gianni. Contasse tudo o que se passava com eles no Brasil, como se ele ainda estivesse vivo e explicou-lhe, em detalhes, o porquê de tal pedido.

Liberata ao vê-la derramando-se em lágrimas diante do papel, aproximou-se dela e perguntou:

– Por que chora, mamãe?

– É uma carta do seu avô, pai do seu pai, da Itália.

– E o que diz ele, mamãe?

– Diz que está tudo bem, filha. Que está tudo bem...

Gianluza preferiu deixar a filha por fora do conhecimento do pedido do sogro.

– Quando voltaremos para lá, mamãe?

– Logo, filha. Muito em breve.

Só naquele momento é que ela percebeu que sua volta à Itália revelaria a verdade a Dona Chiara, sua sogra. Não teria como enganá-la quando ela a visse ao lado de Liberata, Maurizio e Umbelina sem Gianni. A verdade viria à tona e provaria, mais uma vez, que as verdades o tempo não apaga jamais.

As três crianças, para espanto de Gianluza se adaptavam à fazenda de forma surpreendente. Logo estavam, sob o comando de Maurizio, a desvendar o lugar, divertindo-se um bocado com as descobertas, rindo muito, falando um *tantão*.

Roberto, por sua vez, mantinha-se distante, olhando toda aquela alegria com desconfiança. Os três sempre o convidavam a tomar parte de suas aventuras, a mãe do garoto também o incentivava, e quando ele acabou aceitando, tornou-se uma companhia chata, reclamando de tudo e desdenhando as brincadeiras. Tão chato se tornou que Umbelina, Liberata e Maurizio nunca mais o convidaram para nada. Tomavam cuidado para irem brincar sem serem vistos, mas Roberto se acostumou às brincadeiras e seguia ao encalço dos três.

Talvez tenha percebido que sua companhia não era bem-vinda e, por isso, se esforçava tanto para estar ali, pelo simples prazer de chateá-los, estragar suas diversões.

Quando chovia e Umbelina, Liberata e Maurizio permaneciam dentro da casa onde moravam, davam-se por felizes por não terem de aturar o menino.

Triste foi o dia em que Margarita apareceu, trazendo Roberto debaixo do guarda-chuva com ela.

– Veja quem chegou – anunciou, animada. – O melhor amigo de vocês!

Os três se entreolharam com uma careta. Gianluza foi quem saudou o menino e, depois, convidou Margarita para tomar um café com pão enquanto trocavam ideias. Assim, enquanto as duas ficaram conversando na cozinha as crianças brincavam na modesta sala da humilde casa.

Depois que mãe e filho partiram, Gianluza chamou a atenção dos filhos.

– É impressão minha ou vocês andam evitando o Roberto?

– Ah, mamãe... – respondeu Umbelina prontamente. – Ele é sempre tão chato, um estraga prazeres.

– Não importa – revidou Gianluza, seriamente. – Roberto é filho de Mario e Margarita, um casal formidável. Sem eles nós estaríamos perdidos, completamente perdidos nesse Brasil.

As crianças se entreolharam, Gianluza continuou, afiada:

– Peçam perdão a Deus, na missa do próximo domingo, por tratarem Roberto com indiferença. Ouviram?

– Ouvimos sim, mamãe – responderam os três quase em uníssono.

Durante a missa em questão, Gianluza lembrou os filhos de cumprir o prometido. Assim, Umbelina, Liberata e Maurizio juntaram as mãozinhas e se dirigiram a Deus como a mãe havia lhes pedido.

Gianluza, assim como todos os italianos, também vinha estudando português com afinco, não só porque seria importante aprender a língua, mas também porque a ajudava a entreter as horas. Para ela e para os filhos, ao contrário do que acontece com muitos, estudar era um prazer. Mais divertido ainda era, sem dúvida, ficar falando em português para treinar a língua.

Certa tarde, quando ela estava sentada sob uma árvore frondosa que farfalhava ao vento, contemplando as nuances de azul que se perdiam no horizonte, Santos, o capataz, aproximou-se dela, pisando de mansinho para que sua chegada repentina não a perturbasse. Ao vê-lo, Gianluza procurou entabular uma conversa para praticar um pouco de português.

– Soube que a senhora está ansiosa para voltar para sua casa na Europa – falou o homem, procurando disfarçar o embaraço.

Gianluza, que a essa altura já compreendia melhor a língua portuguesa, respondeu:

– Estou, sim. Vim parar aqui sem querer. Foi ideia do meu marido, mas ele, infelizmente, morreu durante a longa travessia pelo oceano.

– Eu sinto muito. Deve ter sido doloroso para a senhora.

– Ainda é. Duvido que exista alguém que continue o mesmo depois de perder quem tanto ama.

– Eu nunca amei alguém assim, sabe? Amar tão forte como a senhora amou o seu marido.

– Um dia você haverá de amar, Santos. Porque o amor pode tardar, mas chega para todo mundo... um dia...

O português de Gianluza ainda era mal construído, mas o capataz a compreendeu muito bem e refletiu depois a respeito do que ela falou:

"Um dia você haverá de amar, Santos. Porque o amor pode tardar, mas chega para todo mundo... um dia..."

O pobre homem chegou à conclusão de que o amor já havia chegado e ele é que demorara a perceber... Estava se apaixonando por Gianluza e, agora, queria por tudo que houvesse de mais sagrado, que ela o amasse reciprocamente.

Naquela mesma tarde, as quatro crianças se reuniram mais uma vez no ribeirão da fazenda. Foi quando Maurizio levantou uma questão para que todos refletissem:

– E se os peixes falassem?

– O quê?! – espantaram-se todos.

– Você ficou maluco de vez, hein, Maurizio? – zombou Roberto.

– Imaginemos que eles falem – continuou Maurizio sem dar trela para o menino. – Eles poderiam nos contar como é a vida debaixo da água, não acham?

– É... – murmurou Umbelina, visualizando a cena.

Roberto, mal-humorado mais do que o normal naquele dia, fez nova crítica:

– Nunca ouvi tanta bobagem.

– Nós só estamos brincando, Roberto – lembrou Umbelina procurando manter a paciência para com o garoto. – Entre na brincadeira, vamos!

O menino fez bico. Maurizio então sugeriu:

– Imaginemos que somos os peixes e cada um vai contar o que já viveu no fundo do ribeirão, que tal?

– Ótima ideia! – empolgou-se Umbelina, dando um pulo.

Roberto, achando graça do seu jeito despojado, acabou tomando parte da sugestão de Maurizio. Foi tudo tão divertido que risos e a alegrias se misturavam sob a luz dourada projetada pelo astro-rei.

À noite, sob a luz de velas, Gianluza contava ou lia histórias para os filhos. Era por esses momentos que Liberata mais se interessava. Depois, as crianças íam para a cama e logo adormeciam. Gianluza se deitava a seguir, contente por ser uma boa mãe, dedicada e amorosa, sempre presente e disposta a ouvir e educar seus filhos da melhor forma possível.

CAPÍTULO 8

O ALVORECER DO CIÚME...

Logicamente que nem tudo eram flores para os Corridoni no Brasil... Certa tarde, Mario Corridoni abusou do mamão e da manga e, na manhã do dia seguinte, teve uma experiência nada agradável. Ignorou os sinais de que precisava ir urgentemente ao banheiro, até que não pôde mais se segurar. Infelizmente isso aconteceu quando ele andava pela rua principal de Santa Mariana. Começou a suar frio e enrijecer os músculos dos glúteos, enquanto procurava sorrir para os que cruzavam seu caminho e o cumprimentavam. Quando não pôde mais se conter, viu-se forçado a correr para o mato e se esconder atrás de uma moita. Ali baixou as calças e se aliviou. Foi por pouco, por muito pouco que não fez na cueca.

– *Mamma mia!* – suspirou, abanando-se com o chapéu. – Nunca mais abuso do mamão e da manga – prometeu-se, arquejante.

Logo os mosquitos o rodearam freneticamente e o mau cheiro se espalhou pelo ar.

Quando relatou o acontecido à esposa, Margarita Lozano Corridoni riu com ele. Ela simplesmente adorava o marido, reconhecera logo aos primeiros encontros na Sicilia que ele seria o grande amor da sua vida e sua intuição estava certa: ela o amava mais do que tudo, até mais do que a si mesma. Era um amor *ariano*, exagerado e intenso. E ela era capaz de tudo pelo marido, para fazê-lo feliz, para mantê-lo ao seu lado até que a morte os separasse.

Margarita só despertou dos seus pensamentos ao perceber que a escrava chamada Mulava aguardava suas ordens. Se deveria ou não, servir o almoço.

– Pode, sim, Mulava – respondeu Margarita em italiano.

A escrava era uma negra alta, de uns vinte anos, dentes brancos e brilhantes, um rosto lindo e um sorriso ainda mais lindo e cativante. Sua alegria e vitalidade tornavam-na muito popular entre todos: brancos e negros. Um inegável charme e magnetismo, exercidos de forma totalmente inconsciente a caracterizavam. Mulava não fazia força para agradar, era sua maneira de ser. Isso a tornava surpreendentemente cativante e querida por todos.

Foi o olhar, o olhar discreto da escrava na direção de Mario que acendeu a chama do ciúme no coração de Margarita. Teria a negra olhado para o seu senhorio com interesse de uma mulher para um homem? Não, aquilo não tinha cabimento. Nenhuma escrava ousaria flertar com seu senhorio. Além do mais, Mario não corresponderia a sua sedução, ainda que fosse uma negra bonita cujos dentes eram o que mais impressionavam a todos, de um branco encantador, nenhum branco tinha dentes tão brancos quanto os dela, Mario jamais se envolveria com ela. Primeiro por ser uma negra e, segundo, por ele lhe ser fiel, em nome do amor que sentia por ela. Para Margarita o marido a amava mais do que tudo, era mais que uma sensação, era uma certeza infinita.

– Algum problema, bambina? – perguntou Mario, achando estranho o silêncio e a carranca repentina da esposa.

– Não, meu amor. Nada não!

Ele sorriu, massageou sua mão e disse:

– O que está achando da nossa mudança para cá?

– Estou gostando muito, Mario. A seu lado, meu amor, qualquer lugar vale a pena! Nem o paraíso após a morte, se existir, será mesmo um paraíso de verdade se você não estiver ao meu lado.

Nisso, Roberto entrou na sala e o pai o ergueu no braço e o girou. O menino riu, feliz. Adorava o pai, o tinha como a um herói. Quanto à mãe, tinha-a como a uma deusa.

Margarita ficou admirando o marido brincando com o filho, mas ao rever Mulava decidiu, doravante, ficar de olho nela. O ciúme, mais uma vez, estava prestes a estragar a tranquilidade dos que almejam viver em paz...

Na missa de um dos domingos sequenciais, Margarita e Gianluza reencontraram Imaculada Tavares, proprietária de uma fazenda muito rica da região. Haviam conhecido a simpática senhora durante as missas aos domingos em Santa Mariana.

Fora uma mulher bonita na juventude, mas a falta de exercícios a deixou obesa e flácida. De saúde frágil e mente ligeiramente perturbada.

Do mesmo modo conheceram o Senhor Tavares, marido da ricaça. Um homem elegante, de meia-idade, de modos finos, quase um Lorde inglês. Usava calças novas na cor cinza sobre um paletó da mesma cor. Seu andar gingava um pouco e as mãos pendiam meio fechadas, enquanto andava. Era um homem extraordinariamente bem proporcionado, com um rosto fino e divertido, ao qual um toque de bronzeado nas têmporas trazia maior distinção.

Ambos haviam nascido em Portugal, mas por terem morado um tempo na Itália, antes de se mudarem para o Brasil, dominavam a língua italiana muito bem. Depois dos cumprimentos, Imaculada falou:

– Estou esperando a visita de vocês duas, minhas queridas.

Margarita sorriu, sem graça, e respondeu por ela e Gianluza:

– É que, como nos mudamos há tão poucos meses para a fazenda, há ainda muito o que fazer por lá.

– Mas não podemos viver só de trabalho, filha.

– Isso lá é verdade.

Certamente que Imaculada havia notado que a explicação de Margarita não passava de uma desculpa inventada na hora. Por isso foi enfática ao dizer:

– Espero vocês nesta quinta-feira às quinze horas lá no meu casarão da fazenda. Qualquer um na cidade sabe explicar como se chega lá. Não aceito não como resposta.

Margarita e Gianluza se entreolharam. Aquilo não havia sido um convite, era uma ordem.

– Está bem – respondeu Margarita pelas duas novamente. – Estaremos lá, só não queremos lhe dar trabalho.

– Trabalho algum. Será um prazer receber vocês duas em minha casa.

Voltando-se para o marido que conversava descontraído com Mario Corridoni, a mulher puxou-o pelo braço e disse:

– Não é mesmo, Tavares?

O homem pego de surpresa, gaguejou:

– Não é mesmo, Tavares, o que, meu bem?

Imaculada riu e explicou.

– Ah, sim, querida, certamente. Será um prazer receber estas duas gentis senhoras em nossa residência.

Imaculada fez um adendo:

– E numa próxima vez marcaremos um almoço para todos!

Todos sorriram como muitos fazem para parecerem agradáveis uns aos outros diante de situações como essa.

As italianas já seguiam para a charrete que as aguardava, quando Imaculada puxou Margarita pelo braço e disse, em tom confidencial:

– Não leve as crianças, por favor. Não tenho nada contra elas, é que somente a sós poderemos conversar mais à vontade.

– Ah, sim, certamente.

Novas despedidas e assim cada qual tomou sua charrete e voltou para a casa naquele dia ensolarado de domingo.

Foi também numa tarde de um dia bonito e ensolarado que Margarita e Gianluza foram visitar Imaculada. Duas escravas introduziram ambas à casa da gentil e falante senhora. Uma casa considerada luxuosa para a época.

– É um prazer recebê-las aqui, minhas queridas – saudou Imaculada toda pomposa.

Após os cumprimentos triviais as três se assentaram no sofá da sala e desandaram a falar sobre os assuntos mais diversos: missas, o padre e Deus.

– Deus nos protege, eu sei – opinou Imaculada a certa altura da conversa –, mas é obrigação da esposa cuidar do seu marido. Afastar dele qualquer rabo de saia, pois os homens são fracos, todos eles, diante de um.

Margarita e Gianluza se entreolharam.

A gorducha olhou para um lado, depois para o outro, empinou o pescoço para frente e baixou a voz:

– Sabe, vou lhes contar um segredo... Eu andava cismada com o meu marido... Certa de que ele estava me traindo com uma das escravas, então comecei a segui-lo para ver se o que eu supunha era verdade. Dito e feito, peguei os dois no meio do canavial. Ele parecia um animal com o rabo ente as pernas quando me viu. Cobriu-me de beijos e me implorou por perdão, lhe perdoei, mas exigi que vendesse a escrava, o que fez de prontidão. No dia seguinte, chegou um comprador e pagou uma boa quantia por ela, o que deixou meu marido muito feliz. Você sabe o quanto os homens ficam felizes quando ganham um bom dinheiro. Só há três coisas que alegram um homem mais do que tudo: uma mulher bonita, sexo e dinheiro!

Ela ajeitou seus cabelos bem penteados para chamar a atenção para eles e quem sabe assim, ficar desatento ao resto de seu corpo cuidado com desleixo e continuou:

– Se vocês duas conhecessem a danada da escrava... Vocês jamais diriam que ela seria capaz de fazer indecências com o meu marido. Era pequena e parecia tímida, seus olhos escuros passavam a maior parte do tempo, modestamente, voltados para o chão. Embora sorrisse, vez ou outra, quando lhe fazíamos um elogio ou recebia de meu marido uma palmadinha nas costas, jamais pensei que por trás daquele ar de moça recatada havia uma mulher indecente, imoral e atrevida. Uma pecadora.

Se vocês a vissem no canavial com meu marido, foi um horror... Ela se transformou em outra pessoa. Se não tivesse visto com os meus próprios olhos, juraria tratar-se de uma outra escrava. Ao me ver, peitou-me com o olhar e continuou indecente e imoral bem diante dos meus olhos. Parecia ter prazer em me ver chocada... Foi assim até meu marido me ver.

Imaculada arrepiou-se.

– Foi pavoroso!

Outro suspiro.

– Mas chega de falar sobre os desagrados da vida. Passemos agora para a copa onde serão servidas algumas gostosuras que mandei preparar exclusivamente para vocês.

Margarita e Gianluza acompanharam a anfitriã até a sala, onde foi servido um chá acompanhado de guloseimas deliciosas. Quindim, cocada, bolo de milho, pamonha, doce de compota, entre outras delícias.

Minutos depois, o Sr. Tavares chegou à casa e cumprimentou as mulheres com a elegância que lhe era tão particular. Era difícil para Margarita e Gianluza acreditarem que aquele homem de meia-idade, com pompa de um Lorde inglês tivesse se envolvido com uma escrava a ponto de levá-la para o canavial e fazer *indecências* com ela. Mas ele fizera isso e muito mais...

O que Imaculada Tavares relatou sobre a venda da escrava de fato aconteceu. Ela apenas desconhecia que o comprador da escrava era, na verdade, um conhecido do marido que fingiu ser um comprador a mando dele e, assim, que chegou ao vilarejo de Santa Mariana, acompanhado da escrava fogosa, instalou-a numa casinha humilde alugada pelo próprio Tavares para poder continuar se encontrando com ela, sem ter mais o perigo de a esposa pegá-los em flagrante.

Tavares era louco pela danada da escrava, assim como muitos senhorios eram por uma de suas escravas, sempre a mais charmosa e provocante.

Pelo caminho de volta à fazenda, Gianluza notou que Margarita ficara repentinamente quieta. Olhou novamente para a amiga e cismou: "O que a teria transtornado? Justo ela que sempre parecia ser tão segura de si".

– Margarita, o que houve? – arriscou ela a perguntar quando não mais se continha de ansiedade. – Você ficou tão séria de repente. O que foi?

A resposta dela soou distante:

– Não havia pensado sabe... Isso não havia me ocorrido...

Gianluza estranhou ainda mais a amiga.

– Do que você está falando? – perguntou ela, observando bem o seu perfil.

A resposta da italiana demorou, mas finalmente atravessou seus lábios:

– Nunca havia me passado pela cabeça até então que os senhores de escravos podem exigir que suas escravas se deitem com eles quando bem lhes convier.

– Será?

– Bem... Sabe o que me ocorreu também, Gianluza?

– Não.

– Dona Imaculada disse que a escrava era imoral e, por ser imoral, seduziu seu marido, mas será que não foi o contrário? Foi ele quem a seduziu e, mesmo não seduzida, obrigou a se deitar com ele? Escravos e escravas são comprados para fazerem o que seus proprietários mandarem. Por isso penso que...

— Mas o Sr. Tavares é um homem tão respeitoso...

— É... Mas muitas vezes as aparências enganam, Gianluza.

— Sim, é verdade. Mas se ele se envolveu com a escrava, fez talvez por pensar que não seria pecado, tampouco uma traição para com a esposa, afinal, os brancos não consideram os negros seres humanos e dignos de respeito... Por não serem cristãos acreditam que são como animais, postos na Terra para servir o homem de mente superior e cristã. Portanto...

Margarita refletiu por instante e voltou a opinar:

— Por outro lado, a escrava poderia ser mesmo como Dona Imaculada falou. Uma devassa e seduziu o Sr. Tavares de livre e espontânea vontade. Ou de propósito para afrontar Dona Imaculada.

— Sem dúvida. E há também uma terceira hipótese.

Margarita empertigou-se:

— Os dois podem ter se apaixonado um pelo outro.

Os olhos de Margarita demonstraram grande espanto.

— Você acha que isso é mesmo possível? – havia também espanto na sua voz. – Quero dizer, um branco se apaixonar por uma escrava... uma negrinha?

— Tudo nessa vida é possível, Margarita. Eu mais do que ninguém sou a prova viva disso.

Margarita trocou a curiosidade pela inquietação desde então.

Naquela noite lembrou-se da escrava de nome Mulava, do dia em que teve a impressão de que ela estava olhando para Mario com seus olhos negros e expressivos como faz uma mulher que deseja um homem, sexualmente. Estaria de fato Mulava flertando com seu senhorio?

Margarita sentiu as mãos úmidas ao pegar uma fruta sobre a fruteira. Só de pensar naquilo transpirava frio, sentia seu peito gelar, obra do ciúme, da terrível hipótese de vir a ser traída pelo marido com a tal escrava de olhos e dentes bonitos.

E novamente ela ouviu o conselho que deu a si mesma tempos atrás:

"Mario não corresponderia a sua sedução, ainda que fosse uma negra bonita cujos dentes eram o que mais impressionavam a todos, de um branco encantador, ele jamais se envolveria com ela. Primeiro por ser uma negra e, segundo, por lhe ser fiel, em nome do amor que sentia por ela."

Para a italiana, como já foi dito antes, o marido a amava mais do que tudo e isso era para ela uma certeza infinita. Todavia, o ciúme persistia dentro dela, querendo escravizá-la ao seu amargo e indesejável prazer.

CAPÍTULO 9

SOB A SOMBRA DA SUSPEITA...

Diante do medo que o ciúme acendia em seu peito, o medo de que o marido viesse a se interessar pela juventude de Mulava, Margarita sentia seu estômago se revirar de nervosismo. Para se precaver, começou a usar creme para esconder as rugas e parecer mais jovem. Ao perceber que os vestidos escuros a deixavam mais magra começou a usar somente azul marinho, marrom escuro e verde musgo. Por acreditar que vomitando o que acabara de comer, emagreceria, passou a enfiar o dedo na garganta quase logo após as refeições, dando assim início a um processo de bulimia.

Chegava a passar horas em frente ao espelho, mudando as formas de pentear seu cabelo para ver qual penteado a rejuvenescia mais. Assim transformou-se numa criatura artificial e insegura.

A cada novo vestido comprado, a cada nova alteração de sua aparência, por mais sutil que fosse, ela se inquietava: e se o marido não gostasse dela daquele jeito?

Mas a verdade é que Mario Corridoni apreciava tudo na mulher, pelo menos apreciara tudo até então.

— Você está linda, Margarita — assegurou Gianluza certo dia.

— Estou? Quando não fazemos comparações somos sempre bonitas. Infelizmente, há inúmeras mulheres tão bonitas e deslumbrantes quanto nós.

— O grande desafio é não se comparar.

Margarita fez um ar desolado, o que fez com que Gianluza lhe perguntasse:

— Você me parece preocupada, o que há?

— Você quer saber mesmo? Estou preocupada com o Mario. A tal escrava, a chamada Mulava é muito bonita, e bem, peguei-a olhando para ele, certa vez. Olhava para ele com aqueles olhos de mulher apaixonada, sabe? E, bem...

– Você não acha que...
– Não quero pensar que...
– Mas você viu ele retribuindo o olhar?
– Não! Mas talvez por estar na minha frente.
– Mario a ama, Margarita! Estou certa disso!
– Eu sei, mas a carne é fraca diante de uma mulher de corpo bonito, dez, doze anos mais jovem do que eu.
– Não se preocupe com isso.
– Eu tento não me preocupar, mas não consigo.
Gianluza assentiu e depois de breve reflexão, sugeriu:
– Penso, então, Margarita, que o ideal seria vendê-la.
– Vendê-la?!
A italiana se empertigou.
– É. Como fez Dona Imaculada... Assim seus temores estariam resolvidos.
Um sorriso brilhou de ponta a ponta no rosto da mulher enciumada.
– É uma boa ideia, Gianluza! Obrigada.
A italiana abraçou a amiga e depois falou, com sinceridade:
– Você tem sido maravilhosa para comigo, Gianluza. Nem sei como teria me adaptado a tudo isso, sem você aqui.
– E vocês têm sido uns amores para comigo e meus filhos. Eu só tenho a agradecer a Deus por isso. Pena que logo estaremos partindo de volta para a Itália. Vou sentir saudade de vocês.
– É isso mesmo que você quer?
– Sim, Margarita. Lá está minha família, com eles terei apoio financeiro.
– Mas você tem tudo aqui conosco.
– Eu sei, mas é que família é família, sabe como é?
– Sim, eu a compreendo.
– Que bom que me compreende.
– De qualquer modo eu também vou sentir muito a falta de vocês. Vocês são uma excelente companhia. O Roberto, então, vai sentir muita saudade de seus filhos, são para ele como seus irmãos.
– Eu sei. Liberata, Umbelina e Maurizio também o querem muito bem, o têm como a um irmão.
Margarita fez uma pausa, perdida em pensamentos, e prosseguiu:
– Vidas que se encontram, vidas que se separam... A vida é mesmo assim, não? Um eterno encontro e uma eterna separação.
– Não fale assim que sinto um aperto no coração.
– Está aí outro fato inevitável sobre a vida: não há como viver sem sentir, vez ou outra, apertos no coração.

Numa voz calma e bem modulada, Gianluza admitiu para si mesma e para a amiga:

— Você é uma boa alma, Margarita. Você foi uma surpresa, uma surpresa agradável que aconteceu na minha vida... Na minha e na de meus filhos.

Novo sorriso brilhou no rosto de ambas.

Houve um breve momento de silêncio até que Gianluza reforçasse o que disse minutos antes:

— Não se esqueça, Margarita, que o ideal seria vender a escrava. Só assim seus temores estariam resolvidos.

E Margarita apreciou novamente a sugestão.

Margarita pensou por vários dias a respeito da sugestão de Gianluza, mas temeu que Mario se zangasse com ela caso exigisse dele tal procedimento. Acreditou que o ciúme passaria, que tudo o que pensava que poderia acontecer entre o marido e a escrava fosse cisma sua, algo totalmente infundado, mas toda vez que via a escrava perto de Mario, seu coração se apertava e sua boca amargava de ciúme. Diante da aflição, ela decidiu seguir a sugestão de Gianluza. Chegou no marido numa hora que achou conveniente e pediu a ele que vendesse a escrava.

— Vendê-la?! — espantou-se Mario Corridoni, chegando a saltar da poltrona. — Por quê?! É uma ótima escrava. Sadia, prestativa, polida.

A reação do marido deixou Margarita ainda mais encasquetada.

— Diga-me, Margarita — continuou ele num tom alterado. — Responda-me! Por que devo vender a escrava?!

Ela, aflita, respondeu:

— Porque não me sinto bem ao lado dela.

— Como assim?

Margarita emburrou. Ao se afastar, Mario a segurou pelo braço.

— O que há com você, Margarita?

Ela se recusou a responder.

— Você me parece descontrolada.

Ela abanou a cabeça, impaciente.

— E-eu...

— Responda-me, por favor.

Ela bufou, mordeu os lábios, forte, incerta se deveria ou não se abrir com ele. Por fim, disse:

— Eu sei por que se recusa a vender Mulava.

A voz dela soou fria e ofensiva.

— Ahn? — surpreendeu-se Mario, novamente.

— Sei, sim! — afirmou a esposa, encarando o marido de vez. — Você a deseja, não é, Mario? Você e ela já devem até ter...

Ele a soltou e recuou uns passos, sem fugir, porém, de seus olhos julgamentosos sobre os dele.

– Não diga tolices, Margarita!

Ela o enfrentou:

– Não sou mulher de abrir a boca para dizer tolices, Mario! Só digo o que tenho certeza!

– Oh, minha querida – continuou ele, voltando até ela e abraçando o seu corpo rígido. – Sinto muito, muitíssimo. Eu não fazia ideia de que você andasse enciumada. Você nunca me contou. O que posso fazer por você agora?

– Você pode vender a escrava. Substituí-la por outra.

– Não seja radical, Margarita.

– Venda-a!

– Se você insiste nisso é porque não acredita, não confia mais em mim e, isso, decepciona-me um bocado.

Margarita perdeu o chão diante daquelas palavras.

– Quero que confie em mim – insistiu ele. – Não que me olhe com desconfiança.

– Mas eu...

– Por favor, Margarita.

– Está bem, Mario... Vou tentar.

Mas ela já não conseguia mais acreditar nele, uma vez mordida pela serpente do ciúme, a confiança tornava-se cada vez mais difícil de existir.

Naquela noite, Mario Corridoni foi dormir pensando na nova faceta que descobrira da esposa, algo que jamais pensou existir.

É preciso compreendermos que o ciúme de Margarita se dava pelo fato de ela não ocupar sua mente devidamente. Também por não se cuidar, o que a fez ganhar alguns quilos a mais que a deprimiam e, por isso, julgava-se feia, não mais digna de ser querida pelo marido, apreciada e desejada por ele.

Enquanto isso, nas proximidades da senzala...

A voz firme de Gomax, um dos escravos do lugar, soou retumbante em meio às tochas flamejantes que iluminavam os arredores.

– Mulava!

A escrava virou-se na sua direção e mostrou seus dentes brancos e brilhantes num sorriso lindo em meio ao seu rosto tão lindo e cativante quanto seu sorriso.

O negro a abraçou, beijou e se declarou mais uma vez para ela:

– Eu a amo, Mulava. Amo muito!

Ela se apertou ainda mais a ele e respondeu, com voz apaixonada:
— Eu também, Gomax. Eu o amo muito! Muito!
Então ele a beijou como há muito queria beijar. A cada beijo, ela podia sentir seu amor se derramando sobre ela.

Ele a puxou pela mão até um local discreto e escuro, não completamente escuro. A luz do intenso luar não permitia, mas um local onde podiam ficar à vontade para se beijarem e se abraçarem e pronunciar aquelas palavras de amor que tanto ansiamos dizer para quem amamos. Ajoelhou-se à sua frente e beijou-lhe os pés mesmo sujos de terra.

— Você é o grande amor da minha vida, Mulava — repetiu ele entre um beijo e outro.

Ela, deixando-se totalmente ser envolvida por ele, respondeu, suspirando:
— Eu também o amo, Gomax. Muito...
E era amor mesmo o que um sentia pelo outro.

Nas semanas que se seguiram, Margarita se esforçou ao máximo para tirar da cabeça a hipótese de ser ou estar sendo traída pelo marido com a escrava chamada Mulava. Estava quase tendo êxito na sua empreitada quando Mario demorou para regressar para a casa.

— Ele nunca foi de se atrasar assim — resmungou ela, preocupada com o atraso do marido. — Que estranho...

Ela andava de um lado para o outro na varanda suspensa do casarão, quando começou a pensar no pior. Algo de grave havia acontecido a ele e aquilo lhe era desesperador. Foi quando ela deu pela falta de Mulava que sua cabeça piorou. Vozes e mais vozes perturbavam agora sua mente.

Ele está com Mulava, supunha. A visão dos dois juntos a torturou, mas então lembrou a si mesma para manter calma, não se precipitar em conclusões. Além do mais, seria impossível para os dois se envolverem na senzala onde todos tinham acesso, entravam e saíam de lá a qualquer hora.

Seria Mario capaz de arrastar a negra para o capinzal como fizera o Sr. Tavares? A hipótese a apavorou. Suava frio agora e crispava as mãos freneticamente.

— A senhora está bem? — perguntou Quiboa, a mais velha de todas as escravas, que a ajudava nos afazeres da casa.

Margarita assustou-se.
— Sim... Não! Onde está Mulava?
— Mulava?! — estranhou a negra. — Ela foi apanhar ovos, creio eu... Ovos ou...
— Ou o que, mulher?
A pergunta saiu num berro.

— Ela já deve estar voltando, sinhá. Não se preocupe...

O nervoso foi tão forte que tirou Margarita completamente fora do sério. Sem perceber começou a falar os maiores impropérios para a negra, só que em italiano. Subitamente, girou nos calcanhares e saiu pela fazenda em busca de Mulava. Não demorou muito para avistá-la vindo de dentro do galinheiro que ficava na extremidade leste da propriedade. Margarita quis berrar seu nome, gritar com ela, mas a falta de fôlego e o nervosismo não lhe permitiram.

— A senhora está bem? — perguntou a moça quando se aproximou de sua senhoria.

— Tire suas mãos de mim — rosnou Margarita na sua língua nativa.

A escrava arregalou os olhos de espanto e também por não compreender suas palavras. Assim que ela se foi, Margarita disparou em busca do marido. Levou um susto quando ele saiu de dentro da estrebaria e a segurou:

— Margarita!

Os olhos dela se arregalaram num espasmo de susto e terror.

— E-eu... — ela tentou dizer alguma coisa, mas não conseguiu.

— O que houve?! — questionou ele espantado com a vermelhidão que cobriu o rosto da esposa.

Ela então se abraçou a ele e começou a chorar:

— Oh, Mario... Mario...

— Calma, *bambina* — argumentou ele, procurando tranquilizá-la, acariciando seus cabelos.

— Você estava demorando... — respondeu ela entre lágrimas. — Cheguei a pensar o pior, Mario... O pior...

— Como vê, estou bem. Demorei porque estava ajudando o ferreiro a trocar as ferraduras de um de nossos cavalos.

— Ah, sim...

Margarita tranquilizou-se ao avistar a figura do ferreiro olhando curiosamente na sua direção.

— Desculpe-me. Desculpe-me pelo vexame.

— Daqui a pouco eu chego em casa.

— Ah, sim... Estarei esperando por você, meu amor.

— Então vá.

A italiana voltou para a casa-grande culpando-se por ter pensado mal do marido e se recriminando por ter feito aquele papel de boba. Desde esse dia, a suspeita de que o marido a estaria traindo com Mulava se esvaneceu. Sua mente e seu coração novamente se serenaram.

CAPÍTULO 10

E O CIÚME PERSISTE...

Já haviam se passado quase um ano desde a chegada dos italianos à fazenda, a pequena Liberata já aparentava cem por cento de melhora e a fazenda estava prestes a dar sua primeira safra. Gianluza decidira nesse ínterim voltar para a Itália somente depois da colheita, para que ficasse fazendo companhia a Margarita, Mario e Roberto por mais tempo. Era o mínimo que podia fazer, em retribuição à gentileza com que tratavam a ela e aos filhos.

Certa noite, enquanto Roberto Corridoni estava sentado, olhando com grande atenção o pé torneado de uma mesa antiga, o pai apareceu na sala e o chamou:

– Roberto, filho.

– Sim, papai.

Como o menino aparentava sempre dificuldade de olhar diretamente nos olhos de seu interlocutor, o pai ergueu seu queixo e disse:

– Olhe para mim, não tenha medo, nem vergonha.

O filho engoliu em seco e com visível dificuldade atendeu ao pedido do pai.

– Isso, filho. Pode me olhar nos olhos sem medo.

O menino suspirou e sorriu timidamente. Mario Corridoni, depois de fazer um gracejo no nariz do garoto, falou:

– Um pai não deve nunca temer um filho e a recíproca é verdadeira.

O menino pareceu perder a timidez de vez.

– Um homem, Roberto – continuou Mario, seriamente – mesmo muito jovem já deve desenvolver, caso ainda não tenha, qualidades de percepção e julgamento necessários para avaliar os fatos que o cercam. Não deve ser indolente e facilmente influenciável pelas ideias da primeira pessoa que encontra.

Estou quase certo de que você, Roberto, meu filho, é inteligente, tem bom discernimento, coragem, a mente livre de preconceitos e, acho eu, generosidade de espírito. A você confio o bem-estar de nossa família e o bem-estar dos Nunnari caso eu, por ventura, venha a faltar.

– Faltar?!!

Os olhos do menino se arregalaram surpresos e alarmados.

– É. Caso eu adoeça, torne-me um inválido, ou morra de súbito.

– Mas isso não vai acontecer com o senhor, não tão cedo, vai?

– Nunca se sabe, Roberto. A vida é sempre imprevisível... Veja o que aconteceu com Gianluza e os filhos dela.

– É verdade...

Houve uma breve pausa até que o garoto dissesse:

– Eles logo irão embora daqui, o senhor sabia?

– Sim, eu sei. Se ela pensa que isso é o melhor para ela e os filhos, que assim seja. Devemos sempre fazer o que pensamos ser o melhor para nós, mas não antes de uma boa reflexão.

Margarita ficou ouvindo de uma certa distância a conversa entre pai e filho, apreciando intimamente aquele momento tão bonito entre os dois. Amigos assim deveriam ser todos os pais e filhos: amigos, eternamente! E com letras maiúsculas! Essa era a sua opinião.

Na tarde do dia seguinte, depois de cumprir seus afazeres, Gianluza foi visitar a amiga no casarão.

– Se eu não mando chamá-la, você não aparece – criticou Margarita.

– Não quero incomodá-la – respondeu Gianluza, beijando a amiga no rosto.

– Você e seus filhos nunca me incomodam.

Prestando melhor atenção à italiana, Margarita falou:

– Ora, veja só! Você está em forma, Gianluza! Um corpo admirável enquanto eu, veja, cada vez mais obesa. Acho que preciso comer menos.

– É que eu não paro, Margarita. O trabalho diário é que me mantém em forma.

– Com as escravas fazendo tudo por aqui, o que faço eu?

– Você não sente falta de um movimento?

– Sim e não. Melhor dizendo, não! Já cuidei muito da nossa casa enquanto morávamos na Sicilia, agora mereço relaxar. Ou melhor, agora posso relaxar.

Ela riu, Gianluza também achou graça. A seguir, perguntou:

– E quanto à escrava? Pelo visto você deixou o ciúme de lado.

– Nem me fale disso. De fato deixei meu ciúme de lado, acho que ele sossegou, mas às vezes ressurge com força total, tão forte é que me faz transpirar de tensão.

– O ciúme é horrível. Já senti também e sei o quanto é desagradável. Mas que bom que você está conseguindo se controlar diante dele, afinal, suas suposições são todas infundadas.

– Será?

– É lógico que são! Margarita, seu marido a ama. Da fazenda não sai quase por nada. Não há por que desconfiar dele.

– É, talvez você tenha razão. Que talvez que nada, você tem toda razão.

Houve uma breve pausa até que Margarita desse um novo rumo para o bate papo.

– Você não pretende se casar novamente?

– Eu?!

– Sim! É tão jovem.

Gianluza sorrindo, respondeu:

– Jamais me envolverei com outro homem, Margarita. Nasci para ser somente de um: Gianni Nunnari, meu marido, e guardarei luto pela sua morte até o último instante da minha vida.

– Eu compreendo quando diz que só existiu um homem e só existirá esse mesmo homem em sua vida, ainda que esteja morto, Gianluza.

– Entende?

– Sim. Pois por Mario eu sinto a mesma coisa. Ainda ontem estava pensando em tudo de bom que ele trouxe para a minha vida, o que despertou em mim e... Ah, Gianluza, eu o amo tanto... Por ele tenho amor, paixão, uma loucura qualquer... Por ele sou capaz de tudo... E sei, ah, sim, eu sei que continuarei amando-o mesmo depois da morte caso a vida não tenha fim.

– Que palavras bonitas...

Margarita sorriu, agradecida pelo elogio.

– Será mesmo que podemos reencontrar quem tanto amamos do outro lado da vida caso ela continue? Será que a paixão, o amor podem ser...

– Eternos?

– Sim, isso mesmo: eternos?

– Eu gostaria que fosse eterna. Gostaria do fundo do meu coração.

Gianluza ficou triste. Margarita, olhos atentos ao da italiana, perguntou:

– O que foi?

– Eu não sei se a vida é eterna. Penso mesmo que a vida é somente aquilo que vivemos do momento em que nascemos até o momento em que morremos. Não existe nada, nada além. Ninguém nunca voltou para dizer que há vida após a morte.

– Jesus voltou, Gianluza.

– Mas ele era o filho de Deus, com ele tudo era diferente.
– É... Você tem razão.
Fez-se um breve silêncio até que Margarita dissesse:
– Só sei que enquanto vida eu tiver vou amar Mario Corridoni profundamente.
– Benza Deus, minha amiga. Você o ama como eu amei o meu Gianni.
Margarita assentiu. As quatro crianças chegaram à casa a seguir e as duas mulheres foram para a cozinha servir-lhes leite, pão, manteiga e doces. Enquanto comiam, Maurizio contou suas peripécias. Foi riso para todo o lado.
Já era final de primavera (1794) e as árvores já estavam novamente lindas e verdejantes à luz do sol.
– A primavera deixa sempre tudo mais lindo, não? – comentou Margarita com Quiboa, a escrava mais velha da fazenda.
A italiana ainda admirava o local quando avistou Mulava vindo ao longe para aquela direção. Saíra do pomar que era cultivado nas imediações. Sem saber ao certo o porquê, Margarita sentiu o ciúme se reascender em seu peito com força total, naquele instante.
– Onde você estava? – quis saber ela assim que a escrava se aproximou. De tão nervosa não se deu conta de que fizera a pergunta na sua língua nativa.
– O quê? – estranhou a moça.
Só então Margarita caiu em si, percebeu que falara em italiano com a negra.
– Onde estava? – repetiu em português.
– Fui apanhar frutas e verduras, sinhá.
Só então Margarita notou o cesto que a escrava segurava no braço direito. Sua cor mudou a seguir, a mente ficou em frangalhos, já não sabia mais o que pensar.
– Meu marido... Onde está ele? Você o viu?
Mulava respondeu com ponderação:
– E-eu... eu não sei não, sinhá. Posso voltar para a casa, agora?
– Sim, sim... pode!
Margarita continuou ali, aturdida, sob a sombra da dúvida e do ciúme doentio que subitamente se reacendera em seu coração.
Sem perceber, falou:
– Mario... meu marido... Onde está você, meu amor?
Logo ela disparou em sua busca e lágrimas vieram aos seus olhos e se misturaram com o intenso suor que escorria por sua pele, resultado do esforço físico que fazia ao andar apressada em busca do marido.
"Está tudo bem, Margarita, calma!", disse para si mesma na esperança de apaziguar o caos interior.

— Deve estar, sim... Deve estar tudo bem — repetiu ela, resfolegante.

Estava prestes a dar meia volta e seguir na direção da casa quando avistou o marido saindo do pomar, o mesmo local de onde Mulava saíra minutos atrás.

— Margarita! — chamou ele.

Ela procurou se recompor. Enxugou o rosto com as mangas longas do vestido e ajeitou os cabelos desgrenhados pela agitação.

— Onde você estava, Mario? — indagou procurando transparecer calmaria na voz.

— Trabalhando.

Ela intensificou o olhar de suspeita sobre ele.

— No pomar?

— Sim. Desde quando há um lugar específico na fazenda para eu trabalhar, Margarita?

— É... Você tem razão. Estava preocupada com você. Tive um mau pressentimento — mentiu ela descaradamente. — Pressenti que algo de ruim havia lhe acontecido.

— Outra vez?!

— Como assim outra vez?

— Meses atrás você pressentiu o mesmo, lembra-se? Foi quando me atrasei para ajudar o ferreiro na estrebaria.

— Ah, sim, é verdade... Havia me esquecido desse episódio. Mas dessa vez pensei mesmo que algo de ruim houvesse lhe acontecido.

— O que poderia ter me acontecido de tão ruim por aqui, meu amor?

— Não sei... Só sei que foi um pressentimento muito forte!

— Como vê, estou bem, fique tranquila.

A tensão no rosto de Margarita se suavizou, mas retornou assim que ela avistou a braguilha da calça dele aberta.

— Sua braguilha... está aberta.

— Ah, que descuido o meu. É que urinei há pouco.

— Ah, sim... é lógico.

Naquela noite, Margarita Corridoni fez uma refeição leve, ainda estava tensa, com a cabeça tomada de pensamentos tortuosos. Diante de sua esquisitice, Mario comentou:

— Você não comeu nada, Margarita. O que há?

— Estou sem fome.

— Ainda está assustada pelo que pressentiu esta tarde, não é?

— Sim... acho que sim.

Ela procurou sorrir, mas seu sorriso não passou de um esboço muito mal feito. O marido terminou a refeição, levantou-se e ao passar por ela, beijou-lhe a testa.

Assim que ficaram somente ela e Quiboa, Margarita perguntou:
– Vocês cantam e dançam para o deus de vocês, não é mesmo?
A mulher assentiu.
– Vocês sabem que a traição é um pecado grave? Tanto para um homem casado que trai sua esposa quanto para uma moça solteira que sai com um homem casado.
A mulher se esforçou para compreender, mas não conseguiu.
– Deixa pra lá!

Naquela noite, depois que o marido foi se deitar, Margarita Corridoni ficou na varanda de onde contemplava a lua e repetia sua oração com fervor:
– Deus Pai proteja o meu casamento!

Ao imaginar o corpo do marido entrelaçado com o de Mulava, sentiu seu sangue ferver e descobriu que seu ciúme tinha força e vigor suficientes para aniquilar sua adversária. Vez após outra, repetiu a oração.

Ao se encaminhar para o seu aposento, Margarita encontrou Roberto aguardando por ela.
– Meu filho, acordado a essa hora?

Mesmo à tênue luz da lamparina, o garoto viu que o rosto da mãe estava pálido e tenso.
– A senhora hoje está esquisita – comentou o menino, lançando um olhar de coruja sobre ela.
– Eu?! Oh, meu querido... preocupando-se comigo... que bonitinho...
– A senhora estava chorando?

A pergunta pegou Margarita desprevenida, mas foi rápida para inventar uma desculpa:
– Estava sim, Roberto... Mas de saudade... saudade da nossa terra, da nossa Itália tão amada.

Ela beijou o menino e ele se sentiu mais tranquilo. A seguir, perguntou:
– Um dia nós voltaremos para lá, mamãe?
– Para morar, não, filho. Para um passeio, sim!

O menino assentiu com um meio sorriso e disse:
– A senhora sabe, não sabe? Que a Dona Gianluza quer voltar para Itália o mais rápido possível?
– Sei sim, filho, mas no caso dela é diferente. Uma outra história, uma outra necessidade.
– Não queria que eles fossem embora daqui. Sem eles a fazenda vai ficar muito solitária.
– Eu sei, meu anjo. Eu também gostaria que eles ficassem, mas quem sou eu para decidir o destino dos outros?

O menino se agarrou a ela, fortificando o abraço.

– Eu amo você, Roberto. Muito.

– Eu também amo muito a senhora, mamãe. Muito!

Ela endireitou o corpo, estendeu a mão para o filho e disse:

– Vamos. Vou levá-lo para o seu quarto.

Depois de ajeitar o menino na cama, debaixo do lençol e da colcha, Margarita deu-lhe três beijinhos e lhe disse "Boa-noite!".

Ao deitar-se ao lado do marido, observou seu rosto, sereno, dormindo. Sua boca semiaberta, seu ronco que detestara a princípio, mas ao qual se acostumara com o tempo e que agora chegava a sentir falta quando não o ouvia.

Antes de se casar, Margarita temeu não saber executar as práticas do amor, estava tensa na sua noite de núpcias, tão tensa que tudo o que sentiu foi uma dor pavorosa durante o intercurso. Foi Mario quem a ensinou a relaxar quando percebeu o martírio que era para ela ter de se deitar com ele. Aí, então, a dor virou prazer, um prazer que só o amor pode atingir, e ela lhe era grata por aquilo, por tudo que ele trouxe de bom para a sua vida e lhe ensinou.

Em tudo ao seu redor estava Mario, até no ar que respirava ela podia senti-lo, com seu charme, com seus olhos bonitos, seu bigode e sua barbicha que deixara crescer no último ano. Era um homem sedutor, extremamente sedutor e ela não podia mais se ver sem ele ao seu lado. Ele se tornara parte da sua carne, parte de sua alma. Sem ele, era como se uma parte do seu corpo houvesse sido amputada, idem de sua alma. Ela tinha amor, paixão, loucura por ele e, continuaria tendo, mesmo depois da morte, caso a vida não tivesse fim.

Ao imaginar novamente o corpo do marido entrelaçado ao de Mulava, um pensamento que, por mais que evitasse, não deixava de importuná-la, sentiu seu ciúme se inflamar outra vez como uma fogueira em que se ateia mais lenha para que as chamas se multipliquem em gigantescas proporções.

Cansada de se ver atormentada pelo ciúme, Margarita Corridoni decidiu ocupar sua mente fazendo compras além das que fazia mensalmente na companhia do marido na cidade vizinha chamada Paço das Águas. Para isso, convidou Gianluza para ir com ela.

– Gianluza, meu anjo, preciso fazer umas compras na loja de secos e molhados em Santa Mariana e não quero ir sozinha. Poderia ir comigo, por favor?

– É lógico que sim, Margarita. Com todo o prazer.

– Ah, minha querida, muito obrigada. Você não existe.

— Amigas são para essas coisas, não são?

A italiana sorriu e, em seguida, pediu a uma das escravas que mandasse o feitor preparar a charrete e incumbisse um dos escravos de levá-las à cidadezinha.

— Se meu marido perguntar o que fui fazer — disse ela ao empregado —, diga-lhe que fui à loja de secos e molhados com Gianluza.

— Sim, senhora — respondeu Santos, prontamente.

Durante o trajeto até a cidade as duas foram pondo o assunto em dia. Voltavam das compras, quando Margarita suspendeu o que ia dizer ao avistar algo que despertou profundamente sua atenção. Gianluza alarmou-se ao ver seu rosto mudar de expressão, tornar-se quase azul.

— Gianluza, veja! — exclamou Margarita empinando o rosto para frente.

A italiana olhou na mesma direção que a outra olhava e logo viu o que lhe chamou tanta atenção. Era o Senhor Tavares, marido de Dona Imaculada, à porta de uma casa humilde, despedindo-se de uma negra.

— Se Dona Imaculada souber que o marido tem uma amante na cidade... — murmurou Margarita, indignada.

— Pode não ser sua amante.

— Despedindo-se daquele jeito, Gianluza? É amante, sim.

O próximo passo de Margarita foi pedir informações sobre a tal negra que morava naquela casa e o resultado foi: frustração. Ninguém parecia disposto a lhe dar a devida informação. Foi somente pagando para uma escrava mocinha disposta a tudo para juntar a quantia exata para comprar sua alforria, que Margarita obteve a informação desejada.

— Ela é amante do branco, sim! — desembuchou a jovem, olhando com admiração para a nota em sua mão. — Ele vem quase todos os dias visitá-la.

Margarita lançou um olhar de satisfação para Gianluza que se mantinha acabrunhada no assento do veículo.

— É alforriada? — foi a próxima pergunta de Margarita.

— É sim. Pelo próprio homem branco.

A mocinha riu.

— Ela era escrava da fazenda dele e, quando sua esposa descobriu que ela era amante do marido, forçou o homem a vendê-la. Mas ele... — ela riu —, pelo que sei, fingiu tê-la vendido.

Ela riu novamente e seus olhos pretos, lindos, continuaram admirando a nota em sua mão. Assim que Margarita a dispensou, voltou-se para Gianluza e falou:

— A tal escrava... A tal escrava que Dona Imaculada pediu para ser vendida, lembra-se? Deve ser ela!

— Você acha?

– Sim. Mas que homem safado! Fingiu que vendeu a escrava e a alojou na cidade.

– É melhor não se intrometer nessa história, Margarita.

– Como não?! Intrometer-me-ei sim!

Sem mais delongas, a italiana ordenou ao escravo condutor da charrete que seguisse para a fazenda de propriedade de Dona Imaculada Tavares, mesmo com Gianluza insistindo para que ela não tomasse parte naquilo; todavia seus apelos caíam em ouvidos decididos. Margarita queria levar aquilo até o fim e nada a faria mudar de ideia.

Chegando lá, Gianluza se recusou a entrar na casa da mulher.

– Estou estranhando você, Gianluza – admitiu Margarita prestando melhor atenção na amiga.

– Não quero tomar parte disso, Margarita. Não me sinto bem. Eu sinto muito.

– Está bem, falo eu com Dona Imaculada.

Com a ajuda do escravo, Margarita desceu do veículo e se dirigiu ao casarão dos Tavares onde foi saudada com grande alegria pela dona da casa.

– O que me traz aqui não é nada bom – explicou Margarita sem floreios.

Dona Imaculada alarmou-se.

– O que houve?

– Vim até aqui contar o que vou lhe contar porque achei que deveria saber. Sou da opinião que toda mulher de direito deve ser cúmplice uma da outra.

Imaculada Tavares ouviu com muita atenção o que Margarita relatou. Ao fim da narrativa, a mulher se mantinha aparentemente a mesma.

– Não sei se fiz certo em vir lhe contar – admitiu Margarita um tanto sem graça diante da portuguesa.

– Fez sim, minha querida – admitiu a senhora parecendo despertar de um sonho. – Só tenho a lhe agradecer.

Houve uma breve pausa até que Imaculada perguntasse:

– Quer dizer que você foi a Santa Mariana para entreter sua cabeça, parar de pensar que seu marido a está traindo com uma de suas escravas e acabou descobrindo que o meu marido é quem está se encontrando com uma amante?...

Havia agora uma ponta de tristeza no tom de Imaculada.

– Foi isso mesmo – respondeu Margarita sentindo-se novamente sem graça diante da mulher. – Preciso ir – agitou-se ela, pondo-se de pé.

– Eu a acompanho até a varanda.

Entre um passo e outra, Margarita falou de Gianluza.

– Ela não quis entrar? – espantou-se a portuguesa. – Ora que bobagem.

Imaculada foi até a charrete cumprimentar Gianluza que ao vê-la esboçou um sorriso amarelo, nunca se sentira tão desconfortável na frente de uma pessoa como dessa vez.

– Você está bem, minha querida? – indagou a mulher, olhando atentamente seus olhos.

– Estou sim – respondeu a italiana (Gianluza) tentando parecer natural. – Apenas preocupada com meus filhos. Com o jantar deles... Daqui a pouco são seis da tarde e...

– Sei. Então vão, minhas queridas.

E tomando a mão de Margarita, Imaculada reforçou:

– E muito obrigada por ter vindo aqui, minha doçura.

Margarita se sentiu satisfeita por acreditar que havia ajudado uma amiga, contando-lhe que o marido continuava lhe traindo e, o que era pior, com uma escrava alforriada por ele próprio.

A charrete partiu enquanto o rosto de Imaculada adquiria uma coloração esbranquiçada, cadavérica. De repente, para ela, teria sido melhor desconhecer a verdade eternamente para não ter de encarar os fatos que subitamente haviam se tornado árduos demais de se encarar.

– Fiz o que era certo, Gianluza – assumiu Margarita assim que o veículo ganhou estrada. – Agora estou com a consciência limpa.

Gianluza assentiu enquanto a frase "Agora estou com a consciência limpa" repercutiu estranhamente em sua mente.

Naquele dia, Imaculada Tavares tomou um chá reforçado para acalmar-lhe os nervos e aguardar pacientemente pela chegada do marido à casa. Ele demorou mais do que o habitual para regressar, porque ficou na taberna do vilarejo jogando conversa fora com os amigos.

Já eram quase 20 horas quando regressou e, ao ver a esposa, tratou-a como um *gentleman,* como sempre fazia.

– Como passou seu dia? – perguntou ele fazendo um gracejo em seu braço.

– Aguardando ansiosamente por sua volta.

– É mesmo?

– Sim. Acho que nunca ansiei tanto por sua chegada.

– Nossa! E há algum motivo especial para isso? Ah, já sei, hoje é alguma data especial para comemorarmos? Seria o dia de aniversario do nosso casamento?

– Não.

– Da nossa chegada ao Brasil?

– Também não.

75

– Não?
– Não, Tavares, hoje não é nenhuma data especial.
– Então me diga por que me aguardava com tanta ansiedade?
– Eu já sei de tudo, Tavares. Tudo!
– Tudo?! Tudo o que, mulher?
– Tudo a respeito de você e de sua amante. A tal escrava que você fingiu vender para um conhecido seu e a alojou em Santa Mariana.
– Ah, é isso?
– Sim, Tavares, é isso!
Ele suspirou e encheu um cálice de vinho, molhou a garganta com a bebida e voltou a falar:
– De uma árvore nascem muitos frutos, Imaculada, e todos tem o direito de serem provados.
– Aonde quer chegar?
– Em relação ao homem e à mulher. Compartilhar é a regra da vida. Por isso não vejo mal algum em você me compartilhar com outra mulher...
– Você gostaria que eu fosse compartilhada com outro homem?
– Não. Essa regra deve valer somente para os homens, afinal, somos mais fogosos do que as mulheres.
– Fogosos?
– Sim. Fogosos!
Imaculada se surpreendeu mais uma vez com os argumentos do marido.
– Mas saiba que um homem que se preze como eu, pode dar conta de duas, três mulheres sem se cansar.
– Mas você me jurou amor eterno... Amor e fidelidade diante do altar!
– Sim e daí?
– E daí que... Você é para ser só meu! Só meu e de nenhuma outra mulher!
– Por acaso eu nasci grudado com você? Há, por acaso, algum cordão umbilical unindo nós dois? Não há, concorda? Portanto...
– Você tem razão, meu marido. Toda razão, desculpe-me. Acho que estou sendo egoísta.
– Finalmente você percebeu. Ufa!
Ele tomou outro gole, foi até onde a esposa se encontrava sentada, estendeu-lhe a mão e disse:
– Vamos para a cama, meu bem. Nada como uma boa dose de amor para abrandar seu coração ciumento.
As palavras dele tornaram a surpreendê-la.
– Venha.
Ela finalmente estendeu sua mão e ele a apanhou no ar e a conduziu

para o quarto onde fizeram amor como há muito tempo não faziam. Depois do clímax, Tavares virou-se para o lado e despencou no sono de boca aberta, babando.

Imaculada, então, com muito cuidado, esgueirou-se da cama, do aposento e conduziu-se até a cozinha. Logo encontrou o que procurava: uma faca afiada, bem afiada para fazer o que achava ser o certo com o marido. Ela voltava para o quarto quando foi surpreendida por ele, mesmo parado rente ao batente que levava ao corredor.

– Eu sabia que estava tramando algo, Imaculada – disse ele, olhando desafiadoramente para ela.

– E-eu... – ela literalmente perdeu a fala.

– Ia me capar, é isso? – arriscou ele, seriamente.

Ela branqueou ainda mais. Ele, ácido, continuou:

– E você acha que com isso iria me fazer gostar mais de você?

A resposta dela, dessa vez, foi imediata:

– Pelo menos deixaria de me trair.

– E você deixaria também de gozar de todo o prazer ao meu lado. Capando a mim você me fere e fere minha amante com certeza, mas também sai ferida em toda essa história. Toda vingança fere ambas as partes.

– Eu o odeio, Tavares. Odeio, odeio, odeio!!!

– Não, Imaculada, você me ama! Quer me dominar e eu não sou dominado. Não nasci para ser, da mesma forma que não nasci para ser só de uma mulher. A partir de hoje eu durmo num quarto e você noutro. Até que eu volte a confiar em você.

E assim foi feito e, desde então, Imaculada se viu diante de duas escolhas: aceitar o marido como era e, assim viver bem com ele, ou odiá-lo mais e mais até se envenenar com o próprio ódio.

No dia seguinte, ao reencontrar Gianluza, Margarita fez um novo desabafo:

– Não se pode confiar num homem, Gianluza, não se pode! Bem que toda mulher diz isso.

Gianluza tentou acalmar amiga.

– Há sempre exceções, Margarita. Para tudo há exceções.

– Não consigo parar de pensar no que o Sr. Tavares foi capaz de fazer para manter a amante. Que homem sórdido. Pobre Imaculada.

– Procure se acalmar, Margarita.

Quem dera ela pudesse. Naquela noite, o pior aconteceu. Margarita se deu conta de que nada adiantaria vender Mulava, como Gianluza havia lhe sugerido, pois Mario poderia ir atrás dela, armar uma mentira como fizera o Senhor Tavares e, com isso, continuar sendo sua amante. A italiana não mais conseguiu ter paz desde então.

Dias depois, Margarita foi a Santa Mariana por um único propósito, o qual preferiu guardar segredo de todos.

Não demorou muito para encontrar com o tal homem que haviam lhe indicado, uma espécie de jagunço da época. O sujeito tinha o cabelo cor de pelo de rato, o corpo era magro e desajeitado, as mãos de articulações e os pulsos grandes, o pomo-de-adão parecia enorme no seu pescoço fino. Não olhava de frente, não era um homem cuja palavra inspirasse confiança, tinha uma maneira desagradável de gaguejar quando falava, todavia Margarita lhe explicou tudo o que desejava dele.

– Compreendeu o que quero que faça?

Os dentes dele brilharam num sorriso de assentimento.

– Aqui está parte da quantia que me pede – continuou ela, seriamente. – O restante só lhe darei depois de ter concluído o serviço.

O sujeito tornou a exibir seus dentes num sorriso matreiro.

No dia seguinte, ao cair da tarde, Mulava seguia só para Santa Mariana, a mando de Margarita. A italiana lhe dera uma função para fazer na cidadezinha pacata, algo que a negra achou muito natural, jamais pensou que por trás daquilo havia intenções maléficas por parte dela.

Ao chegar à cidade, Mulava sentiu uma rajada esquisita de vento provocar-lhe um arrepio estranho. Nem bem descera do veículo, uma sombra caiu sobre ela que, assustada, voltou-se para trás. Havia um homem entre ela e o sol.

– Seu nome é Mulava? – perguntou o sujeito de voz rouca.

Por um instante ela temeu responder que sim. O simples olhar do estranho perturbou-a, apertando seu coração até quase doer. Era absurdo que um homem comum, sim, perfeitamente comum, fosse capaz de causar isso a alguém.

A voz rouca tornou a se propagar feito um trovão:

– Eu lhe fiz uma pergunta, escrava. Seu nome é Mulava?

Por fim, ela disse:

– É sim, o que deseja?

O sujeito suspirou e soltou um risinho presunçoso, provocando em Mulava um pavor horrendo. Seu coração disparou quando ele aproximou-se dela e fez menção de pegar seu braço. Ela deu um passo para trás e o encarou.

– O que quer?

Sua garganta apertada mal conseguiu proferir a pergunta cuja resposta não obteve; somente um riso de escárnio, exalando um mau hálito pavoroso. As mãos fortes e insistentes do sujeito finalmente a agarraram e a arrastaram para longe dali. A pobre moça abriu a boca para gritar, mas foi em vão. Quem a ouviu nenhuma providência tomou, não diante de um branco brutamontes daqueles.

Com o coração batendo freneticamente, Mulava tentou lutar, mas seus braços, estranhamente pesados, recusaram-se a obedecer-lhe

– Não, não, não! – resmungou.

– É melhor você ficar boazinha se não quiser sofrer – ordenou ele com certa piedade.

Ao acordar mais tarde, dolorida e grogue, Mulava sobressaltou-se. A tarde já ia findando e o sol perdera o calor de que ela tanto gostava. A dor que sentia era apavorante, tão tenebrosa quanto a decepção pelo que havia lhe acontecido.

CAPÍTULO 11
INSENSATEZ, MAIS UMA VEZ...

Levou um bom tempo para que Mario percebesse que a escrava que sempre fora tão sorridente permanecesse o tempo todo com os beiços fechados nas últimas semanas. Certo dia foi até ela, estudou atentamente seus olhos e percebeu que nunca vira tanta tristeza em seu olhar.

– Mulava – disse ele com certa ternura.

A escrava rapidamente fugiu do seus olhos, baixando a cabeça.

– Está tudo bem com você? – quis saber ele, estudando atentamente seu semblante.

A moça assentiu sem emitir sequer um suspiro. O silêncio caiu pesado entre os dois, durou quase três minutos até que Mario a dispensasse:

– Pode ir.

Ela se retirou deixando o italiano pensando nela. Ela não estava bem, nada bem, sabia ele. Algo de muito grave havia lhe acontecido, mas o quê? Decidiu conversar a respeito com a esposa.

– Margarita, o que está havendo com Mulava?

– Mulava? Por que se preocupa com ela?

– Porque ela é de minha propriedade. Se estiver doente precisa ser curada, a morte de um escravo significa prejuízo.

– É mesmo por esse motivo que se preocupa com ela, Mario, ou há um outro em especial?

– Que outro poderia haver, mulher?

– Ela é tão bonita...

Havia cinismo na voz de Margarita Corridoni agora.

Mario, olhando enfezado para a esposa, respondeu:

– Não gostei do seu tom, Margarita. Detesto cinismo.

– Desculpe-me.

O clima pesou entre o casal. Levou quase cinco minutos até que ele perguntasse:

– Diga-me então o que há de errado com Mulava.

A resposta de Margarita foi curta e grossa:

– Eu diria se soubesse.

Mario permaneceu cabreiro desde então. Margarita, por sua vez, escondia dele um sorriso vitorioso.

Dias depois, à tarde, Mulava seguia equilibrando um tacho d'água na cabeça quando foi abordada repentinamente pelo senhorio. Levou um susto ao vê-lo, tanto que quase deixou cair o tacho.

Mesmo à contra luz do sol, Mario Corridoni viu que o rosto da escrava empalideceu e seu queixo tremeu, tenso.

– O que há com você, Mulava? – insistiu ele na pergunta. – Está doente por acaso?

Os olhos da belíssima negra se encheram d'água. Os beiços tremeram, a tristeza se estampou ainda mais em sua face. Ela nem se deu conta quando ele tirou de sua cabeça o tacho d'água e o colocou no chão. Então, olhando atentamente para a moça, ele continuou:

– Você anda muda, recentemente... sempre com os beiços apertados um ao outro, o rosto inchado. Está com algum problema na boca? Nos dentes?

Diante da sua rigidez e silêncio, ele pegou em seu rosto, delicadamente, para forçá-la a abrir a boca. Ela apertou ainda mais um lábio contra o outro, mas cedeu diante da pressão que ele fez com as mãos.

Quando Mario Corridoni descobriu que ela estava banguela o horror deformou sua face. Ele imediatamente soltou sua face e inquiriu:

– O que houve com seus dentes?

A moça chorou, quis pegar o tacho, mas não conseguiu, saiu correndo na direção da senzala, exasperada.

O italiano, após libertar-se da paralisação momentânea por causa do choque que levou, partiu em busca do capataz.

– Santos! Por que Mulava perdeu os quatro dentes da frente e os quatro de baixo? É algum tipo de doença? Você está sabendo de alguma coisa? O que houve? – questionou.

– Não estou sabendo de nada não, senhor.

O homem ficou ligeiramente rubro.

– Está me escondendo alguma coisa, Santos?

– Não, senhor... Eu juro.

Mario partiu cabreiro para a casa, entrou no local espumando de raiva. Margarita se assustou ao vê-lo naquele estado.

– Meu marido, o que houve? – perguntou ela, olhando atônita para ele.

Ele, indo de um lado para o outro do cômodo, demorou a responder:
– Acabo de descobrir que Mulava perdeu os quatro dentes da frente e os quatro de baixo de uma hora para outra.
O rosto de Margarita se manteve impassível.
– E por que está tão preocupado com isso?
– Por que, Margarita?! Que pergunta estúpida a sua, não?
– É que acho estranho você se preocupar tanto com uma escrava... Uma simples escrava.
– E se for uma doença que essa moça pegou, uma doença contagiosa, pode passar para os demais escravos e... sei lá... podem todos morrer de repente. Podem até mesmo nos contaminar.
– Nós somos brancos, Mario. Não somos iguais aos negros. Somos uma raça superior, eles são escravos por serem de uma raça inferior.
– Você não acredita mesmo nisso, acredita?
– É o que se fala na Europa e, em todo lugar, há muito tempo.
– Não quero ouvir mais nada, só quero saber porquê isso aconteceu à moça.

Naquela noite, Mario se fechou como uma lagarta se fecha em seu casulo. Nunca, em catorze anos de casados, Margarita vira o marido naquele estado. Nem boa-noite lhe desejou, deitou-se, virou-se para o lado oposto ao dela e procurou dormir.
Margarita ficou imersa em pensamentos e suposições.
No dia seguinte, o italiano foi atrás do capataz falar com ele novamente a respeito do que havia acontecido a Mulava. O homem, depois de torcer o chapéu umas dez vezes acabou dizendo:
– Meu senhor... Tudo o que sei é que é hábito das senhoras da região e de outros estados também, mandar tirar os dentes das escravas bonitas.
– O quê?! Repita o que disse. Bem devagar.
Assim fez o capataz.
– Bem... – continuou ele, ponderado –, a mulher do meu ex-patrão, depois que pegou o marido no mato com uma escrava, mandou tirar todos os dentes dela. O senhor sabe, não? Que os dentes são o que há de mais bonito na raça negra, não sabe?
Mario estava perplexo.
– Isso aconteceu mesmo?
– Sim, senhor. E teve coisa pior. Como meu antigo patrão continuou atrás da escrava, a patroa exigiu que ele a vendesse.
Só então Mario se deu conta do que o funcionário estava tentando lhe dizer nas entrelinhas.

— Você está querendo me dizer que... – balbuciou ele, chocado.
O capataz foi rápido em sua defesa:
— Eu não estou querendo dizer nada, não, senhor! Apenas...
Com um gesto rápido de mão, Mario o interrompeu:
— Não me diga mais nada, Santos. Não é preciso.
Cinco minutos depois, Mario Corridoni entrava em sua casa chamando pela esposa aos berros:
— Margarita!
Logo ela apareceu.
— Sim, meu amor o que houve?
Ele a mediu de cima a baixo antes de perguntar:
— Você, por acaso, mandou tirar os dentes de Mulava? Diga-me que não, pelo amor de Deus. Você nunca foi desumana, não pôde ter mudado de uma hora para outra.
— Estou achando exagerada sua preocupação com essa escrava, Mario. Uma simples escrava.
— Responda a minha pergunta!
Ela respondeu com uma outra pergunta:
— Você está me traindo com ela, não, Mario?
— O quê?!
— Abra-se comigo, eu sei que está! Sei que é natural isso acontecer com os homens, ainda assim, não aceito... jamais aceitarei!
O rosto dele, cheio de cólera, era agora assustador:
— Estou decepcionado com você, Margarita. Extremamente decepcionado!
— Decepcionado comigo ou com o fato de a escrava de rosto e dentes lindos ter ficado banguela?
Os lábios de Mario tremiam naquele instante tanto quanto seu queixo. A pergunta seguinte foi feita quase que involuntariamente:
— Como você pôde fazer uma barbaridade dessas com a moça, Margarita?
— Mario, por favor.
— Como pôde?! Responda!
— Fiz o que fiz por amor, Mario! Por amor!
— Não, Margarita você fez o que fez por infantilidade. E eu não suporto um adulto infantil.
O clima pesou ainda mais entre os dois. Ele pensou em dizer algo mais, mas o ódio era tanto que já não conseguia raciocinar direito. Sem mais, ele se retirou do recinto, pisando duro, espumando de ódio.

Naquele dia, Mario Corridoni escolheu um dos quartos desocupados da casa para dormir. Diante da sua atitude, Margarita passou a noite em claro, aguardando por ele na sala da casa para implorar-lhe perdão. Ao alvorecer, quando ele a viu ali, seu rosto voltou a se transformar numa máscara de ódio.

– Mario, por favor – disse ela, trêmula.

– Não me sinto disposto a conversar com você, Margarita.

– Mario, por favor...

Diante da sua recusa, ela se arrojou aos seus pés e suplicou pelo seu perdão.

– Chega, Margarita! Chega! Você está sendo ridícula!

– Não! Não enquanto você não me perdoar.

– Se é o meu perdão que você quer você o tem. Agora, por favor, pare!

Ela se levantou, pegou no punho dele e falou, chorando:

– Olhe para mim, por favor.

Ele não conseguiu.

– Se tivesse me perdoado de verdade me olharia nos olhos.

Ele virou-se para ela como um raio e disse:

– Certas coisas são imperdoáveis, Margarita. Imperdoáveis!

Ela chorou mais forte. Ele, sem paciência, segurou firme seus braços e disse:

– Pare de ser infantil. Por favor!

Ela intensificou o choro o que o deixou ainda mais irado, o fez soltá-la e ir até o local onde guardavam vinho e garrafas de licor. Ali, serviu-se de um de jabuticaba, entornando o cálice numa talagada só.

No dia seguinte, Mario Corridoni vendeu Mulava para poupá-la do ciúme da esposa.

Logo em seguida, Margarita procurou por Gianluza em sua casa para se consolar e desabafar.

– Mas, afinal – perguntou Gianluza –, ele estava mesmo traindo você com a escrava?

Margarita, olhos aflitos, respondeu:

– E-eu... Eu não sei.

As duas quedaram pensativas.

CAPÍTULO 12

O INESPERADO
OUTRA VEZ ACONTECE...

Ao crepúsculo do dia seguinte, Mario Corridoni já se encontrava em sua casa, procurando ocupar a mente com a leitura de um livro trazido de seu país, quando ouviu um toque na porta.

– Meu senhor – disse a escrava –, Gomax quer falar com *vosmecê*.

Mario olhou com desconfiança para a escrava e depois para a esposa.

– Diga a ele, por favor, que venha até aqui.

– Sim, senhor – assentiu a escrava.

Chegando à sala, o escravo, de rosto bonito e jovial, fez uma reverência para o seu senhorio e sua esposa e disse:

– Desculpe vir aqui, assim a essa hora, meu senhor...

– Não tem de que se desculpar, Gomax.

O negro assentiu, transparecendo dificuldade em falar. Mario o encorajou a ir em frente:

– Diga ao que vem, Gomax.

– Bem... – engasgou-se o escravo –, eu nem sei como dizer... mas...

– Acalme-se e fale.

O negro procurou seguir o conselho e disse:

– Eu gostaria que o senhor me vendesse, por favor...

– Vendê-lo?

– Sim. Para o mesmo fazendeiro que comprou Mulava.

Mario e Margarita empertigaram-se.

– É que... bem... – continuou Gomax, gaguejando –, eu amo Mulava. Estávamos juntos há muito tempo... Na verdade, desde que nos conhecemos, quando éramos jovens e a antiga proprietária da fazenda nos comprou. Não quero me separar dela, não, senhor. Eu a amo, sabe? Amo muito.

Mario lançou um olhar julgamentoso para a esposa que engoliu em seco

e procurou fugir do seu olhar. Voltou então a se concentrar no negro e disse:
— Vou ver o que posso fazer por você, Gomax.

O moço baixou a cabeça, fez nova reverência e despediu-se, dizendo:
— Muito obrigado, senhor.

Assim que se foi, Mario recostou-se novamente na poltrona que ocupava, massageou os olhos e murmurou:
— Você viu Margarita... o que o seu ciúme inconsequente causou a todos? Separou um casal que se ama. Um casal que desde que se conheceu estava junto. É de dar pena...

Margarita, agitada, respondeu:
— Você pode vender o escravo para o mesmo fazendeiro que comprou Mulava, Mario! Venda-o e tudo estará resolvido.

— Estará resolvido se o fazendeiro quiser comprá-lo. Talvez não se interesse pelo escravo.

— Com a graça de Deus ele há de se interessar.

— Não ponha Deus no meio das suas atrapalhadas, Margarita! Não seja como a maioria dos seres humanos, que depois que aprontam das suas querem que Deus resolva suas burradas. Deveriam ter vergonha de se dirigir a Deus nessas horas.

— Não me julgue mais, Mario, por favor. Já estou tão arrasada pelo que aconteceu.

Notando que a esposa voltara a chorar, Mario foi novamente ríspido com ela:
— Chega, Margarita! Seu choro me aborrece.
— Mas eu não consigo...
— Engula esse choro, vamos!

Ela tentou, mas não conseguiu. Irritado, Mario, levantou-se e foi para o quarto que passou a ocupar na casa desde que se desentendera com a esposa. Margarita permaneceu ali, entregue ao pranto desesperador, arrependida de tudo o que fizera para Mulava por ciúme.

Por sorte, Mario Corridoni conseguiu convencer o fazendeiro que comprara Mulava a comprar Gomax.

— Muito obrigado, meu senhor – agradeceu o negro radiante por saber que em breve estaria novamente ao lado da mulher amada.

— Não há de que, Gomax – respondeu Mario, emocionado.

— Que você e ela sejam muito felizes.

— Obrigado, senhor. Muito obrigado.

Margarita assistiu toda transação da venda da escrava pela janela frontal da casa-grande da fazenda.

Quando Gomax voltou os olhos para lá, para ver a casa pela última vez, seus olhos se cruzaram com os da italiana que acenou para ele, desejando, em silêncio, felicidades. O negro retribuiu o aceno, apesar de toda a tristeza que ele sabia que ela causara a Mulava e, consequentemente a ele. O negro não guardava ressentimento no coração. Não valeria a pena, seu espírito já aprendera essa grande lição em vidas passadas.

Quando Mulava avistou Gomax chegando à fazenda a qual agora pertencia, ela simplesmente largou o cesto que carregava frutas e correu ao seu encontro. Ansiosa e afoita por ser envolvida em seus braços e deliciar-se com seus beijos.

Diante da cena tão tocante, o severo capataz do lugar achou por bem chamar a atenção dos dois.

— O que *ocês* dois tão pensando que é isso aqui? – ralhou o homem abrutalhado. – Tem que ter respeito na frente dos *outro,* principalmente na frente do patrão e da família do patrão.

— Sim, senhor – concordou o casal de escravos em uníssono.

Mas nada tinha o poder, pelo menos naquela hora, de estragar a felicidade que ambos estavam sentindo por estarem novamente lado a lado. Ao cair da tarde, quando foram dispensados de suas funções, o casal se encontrou num lugar propício no meio da paisagem verdejante para se amarem. Foi um ato de amor inesquecível e surpreendente para ambos. Nesse dia concebeu-se um filho que em nove meses nasceria belo e sadio.

Diante do desprezo com que Mario passou a tratar a esposa, Margarita adoeceu. Sentia-se úmida e pegajosa como um abacate apodrecido.

Só quando percebeu que a esposa tinha febre é que Mario partiu em busca de Gianluza para ajudá-la. A italiana se assustou ao vê-lo àquela hora da noite à porta de sua humilde residência.

— É Margarita... – explicou Mario sem preâmbulos. – Está ardendo em febre... Será que você pode ficar com ela até que eu vá buscar o médico em Santa Mariana?

— Sim... É lógico!

Gianluza partiu no mesmo instante com ele, disposta a ajudá-lo no que fosse preciso.

Assim que Mario partiu para a cidadezinha, ela procurou acalmar a amiga, enquanto ajeitava um travesseiro sob sua cabeça:

— Seu marido a ama muito, Margarita. Não há motivos para você ficar assim, minha querida.

— Mario está revoltado comigo, Gianluza. Não dorme mais no nosso quarto, evita-me de todos os modos.

— Isso vai passar, minha querida, acalme-se.

Duas horas depois, o médico chegava para examinar a doente. Seu diagnóstico foi rápido e preciso: agitação nervosa e depressão, prescreveu-lhe um calmante e nos dias que se seguiram, Gianluza cuidou de Margarita como se cuidasse de um filho, algo que surpreendeu e encheu Mario Corridoni de admiração.

Diante dos elogios que recebeu do italiano, ela tomou a liberdade para lhe falar o que há dias ansiava por dizer:

— Se me permite dizer, Mario...

— Diga.

— Sua esposa não precisa só de um médico ou de remédios para lhe acalmar os nervos.

— Não?!

— Não. Ela precisa é de você. Do seu carinho, do seu afeto.

Baixando a voz, Gianluza completou:

— Dê-lhe um beijo. Fique um pouco ao seu lado e logo estará novinha em folha.

— Você acha mesmo?

— Sem dúvida.

Foi assim que Mario decidiu tirar o rancor do coração para seguir a sugestão da italiana.

Ao passar pela porta do quarto de Roberto, Gianluza encontrou o menino abatido. Foi até ele, encarou-o com ternura e disse:

— Sua mãe vai ficar boa, Roberto. Não se preocupe.

O queixo do menino tremia e era nítido o esforço que fazia para não chorar. Gianluza então abraçou o italianinho e entre um afago e outro, pediu:

— Pode chorar, Roberto. Os homens também choram... Não é feio chorar... é necessário.

Só então o menino deu vazão ao pranto contido.

— A mamãe vai ficar boa mesmo? – inquiriu entre lágrimas.

— Vai, meu querido, vai, sim! Até o final da semana ela estará saudável como sempre foi.

E de fato Margarita se recuperou após o marido voltar a dedicar a ela afeto, carinho, atenção e amor.

Enquanto isso na Itália...

Filomeno Nunnari perguntava-se mais uma vez se deveria ou não contar à esposa a verdade sobre o filho. Todavia, toda vez que optava pelo "sim" sentia uma profunda angústia e total falta de coragem para lhe dizer a verdade.

O sonho de Chiara passou a ser o de reencontrar Gianni, antes de ela morrer. Toda vez que pegava uma gripe, dizia, repetidas vezes:

– Não posso morrer, não posso. Não antes de rever meu bambino.

Ela se ajoelhava aos pés da Virgem Maria e desfiava um terço, orando com todo o fervor para a Virgem.

O que Filomeno não sabia era que quando escrevia uma carta fingindo ser o filho, era inspirado a fazê-la pelo próprio Gianni. Ele se posicionava ao seu lado e lhe ditava as palavras, começando sempre por "Querida mamãe e papai...".

A carta era ditada também para o próprio Filomeno, para que ele também tranquilizasse seu coração diante de tudo o que acontecera.

A cada carta recebida Chiara Nunnari transbordava de alegria. Era como se recebesse uma verdadeira injeção de ânimo para continuar sua missão de vida. A missão que cada um de nós recebe e que deve honrar até o dia do seu desencarne.

Enquanto isso no Brasil... (começo de 1795)

O verão era marcado por tempestades atípicas para a estação. Toda tarde grandes massas de nuvens se juntavam sobre a região e derramavam chuva abundante. Nenhum dos fazendeiros podia reclamar, haviam rogado aos céus por chuva, para que irrigasse o solo seco, seria injusto agora proferir palavras contra ela.

Confinados em casa pelas chuvas, as quatro crianças usavam mais uma vez a imaginação para criarem brincadeiras que pudessem diverti-las entre quatro paredes. O que foi novamente uma experiência surpreendente e agradável para todos.

Gianluza e os filhos estavam prontos para regressarem à Europa, porém, com as chuvas torrenciais as estradas ficaram puro barro, impossibilitando o tráfego de carroças e carruagens. Qualquer um que tentasse passar por elas encalharia, o que seria um grande transtorno tanto para os ocupantes do veículo quanto para quem tivesse de desencalhar o veículo.

Enquanto a sucessão de tempestades impedia Gianluza de partir, a italiana só pensava em seu regresso com os filhos para o país de onde nunca queria ter saído. Pensava nos pais amados, irmãos e irmãs, cunhadas e cunhados, sobrinhos, primos, tios... Pessoas queridas que a faziam se sentir segura e amparada no dia a dia. A demora de seu regresso era quase insuportável. Tinha a impressão, às vezes, que as tempestades a prendiam ali com os filhos para evitar que partissem da fazenda mais uma vez, por um motivo que somente os céus tinham conhecimento.

Seria de fato?

Quando o céu desanuviou-se e o aguaceiro parou, as pessoas arriscaram sair de suas casas, algumas dançando e chapinhando nas enormes poças, felizes por poderem gozar da liberdade outra vez.

Haviam se passado dois anos desde a mudança dos italianos para o Brasil. Margarita estava indisposta para acompanhar o marido, como de hábito, às compras na cidade vizinha chamada Paço das Águas. Era ali que eles compravam tudo o que não dispunham na loja de secos e molhados de Santa Mariana. Diante da situação, a italiana pediu a Gianluza para acompanhar o marido.
– Eu?!
– Você sim Gianluza! Por favor.
– Já que você insiste...
– Por favor.
– Está bem, irei. Vou pedir ao capataz e aos escravos que fiquem de olho nas crianças e os socorram em qualquer emergência.
– Boa ideia! Faça isso, querida.
– Você vai ficar bem?
– Vou, sim! As escravas ficarão comigo para qualquer eventualidade.
– Tem certeza que não quer que Mario chame o médico para examiná-la?
– Não, meu bem. Por enquanto não. Se precisar, peço ao capataz para buscá-lo na cidade. Obrigada por se preocupar comigo.
Gianluza sorriu, contente por poder ajudar a amiga de algum modo. Uma hora depois, Mario e ela partiam para Paço das Águas. Meia hora depois, pela estrada que levava a tal cidade, Mario Corridoni, concentrado nas rédeas que dirigiam os cavalos, perguntava a sua acompanhante:
– O que tem achado do Brasil?
Gianluza, com o rosto virado para os lindos campos de plantação esverdeados, respondeu:
– Acabei me acostumando a ele, mas... penso que está mais do que na hora de eu voltar para a Itália, afinal já se passaram dois anos...
– É verdade. Como o tempo passa, não?
– Sim. Fiquei a princípio por causa de Liberata, até que ela recuperasse a saúde, depois para ajudá-los na fazenda, como forma de retribuição pelo que você e Margarita fizeram por mim e meus filhos...
– Não era preciso.
– Era preciso, sim, Mario. Vocês foram, ou melhor, ainda são formidáveis para conosco.
– Que nada.
– Depois vieram as chuvas, depois Margarita me pediu para eu ficar por mais um tempo, para lhe fazer companhia, o que fiz com muito gosto,

mas agora... Agora eu sinto que chegou a hora mesmo de eu e meus filhos voltarmos para a Europa.

– Eu a compreendo.

– Apesar de gostar da companhia de vocês e até mesmo do Brasil, lá estão minhas raízes, não sei viver longe delas.

Ele assentiu novamente quando se ouviu um novo trovão.

– Não sei não, mas acho que pegaremos chuva na volta – opinou ele, olhando de relance para as nuvens pretas que se formavam ao longe.

– Pelo visto, sim – concordou ela também voltando os olhos para as distantes nuvens.

Quando os dois chegaram à cidade, o céu estava bem escuro, anunciando que uma forte chuva em breve cairia sobre a região. Minutos depois, Mario parava em frente à casa de secos e molhados, bem mais equipada do que a única que havia no vilarejo de Santa Mariana. Amarrou os cavalos devidamente no local apropriado e, acompanhado de Gianluza, subiu o pequeno lance da escada de alvenaria que dava acesso ao estabelecimento comercial. Fizeram as compras com certa pressa e, com a ajuda de um escravo, ajeitaram tudo sobre a carroça, cobrindo tudo com cuidado para evitar que molhasse, caso a chuva desabasse repentinamente.

– Pronto – anunciou Mario, satisfeito –, agora está tudo certo, podemos partir.

Não demorou para que os cavalos começassem a trotar.

– O que seria de nós sem esses belos animais? – comentou Gianluza admirada mais uma vez com a força dos cavalos.

– É verdade.

– São poucos os que reconhecem que nossas vidas dependem de tantas coisas pelas quais nunca agradecemos.

– Sábias palavras, Gianluza.

– Será que pegaremos chuva pelo caminho? – indagou ela, a seguir, voltando os olhos para o céu.

Mario, também olhando para lá, disse:

– Deus queira que não! Com as estradas enlameadas, correremos o risco de atolar.

– Deus queira que quando chover já tenhamos chegado à fazenda.

– Deus queira.

Ela, ligeira, fez o Nome do Pai e ele imitou seu gesto.

A carroça já deixava a cidade quando o italiano perguntou:

– Você tem mesmo certeza de que quer regressar para a Itália?

– Sim, absoluta! Lá, pelo menos tenho a minha família que pode muito me ajudar a me reestruturar financeiramente. É preciso para que eu possa amparar meus filhos até que tenham condições de se ampararem por si mesmos.

– Você sabe que você e seus filhos podem contar comigo aqui no Brasil para o que der e vier, não sabe?

– Sim, Mario, eu sei, e meus filhos também sabem. Você e Margarita têm sido fabulosos para conosco. O pequeno Roberto então, nem se fala. Tem sido um amor para comigo e minhas crianças.

– Eles se adoram.

– Sim, como se fossem irmãos.

Ela suspirou e prosseguiu, pensativa:

– Bendito o dia em que a vida pôs vocês no nosso caminho. A vida é mesmo surpreendente, fecha uma porta num repente, como se uma forte rajada de vento a tivesse batido e, subitamente, abre outra.

– É... A vida é mesmo surpreendente.

Nesse momento, Gianluza sentiu os primeiros pingos de chuva, que logo desabou pesada dos céus. Mario, rapidamente, baixou a capota da carroça, uma capota que ele próprio havia construído para se abrigar de chuvas repentinas como aquela. Não era de muito efeito, mas ajudava, pelo menos, a evitar que os pingos martelassem o cocuruto de quem estivesse ali.

– Que chuva, hein? – comentou ele, encolhendo-se para não se molhar.

A chuva havia engrossado e o cavalo já não conseguia mais prosseguir.

– É melhor eu estacionar ali embaixo daquela cadeia de árvores até que passe.

– Faça isso – aconselhou Gianluza também encolhida para não se molhar, o que já era impossível e também para se aquecer do frio repentino que sentia.

Assim fez Mario e ambos ficaram lado a lado, rezando para que o temporal não molhasse os alimentos que compraram. Ao perceber que Gianluza batia os dentes de frio, Mario Corridoni enlaçou a italiana como se envolvesse a um filho amado, puxando-a para mais perto dele para aquecê-la do frio.

– Acalme-se – sussurrou ao seu ouvido.

– Temporais assim sempre me apavoram – admitiu ela, ainda trêmula.

– Fique tranquila. Logo passa... – reforçou ele querendo muito acreditar no que dizia.

Mas a chuva não passou, demorou bem mais tempo do que supunha. Nesse espaço de tempo, um confortou o outro até que a tempestade tivesse fim e, quando teve, tanto Mario quanto Gianluza estavam sem graça por terem ficado enlaçados um ao outro por tanto tempo.

– Bem – disse ele, recuperando a postura de antes –, acho que agora podemos prosseguir.

– Sim. Se demorarmos muito para voltar, o pessoal na fazenda ficará preocupado conosco.

– Eu sei, só não poderemos ir muito rápido, para não escorregarmos na lamaceira. Enlameado como está, o chão virou um sabão.

Ela achou graça sem saber ao certo porquê. Ele também sorriu para ela e ambos gostaram de se ver sorrindo tão espontaneamente como naquele instante, algo que nunca havia acontecido. Os olhos também brilharam, reluziam um brilho estranho, mas eles não se ativeram a esse detalhe. Era o brilho da paixão, do despertar de uma grande paixão.

Quando chegaram à fazenda já era noite, ambos estavam totalmente encharcados.

– É melhor tomar um banho morno para evitar uma gripe – sugeriu Mario, verdadeiramente preocupado com o bem-estar da italiana.

– Ah, sim... farei isso. Obrigada.

– Se quiser que uma das escravas a ajude.

– Não é preciso. Eu mesmo dou conta, obrigada.

Nesse momento, o capataz chegou trazendo escravos para ajudarem a descarregar a mercadoria comprada.

– É preciso ver se não molhou nada e se molhou, pôr para secar senão vai mofar – observou o italiano, procurando as palavras certas em português para se expressar.

Gianluza já seguia em meio ao barro na direção da sua casa, quando Mario gritou:

– Obrigado pela companhia!

Ela voltou-se para trás e acenou, emitindo um leve sorriso.

Com a ajuda das filhas, Gianluza esquentou água suficiente para se banhar. Ao se lembrar dela e de Mario agarradinho para se aquecerem diante da tempestade fria que os pegou tão logo deixaram Paço das Águas, ela novamente se inquietou. Na sua opinião, aquilo não deveria ter acontecido, foi um erro, uma liberdade da qual os dois não poderiam ter usufruído. Que aquilo jamais se repetisse e que Margarita jamais soubesse do incidente.

CAPÍTULO 13

DEPOIS DO INESPERADO...

Depois da compra toda estocada em seu devido lugar com a ajuda dos escravos e do capataz, Mario Corridoni entrou na casa, pé ante pé, para não despertar a esposa caso já estivesse dormindo*.

– Mario? – chamou Margarita ao ouvir passos na cozinha.

– Olá, querida – respondeu ele.

– Vocês demoraram... Fiquei preocupada.

– A chuva nos pegou bem quando havíamos tomado a estrada de volta para cá. Tivemos de parar embaixo de uma cadeia de árvores até que melhorasse.

– Deduzi.

Ela estendeu-lhe os braços para que ele se aproximasse dela.

– Querida, estou todo molhado. Uma imundice.

– Não importa. Quero um beijo.

Ele, a contragosto, atendeu ao pedido da esposa.

– Vou tomar um banho, depois jantar e, em seguida, ir direto para a cama – disse ele a seguir, abafando um bocejo. – Estou exausto. Amanhã tenho de acordar cedo. Para comandar isso tudo é preciso estar sempre de pé ao alvorecer, você sabe...

– Sim, eu sei, meu querido.

Ela sorriu, demonstrando-lhe todo o seu afeto e ele foi fazer o que era necessário.

Naquela noite, Mario Corridoni dormiu pensando em Gianluza, no calor gostoso que ela despertara dentro dele ao envolvê-la em seus braços.

O dia seguinte amanheceu também chuvoso com ventos selvagens açoitando a casa por todos os lados e isso fez com que o italiano se decidisse

---

*As pessoas dormiam cedo nessa época, principalmente em zonas rurais.

por ficar na cama até que a chuva amainasse. Acabou pegando no sono outra vez, vindo só a despertar quando a esposa abriu as cortinas e, em seguida a janela, revelando um céu na tonalidade do crepúsculo.

Sonolento, Mario olhou para Margarita e disse:
– A chuva parece incansável, não?
– Parece o dilúvio, meu amor.
Ela foi até ele, beijou-lhe e disse, sorrindo amavelmente:
– Bom dia, querido.
Ele espreguiçou-se, sentou-se na cama e teve um sobressalto com uma lembrança repentina.
– Você... acordada a essa hora, Margarita! Que bom! Há tempos que não a via com essa disposição.
– Até eu estou surpresa comigo mesma – admitiu ela, sentindo orgulho de si mesma.
Ele, com os olhos voltados para ela, mas sem vê-la exatamente, murmurou:
– Eu amo você, Gianluza.
Margarita enviesou o cenho e perguntou, achando graça:
– Gianluza?!
Mario, que verdadeiramente não se dera conta do que dissera, perguntou, baixando o sobrolho:
– Gianluza?! O que tem ela?!
– Você me chamou de Gianluza.
Ele teve um sobressalto.
– Foi mesmo?!
– Hum hum!
Ele, rubro e atarantado, falou:
– Desculpe-me querida é que...
Ela riu.
– Não há do que se desculpar, meu amor.
– É que passamos praticamente o dia todo de ontem juntos e...
– Eu sei, meu querido. Eu sei... As escravas estão assando novos pães. A fornada de ontem, deixaram queimar sem querer. A propósito, ainda temos laranjas fresquinhas para o desjejum.

O marido assentiu, demonstrando contentamento por suas palavras. Assim que a esposa deixou o aposento, ele voltou os pensamentos para o dia anterior. Para o momento em que ele e Gianluza ficaram lado a lado rezando para que o temporal não molhasse os alimentos que compraram. O momento em que ele percebeu que Gianluza batia os dentes de frio e a enlaçou como se envolvesse a um filho amado, puxando para mais perto dele e sussurrou ao seu ouvido:

"Acalme-se"

E ela respondeu:

"Temporais assim sempre me apavoram."

E ele para acalmá-la, falou:

"Fique tranquila. Logo passa..."

E o temporal não passou, demorou bem mais tempo do que supôs. E nesse tempo um confortou o outro até que a tempestade tivesse fim e, quando teve, tanto ele quanto ela estavam sem graça por terem ficado por tantos minutos enlaçados um ao outro.

"Bem", disse ele, recuperando a postura de antes, "acho que agora podemos prosseguir."

"Sim. Se demorarmos muito para voltar, o pessoal na fazenda ficará preocupado conosco."

"Eu sei, só não poderemos ir muito rápido, para não escorregarmos na lamaceira. O chão, enlameado como está, virou um sabão."

Lembrou-se também do clima constrangedor da volta, como se um tivesse vergonha de estar na presença do outro. Uma volta silenciosa, em que poucas palavras, pouquíssimas foram trocadas. Um frêmito de emoção percorreu novamente todo o seu corpo com as lembranças.

Durante todo o café da manhã daquele dia chuvoso, Gianluza tentou se ver livre das lembranças do dia anterior, mas não teve êxito por mais que tentasse. Enquanto lá fora o vento uivava e a chuva jorrava aos borbotões, sem dar sinal de trégua, seu interior se agitava com um desejo intenso, porém, até o momento inconsciente para ela.

Dois dias depois, quando Mario voltou para casa, para tomar seu banho, Margarita notou de imediato que ele não estava bem. Assim que ele se sentou à mesa, ela comentou:

– Você não me parece muito bem, querido. O que há? Gripe?

– Gripe?!

– É... seus olhos são de um gripado.

– Deve ter sido por causa da chuva que apanhei com Gianluza quando fomos a Paço das Águas.

– Certamente.

– Vou mandar a escrava lhe preparar um café bem forte.

– Ah, sim... Boa ideia!

Mario ficou ali, entregue, com os olhos voltados para o chão de madeira. Era em Gianluza que seus pensamentos estavam concentrados mais uma vez.

"Tira isso da cabeça homem de Deus! Pare de pensar em besteira. Respeite sua esposa!", ouviu uma voz ecoar em algum lugar do seu cérebro. Todavia, por mais que tentasse, não conseguiu acatar a sugestão.

Na cama, aquela noite, Margarita tentou seduzir o marido.

– Estou cansado, querida – respondeu ele, fingindo um bocejo.

Ela, visivelmente desapontada, respondeu:

– É que já faz tanto tempo que você não me procura...

– É mesmo?! Desculpe-me, nem me dei conta do fato. Hoje não me sinto disposto. Devo estar mesmo com começo de gripe.

Ela, como sempre, procurou compreendê-lo. Ficou a admirar seu perfil enquanto os olhos dele observavam o teto.

– Apague a vela, meu amor – pediu ele.

– Ah, que distraída eu! – desculpou-se ela. – Esqueci-me por completo!

Ele suspirou. Ela também e se silenciou por um minuto ou dois até dizer:

– Eu, na verdade, querido, deixei a vela acesa de propósito, para que eu pudesse ficar admirando o seu perfil por mais tempo, pensando no quanto eu o amo, Mario. No quanto você me faz feliz.

Ele tentou voltar-se para ela e sorrir, mas não conseguiu, temeu que ela visse no fundo de seus olhos o que se passava dentro da sua mente.

– Eu o amo, Mario Corridoni – ela complementou. – Amo-o muito!

Ele apenas disse:

– A vela, meu bem... Agora, apague a vela.

Assim ela fez e restou então somente a escuridão entre os dois.

Na manhã do dia seguinte, já não chovia mais e, assim que o galo cantou, Mario Corridoni levantou-se com cuidado da cama para não acordar a esposa e deixou o quarto. Depois de usar o urinol, deixou a casa pela porta da cozinha e se sentou ao lado do garapeiro. Ainda estava escuro lá fora e o silêncio imperava no local. Ele procurou então concentrar seus pensamentos em Deus. Para que Ele levasse para longe os desejos intensos os quais brotavam em seu interior por Gianluza Nunnari.

Por que, por que aquilo fora acontecer e justo quando Gianluza estava prestes a ir embora da fazenda?, era a pergunta que não queria calar dentro dele.

Mario estava tão concentrado em seus pensamentos que demorou a notar que a esposa também havia se levantado e estava ali, debaixo do batente da porta da cozinha que dava para fora, olhando na sua direção.

– Parece que a chuva deu uma trégua, não? – disse ela, quando os olhos dele encontraram os seus.

Ela ainda não se dera conta do desespero do marido. Do martírio em que se encontrava.

— Sim – respondeu ele, um tanto embaraçado –, mas é temporário. Não tarda a desabar outra vez.

— Ainda bem que você e Gianluza enfrentaram o temporal para comprar mantimentos; chovendo assim, as estradas ficarão intransitáveis por dias, talvez semanas, e, com isso, não poderemos ir a Paço das Águas fazer compras.

— Novamente você tem toda razão, Margarita.

Ela foi até ele e o beijou na testa.

— Por que acordou tão cedo? – perguntou, admirando apaixonadamente, como sempre, o semblante bonito do marido.

Ele, fingindo bom humor, respondeu:

— Eu é que pergunto: por que você acordou tão cedo?

— Perdi o sono...

— Pois eu também perdi o sono. Acho que por estar gripado não estou dormindo direito. Despertei assim que o galo cantou.

— Que pena, pois dias assim são ideais para ficarmos na cama até mais tarde, comer bolinhos de chuva...

— É verdade.

— Por falar em bolinhos de chuva vou pedir à escrava que prepare alguns para nós.

— Por que você mesma não faz?

— É que... com elas me ajudando tudo fica bem mais fácil, querido. Acho que as escravas acabaram me acostumando mal.

— É... talvez...

Olhando para o oeste, Margarita indagou:

— Como estará Gianluza e os filhos? Com essa chuva eles não se arriscam a sair de casa por nada... para não se sujarem no barro.

— Não sei. Não a vejo desde o dia em que fomos a Paço das Águas. Mas vou ver como eles estão, logo mais.

— Com essa lamaceira toda?

— Depois me limpo, querida, não se preocupe.

Assim que pôde, o italiano tomou a alameda enlameada que levava a humilde casa que abrigava a italiana e os filhos. Ao atendê-lo à porta, as pupilas de Gianluza se dilataram e sua boca secou.

— M-Mario... Você aqui?...

— Vim saber como está passando... Você e seus filhos.

— B... Bem... muito bem, obrigada.

— Parece que a chuva deu uma trégua finalmente.

— Sim... sim... parece.

Diante da dificuldade dela de olhar direto em seus olhos, ele falou:
– Está mesmo tudo bem com você?
– Sim, está.
– Com relação a mim?...
– Como?
– Com relação a mim, está tudo bem com você?
– Ora, Mario, por que não haveria de estar?
Ela se agitou.
– Você não me olha mais como antes, por quê?
Ela pareceu estremecer.
– Devo lhe provocar uma sensação muito ruim para que aja assim, não?
– Não, Mario, é lógico que não. Pelo amor de Deus eu adoro você. Vocês! Você sabe disso!
– Sim, Gianluza, eu sei.
Os olhos de ambos se congelaram um no outro enquanto o silêncio pairava sobre os dois de forma surpreendente.
– Quero lhe agradecer por ter ido a Paço das Águas comigo – disse, ao despertar do transe.
– Você já me agradeceu, Mario.
– E-eu...
– É melhor você ir.
– Mas eu não quero ir.
Ela entortou um pouco mais o pescoço para o lado e disse:
– Mas é melhor. Margarita pode nos ver aqui e estranhar.
Ele mordeu os lábios, parecendo que ia dizer algo mais que não teve coragem.
– Vá, Mario, vá.
Sem mais, ela entrou na casa e fechou a porta, escorando-se contra ela.
– Oh, Deus... – balbuciou, arquejando como se o ar lhe faltasse.
Suas pálpebras despencaram sobre seus olhos, enquanto uma pontada atingia seu peito como uma flecha atinge um coração.
Mario permaneceu parado em frente à porta por quase cinco minutos, esperando que ela voltasse e trocasse mais algumas palavras com ele, o que, infelizmente, não aconteceu. Gianluza, por sua vez, quis muito voltar até ele sim, mas conteve-se por Margarita, por consideração a ela, por acreditar que não merecia uma traição como aquela.

Ao voltar para casa, Mario foi surpreendido pela esposa que parecia ansiosa por notícias de Gianluza.
– Como ela está? – perguntou Margarita assim que o viu.

– Ela? – não compreendeu Mario de tão distraído que estava.
– Gianluza! Você foi vê-la, não foi? Como ela está?
– Ah, sim! Bem... ela e os filhos estão bem.

Para evitar falar mais a respeito ele, estrategicamente, mudou de assunto. Meia-hora depois a chuva voltava a cair.

– Você estava mesmo certo, Mario – falou Margarita, avistando a queda d'água pela janela. – Aí vem mais uma pancada de chuva.

Mario olhou para ela como se a visse de uma longa distância. Ouviu o que ela disse e, ao mesmo tempo, não. Estava com a cabeça ocupada demais pensando em Gianluza para prestar atenção devida ao que a esposa dizia.

Naquela noite, Maurizio com 13 anos nessa época (final de 1795), pois já passara dois anos desde que os italianos haviam se mudado para o Brasil, voltou-se para a mãe e reclamou:

– Essa chuva não pode mais continuar por muito tempo, mamãe. Não gosto nem um pouco de ficar preso dentro de casa.

– Mas você tem de ficar, mocinho.

– Tenho mesmo, mamãe?

– Sim, senhor. Não quero ninguém atolando no barro e perambulando depois pela casa todo enlameado.

– Mas, mamãe...

– Nem mas nem meio mas.

O menino fez beicinho. Ela deu-lhe um beijo de boa-noite e disse:

– Agora durma com os anjos. E não se esqueça de fazer suas orações.

Depois de deixar o filho, Gianluza foi espiar as duas meninas*, para saber se já estavam dormindo e agasalhadas sob a colcha. Sentiu-se satisfeita, como toda mãe, ao vê-las adormecidas como dois anjos.

Restou somente Gianluza para dormir, mas, ao passar pela sala, a italiana sentiu vontade de ficar um pouco ali sob a luz da vela, ao som dos pingos de chuva que ecoavam sobre as telhas.

Sem se aperceber, recordou-se da impressão que teve de Mario Corridoni assim que o viu no navio, quando foram apresentados um ao outro. E lhe pareceu um italiano da cabeça aos pés, e isso foi o que mais chamou sua atenção. Ninguém, pensou, poderia ser mais italiano do que ele; e ao mesmo tempo em que pensava naquilo, indagou-se se, de fato, ele era, ou melhor, poderia ser tão italiano quanto aparentava. Seus cabelos castanhos e anelados que brotavam orgulhosamente do teto da testa, os olhos castanhos

---

*Umbelina já estava com 12 e Liberata com 11 anos completos nesta ocasião. Gianluza, por sua vez, com 31. (N. do A.)

muito vivos, o queixo quadrado e agressivo e o nariz reto o tornavam um homem bonito; e seu espírito vivo e seu senso de humor perfeito, uma pessoa carismática... encantadoramente carismática.

Ainda se lembrava com exatidão o que ele vestia na ocasião: um terno acinzentado, bem talhado e impecável. Sinal de que apreciava vestir-se bem, manter sempre sua aparência em perfeito estado em qualquer ocasião. Todavia, jamais pensou que poderia vir a se sentir atraída por ele; mesmo que isso tivesse passado por sua cabeça, jamais pensou que aconteceria na intensidade que sentira agora.

– Esse desejo por ele – murmurou ela, apreensiva –, não pode continuar por muito tempo! Não pode! Não é certo!

Ao se ver cansada de lutar contra seus desejos, Gianluza foi para seu quarto e procurou dormir.

CAPÍTULO 14

PAIXÃO VORAZ OU INCONSEQUENTE?

Três semanas depois dos últimos acontecimentos, no meio de uma tarde gostosa de sol, Gianluza Nunnari verteu algumas gotas de uma fragrância, guardada, num frasco trazido da Itália, na água aquecida a uma temperatura ideal para se banhar. Deliciou-se com o perfume, respirando fundo. Nunca em sua vida havia se deparado com uma fragrância igual. Não era doce nem forte, mas excitava com sutileza sua mente e seu corpo. Como um vinho delicado que embriaga insidiosamente seus sentidos.

Quando se sentou na bacia d'água, morna e perfumada, relaxou, e o aroma sedutor a envolveu. Imaginou como aquele aroma afetaria Mario Corridoni, excitando-o de forma demorada, segura e persistente. Ela não queria pensar no italiano, mas ele parecia ter dominado seus pensamentos, convertido todos a seu favor. Pensar nele era um pecado, um pecado mortal, mas um lado seu queria manter seus pensamentos voltados para ele, somente para ele, nada mais. Até dos filhos seria capaz de abrir mão, temporariamente, para poder pensar só nele. Em Mario Corridoni.

Era um lado muito mais forte que o sensato que a repreendia por pensar nele, por desejá-lo intensamente.

Quando cansou de se banhar, Gianluza enrolou-se numa toalha, enxugando-se com cuidado e indolência, depois passou para o seu humilde quarto para se vestir. Teve a impressão então de ter ouvido alguém, batendo à porta de sua casa. Teria sido mesmo? Vestiu rapidamente uma espécie de túnica e foi ver quem era. Espantou-se, ao ver Mario parado bem ali diante dela.

– Gianluza – falou ele, quase num murmúrio.
– Mario!

O tom dela foi de repreensão, o dele de excitação.

Ele empurrou a porta com sua mão forte, entrou e depois a fechou com o ferrolho.

– Mario!

– Eu não aguento mais, Gianluza – admitiu ele em meio a um suspiro de tensão –, e sei também que você não aguenta mais!

– Por favor, Mario... Meus filhos...

– Sei que não estão aqui. Vi quando saíram... Esperei até que saíssem e ficassem bem longe daqui!

– Mario, isso não é certo...

– Certo ou não, eu a desejo, eu a quero! Eu...

Ele a agarrou e a beijou intensamente e o desejo foi mais forte que o bom senso, a moral e a alma cristã de Gianluza Nunnari.

Logo os dois estavam deitados e entrelaçados na cama do quarto que a italiana ocupava na casa. As mãos dele deslizavam sobre o seu corpo, da cabeça aos pés... Depois, massageando sua pele até ela relaxar mais e mais...

– Oh, Gianluza, como eu a desejei desde aquele dia em que ficamos embaixo daquelas árvores, abraçadinhos, sob aquele temporal...

A voz dele soou suave e rouca ao mesmo tempo.

– Eu também o desejei, Mario – admitiu ela num fôlego só. – Mas...

– Não diga nada.

– Preciso dizer, é importante para mim que saiba que eu seria capaz de lutar contra esse desejo até o fim da minha vida.

– Eu não! Não seria louco para tanto!

– Você tem de pensar em Margarita, ela é sua esposa, ela o ama!

– Ela me ama, eu sei... Mas nosso casamento perdeu o encanto nos últimos tempos. Ela não se cuida mais, não se esforça mais para me agradar, tudo se tornou sem graça. Depois de ela ter duvidado de mim com aquela escrava, ter feito aquela barbaridade para com a moça por causa do seu ciúme besta, ela perdeu o encanto para mim.

– Ainda assim, ela é sua esposa.

– Eu não quero pensar nisso agora, Gianluza. Não mais! Já tenho sido torturado por esse detalhe há semanas... Eu quero ser feliz, Gianluza. Feliz, entende?

Ao invés de responder, ela afastou-se dele, e disse, impostando a voz:

– Vá, Mario, por favor... é melhor... Vai que uma das crianças aparece...

– Sim, eu sei... Mas antes...

Ele lhe deu um novo beijo, intenso e ardente.

– Eu volto, Gianluza. Numa hora oportuna eu volto.

Ela permaneceu deitada, quieta, de olhos fechados, ouvindo distraída o som dos passos do amante se afastando. Como uma sonâmbula, levantou-se e foi até o espelho. A pequena incidência de luz projetada pelos raios de sol que conseguiam atravessar as ripas da janela, lançava uma luz dourada sobre seu corpo nu bem feito e bonito, ainda na flor da idade. Há muito tempo que ela não se admirava daquele jeito e gostava do que via e se sentia feliz e mulher...

Uma semana depois, Gianluza estava na janela, olhando distraidamente para o jardim, quando avistou Mario Corridoni, saindo detrás de um arbusto. Seus olhos demonstraram surpresa e espanto ao mesmo tempo, ao vê-lo ali.
– Você está linda, Gianluza – disse ele num tom suave.
A italiana não disse nada, apenas continuou parada junto à janela.
Ele ergueu as sobrancelhas, intrigado, e perguntou:
– O que foi?
Quando ela fez menção de fechar a janela, ele a segurou com toda força.
– Mario, por favor – defendeu-se ela no mesmo instante –, alguém pode nos ver!
Ele pensou em olhar para trás, para os lados para ver se havia alguém por perto que pudesse ouvi-lo, mas não fez. Nada mais importava para ele naquele instante do que expressar seus sentimentos pela mulher que ocupara o seu coração e os seus pensamentos, toda semana.
– Eu a quero, Gianluza. Muito... – argumentou ele naquela voz embriagada dos apaixonados.
Ela, visivelmente atônita, com os olhos a percorrer a paisagem próxima à casa, respondeu:
– Insistir num erro é tolice.
– Ninguém errou.
– Erramos sim e não vou insistir nesse erro!
Num movimento rápido, o italiano de 31 anos de idade quase 32, saltou a janela enquanto a italiana também de 31 anos de idade, quase 32, atravessava aflita para o canto oposto do aposento.
Em poucos passos ele foi até ela, ergueu seu queixo e olhou profundamente em seus olhos. Suas mãos envolveram seu pescoço, depois seu maxilar e, às cegas, de olhos fechados, ele procurou seus lábios. Ao sentir os dele tocando os seus, ela relaxou e o abraçou forte e carinhosamente.
Depois de algum tempo, Mario libertou a amante gentilmente de seu abraço e deu um passo para trás para contemplá-la. Seus olhos castanhos cintilavam ao dizer:
– Você é linda, Gianluza. Simplesmente linda.
– Isso é uma loucura.
Ele voltou até ela e murmurou, enquanto desabotoava seu vestido:

– Eu a desejo tanto, Gianluza... Tanto...

– Isso é loucura, Mario... pare, por favor – respondeu ela com os lábios salivando de desejo.

– Seja o que for, nada me fará desistir de você. Nada!

No minuto seguinte, os dois se entrelaçavam na cama e seus lábios se tocavam mais uma vez, repetidas vezes, cheios de desejo em beijos ardentes e vorazes. A paixão voltava a explodir entre Mario Corridoni e Gianluza Greco Nunnari. Uma paixão proibida e, para muitos, indecente e imoral.

Quando o ato de amor teve fim, os dois silenciaram por instantes. Tudo o que se ouvia era a respiração ofegante de ambos, ecoando pelo local. O êxtase ainda dominava seus corpos, provocando aquelas sensações inexplicáveis em palavras. Levou quase 15 minutos para que ele despertasse daquele estado letárgico e dissesse para a amante o que lhe veio à mente naquele instante:

– Não quero que se sinta culpada pelo que aconteceu. Eu assumo todo o erro. Eu não devia ter feito o que fiz, mas não me arrependo, porque foi a emoção mais forte que já senti nos últimos anos. Foi simplesmente lindo, indescritível em palavras.

Gianluza procurou se defender:

– Eu só me deixei levar por você por causa...

– Diga-me, olhando nos meus olhos.

Assim ela fez, sem titubear:

– Eu só me deixei levar por você porque estava carente, muito carente. Gianni, meu marido, você sabe, morreu há tanto tempo, desde então nunca mais tive ninguém. Nunca mais senti um abraço, o afago e o beijo de um homem. Algo que eu tanto amava, algo que toda mulher tanto aprecia e necessita para sobreviver. O afeto, um simples aperto de mão, um beijinho na face é uma necessidade, sim!

Ela suspirou e prosseguiu:

– Não encaro o sexo como algo imundo como a maioria das pessoas encara. Não o vejo também como indecente e indecoroso. Vejo como algo lindo e enriquecedor para a alma e para o espírito.

Novo suspiro:

– Saiba que jamais traí meu marido. Jamais! Eu era feliz com ele em todos os sentidos que um casal pode ser. Realizávamo-nos lado a lado, sexualmente, principalmente. Foi ele o único homem com quem me deitei. O único que ocupou a minha mente e que ousei olhar de verdade. Eu sempre achei a fidelidade uma coisa linda e sei que Gianni me foi fiel enquanto viveu.

Ela olhou bem para ele e completou, num tom angustiado:

– Aí, então, ele se foi, deixando-me sozinha com nossos três filhos, sem eu saber que rumo tomar, mergulhada no desespero e na tristeza do luto.

Você é capaz de fazer ideia do que eu senti? De como eu me senti diante do que aconteceu?

Ele assentiu e ela prosseguiu:

– Então, surge você Mario, que me salva do caos, ampara a mim e a meus filhos e... Oh, meu Deus, como eu posso dizer isso, mas... Você acabou se tornando um homem muito importante e influente na minha vida, Mario... Na minha e na de meus filhos! Não ocupou o lugar de Gianni porque ninguém pode ocupar o lugar do outro, mas ocupou um outro espaço em meu coração e, assim, meus sentimentos por você cresceram, desejos brotaram e se expandiram...

Novo suspiro:

– Eu só não fazia ideia de que estavam ali, borbulhando, a ponto de explodir como aconteceu naquela tarde em que o desejo nos dominou por completo, nos cegou para tudo mais a nossa volta.

Ele tomou a palavra:

– Como eu disse: eu não devia ter feito o que fiz, mas não me arrependo, porque foi a emoção mais forte que já senti nos últimos anos. Foi simplesmente lindo, indescritível em palavras.

Eu e Margarita nos distanciamos nos últimos tempos. Dormimos juntos, dividimos a mesma cama, mas estamos a milhas e milhas de distância um do outro. Quando fazemos amor é algo tão sem vida, tão sem entusiasmo que teria sido melhor não fazer. Além do mais, é sempre no escuro, por vergonha, por acharmos no fundo que o ato é indecente e imoral.

Ele massageou o maxilar, engoliu em seco e continuou:

– Ah, meu Deus, eu não queria que fosse assim. Queria dizer isso a ela, mas não tenho coragem. Na verdade, não tenho intimidade para me abrir com ela, se um dia tive, digo, intimidade, perdi com o passar dos anos.

Ele mordeu os lábios, balançou a cabeça de um lado para o outro como quem demonstra desolação e só então, retomou o desabafo:

– Depois que o nosso filho nasceu ele, de certo modo, nos separou. Porque tínhamos de ficar atentos a ele enquanto bebê para não se engasgar durante o sono ou sofrer por qualquer outro imprevisto. Depois, quando grandinho, Margarita tinha receio de que ele acordasse enquanto fazíamos amor e, subitamente, entrasse no quarto e nos flagrasse e, com isso, nossos afetos foram sendo sublimados mais e mais... Às vezes chego a pensar que Margarita usou o menino para se afastar de mim. Para evitar ter relações sexuais comigo.

Gianluza, pensativa, opinou:

– Um filho deve existir para unir um casal não para separá-lo.

– Eu também penso assim, Gianluza. E isso é o que mais me fascina em você. Nós pensamos da mesma forma. Não é lindo? Tolice quem diz que nos apaixonamos pelos opostos, mentira, total mentira! Apaixonamo-nos pela mulher ou pelo homem que compartilha da maioria dos nossos pensamentos e de nossas necessidades.

Os dois voltaram a ficar em silêncio por alguns minutos, um silêncio que se rompeu e de forma árdua quando Gianluza voltou a encarar Mario e disse com todas as letras:

– Ainda que tudo o que tenhamos vivido seja lindo, não podemos continuar.

– Como não, Gianluza? Como não?!

– Eu tenho Margarita como a uma irmã. Não seria justo para com ela.

– Ela não precisa ficar sabendo.

– Você seria capaz de...

– Sim, Gianluza. Nesse caso, sim! Manter segredo do que sentimos um pelo outro é o único modo que vejo para nos mantermos unidos sem ferir ninguém.

– Segredos nunca são para sempre, Mario.

– Teremos o maior cuidado.

– Ainda assim, podemos nos trair pelo olhar.

– É um risco que vamos ter de correr. Mais um, porque viver é correr riscos constantes, sabia?

– Acho que sim.

Diante da indecisão dela estampada em sua face, Mario Corridoni insistiu:

– Gianluza, você me quer, não quer?

Ela hesitou antes de responder:

– Sim, Mario... Eu o quero! Você é o que de mais lindo me aconteceu nos últimos tempos. Mas não quero ferir ninguém, isso jamais!

– Ninguém sairá ferido em toda essa história, acredite-me.

– Que Deus nos perdoe.

– Deus nos uniu...

– Foi o destino quem nos uniu.

– E quem determina o destino senão Deus?

– Eu não sei... Só sei que nosso destino depois do que fizemos já está traçado, você sabe, não sabe?

– Você quer dizer...

– Sim... Depois do que fizemos já fomos condenados ao inferno.

– Você acredita mesmo nisso? Que os pecadores vão direto para o inferno?

– Nós iremos porque desrespeitamos um dos dez mandamentos de

Deus. Talvez, se pararmos agora, pedirmos perdão a Deus, Ele nos perdoe...

Subitamente, ele a agarrou e disse a um palmo de seu olhar assustado:

– Pouco me importa se Deus vai me perdoar ou não, Gianluza. Só sei que a quero e vou viver com você até os últimos dias de minha vida. Ah, minha querida, eu estou apaixonado por você. Louco por você!

Ela quis evitar o beijo, mas não resistiu, assim ele pôde beijá-la quente e ardentemente como acontece com todos que se entregam a uma paixão voraz e inconsequente. Uma paixão que se intensificou pelos meses e meses que se seguiram...

CAPÍTULO 15

ANDANDO SOBRE OVOS...

A paixão por Gianluza certamente mexeu com Mario Corridoni e sua mudança foi sentida por Margarita.

– Você nem sequer me olha mais, por quê? – perguntou ela quando sentiu coragem.

Ele pareceu estremecer.

– É que ando tão atarefado, meu amor...

Ela procurou compreendê-lo, mas a total falta de interesse do marido por ela nos meses que se seguiram foi deixando Margarita apreensiva, com a sensação crescente de que ele a estaria traindo com outra.

Visto que Gianluza há tempos não aparecia na casa para tricotarem, Margarita pediu a uma das escravas que fosse chamá-la na humilde casa onde ela vivia com os filhos.

– A sinhá quer vê-la – explicou a negra, assim que foi atendida pela italiana.

– Ver-me? Por quê?

A moça deu de ombros.

– Não sei não, senhora.

Gianluza ficou visivelmente apreensiva com o chamado. Tirou o avental, ajeitou o cabelo e o vestido em frente ao espelho e dirigiu-se para a casa-grande.

– Gianluza! – exclamou Margarita assim que a viu entrando. Estava tão excitada que nem notou o quanto a amiga estava apreensiva. Os lábios brancos e secos, as mãos crispando.

– Olá, Margarita, como vai?

– Sente-se – pediu a amiga, indicando o sofá.

Gianluza atendeu ao pedido sem ter o devido cuidado para não amassar o vestido ao se sentar.

– Oh, Gianluza... Eu nem sei como dizer... – começou Margarita com voz clara.

– Pelo amor de Deus, Margarita, diga! – adiantou-se Gianluza tensa e ansiosa.

O tom de voz nitidamente desesperado da italiana não despertou a devida atenção em Margarita. Ela, simplesmente, disse:

– É sobre o Mario.

– Mario?! – Gianluza empertigou-se, engolindo em seco.

– É, Gianluza.

– O que tem ele?

– Uma amante.

Gianluza arrepiou-se.

– Como sabe?

– Eu sinto. Anda me evitando mais do que o normal ultimamente.

– Será que não é cisma sua?

– Não, minha querida. Não é não. Um homem tem suas necessidades, você sabe... Necessidades sexuais... é bem mais do que na mulher. Não suporta ficar muito tempo sem um intercurso.

– Ele pode estar doente...

– Já pensei nessa possibilidade também, mas...

– Mas?

– Ainda acho que ele tem outra.

Gianluza tornou a branquear.

– E o que quer de mim, Margarita? Em que posso ajudá-la?

A italiana a sua frente empolgou-se.

– Quero que vá comigo a Santa Mariana. Quero obter informações a respeito dele por lá. Numa cidade pequena todos sabem de todos, certamente saberão se ele está se encontrando com uma amante por lá.

– Você acha mesmo que deve fazer isso?

– Sim. Acredite-me. Posso contar com você, digo, para ir comigo?

– Bem...

– Por favor, Gianluza.

A italiana suspirou.

– Está bem, irei.

– Agora!

– Agora?!

– Sim, não quero perder mais um minuto com essa cisma. Quero tirá-la a limpo o quanto antes.

– E o que pretende fazer caso descubra que ele...

– Não quero nem pensar. Tirei conclusões apressadas no passado em relação a Mario e Mulava e, bem, você sabe... meti os pés pelas mãos. Não apurei devidamente os fatos e uma tremenda injustiça cometi. Dessa vez quero estar bem certa de tudo antes...

– Antes?

– Antes de tomar uma atitude, Gianluza. Uma atitude!

A última palavra recebeu uma entonação especial.

Houve uma breve pausa até que a dona da casa voltasse a falar:

– Vamos, então?

Gianluza, que parecia imersa num mundo distante dali, não ouviu a amiga.

– Gianluza?

Foi preciso Margarita tocá-la no braço para despertá-la.

– Ah, sim!!!! O que foi?

– Eu disse: vamos!

– Oh, sim, vamos. Desculpe, parece que hoje não despertei direito.

– Nem todos os dias acordamos de verdade, não é mesmo? Parece que passamos o dia semiacordados. Com um lado dormindo e o outro acordado.

– É... deve ser isso.

Em seguida, Margarita pediu a uma das escravas que mandasse o feitor preparar a charrete e incumbisse um dos escravos de levá-la a Santa Mariana.

– Se meu marido perguntar o que fui fazer – disse ela ao empregado –, diga-lhe que fui comprar apetrechos para bordados.

– Sim, senhora – respondeu Santos, prontamente.

Margarita não havia se dado conta, mas ele sim, a respeito de Gianluza. Do quanto ela estava nervosa e indagou-se o que teria acontecido para ela ficar naquele estado. Ninguém da fazenda, aparentemente, suspeitara do envolvimento dos dois. Talvez, porque eram sempre muito cuidadosos em seus encontros.

Gianluza seguiu caminho se sentindo muito mal com tudo aquilo, temerosa de que a amiga houvesse descoberto que ela e Mario haviam se tornado amantes e estivesse fingindo de desentendida para se vingar dela quando estivessem longe dali, num lugar descampado, onde ela não pudesse ser socorrida por ninguém.

Sabia que o ciúme de Margarita era terrível, fora capaz de fazê-la se voltar contra a escrava chamada Mulava, mandar-lhe arrancar os quatro dentes da frente, os de cima e os de baixo para torná-la menos atraente. E se fora capaz daquilo, seria capaz de muito mais...

Gianluza gelou mais uma vez por baixo do vestido ao pensar naquilo e declarou para si mesma em silêncio:

"Assim que puder, falarei com Mario para darmos fim de vez a essa loucura que começamos em nome da carne!"

Foi somente Margarita quem falou o tempo todo durante o trajeto à cidade local. Quando lá, pediu informações a todos, mas nada apurou de fato. De certa forma, a falta de informação deixou-a aliviada.

– Viu – opinou Gianluza, tentando pôr panos quentes na situação –, era apenas cisma sua. Mario lhe é fiel, Margarita.

– Pelo visto sim, minha amiga. Confesso que me sinto agora mais aliviada.

– Deve ser uma fase que ele está passando, por isso não a procura mais como antes.

– Sim, só pode ser... Todavia...

– Todavia?

– Quero pedir uma opinião sobre isso a Dona Imaculada.

– Dona Imaculada?!

– Sim, a própria! Ela que já teve experiência com traição, pode, quem sabe, dar-me uma luz neste caso.

– Você acha mesmo que deve expor seus temores para uma estranha?

– Ora, minha querida, Dona Imaculada não é uma estranha, já posso considerá-la uma velha conhecida minha.

Gianluza gelou mais uma vez por baixo do vestido e declarou novamente para si mesma em silêncio:

"Assim que puder, falarei com Mario para darmos fim de vez a essa loucura que começamos em nome da carne!"

Sem mais delongas, a italiana ordenou ao escravo condutor da charrete que seguisse para a fazenda de propriedade de Dona Imaculada Tavares, mesmo com Gianluza insistindo para que ela não envolvesse a mulher naquilo; mas seus apelos caíram em ouvidos decididos, Margarita queria levar aquilo até o fim e nada a faria mudar de ideia.

Chegando lá, Gianluza, como da última vez que estivera ali, recusou-se a entrar na casa da mulher.

– Estou estranhando você, Gianluza – admitiu Margarita, finalmente prestando melhor atenção à amiga.

– Não quero tomar parte disso. Não me sinto bem. Eu sinto muito.

– Está bem, mas Dona Imaculada vai acabar ofendida se toda vez que você vem comigo até aqui não se sente disposta a entrar na sua casa.

Gianluza preferiu não dizer nada diante da observação da amiga.

Sem mais delongas, com a ajuda do escravo, Margarita desceu do veículo e se dirigiu ao casarão dos Tavares onde foi saudada com grande alegria pela dona da casa.

– Margarita, você aqui, que surpresa agradável!

– Como vai a senhora?

As duas mulheres se beijaram e então, prestando a devida atenção a recém-chegada, Imaculada Tavares Sobrinho perguntou:

– O que houve?

– Como a senhora sabe que há algo de errado?

– Seu semblante me diz isso, meu bem. Sente-se.

Depois de se acomodar na poltrona, Margarita se abriu com a portuguesa. Explicou-lhe *tim-tim por tim-tim* sobre seus temores e suspeitas a respeito do marido.

– O que me traz aqui não é nada bom – explicou Margarita sem floreios.

Houve uma breve pausa até que Imaculada perguntasse:

– Quer dizer que você foi a Santa Mariana para saber se seu marido estava tendo um caso com uma das moradoras da cidade?...

– Foi isso mesmo.

– Sei... O que a levou exatamente a suspeitar de seu marido?

– Seu desinteresse pela minha pessoa. Sua falta de desejo por mim.

– Compreendo. É, de fato, esse é um mal sinal.

Margarita suspirou e admitiu:

– Mas foi um grande alívio descobrir que ele não tem outra.

– Eu imagino.

– Deve ser tão terrível saber...

– Eu que o diga.

Havia agora uma ponta de tristeza no tom de Imaculada.

– Agora me diga, por gentileza, o que a senhora acha que eu devo fazer?

– Bem... Ele pode ter se envolvido com uma das escravas.

– Não, isso não, tenho certeza! Nossas escravas não são bonitas e há semanas estou de olho nelas.

– Pode ser uma de uma outra fazenda da região.

– Mario pouco sai de casa e quando o faz, eu o acompanho.

– Sei. É, ao que parece suas suspeitas sobre o seu marido não passam mesmo de cisma sua. Em todo caso, fique de olhos abertos. Bem abertos, este é o meu conselho.

Margarita procurou sorrir e, pondo-se de pé, agradeceu:

– Desculpe-me por ter tomado seu tempo com meus problemas, minha querida.

– Que nada, amigas são para essas horas. Eu a acompanho até a varanda.

Entre um passo e outro, Margarita falou de Gianluza.

– Ela não quis entrar? – espantou-se a mulher. – Ora... Se toda vez que ela vier aqui preferir esperá-la na charrete, vou acabar achando que ela não se sente bem ao meu lado.

— Que nada, Dona Imaculada. É que Gianluza, às vezes, é muito tímida, sabe?

Imaculada foi até a charrete cumprimentar Gianluza que, ao vê-la, assustou-se como se tivesse visto a um fantasma.

— Estava distraída – desculpou-se a italiana, branca.

Ao tocar sua pele, Dona Imaculada surpreendeu-se. Estava gelada.

— Você está bem, minha querida? – indagou a mulher, olhando atentamente para os seus olhos.

— Estou, sim – respondeu Gianluza, tentando parecer natural. – Apenas preocupada com meus filhos. Com o jantar deles... Daqui a pouco são seis da tarde e...

— Sei. Então vão, minhas queridas.

E, tomando a mão de Margarita, Imaculada reforçou:

— Minha doçura, se precisar de mim, não hesite em me procurar.

— Obrigada, Dona Imaculada, muito obrigada.

A charrete partiu enquanto Imaculada se perguntava, mais uma vez, o porquê de Gianluza estar naquele estado. De repente, aquilo lhe chamara mais a atenção do que propriamente a cisma de Margarita com relação ao marido.

— O que ela disse, Margarita? – perguntou Gianluza, assim que o veículo ganhou estrada. – Qual foi a opinião dela a respeito de sua cisma?

— Pelas evidências, ela também pensa que é cisma minha, mas me aconselhou a ficar de olhos abertos, bem abertos.

— Sei.

Gianluza assentiu enquanto a frase "mas me aconselhou a ficar de olhos abertos, bem abertos." repercutiu estranhamente em sua mente.

Assim que voltaram para a fazenda, Margarita convidou Gianluza para jantar em sua casa com os filhos naquela noite.

Gianluza se sentiu angustiada novamente por se ver frente a frente com Mario Corridoni e Margarita Corridoni ao mesmo tempo. Ela procurava evitar aquilo de todas as formas. Quando iam à missa aos domingos, seguiam em charretes separadas e quando na igreja, ela procurava se sentar com os filhos a uma certa distância do casal para não ter de viver aquela situação difícil e desagradável de estar lado a lado com a amiga e o amante. Naquela noite, todavia, o jantar uniu os três novamente, colocando-os bem próximos um do outro e aquilo foi para Gianluza bem mais do que constrangedor, algo na verdade apavorante e extremamente desagradável.

Enquanto isso na Itália...

Filomeno Nunnari chegava a sua casa, trazendo uma nova carta para a esposa como se tivesse sido enviada pelo próprio Gianni do Brasil.

— Uma nova carta, querida – anunciou ele, exibindo um sorriso majestoso para ela.

O coração de Chiara Nunnari transbordou de alegria ao reconhecer os volteios e floreios da letra do filho. Nem o próprio Filomeno percebia que sua letra tornara-se idêntica à de Gianni.

Querida mamãe e papai... A saudade que sinto de vocês é tamanha... Mas um dia, um dia haveremos de nos reencontrar e matar a saudade. Não se preocupem com nada, todos nós estamos sob a graça de Deus, nosso Senhor. Quanto as seus netos: Umbelina, Liberata e Maurizio, tudo vai bem com eles...

A seguir, ele relatava as proezas dos filhos na fazenda Corridoni.

— Você leu isso aqui? – perguntou Chiara, apontando para um ponto mais adiante na carta. – Onde ele descreve as peripécias dos nossos netos?

Ela não esperou pela resposta, leu em voz alta o que estava escrito e, com um entusiasmo que assombraria o mais desanimado do planeta.

— Inacreditável... Já se passaram três anos que eles partiram para o Brasil... Maurizio já está com 14 anos, Umbelina com 13 e Liberata com 12. *Dio mio,* como o tempo passa! E nós estamos ficando velhos.

Filomeno sorriu. Ela tirou os olhos da carta, voltou-os para o marido e disse:

— Nosso filho parece tão feliz, não parece? Sinto que ele está bem consigo mesmo como nunca esteve antes.

— Minha querida – disse Filomeno, afagando seu ombro de leve –, nosso filho está bem porque...

O italiano tentou manter a voz serena para lhe contar a verdade que nunca conseguia, mas recuou novamente na última hora. Acabou, dizendo:

— Nosso Gianni está bem porque está sob a bênção de Deus, Chiara.

A frase fez com que Chiara Nunnari sorrisse e beijasse o marido com grande afeto.

Enquanto isso, no Brasil, Gianluza e Mario Corridoni viviam uma intensa história de amor. Em mais um de seus encontros às escondidas, os dois estavam enlaçados um ao outro, rindo baixinho de histórias divertidas que um contava para o outro. Depois de contemplar mais uma vez a nudez da amante com grande interesse e desejo, Mario voltou os olhos para o teto e se pôs a apreciar o silêncio enquanto Gianluza ficou a admirar seu perfil, o perfil do homem que se tornara não apenas seu amante, mas aquele que compreendia seus sentimentos mais profundos.

Ela tentara dar fim àquela loucura inúmeras vezes, chegou a pensar, certa vez, que o havia convencido, todavia, ele sempre voltava a procurá-la quando o desejo falava mais alto dentro dele, dominando-o por completo. E ela, por mais que quisesse fugir dele, acabava se rendendo aos seus encantos.

E as semanas continuaram seguindo seu curso...

CAPÍTULO 16
PAIXÃO QUE NÃO SE APAGA...

    O inesperado viria acontecer nos idos de janeiro de 1797. Foi quando Roberto avistou o pai seguindo rumo à casa onde viviam os Nunnari. Suas sobrancelhas sedosas se juntaram diante da visão e a pergunta inevitável ecoou em seu cérebro: o que ele estaria indo fazer na casa da família àquela hora? Pensou em segui-lo, mas um pássaro despertou sua atenção, fazendo-o se esquecer daquilo por ora.
    Naquela tarde, Mario soltou os cabelos da amante e a densa massa de cachos derramou-se de forma graciosa sobre os ombros da mulher que tanto desejava.
    – Deixe assim, deixe-os soltos, gosto de vê-la assim... – falou apaixonado. – Uma nova sequência de beijos teve êxito a seguir...

    No próximo encontro dos dois ela o aguardou com o cabelo esparramando-se como uma meada de ouro como ele tanto gostava. Quando dividiram a cama, seus longos e fartos cabelos derramaram-se sobre o peito do amante. Ele os alisava e se deliciava com sua maciez. Os dois ficaram ali, com as pernas entrelaçadas umas às outras, falando baixinho, coisas de amor, ora se beijando, ora se acariciando, provocando um calor gostoso um no outro.
    A certa altura, ela disse:
    – Certa vez alguém me disse que leu num livro a seguinte frase: O amor é um sentimento que quando se divide se multiplica. Acho que isso é bem verdade, não?
    – Sim, meu amor... É bem verdade.
    Assim que o amante partiu, Gianluza foi se banhar se sentindo feliz e novamente uma linda mulher. Ela realmente ficara linda, jovial e robusta não só por causa da paixão que vivia por Mario Corridoni e que era capaz de beneficiá-la com toda essa beleza, mas também por ser uma mulher ativa,

lavando roupa, esfregando o chão, fazendo a comida todos os dias o que a ajudava a manter seu corpo esbelto e sadio bem diferente de Margarita que, por não fazer muito, engordou e acabou ainda mais desleixada para consigo mesma.

Na noite daquele dia, caiu uma garoa gostosa e Margarita, mais uma vez, pensou que o marido estivesse finalmente disposto a copular com ela. Noites como aquela eram suas preferidas para se entregar ao ato. Assim, ela apagou a vela e ficou aguardando por ele, mas tudo o que ele fez foi virar a cabeça para o lado e lhe dizer "Boa-noite".
Cismada, ela tornou a acender a vela e, com cuidado, espiou-o, mas ele já dormia de boca aberta, babando. Margarita não soube o que pensar de sua reação, o melhor a se fazer, pensou, era também se entregar ao sono como fizera ele e pedir a Deus que lhe enviasse bons sonhos.

Enquanto isso, na humilde casa de Gianluza, ela permanecia em pé, olhando pela janela a casa de Margarita e Mario Corridoni à distância, vez ou outra, iluminada pelos raios do luar que incidiam sobre o lugar quando nuvens espessas desobstruíram a lua.
Umbelina entrou na sala pé ante pé para não assustar a mãe.
– A senhora não vem dormir, mamãe?
– Vou, sim, querida.
Gianluza abraçou a filha e disse:
– Acordada até esta hora, o que houve?
– Estou sem sono.
– Quer que eu faça um chá de camomila para nós duas?
A ideia agradou a garota. Assim, as duas foram para a cozinha,, iluminadas pela vela que Gianluza carregava à frente e que subitamente se apagou.
– Opa! – exclamou Umbelina.
– Detesto a escuridão – admitiu Gianluza com sinceridade.
– Ninguém gosta.
– Nem Deus! – esbravejou Gianluza, tentando acender a vela novamente. – Por isso Ele criou o Sol.
– Que história é essa? – interessou-se a garota.
– Uma que minha avó contava para mim.
– Conte-me, mamãe, por favor.
– Dizem que Deus criou o sol para espantar a escuridão, depois a estrelas para deixar o universo ainda mais iluminado. Então, os planetas, cada um de uma forma, para que houvesse ainda mais beleza ao seu redor. Então criou

o ser humano, para Lhe fazer, de certa forma, companhia.
Os olhos da garota brilharam enquanto a mãe completou:
– Meu avô dizia que sua esposa, minha avó, iria queimar no inferno por contar histórias como essa. E ela respondia, com muito bom humor: melhor o inferno do que o céu ao lado de pessoas tão sem imaginação e preconceituosas como você. Ela o enfrentava, sem medo de sua reação e ele adorava isso. Todos percebiam, até eu que era uma menina na época.
Umbelina achou graça, mas no minuto seguinte entristeceu.
– Pobrezinhos – admitiu, pensativa.
– Por quê? – empertigou-se Gianluza.
– Porque já estão mortos há tantos anos.
– Sim, há muitos anos. Deixe-me ver... Há precisamente vinte anos.
– A senhora acha justo Deus ter criado o ser humano e matá-lo no final?
– Deus tem seus porquês, filha. Muitos dos quais não temos capacidade para compreender. Pelo menos por ora.
Gianluza serviu o chá para a menina e disse:
– Agora beba... Está uma delícia.
A garota estalou a língua diante do aroma gostoso de camomila.

No dia seguinte, quando Gianluza ouviu um toque na porta e pensou ser Mario, correu alegre para lá. Para sua surpresa, Margarita estava ali.
– Margarita, você?!
Gianluza olhou rapidamente por sobre os ombros da mulher, para um lado e para o outro para ver se Mario não estaria por ali. Para que visse a esposa e evitasse aparecer.
– Posso entrar? – perguntou a italiana, rompendo o silêncio momentâneo.
– Sim, é claro. Entre, por favor.
Gianluza afastou-se para dar passagem à amiga que, assim que se ajeitou numa poltrona falou em tom de repreensão:
– Vim saber por que anda tão sumida. Não tem mais aparecido em casa, nem pelas redondezas.
– É por causa do trabalho, Margarita. Muito trabalho. É roupa para lavar, chão para esfregar, comida para fazer... Tenho ajudado as crianças nos estudos e, elas, a mim.
– Eu já lhe disse que se precisar, mando uma escrava para cá, para ajudá-la nos serviços domésticos.
– Eu agradeço mais uma vez sua sugestão, mas não seria justo, você e Mario já estão sendo tão bons para mim.
– Pense bem na minha oferta.
– Obrigada.

– Daqui a pouco você vai embora e a gente mal se falou.
– Embora?!...

Gianluza, por um momento, realmente não compreendeu o porquê de a italiana ter-lhe dito aquilo.

– Sim, querida, para a Itália. Lembra-se? Segundo me recordo você só estava esperando o tempo melhorar, a terra secar para poder partir para o porto de Santos.

– Ah, sim! Ando tão atarefada que acabei me esquecendo disso tudo...
– Diga-me que mudou de ideia.
– Mudei?!
– Sim, por favor! Diga que decidiu ficar morando aqui com seus filhos...
– Eu, bem...

Gianluza pensou imediatamente em Mario, na separação dos dois caso optasse por voltar para a Europa. Por outro lado, viu na sua volta a forma ideal de dar fim àquele romance que no íntimo considerava insano.

– Eu sinto muito, Margarita, mas eu e meus filhos voltaremos sim para a Itália e o mais breve possível.

Só naquele momento, olhando para a amiga, é que Gianluza percebeu porque Mario havia se desencantado pela esposa. Margarita, por não ter muita ocupação, engordara e acabara desleixada consigo mesma. Ela ainda se lembrava com nitidez do dia em que chamou discretamente sua atenção a respeito dos cuidados para consigo mesma e ela respondeu:

"Uma mulher não precisa se cuidar tanto depois que já conseguiu um marido, porque uma vez tendo um de papel passado, nada pode separá-los."

Ela riu e ela, Gianluza fez ar de dúvida. Margarita completou:

"Se eles, os maridos, não se cuidam, por que nós, mulheres, casadas, muito bem casadas, temos de nos cuidar?"

E ela, Gianluza respondeu:

"É... De certa forma você tem razão, mas ainda acho que o cuidado para conosco deve ser feito para que mantenhamos o nosso bem-estar acima de qualquer coisa."

Gianluza despertou de seus pensamentos ao ouvir passos do lado de fora da casa. Seria Mario? Teria ele escutado as duas conversando? Desejou que sim para que não entrasse de supetão na casa com seu sorriso nos lábios e a esposa o flagrasse ali. O suspense a deixou alarmada. Não levou mais que alguns segundos para que Liberata aparecesse.

– Filha?! O que houve?
– Estou com dor de cabeça – respondeu a menina, fazendo beicinho.
– Venha cá, minha querida. Vou cuidar de você.

A mãe acolheu com ternura a menina em seus braços, enquanto

Margarita ficou ali, jogando conversa fora, por mais meia hora. Quando partiu, Gianluza respirou aliviada. Há tempos que não ficava tão tensa.

No dia seguinte, Liberata não apresentou nenhum sinal de melhora, nem no que veio depois. Pegara uma gripe forte e isso impossibilitou os encontros amorosos entre Mario e Gianluza. Assim que os dois puderam se encontrar novamente, Mario segurou firme no braço da amante e disse:
– Margarita me falou que você ainda está com vontade de voltar para a Europa. Como assim?
– Ora, Mario, sempre disse que voltaria.
– Isso foi antes de termo-nos apaixonado um pelo outro.
– Minha partida será a forma ideal de darmos fim a essa insensatez.
– Você chama de insensatez o nosso amor?!
– Isso não é amor, Mario! É um pecado!
– Sei que é, sei que pecamos, mas o desejo é mais forte do que eu e...
– E por isso teremos de nos separar! Eu volto para a Itália e você fica com sua esposa e seu filho como mandam as leis de Deus.
– Eu não vou suportar viver longe de você, Gianluza.
Ele simplesmente a agarrou e a beijou forte até que suas defesas caíssem por terra, então o beijo se tornou suave sem perder o calor intenso da paixão. Ele a arrastou para o quarto, deitou-se na cama com ela, despiu-a e fez amor como ordenavam os seus mais profundos desejos. Ela, mais uma vez, entregou-se para ele, adorando tudo aquilo, amando-o da cabeça aos pés. Dessa vez, ele se esqueceu de passar o ferrolho na porta da frente da casa, mas por sorte, ninguém apareceu.

CAPÍTULO 17
QUANDO OS DESEJOS SÃO MAIS FORTES QUE O MEDO...

Dias depois, quando Mario chegou à casa de Gianluza, a italiana aguardava por ele, andando de um lado para o outro, parecendo ansiosa por lhe falar. Assim que ele lhe deu chance, ela se abriu com ele:

— Mario, preciso do dinheiro que disse que me emprestaria para que eu pudesse voltar para perto da minha família.

Ele pareceu refletir antes de responder com convicção:

— Eu pensei muito a respeito disso e cheguei a uma conclusão, Gianluza. Não lhe darei esse dinheiro.

— Você, o quê?!

— É isso mesmo que você ouviu! Não posso permitir que parta. Não depois de tudo que temos vivido lado a lado.

— Mas você me prometeu!

— Foi quando eu não sentia nada por você. Agora que sinto, penso diferente.

— Nós seremos condenados ao inferno por viver em pecado. Os dez mandamentos dizem: "Não cobiçarás a mulher do próximo. Não trairás."

— Já é tarde para voltarmos atrás. Se já fomos condenados ao inferno, nada que possamos fazer de agora em diante pode reverter o quadro.

— Eu não havia pensado nisso.

— O desejo a impediu assim como me impediu de perceber isso antes. Talvez eu até tenha notado, mas preferi ignorar. Como disse, agora é tarde demais! Se teremos de pagar pelo nosso erro no inferno, que gozemos, pelo menos gora, da felicidade que nos resta.

Gianluza mordeu os lábios e tentou conter o choro, não conseguiu. Ele a envolveu em seus braços e cochichou ao seu ouvido:

— Sei que você não quer mais partir para a Europa, sua teimosa. Sei que me adora da mesma forma que eu a adoro.

Aquilo era a mais pura verdade, bem sabia Gianluza, mas ela preferiu não admitir diante dele. Por algum motivo acreditou que seria tolice admitir.

Quando Mario deixou a casa, passos à frente cruzou com as crianças que voltavam para lá, pois era hora de tomar o copo de leite com fatias de pão caseiro com manteiga à tarde.

Ele fez um aceno para os três com o chapéu, sorriu e continuou. Mais à frente, encontrou o filho.

– Roberto! Filho! Venha cá!

O menino, já com quase 15 anos nessa época, atendeu ao pedido do pai. Os dois seguiram juntos para a casa, com o braço direito de Mario pousado sobre o ombro do garoto.

Assim que Umbelina encontrou a mãe, notou de imediato que ela não estava bem. Liberata também percebeu.

– A senhora está bem, mamãe? – perguntou a filha mais velha, fazendo-lhe um carinho.

– Sim, filha... – respondeu Gianluza procurando soar calma. – Um pouco cansada, só isso.

A italiana vivia agora uma dúvida cruel. Deveria ou não insistir para que Mario cumprisse o prometido: desse-lhe o dinheiro para poder pagar a viagem dela e dos filhos de volta para a Europa?

Gianluza não mais conseguiu tirar da cabeça o dilema.

Mario Corridoni, por sua vez, estava disposto a não voltar atrás na sua decisão. A paixão o dominava por inteiro. Ele, simplesmente, adorava Gianluza Nunnari. Adorava! E dela não queria se separar por nada do mundo.

Havia se passado uma semana desde os últimos acontecimentos e, enquanto Gianluza se martirizava com seu drama, seus filhos levavam a vida sem suspeitar de seu martírio.

Umbelina, Liberata e Maurizio haviam saído aquela tarde para irem ao ribeirão na companhia de Roberto, quando o garoto pediu para que continuassem sem ele, pois precisava aliviar sua dor de barriga.

– Podemos esperar por você – falou Liberata docemente.

– Não! – exclamou o amigo, sentindo outro aperto no estômago. – É melhor, não!

Maurizio, rindo, puxou a irmã pelo braço, dizendo:

– Você não vai querer ficar para sentir o cheiro, vai?

Umbelina riu. Liberata manteve-se séria, sem compreender as palavras do irmão.

Sem mais delongas, Roberto correu para trás de uma moita, baixou a bermuda e aliviou-se. Ufa! Tornou a respirar aliviado por três vezes. Ainda se encontrava de cócoras quando avistou o pai, tomando a alameda que levava à casa dos Nunnari. Mario seguia assoviando, alegre. Roberto, sem saber ao certo o porquê, estranhou os modos do pai. Quando fez menção de ir atrás dele, novas cólicas o impediram, forçando-o a abaixar a bermuda novamente e aliviar-se da dor de barriga.

Somente quando se sentiu seguro para deixar o lugar que estava num fedor pavoroso, cercado de moscas, é que o garoto partiu. Seguia o caminho que levava ao ribeirão quando se lembrou de Mario. Assim, deu meia-volta e foi atrás dele.

Ao chegar à casa de Gianluza, permaneceu em frente à morada, girando o pescoço para um lado e para o outro em busca de algum sinal de Mario ou da italiana. Então, foi até a porta e a tocou.

Para sua surpresa estava aberta e assim ele adentrou o lugar silenciosamente. Olhava de um lado para o outro, invadido por certa repentina apreensão quando ouviu o que lhe pareceu serem vozes vindas de um dos quartos. Para lá seguiu.

Foi assustador! Roberto entrou e pegou Maio e Gianluza de surpresa. Ficou parado junto à porta, fuzilando os amantes com o olhar.

– Roberto! – exclamou Gianluza, fitando-o, atônita.

Roberto levou um momento para compreender; talvez não quisesse compreender.

– O senhor... – disse ele, por fim, gaguejando –, o senhor e essa mulher... que nojo!

O clima pesou ainda mais no recinto. Foi como se os três tivessem sido congelados por uma mágica qualquer naquela posição.

CAPÍTULO 18
TRAÍDOS PELO DESEJO...

Roberto adentrou o casarão, a sala onde a mãe se encontrava, correndo e resfolegante.

– Mamãe! – falou arquejante. – O papai! O papai e Dona Gianluza... Os dois... Os dois estavam na cama do quarto dela na casa dela... Eles estavam...

Margarita estendeu o braço num gesto violento, a agulha de tricô voou de sua mão para cima da mesa de mogno encerado como se fosse uma flecha.

– O que foi que você disse, Roberto?! Fale, mas bem devagar.

O garoto, ofegante, obedeceu:

– O papai... o papai estava deitado com a dona Gianluza na cama dela, os dois estavam sem roupa...

A mãe segurou firmemente o ombro do filho:

– Você tem certeza?

O menino afirmou balançando a cabeça positivamente. Fez esforço para não chorar, mas logo rompeu-se em pranto. A mãe tratou de abraçá-lo e, em seguida, providenciar um copo de água com açúcar mascavo para ele tomar e acalmar os nervos.

– Calma, meu amor. Tudo vai ficar bem. As coisas nem sempre são o que parecem.

Mario Corridoni entrou no aposento a seguir. Estava vermelho e esbaforido. Ao ver a esposa agarrada ao filho, sua expressão mudou, havia agora um quê de tristeza e amargura deformando sua face.

– Margarita... – disse ele com voz falha.

Os olhos dela, cheios d'água, voltaram-se então para ele que tentou dizer mais alguma coisa, mas não conseguiu. Fugiu dos olhos dela e, por pouco, não desatou a chorar.

Somente quando os dois ficaram a sós naquela noite é que o casal pôde conversar a respeito do acontecido. Ele contorcia as mãos enquanto procurava

pelas palavras certas para se expressar. Por fim, disse:
— A carne é fraca, Margarita. Não culpe Gianluza pelo que aconteceu, ela nunca quis. Fez de tudo para me evitar, mas eu não consegui deixá-la em paz.
— Desde quando, Mario?
— Ela sempre quis dar fim ao nosso envolvimento, mas eu...
— Eu fiz uma pergunta, Mario. Desde quando?
— O que importa?
— Para mim importa muito. Eu confiava em você e pior, confiava em Gianluza também. Vocês me traíam bem debaixo dos meus olhos. Como puderam ser tão sórdidos?
— Já lhe disse que fui eu o culpado de tudo isso!
— Se ela não o quisesse, ela o teria evitado, gritado, esperneado, mas ela cedeu aos seus encantos...
— Ela se apaixonou por mim como eu me apaixonei por ela.
— Apaixonou?! Não me faça rir.
— Foi sem querer, eu juro. Isso não quer dizer que eu não a ame, Margarita. Eu a amo e muito, você bem sabe.
— Sei?
— Sim. Sabe.
Ela avançou sobre ele e deu-lhe um tapa no rosto. Chorando, argumentou:
— Eu não sei de mais nada, Mario. Nada mais me parece ser o que era, o que eu pensava ser.
— Compreendo sua revolta. Mas entenda... Ninguém traiu ninguém. Nós três, eu, você e Gianluza fomos traídos por um desejo. Um desejo que foi mais forte que todos nós. Por isso não podemos nos recriminar...
Ela deu-lhe as costas e deixou o aposento.
— Aonde você vai?
Ela não respondeu, continuou andando, pisando duro, apertando o passo. O marido correu atrás dela.
— Por favor, Margarita. Não torne tudo pior para nós.
Ela continuou sem dar-lhe ouvidos.
Em seguida, ele pediu a uma escrava que desse um chá à patroa para acalmar-lhe os nervos. Só então, foi atrás de Gianluza.
— Precisava vir – admitiu ele, assim que a encontrou. – Não sossegaria enquanto não conversasse com você.
— Como está Margarita?
— Bem, tomou um chá e foi dormir. E você, como está?
— Em choque até agora. E Roberto?
— Também tomou um chá de erva cidreira e foi se deitar.
— Pobrezinho... Deve ter sido um choque para ele.

– É inevitável viver sem chocar-se em alguns momentos da vida, não é mesmo?

– Talvez...

Ela silenciou por alguns instantes, até encontrar coragem para afirmar:

– Eu lhe disse que segredos nunca são para sempre, Mario.

– Sim, você me disse, mas... Manter segredo do que sentíamos um pelo outro era a meu ver o único modo para nos mantermos unidos sem ferir ninguém.

– Ainda assim feriu.

– O que se há de fazer? Pelo menos tentamos evitar que isso tivesse acontecido.

– Ainda que tudo o que tenhamos vivido tenha sido lindo, intenso e apaixonante, acabou.

– Acabou, Gianluza? Como assim, acabou?!

– Acabou, Mario, simplesmente, acabou.

– Não para mim.

– Como não?

– Eu não vou conseguir viver sem você, Gianluza. Acho que já deixei isso bem claro, não?

– Como acha que Margarita vai reagir ao saber que você e eu continuamos tendo um caso?

– Esse é um problema dela, Gianluza. Só sei que não posso e não quero me distanciar de você.

– Pois eu não sei se conseguirei continuar essa loucura, sabendo que Margarita sabe de tudo. Não terei paz quando estiver ao seu lado.

– Eu entendo, mas com o tempo você vai se tranquilizar.

– Será? Será mesmo que depois de tudo eu posso voltar a me tranquilizar?

– Vai depender de você, Gianluza. Do seu esforço para isso.

Diante da indecisão estampada na face da mulher que Mario Corridoni tanto adorava, ele perguntou:

– Você me ama, Gianluza, não se esqueça disso.

Ela hesitou antes de responder:

– Sim, Mario... Eu o amo, mas mesmo em todo amor do mundo tem de haver limites e pudor. Já lhe disse que você é o que de mais lindo me aconteceu nos últimos tempos. Mas não posso ferir Margarita que tanto me ajudou. Por mais que eu o deseje, que eu o ame, isso jamais! Que Deus nos perdoe depois do que fizemos...

– Há de perdoar, Gianluza...

– Não acho. Nós desrespeitamos um dos dez mandamentos de Deus e, com isso, fomos condenados ao inferno, Mario.

Subitamente, ele a agarrou e disse a um palmo de seu olhar assustado:

– Pouco me importa se Deus vai me perdoar ou não, Gianluza. Só sei que a quero e vou viver com você até os últimos dias de minha vida. Ah, minha querida, eu estou apaixonado por você. Louco por você!

Ela quis evitar o beijo, mas não resistiu, assim ele pôde beijá-la quente e ardentemente como acontece com todos que se entregam a uma paixão voraz e inconsequente.

No dia seguinte, logo pela manhã, Mario resolveu ter uma palavra com o filho. Ao vê-lo entrando no quarto, Roberto amarrou o cenho e cruzou os braços, fazendo beiço. Mario não se deixou intimidar por sua reação, sentou-se junto dele na cama e pediu seriamente:

– Olhe para mim, Roberto. Por favor.

O adolescente levou um longo momento para atender ao pedido do pai. Quando o fez, tanto seu tom quanto seu olhar eram tomados de nojo.

– O senhor... – balbuciou enojado. – O senhor e aquela mulher... nojento!

– Não é nojento – censurou Mario, abrandando a voz em meio a lágrimas. – É lindo... É amor!

O garoto estremeceu.

– Amor? Aquilo é...

– O que você viu são duas pessoas que se amam fazendo amor, um dia você me compreenderá.

– Não quero ouvir! Não quero! – o garoto tapou os dois ouvidos.

Mario, mantendo a calma, tirou as mãos do filho que cobriam suas orelhas e disse, com suavidade:

– É porque você ainda não se apaixonou de verdade que não me compreende. Quando isso acontecer...

O jovenzinho foi rápido novamente na sua resposta:

– Ainda assim não irei fazer *indecências* com a mulher com que me casar. E ai se ela tentar!

– Não é indecência, Roberto, é amor.

– Ainda assim, não farei.

– Você é ainda muito jovem para compreender o que eu digo. Só quero que saiba que a carne é fraca, Roberto. O desejo quando vem nos deixa cegos, surdos e mudos para tudo mais. Só nos importa satisfazê-lo, nada mais.

– Pois o desejo deve ser contido. Devidamente controlado como fazem os padres. São seres humanos como nós e mesmo assim, não se curvam ao desejo.

– Como pode saber?

– Todos sabem.

– Do desejo ninguém escapa, meu adorado, Roberto. Nem padre nem freira.
– Por favor, meu pai, não diga asneiras. Já basta o pecado que cometeu, falando assim, estará cometendo outro tão grave quanto o que fez.
Roberto deu um suspiro. Exibia no rosto aquele ar de superioridade que todos detestavam.
– Você não entende nada de desejo, Roberto. Por isso não me julgue.
O jovem suspirou e disse:
– Aquela mulher... Ela já deveria ter ido embora para a Itália. Se tivesse ido, nada disso teria acontecido. Mande-a embora daqui, meu pai! O quanto antes!
Mario levantou-se, mirou bem os olhos do filho e disse seriamente:
– Eu não posso fazer isso, Roberto. Eu sinto muito.
Sem mais, deixou o aposento, enquanto Roberto voltava a se lembrar do que flagrou no dia anterior, algo que pelo visto jamais se esqueceria, seria capaz de atormentá-lo até a morte.

Naquele mesmo dia por volta das três da tarde, Gianluza chegou à conclusão de que quanto mais protelasse sua conversa com Margarita, pior seria. Assim, ela se arrumou e foi até sua casa falar com ela.
Respirando fundo, abriu a porta e entrou na cozinha. Sua mão tornou a apertar a corrente de ouro que adornava seu delicado pescoço quando se viu ali prestes a ficar face a face com a dona da casa. Havia ainda uma segunda porta a atravessar: a que dava para a sala, seu destino final. Respirando fundo novamente, Gianluza abriu a porta em questão após certa hesitação e foi enfrentar de vez o que precisava ser enfrentado.
Margarita estava sentada num tipo de espreguiçadeira, muito espigada, tricotando com uma energia incrível, seus lábios estavam apertados, denotando grande esforço para se manter calma.
– Margarita... – falou a recém-chegada com a voz entrevada de dor.
O tricô escorregou das mãos da dona da casa diante da chegada repentina da italiana.
– Eu preciso lhe falar – continuou Gianluza enquanto sua mão tornava a apertar a outra de nervoso.
A voz de Margarita tremeu quando respondeu:
– Falar?...
– Sim, Margarita. Falar... conversar... Nós duas precisamos conversar.
A dona da casa franziu o cenho, denotando claramente que a presença da outra ali não era desejada, mas Gianluza não se deixou intimidar:
– Você precisa me ouvir, Margarita. Por favor!

Margarita, enrolando o seu tricô, focou novamente os olhos na recém-chegada, suspirou e disse:

– Você, Gianluza, era a última pessoa na face da Terra que eu pensei que me decepcionaria. E você me decepcionou muito. Infinitamente.

– Eu sabia que isso poderia acontecer, por isso não queria que jamais soubesse...

Margarita levantou-se da cadeira, cambaleando um pouco, e gritou:

– Você queria continuar me fazendo de tonta, é isso?!

– Não era para fazê-la de tonta, Margarita e, sim, para evitar que sofresse. Que se decepcionasse comigo. Eu sabia que se decepcionaria, sofreria... Que todos iríamos sofrer!

Margarita foi até a janela e, pôs-se a olhar para o jardim. Gianluza acercou-se dela e falou com aquela voz que vem do coração:

– Só me resta pedir-lhe perdão, Margarita.

A outra voltou a cabeça ligeiramente para ela e perguntou:

– Você me perdoaria se estivesse no meu lugar?

Não havia tristeza em sua voz. Quase satisfação. Pelo olhar da traidora, Margarita Corridoni percebeu qual seria a resposta de Gianluza Nunnari, a resposta que ela não teve forças para pronunciar.

– É melhor eu ir embora daqui – desabafou Gianluza, minutos depois. – Eu jamais deveria ter aceitado o convite de vocês para vir morar aqui. Mas que escolha tive eu? Só pensei nos meus filhos.

Novamente ela encarou Margarita e falou com pesar:

– Se eu pudesse mudar o curso da história.

Margarita estremeceu levemente e sua voz tornou-se mais suave ao dizer:

– Ainda assim, Gianluza... Ainda assim, eu teria estendido a mão a você e seus filhos. Porque minha natureza é boa. Direita. Íntegra. Tenho caráter e dignidade.

Os olhos da italiana semicerraram enquanto sentia a intensidade de suas emoções.

Houve uma pausa, tensa, até que Gianluza perguntasse:

– Agora eu lhe devolvo a pergunta que me fez há pouco: você teria se segurado se estivesse no meu lugar? Só, num continente estranho, sem família, sem esperança, sem o marido que lhe jurou amor eterno e, que o destino tirou de você sem aviso prévio, deixando-a quase sem nenhum dinheiro?

Margarita suspirou enquanto a outra acrescentou, franzindo o cenho:

– Oh, é tão difícil dizer isso, Margarita, mas... Eu me senti só, sabe? Muito só. Triste e solitária. Eu queria ser amada como todas querem, homens e mulheres e só me restava a solidão. Então, naquele dia em que eu e Mario fomos a Paço das Águas fazer compras e, enquanto esperávamos a chuva passar, Mario me abraçou para me aquecer do frio, pois eu tremia de frio e de medo, sempre tive pavor de temporais... eu...

— Chega! Não quero ouvir mais nada! — exaltou-se a outra novamente. — Suma daqui! Rápido! Antes que eu cometa uma loucura!

Gianluza baixou a cabeça e obedeceu, submissa. Foi quando deixava a casa que ela reencontrou Roberto após o desastroso flagrante. Diante dele suas pernas bambearam. Para ela, ele sempre fora um garoto risonho, cujos olhos dançavam cheios de vida e esperança. O garoto que via agora parecia-lhe um estranho, de olhos brilhantes mas frios, e que pareciam vê-la como a um inimigo. E isso, sem saber ao certo o porquê, apavorou-lhe.

Ao chegar à sala, Roberto encontrou a mãe sentada ao chão, rente ao sofá, chorando convulsivamente.

— O que essa mulher... — disse ele com voz raivosa. — O que essa mulher fez para a senhora?

Margarita se assustou com sua chegada e seu tom de voz. O garoto aproximou-se dela e repetiu:

— O que essa mulher fez para a senhora, mamãe? Responda!

O horror que o menino viu nos olhos da mãe foi tão marcante quanto a cena de sexo que presenciou entre o pai e a amante.

Minutos depois, Mario se encontrava com Gianluza.

— Mario, por favor... — suplicou ela, ao vê-lo acelerando os passos na sua direção.

— Preciso falar com você, Gianluza. O que houve? Você está trêmula e abatida.

— Fui falar com Margarita.

— Você?!!! Que coragem!

— Se tive coragem de me entregar a você tinha de ter para enfrentá-la. É o mínimo que uma mulher de caráter poderia fazer.

— E daí?

Ela começou a chorar, não conseguiu responder, e ele, imediatamente, tentou consolá-la.

— Foi horrível — desabafou ela, entre soluços, logo em seguida. — Margarita agora me odeia! Acho que odeia até mesmo meus filhos.

— Não exagere, Gianluza.

— Você sabe que não estou exagerando, Mario!

— Vou falar com ela.

Ela se desvencilhou dos braços dele, afastou-se e disse em tom de desabafo:

– Eu preciso ir embora daqui com meus filhos o quanto antes. De volta para a Europa como prometi a mim mesma desde que aqui cheguei.

– Se fizer isso, como irá se sustentar na Europa? Já pensou nisso?

– Não sei... Só quero remediar essa situação.

– Aqui, ao meu lado, você e seus filhos estarão sempre amparados financeiramente.

– Ah, se eu pudesse apagar tudo o que aconteceu entre nós! Como pude me deixar seduzir por essa paixão indevida? Como?! Cometemos um pecado, mais um, e, dessa vez, mortal!

– Procure ficar calma, Gianluza. Por favor! Nós daremos um jeito em tudo isso.

O rosto dela, subitamente, tornou-se ainda mais amargurado, o que deixou o amante alarmado e assustado.

– Ela vai pedir a você, Mario! Vai pedir-lhe que me expulse da fazenda! Que eu suma daqui com meus filhos!

– Ela não fará isso!

– E se fizer?

– Você acha que eu acataria uma ordem dessas, Gianluza? Você não me conhece mesmo! Eu a amo e jamais vou permitir que a mulher que amo seja afastada de mim.

Ela quis dizer a ele que seu amor por ela era um exagero, mas bem sabia que não havia exagero algum, Mario Corridoni realmente a adorava tanto quanto ela o adorava. Em tudo aquilo havia um fato irrefutável: já era muito tarde para voltarem atrás... Remediar aquela paixão seria o mesmo que tentar deter as lavas de um vulcão depois da erupção.

Depois de se recompor, Margarita Lozano Corridoni foi tomar seu banho, pensando novamente na traição, questionando-se o porquê do marido tê-la traído e justo com a mulher em quem mais confiou, a quem estendeu a mão quando mais precisou.

Por isso Gianluza ficara com uma aparência melhor nos últimos tempos, concluiu ela em seguida. Parecia mais linda, jovial e robusta do que antes. Fora a paixão por Mario que despertou tudo isso nela.

Só naquele momento, olhando para a amiga em pensamento, é que Margarita percebeu por que o marido havia se encantado por ela. Gianluza, por causa do trabalho, por lavar roupa, esfregar o chão, estar em movimento o tempo todo, manteve seu corpo esbelto e sadio, enquanto que ela virou uma bonachona por não fazer nada.

Teria a aparência física tanto peso assim como pensava em relação à atração sexual? Voltou-lhe à memória o conselho que Gianluza lhe dera certa vez quando afirmou que uma mulher não precisava se cuidar tanto depois que já conseguira um marido, porque uma vez tendo um de papel passado, nada mais podia separá-los. E Gianluza fez ar de dúvida e ela, Margarita, completou: se os maridos não se cuidam, por que nós, mulheres casadas, muito bem casadas, temos de nos cuidar?

E ela, Gianluza, respondeu:

"É... De certa forma você tem razão, mas ainda acho que o cuidado para conosco deve ser feito para que mantenhamos o nosso bem-estar acima de qualquer coisa."

Gianluza tinha razão, sim, tinha toda razão, mas ela preferiu ignorar por preguiça e comodismo. Agora só lhe restava correr atrás do prejuízo se quisesse manter Mario ao seu lado; ela o amava, o amava loucamente e, por ele, seria capaz de qualquer coisa.

Enquanto isso, Gianluza Nunnari encontrava-se em sua humilde casa também se banhando. Sentindo-se infeliz, impura, culpada e remoendo-se de remorso. Sabia desde o início que aquilo acabaria mal e, mesmo assim, foi em frente. Fora uma estúpida, uma tremenda estúpida em levar adiante o que considerou a maior insensatez de sua vida.

É lógico que os escravos da fazenda notaram que algo de muito sério havia acontecido com o casal Corridoni. Mas nenhum deles ousava se intrometer, nem mesmo as escravas mais achegadas à Margarita.

Nesse ínterim, nascia o segundo filho de Mulava e Gomax. Um menino forte e sadio que foi saudado por todos na senzala com grande alegria. Naquela noite em especial, os escravos dançaram suas danças típicas, herança trazida da África, pátria mãe da raça negra, de onde foram tirados contra a vontade, sob a ameaça das armas dos mercadores de escravos e levados para os países distantes para serem comercializados como objetos e animais. Mais um dentre muitos episódios dantescos da história da humanidade.

Gomax voltou-se para Mulava e disse:

– Ele se chamará Oxalá! E será abençoado por todas as forças do Além. Tal como foi nosso filho.

Mulava sorriu, feliz. Já não reprimia mais o sorriso por vergonha de mostrar a falta de dentes em sua boca bonita de lábios carnudos e suaves.

CAPÍTULO 19
PÁSSAROS SEM ASAS

Logo Liberata, Umbelina e Maurizio perceberam que Roberto andava estranho para com eles. Havia tido uma mudança brusca, uma transformação de personalidade repentina. Não mais os procurava para brincadeiras, tampouco os recebia em sua casa quando iam até lá chamá-lo para uma diversão. Visto que ninguém tinha coragem de perguntar o que havia ocorrido, Liberata tomou a iniciativa:

— Você está nos evitando, Roberto. Por quê?

O adolescente se transformou:

— Querem saber mesmo por quê? Pergunte para a mãe de vocês!

— Nossa mãe?!

— É! Ela mesma! Aquela pecadora!

Maurizio se inflamou, partiu para cima do garoto e o jogou ao chão. Umbelina e Liberata o seguraram, foi Santos quem o deteve.

— Larga disso, Maurizio!

— Ele chamou a minha mãe de pe...

— É isso mesmo que ela é! Uma...

A voz do pai a certa distância o repreendeu:

— Roberto!

O adolescente, revoltado, olhou na direção do pai, depois para Liberata, Umbelina e Maurizio, que olhavam perplexos para ele e disse com todas as letras:

— Sua mãe faz *indecências* com o meu pai.

Maurizio tornou a explodir em defesa da mãe:

— Cala essa boca, Roberto! Meça as suas palavras quando falar da minha mãe.

O garoto, espumando de raiva, berrou:

— Eu vi! Eu vi com os meus próprios olhos! Ela estava deitada na cama com ele, nua!

Os olhos de Liberata, Umbelina e Maurizio se arregalaram.

Roberto continuou, enfurecido:

– Ela traiu a confiança da minha mãe, por isso não quero mais contato com vocês! Nunca mais!

Mario achegou-se ao filho e o mandou calar-se:

– Quieto, Roberto!

– Ninguém manda na minha boca!

O adolescente foi de uma rispidez petulante.

– Olha o respeito, garoto. Esses não são modos de falar comigo, seu pai!

O garoto o enfrentou com o olhar. Depois, jogou a cabeça para o lado e cuspiu longe, rodou nos calcanhares e correu para a casa-grande onde podia encontrar conforto nos braços de Margarita.

Mario Corridoni ficou parado, acompanhando o filho com o olhar até ele adentrar a casa. Quando se lembrou que era observado por Liberata, Umbelina e Maurizio, tratou imediatamente de se desculpar:

– Roberto está impossível, hoje. Queiram desculpá-lo, por favor.

Os três assentiram e partiram, após uma breve reverência.

Assim que chegaram à casa, Umbelina, Liberata e Maurizio contaram o que aconteceu à mãe.

– Aquele Roberto... – ralhou Maurizio, entre dentes. – Se eu o pego!

Gianluza engoliu em seco, sentiu-se sem chão, sem forças para contar aos filhos a verdade. Não sabia também se deveria...

– Onde já se viu inventar uma história cabeluda dessas! – continuou Maurizio, revoltado. – Ele vai engolir todas aquelas palavras. Ah, se vai!

– Maurizio – chamou Gianluza seriamente.

O adolescente voltou os olhos vermelhos e lacrimejantes para a mãe e aguardou, respirando ofegante, até que ela se pronunciasse. Gianluza tomou ar e disse:

– O que Roberto lhes contou... bem... tudo o que ele lhes disse é verdade, sim. É a mais pura verdade.

A testa do filho se franziu.

– Não pode ser – murmurou ele, chocado. – A senhora não faria uma coisa dessas.

– Mas eu fiz, filho. Eu sinto muito.

As meninas começaram a chorar. Gianluza continuou em sua defesa:

– Eu não queria, eu juro que não queria, meus filhos, mas o desejo, a solidão, a carência, sei lá mais o que, fizeram com que eu cedesse aos encantos do pai de Roberto e...

– Então é mesmo verdade...

– É. Infelizmente é.

– Não posso acreditar que minha mãe...
– Nós não somos perfeitos, Maurizio.
– A senhora pecou e, agora, vai acabar no inferno!
– Eu sei.
– No inferno, mamãe! E tudo por causa do pai daquele menino estúpido!
– Não fale assim. Jesus disse certa vez: quem nunca pecou que atire a primeira pedra. Há um profundo significado em suas palavras.

O clima continuou tenso.

– Não quero ver meus filhos decepcionados comigo – continuou a italiana, minutos depois. – Não, mesmo! Vocês são tudo o que há de mais precioso na minha vida. Se ficarem de mal comigo, acho que sou capaz de morrer.

– Isso não, mamãe.

Foi Liberata quem falou.

– O Sr. Corridoni a forçou a fazer o que não devia?

A pergunta partiu de Umbelina.

– Não, filha. Fizemos o que fizemos de acordo mútuo. Foi por amor, paixão, desejo... algo que só quando sentirem na alma serão capazes de me compreender. O desejo carnal é capaz de nos fazer cometer loucuras... É capaz de nos fazer pecar, mesmo sabendo que vamos pecar, ferir o próximo, magoar Deus...

A mãe abriu os braços e convidou os filhos para um abraço. As meninas cederam primeiro, Maurizio levou mais tempo para se juntar a elas.

– Eu não quis ferir vocês, meus amores – reforçou Gianluza enquanto lágrimas de arrependimento lhe escorriam dos olhos. – Não quis ferir ninguém, eu sinto muito.

A fim de reaproximar-se do filho, Mario convidou o adolescente para ir com ele a Santa Mariana comprar alimentos e acessórios para a fazenda. O garoto não parecia disposto a reatar a amizade com o pai, foi por causa da mãe que ele acabou aceitando o convite. Margarita sabia que a ligação de pai e filho não poderia ser rompida para sempre, seria prejudicial para ambos, especialmente para o casamento dela, era com o filho que ela acreditava que poderia voltar a manipular o marido a seu favor.

Eles estavam seguindo para o vilarejo, quando encontraram Maurizio brincando com estilingue perto do mata-burro. No mesmo instante, o italiano fez sinal para o cavalo frear e disse:

– Estamos indo para o vilarejo, meu bom Maurizio. Quer vir conosco?

Roberto se opôs à ideia no mesmo instante:

– Não tem espaço, papai.

Mas o pai não lhe deu ouvidos, estendeu a mão, surpreendentemente gentil, para Maurizio e o puxou para um espaço vazio que ele abriu ao lado do filho. Roberto bufou de raiva enquanto chutava a parte dianteira da carroça com suas botinas. Ele queria saltar da carroça, mesmo com ela em movimento, mas foram as palavras de advertência da mãe que o fizeram se controlar.

Quando voltaram para a fazenda, assim que Mario entregou a carroça para o escravo, despediu-se de Maurizio, dando-lhe um abraço daqueles que só mesmo um pai amoroso dá em um filho. Roberto encarou o gesto com crescente repugnância nos olhos, chegando a expelir sua revolta em forma de cuspe, um atirado ao longe. Assim que o italianinho se foi, Mario voltou-se para Roberto, enlaçou suas costas e disse:

— Obrigado por ter ido comigo a Santa Mariana, filho.

O garoto se manteve calado e carrancudo. Mario continuou:

— Pais e filhos não devem jamais se desentender. Se isso acontecer, que seja pelo menor tempo possível. Cinco minutos no máximo, não mais do que isso. Os filhos contam com os pais da mesma forma que os pais contam com os filhos. É quase que uma lei da natureza. É mais do que isso: é uma lei de Deus.

Roberto aguardou o momento oportuno para desabafar:

— Não gosto daquele garoto.

— Você está falando do Maurizio. Mas ele é um amor de pessoa. Um garoto e tanto. Antes você o tinha como seu melhor amigo.

— O senhor disse bem: "antes"! Antes de eu pegar o senhor fazendo *indecências* com a mãe dele. Aquela abusada. Indecente e imoral!

A resposta pegou Mario de surpresa. Subitamente ele não soube como se defender, tampouco a amante por quem nutria profundo afeto. O filho continuou, ácido:

— Diga-me, meu pai.

— S-sim, Roberto...

— O senhor pretende continuar fazendo *indecências* com aquela mulher?

— Ora, Roberto...

— Eu quero a resposta para a minha pergunta.

O pai se inflamou:

— Pois então eu lhe darei a resposta que tanto quer ouvir. Sim, eu pretendo continuar com ela porque o que fazemos não é indecência, é amor e você é muito jovem e imaturo para compreender o que isso significa.

Dessa vez foi Roberto quem ficou sem palavras diante da resposta do pai.

— Um dia, Roberto... Um dia você há de me compreender. Quando se apaixonar por uma mulher e a desejar mais do que tudo. A vida é feita de desejos e paixões... É isso que move o homem, a mulher, todos! Hoje, para você, minhas palavras soam estranhas e sem sentido, mas um dia, um dia quando você se apaixonar, aí sim compreenderá minha pessoa, porque Roberto, meu filho, ninguém escapa da paixão. Ninguém!

– O Senhor jurou diante do altar fidelidade a minha mãe. Ela própria me disse.

– Eu sei...

– Sabe também que queimará no quinto dos infernos por ter feito o que fez com aquela mulher...

– Sim, eu sei... Mas a carne é fraca, Roberto. O desejo falou mais alto dentro de mim. Eu sinto muito por tudo e por todos.

– Afaste-se dela, meu pai. Enquanto é tempo... Se o fizer, quem sabe Deus não o poupa do inferno.

As palavras do filho deixaram novamente Mario Corridoni sem chão. Diante da imobilidade do pai, o adolescente acelerou os passos e correu para dentro da casa. Mario Corridoni permaneceu onde estava, com a advertência do filho ecoando pela sua cabeça, incansavelmente. Havia tristeza agora em seu olhar e um sentimento de culpa crescente... Foi quando voltou os olhos na direção da casa que abrigava Gianluza e os três filhos que ele disse para si mesmo o que concluiu:

– Eu errei sim, pequei... cedi aos desejos da carne, deixei que o desejo me dominasse... Seduzi Gianluza despudoradamente, ela não queria, teria me evitado até o fim se eu não a tivesse tentado... mas tudo o que fiz não foi só pelo desejo foi por amor, eu amo aquela mulher, sou louco por ela, simplesmente louco, o que posso fazer?

Voltando os olhos para o céu, falou:

– Desculpe-me, Senhor, pelo que fiz e Lhe peço, do fundo da minha alma, poupe Gianluza do inferno que se tornou seu destino depois de ter se entregado a mim. Fui eu quem a seduziu, quem insistiu, quem a pegou quase à força e...

O choro interrompeu suas palavras. Levou quase cinco minutos até que pudesse se recompor e dizer:

– Perdoe a ela, meu Deus. Perdoe, por favor. Eu Lhe suplico.

E seu pedido brotara mesmo do fundo do seu coração e de sua alma.

Santos, que estava por ali, ouviu tudo o que se passou sem se deixar ser visto. Caminhou depois para as dependências onde vivia, pensando no que a paixão fazia com os homens. Há tempos que ele já desconfiava do patrão com a italiana Gianluza, agora ele tinha certeza e aquilo foi, de certo forma, uma punhalada nas suas costas, porque ele ainda nutria esperanças por ela. A mulher que só de bater os olhos lhe arrancava suspiros.

CAPÍTULO 20
O PESO DA CULPA

O peso da culpa fez com que Mario procurasse a esposa naquela noite e acabasse tendo um intercurso com ela.

– Você gostou? Diga-me com sinceridade, você gostou, não? – quis saber Margarita após o ato consumado.

Ele teve de ser sincero:

– Gostei, sim, Margarita. Foi sempre muito bom fazer amor com você.

Um sorriso meigo se estampou na face dela, um semblante agora de uma mulher realizada, feliz por ter deixado seu marido satisfeito. Depois desta noite, da semirreconciliação na cama, Margarita acordou com mais disposição para assumir sua vida e decidiu doravante assumir também os afazeres da casa. Apesar de saber que o marido ainda se deitava com a "outra", voltou a ocupar seu lugar no leito do quarto do casal na casa. Voltou também decidida a arriscar a fazer novas práticas na arte de fazer amor, nem que para isso, ela se tornasse vulgar na cama, uma rameira propriamente dita. Se para mantê-lo a seu lado fosse preciso se tornar uma, ela se tornaria. Sabia que um homem se fisga pelo estômago e pelo sexo. Foi assim que o intercurso dos dois ganhou uma nova intensidade que ela jamais imaginou alcançar.

No dia seguinte, após as aulas particulares ministradas na fazenda pelas duas professoras contratadas para esse fim, Umbelina, Liberata e Maurizio convidaram Roberto para um passeio, era mais uma tentativa de Liberata de fazer com que o amigo voltasse as boas com eles, se enturmasse novamente com os três.

Todavia, Roberto, exibindo no rosto aquele ar de superioridade que os três detestavam, disse algo que não tinha nada a ver com o convite:

– Isso tudo...

Umbelina e Liberata seguiram a direção indicada pelo dedo do garoto,

Maurizio, por sua vez, manteve-se firme, olhando para o jovenzinho que agora detestava.

– Pois bem – continuou Roberto –, isso tudo me pertence, sabiam? Não é porque sua mãe faz *indecências* com o meu pai que vocês herdarão alguma coisa.

Foi Umbelina quem respondeu, decidida:

– Não queremos nada do seu pai, Roberto.

– É bom mesmo não querer. Porque não terão. *Nadica de nada.* Um dia vocês sairão daqui como quando aqui chegaram: com uma mão na frente e a outra atrás. O que é meu ninguém tasca, ouviram? Compreenderam?

Liberata e Umbelina assentiram sem saber ao certo se deveriam. Maurizio achou melhor ignorar o alerta por completo e deixou o local, estugando os passos.

Houve um dia em que Mario saiu na companhia do filho para ver a quantas andava a plantação de novos grãos na área da fazenda usada especificamente para esse tipo de plantio. Mais alguns passos e eles encontraram o capataz cavoucando a terra na companhia dos escravos. Uma escrava apareceu para servir-lhes água. Depois de entornar o caneco, o feitor voltou-se para o patrão e disse:

– Estão faltando escravos para ajudar na plantação, meu senhor. Se me permite fazer uma sugestão, o senhor deveria pôr as escravas trabalhando aqui conosco.

A resposta de Mario surpreendeu o homem:

– Mulher é muito frágil para esse tipo de trabalho, Santos.

– Frágil?

– Sim, frágil.

– Que frágil que nada, meu pai – manifestou-se Roberto. – As escravas, pelo menos as que trabalham dentro de casa, são fortes quem nem um touro.

O capataz, com medo de ter falado o que não devia, defendeu-se:

– Só sugeri o que sugeri porque em outras fazendas as escravas trabalham junto com os homens na lavoura.

– Pois aqui é diferente.

Roberto opinou mais uma vez:

– Mas não é certo, papai, não é certo que só os escravos fiquem na labuta enquanto as escravas ficam dentro da casa no bem bom.

– Bem bom, Roberto? Você deveria refletir antes de opinar. Para se dar uma opinião é preciso refletir e ter bem mais experiência na vida, Roberto. O que você não tem em absoluto, pelo menos por ora. Por isso aconselho a você a ouvir mais e opinar menos, pelo menos até que se torne mais maduro.

Roberto amarrou o cenho, não gostou nem um pouco do pai ter chamado sua atenção na frente de um subalterno e dos escravos. Quando fez menção de deixar o local, Mario o chamou:

– Roberto, espere por mim!

O menino travou os passos e rangeu os dentes para conter o ódio. Assim que o pai se juntou a ele, falou:

– Roberto, meu filho, ouça bem o que vou lhe dizer. Todas as escravas trabalham também e muito. Homem nasceu para capinar, caçar, defender sua família com a espingarda em punho, o que exige coragem e sangue frio, a mulher, por sua vez, nasceu com outros atributos, procriar é bastante difícil, são nove meses de intenso trabalho, as dores do parto também são difíceis de serem encaradas, tem de ter coragem e força para dar à luz e, isso, nenhum homem pode fazer.

– Pois eu ainda acho que as escravas deveriam ajudar na lavoura.

– Um dia você pensará diferente, Roberto. Um dia... Sua mãe, por exemplo? Você gostaria de vê-la capinando junto com os homens?

– Com a mamãe é diferente.

– Você pensa assim porque ela é sua mãe. Mas ela também é mulher e uma regra não pode excluir uma mulher só porque ela é mãe, pois afinal, todas as mulheres, se não todas, a maioria, pelo menos, são mães.

– Mas minha mãe é branca. Com os brancos tudo é diferente.

– Roberto, é somente a cor que difere uma mulher branca de uma negra. No mais, elas são exatamente iguais.

– O que o senhor quer dizer com isso?

– Um dia você me entenderá.

Pela expressão no rosto do filho, Mario percebeu que o menino não seria convencido a mudar de ideia assim tão fácil. Era um daqueles indivíduos que o que pensa, pensa e ponto final. Não muda por nada nem que seja provado o contrário. Ser assim, poderia somente complicar as coisas para ele.

Devido às chuvas torrenciais que assolaram mais uma vez a região naquele ano, as plantações não tiveram a produtividade esperada. A colheita chegou a ser a pior dos últimos dez anos na região. Muitos fazendeiros tiveram de fazer empréstimos para continuarem se mantendo, visto que contavam com a renda que iria entrar e não entrou. Muitos chegaram a vender escravos para poderem ter dinheiro nas mãos e poupar gastos.

– A safra foi ruim. Estava contando com esse dinheiro – desabafou Mario com a esposa –, a maioria dos fazendeiros da região está abalada. Uns estão vendendo escravos para poupar gastos. Outros, terras...

Margarita, mais preocupada com o marido do que com o fato em si, indagou:

— E quanto a nós? Você pretende vender algum?

— Se eu tivesse muitos deles, até faria, mas só tenho oito agora, se me desfizer de algum me fará falta.

Roberto fez uma sugestão:

— Por que o senhor não põe os três para trabalhar na fazenda?

— Três? — estranhou Mario Corridoni. — De quem você está falando?

A resposta do menino foi reta e direta:

— De Umbelina, Liberata e Maurizio.

— Se não houver outro jeito, se eu realmente precisar de mais ajuda não hesitarei em lhes pedir que trabalhem para mim, farei o mesmo com relação a você, Roberto. Se eles estão na idade de trabalhar, você também está.

O adolescente não disse mais nada, engoliu em seco e procurou disfarçar o ódio que ecoava em seu peito e avermelhava seus olhos.

Nas semanas que se seguiram, Margarita assumiu de vez os afazeres da casa para permitir que as escravas fossem ajudar no plantio. Até ela participava e com o filho, a seu comando. Com isso, ela foi recuperando a forma, tornando-se mais disposta e robusta, consequentemente, mais feliz consigo mesma.

Diante dos últimos acontecimentos, Gianluza teve de esperar que a situação financeira de Mario melhorasse para poder regressar à Europa com os filhos.

No íntimo, ela não queria mais voltar, ainda se mantinha apaixonada por ele e, quando lhe passava pela mente que ele teria voltado a dormir com a esposa, ela procurava se acalmar, afastando de si tal hipótese. Seria melhor, para não atiçar seu ciúme. Por isso é que Mario também nada comentava com ela sobre a reconciliação afetiva e sexual que tivera com Margarita.

Só Margarita sabia da verdade e procurava se consolar dizendo a si mesma:

"Melhor um pombo na mão do que dois voando."

E assim os meses foram se passando...

Pela graça de Deus, a colheita seguinte foi tão farta que compensou o prejuízo que tiveram na anterior. Foi tão além das expectativas dos fazendeiros da região que serviu para valorizar novamente as terras por ali.

Em 1797, já fazia quatro anos e alguns meses que todos haviam chegado ao Brasil.

Mario Corridoni já estava com 33 anos completos. Margarita com 33 também. Roberto com 15. Gianluza com quase 33, também. Maurizio com 15. Umbelina com 14. Liberata com 13.

Era um final de tarde quente dos últimos dias do verão, quando Margarita voltou para a casa, querendo muito falar com o marido. Tinha um recado importante para ele e decepcionou-se por não encontrá-lo ali.
Ele está com Gianluza, supôs.
A visão dos dois juntos a torturou, mas ela lembrou a si mesma que Maurizio andava febril há dias, soube por intermédio de uma das escravas, e, portanto, seria impossível Mario ter algum contato com a amante na casa onde ela morava com os filhos.
A conclusão a fez relaxar, convencer-se de que em breve o marido voltaria para casa, e ela estaria à sua espera.
Fez uma ceia leve, depois foi para a sala onde ficou na janela de onde podia contemplar a lua, ao longe, sob os últimos raios do sol, clareando o céu.
A visão do marido e da amante voltou subitamente a torturá-la, mas novamente ela se lembrou de que ele não poderia estar com ela. Pelo menos na casa dela, não.
Teria ele ainda o mesmo encanto pela amante, depois de ter voltado a fazer amor com ela e de uma forma mais ousada? Com posições e loucuras sexuais tidas como indecentes para muitos? Essa era uma pergunta que volta e meia ela se fazia.
Ao pensar no corpo do marido entrelaçado ao da ex-amiga, sentiu seu ciúme arder novamente como labaredas...
– Não, os dois não podem estar juntos... – repetiu para si mesma em voz alta, para se consolar. – Não a essa hora, com os filhos na casa... Eles não chegariam a tanto. Não se exporiam daquela forma diante das crianças. Com relação a elas, eles tinham respeito.
Ao voltar para os seus aposentos, Margarita encontrou Roberto que a aguardava com certa expectativa.
– Onde está o papai?
O jovem também parecia preocupado.
– Ele... bem...
– À senhora acha que ele está com a outra a uma hora dessas?
– Prefiro acreditar que não, Roberto, mas... para tirar a cisma.
Ela deu meia-volta.
– Aonde a senhora vai?
– À casa de Gianluza.
– Vou com a senhora.
– Não, espere-me aqui.

Margarita passou pela cozinha, apanhou um facão e o escondeu na sua manga. Um vigor estranho dominava sua face agora. Sua face e seus músculos. Ela seguiu andando com muita calma, como se fosse uma pluma sendo levada pelo vento pela alameda que ligava as duas moradas. Subitamente, começou a assoviar uma canção que aprendera com uma das escravas. Uma das muitas canções africanas que os escravos cantarolavam em suas festas.

Enquanto isso, sua mente foi novamente invadida por lembranças dela tentando satisfazer o marido na cama, surpreendê-lo, fazê-lo desejá-la mais do que a *outra*. Ela fizera de tudo, como uma rameira e, mesmo assim, ele ainda se encontrava com a *outra*. Isso, ela não podia mais tolerar.

Diante da porta da humilde casa onde vivia Gianluza com os três filhos, Margarita deu três toques e aguardou, pacientemente.

Foi Liberata quem atendeu.
– Dona Margarita, a senhora aqui?
– Olá, filha, sua mãe está?

A menina pareceu em dúvida quanto ao que responder. Ela delicadamente passou pela jovem e se dirigiu para o quarto de Gianluza que naquele momento estava com a porta fechada. Certificou se o facão estava numa posição prática para ser tirado e usado e, só então, abriu a porta com toda delicadeza. O que se passava ali, transformou seu estado emocional totalmente.

CAPÍTULO 21
REVERTÉRIO DO DESTINO

Margarita já se preparava para pegar o facão escondido debaixo da manga do vestido, mas mudou de ideia ao avistar Gianluza, vestida da cabeça aos pés, ajoelhada aos pés da cama fazendo suas orações.

– Margarita?! – exclamou, visivelmente surpresa.
– Onde está ele, Gianluza?
– Ele?!
– Não se faça de sonsa. Onde está o meu marido, diga-me!
– Mario?! Ele não está aqui.

Ela atravessou o quarto e parou diante do guarda roupa. Hesitou antes de abri-lo, preparou-se emocionalmente para fazê-lo, crente de que Mario estaria ali, escondido.

– Saia, Mario – pediu ela, olhando com firmeza para o cômodo.

O silêncio imperou.

– Saia, Mario! – insistiu ela, com o canto dos lábios tremendo num tique nervoso.

O silêncio se prolongou. Então, ela abriu o guarda roupa com um movimento rápido e brusco.

– Eu disse para você sair! – ordenou.

Ouviu-se então Gianluza dizer:

– Ele não está aqui, Margarita. Eu lhe disse.

Ela se voltou para ela, mergulhou fundo em seus olhos e questionou seriamente:

– Onde ele está então?
– Eu não sei. Pela fazenda, talvez.
– O sol já se apagou, faz uma hora e ele ainda não voltou. Isso não é típico dele, nunca foi!
– Você perguntou ao capataz?

– Não, pois estava certa de que o encontraria aqui.

– Então pergunte. Ele certamente deve saber do paradeiro do patrão.

Ela ficou indecisa por um minuto, ao mover-se, parou subitamente à porta e perguntou:

– Ocorreu-me agora que...

– O que Margarita?

Ela se virou para ela lentamente e disse:

– Estaria ele com outra mulher?

– Mario, com outra?!...

– Sim.

– Bem, eu...

Aquilo de fato nunca havia passado pela cabeça de Gianluza.

– Não pode ser – murmurou com certo desapontamento.

– Por que não? Se ele me traiu com você poderia muito bem trair a nós duas com outra.

A suposição mexeu com Gianluza, fez com que se arrepiasse.

– Ele não faria isso... Deve ter ido a Santa Mariana.

Margarita riu e, com certo deboche, falou:

– É horrível, não é? A sensação de ser traída.

Gianluza não podia deixar de admitir que sim. A sensação era angustiante e revoltante, mas preferiu guardar o que pensou para si mesma. Assim, sugeriu:

– Vá até o capataz e procure saber se ele não foi a Santa Mariana.

– É melhor...

Ela deixou o quarto e Gianluza a seguiu até lá fora. Ficou na varanda da humilde casa, ao lado dos três filhos olhando com curiosidade para Margarita, que andava apressada em busca de Santos, o capataz. Assim que encontrou o homem, disse logo ao que vinha.

– Ele não foi para Santa Mariana, não senhora – respondeu o funcionário com convicção.

– Como pode saber?

– Porque tanto a carroça quanto as charretes de passeio estão guardadas no celeiro. Os cavalos, todos, também estão aqui.

– Se ele não deixou a fazenda, aonde estará?

– Vou fazer uma busca agorinha mesmo, senhora. O patrão pode ter caído, se machucado e está precisando de ajuda...

– Vire essa boca pra lá.

– Desculpe, senhora.

– Vá, vá fazer uma busca, imediatamente.

Maurizio, que havia seguido a mulher a mando da mãe, voltou para contar o que ouviu.

— Estranho, Mario não é de sumir... — murmurou Gianluza, preocupada.
— É melhor nós todos sairmos a sua procura.

Sem mais delongas os quatro saíram em busca do desaparecido. O mesmo fez Santos acompanhado dos escravos, inclusive das mulheres escravas. A cada minuto que se passava crescia a ansiedade no coração de Margarita e Gianluza. A ansiedade e o desespero. Margarita orava em voz alta, tendo o filho ao seu lado; para que o marido fosse encontrado são e salvo. Gianluza orava em silêncio enquanto procurava pelo homem que surpreendeu sua vida nos últimos tempos. Foi o capataz quem localizou o patrão caído rente ao canavial.

— Senhor...
— Faça uma tala — balbuciou Mario suando em profusão.
— Uma, o quê? — estranhou Santos.

Mario, ainda que com dificuldade para falar, explicou o que era.

— Rápido, quanto mais imóvel ficar a minha perna, melhor será. Quanto mais se mover mais, o veneno se espalhará.
— Veneno?
— Sim, o veneno da cobra que me picou.

Só então o capataz compreendeu o que havia acontecido.

— Peça aos escravos que me carreguem para a minha casa e vá buscar o médico em Santa Mariana, o mais rápido possível! Minha vida depende disso!

Assim foi feito, Mario perdeu a consciência assim que foi posto na cama de casal do quarto onde dormia com Margarita. Quando um dos escravos contou o que havia acontecido a Gianluza, ela quis ver o amante imediatamente, mas deteve-se ao perceber que sua visita seria encarada por Margarita e o filho como uma afronta. Restou-lhe apenas voltar para a sua casa e rezar pela melhora dele.

— O Sr. Corridoni vai ficar bom, não vai, mamãe? — indagou Liberata.
— Sim, filha. Com a graça de Deus. Agora sentem-se aqui e orem por ele.

Os quatro uniram-se em fé.

Enquanto isso, no casarão, Margarita andava de um lado para o outro, desesperada.

— Sinhá — falou a negra.
— Sim?
— O sinhô despertou... está chamando pela senhora.

A alegria resplandeceu na face da italiana.

— Estou aqui, Mario — disse ela, segurando firme em sua mão e beijando-a intensamente.

O filho, olhando seriamente para o pai, permaneceu ao lado da mãe.

— Margarita — esforçou-se, Mario Corridoni –, prometa-me...
Margarita tentou acalmá-lo:
— Respire fundo, Mario, por favor...
— Ouça o que eu digo... – insistiu ele, procurando elevar a voz. – Prometa-me que vai cuidar de Gianluza e dos filhos dela caso eu morra.
— Você não vai morrer. Vire essa boca para lá!
— Dê o dinheiro a ela para que volte para a Europa como ela sempre quis...
— Como ela deveria ter feito desde o início – argumentou Margarita com devasso rancor. – Assim teria evitado tudo o que aconteceu entre nós.
— Prometa-me, por favor!
— Está bem, Mario, eu prometo.
— Obrigado.
Ele suspirou fundo, foi um suspiro de quem se dá por satisfeito. Ele agora podia relaxar, aquilo que mais o preocupou já não o preocupava mais.
Quando Santos, o capataz, chegou de Santa Mariana trazendo o médico, Mario Corridoni já havia morrido fazia cinquenta minutos. Margarita estava debruçada sobre seu corpo, chorando e o beijando a toda hora. O filho estava sentadinho ao lado, com os olhos vermelhos, mas sem deixar cair nenhuma lágrima. As típicas que vêm à tona quando se perde um pai, uma das piores dores do mundo.
Quando Maurizio voltou para sua casa com notícias que havia recebido de uma escrava a respeito do Sr. Corridoni, Gianluza não acreditou de imediato no filho.
— Ele não pode ter morrido, Maurizio. Era um homem forte, esbelto, trabalhador, cheio de vida... Um homem que certamente viveria até os sessenta, setenta anos.
— Mas é verdade, mamãe. Ele está morto.
— Não pode ser...
Só então as lágrimas saltaram de seus olhos. Umbelina e Liberata também choraram e foram confortar a mãe. Maurizio tentou conter o pranto, mas foi inevitável. Depois da perda do pai, aquele foi o dia mais triste de suas vidas. No fundo, eles tinham Mario Corridoni como a um pai substituto.

Depois de todo o procedimento com o corpo, Mario foi velado na própria casa. Margarita manteve-se ao lado do caixão o tempo todo, imbatível. Roberto ora estava a seu lado, ora noutro canto da sala.
— Mamãe – chamou o jovenzinho, minutos depois, despertando a mãe do amargor.
Ao ver o filho olhando pela janela, Margarita compreendeu de imediato

o motivo do seu chamado.

– Ela não ousaria – murmurou Margarita, aproximando-se do parapeito da janela.

Ao avistar Gianluza coberta de preto do pescoço até os pés na companhia dos filhos vindo na direção da casa, as palavras saltaram de sua boca como que por vontade própria:

– Mal posso acreditar.

Roberto, furioso, falou:

– Eu darei um jeito nisso, mamãe, não se preocupe!

Diante da agitação do menino, Margarita falou:

– Roberto! Espere! É melhor eu mesma cuidar disso.

O filho olhou desconfiado para a mãe, em dúvida se ela realmente teria coragem, fosse até mesmo capaz de lidar com a situação.

A mulher e os filhos estavam prestes a subir o primeiro degrau do lance da escada que levava até a entrada da casa-grande quando a viúva e o filho apareceram na varanda.

Gianluza surpreendeu-se a ver Margarita ali. Ambas, então, detiveram o olhar uma na outra por alguns instantes.

Tanto uma quanto a outra estavam de luto. Gianluza usava o mesmo vestido que usou na morte do marido, o qual levou na bagagem impulsionada por uma força estranha. O vestido que jamais pensou usar tão cedo e, no entanto, o usava pela segunda vez. Margarita, por sua vez, estava coberta de preto do pescoço até os pulsos. Havia um outro detalhe marcante sobre ela: tinha o ar assustado, o de quem perde o prumo na vida. Que se sente como um navio à deriva em alto mar em meio a uma tempestade que parece não mais ter fim. Via-se claramente que passara a noite em claro, chorando muito.

Roberto tomou a dianteira, desceu um degrau, cruzou os braços e fechou o cenho. Parecia um guardião disposto a impedir qualquer um que ousasse passar por ele.

Gianluza, com voz embargada, explicou:

– Eu e meus filhos viemos dar o último adeus a Mario Corridoni, Margarita...

– Vocês não são bem-vindos aqui – interveio Roberto, sisudo, fulminando todos com seu olhar de coruja.

– Por favor, Margarita – insistiu a italiana.

Houve uma nova e longa troca de olhares entre as duas mulheres até que Margarita baixasse a cabeça e voltasse para o interior de sua casa.

Ao pisar no primeiro degrau, Gianluza foi novamente alertada por Roberto:

– Na minha casa nenhum de vocês entra!

Gianluza tentou abrandar a situação:

– Roberto, por favor...

Umbelina aconselhou a mãe:

– É melhor voltarmos para a casa, mamãe.

– Isso não é certo – respondeu Gianluza entre lágrimas.

Roberto se inflamou diante daquelas palavras:

– Você, falando do que é certo?! Uma pecadora, imoral!

Maurizio sentiu seu sangue ferver diante das palavras do adolescente, mas conteve-se ao sentir a mão de Umbelina segurar seu punho. O clima ficou tenso por alguns segundos e piorou quando Gianluza pisou no segundo degrau do lance de escadas que levava até a varanda em frente à casa-grande da fazenda dos Corridoni e Roberto se posicionou bem no meio da passagem fulminando-a com os olhos, determinado a impedir sua entrada.

– Eu já disse! – repetiu severo. – Aqui você não entra!

Umbelina achou melhor levar a mãe para longe dali.

– Vamos, mamãe. Voltemos para a nossa casa, agora.

Liberata ajudou:

– Será melhor, mamãe. Eles não nos querem aqui.

Gianluza achou melhor atender ao pedido dos filhos. Assim os quatro voltaram para a casa.

Logo começaram a chegar os fazendeiros com suas esposas e filhos, o padre e outros moradores de Santa Mariana para o funeral. Amigos e conhecidos do casal Corridoni desde que se mudaram para o Brasil.

Imaculada Tavares soube, quando não viu Gianluza no velório, que sua suposição estava certa, a italiana e Mario Corridoni haviam mesmo se tornado amantes. Quis muito tocar no assunto com a viúva, para pôr mais lenha na fogueira, mas lhe faltou um momento oportuno. Faria isso assim que tivesse oportunidade, bem como espalharia pela cidade a fofoca fresca e picante. Era tão bom ver outras mulheres passando pelo que ela passou, assim se sentia menos lograda pela vida.

Para encerrar a missa de corpo presente, o padre fez um sermão baseado num dos trechos mais tocantes da Bíblia e Margarita tornou a se emocionar amparada mais uma vez por Imaculada Tavares Sobrinho.

Depois do funeral...

Na atmosfera tépida da sala do casarão da família Corridoni, perfumada por aquele odor desagradável que as rosas parecem exalar somente nos velórios, Margarita Corridoni deixou seu corpo relaxar entre os amplos braços acolchoados da enorme poltrona que o marido ocupara quase todas as noites para brincar e ajudar o filho nos estudos.

Seus olhos se fecharam e o passado foi tudo que restou em sua mente. A lembrança do dia em que ela conheceu Mario, o dia em que ele pediu permissão a seu pai para cortejá-la, o dia em que ele a pediu em casamento e o dia do casamento em si, com todo seu esplendor em meio aos muitos convidados, elegantemente vestidos para a ocasião. Depois, o banquete farto oferecido pelas famílias do casal que se unia com votos de ser para a vida inteira... A certeza de que ele era o homem da sua vida, que com ele viveria até o final dos seus dias...

A viúva suspirou.

Voltou-lhe, então, a lembrança, o dia em que Roberto entrou pela porta do casarão da fazenda e contou sobre a traição do pai.

Margarita despertou de seus pensamentos com a lembrança que tanto ainda a feria. Logo, o perfume das rosas voltou a envolver suas narinas a ponto de fazê-la se sentir asfixiada.

À sua frente, algo se moveu. Foram necessários alguns segundos para que sua visão se tornasse mais precisa e ela percebesse que se tratava do filho. Ele a olhava com muita atenção, com seus olhos castanho-escuros, como contas, por baixo de suas sobrancelhas salientes. Ele parecia, em todos os sentidos, assustado com tudo aquilo. Com os cabelos penteados para trás parecia o rosto de um moço preso a um corpo de criança.

Ela tentou encorajá-lo a tomar um chá e dormir. Para seu alívio, ele acabou aceitando sua sugestão. Só então ela voltou para a sala onde o cheiro desagradável das rosas que haviam colhido para pôr nos vasos em torno do caixão a envolveram novamente e a fizeram se sentir mal.

Então caminhou até a janela onde poderia respirar melhor. A noite estava serena, triste e melancólica. Ao avistar as terras percebeu que agora estava só para comandar tudo aquilo. Seria capaz, sozinha? Tinha de ter muita confiança em si para aquilo. Teria o suficiente? Só mesmo o tempo poderia lhe revelar...

Voltou-lhe à lembrança o pedido que o marido lhe fizera pouco antes de morrer:

"Margarita, prometa-me... Prometa-me que vai cuidar de Gianluza e dos filhos dela caso eu morra."

"Você não vai morrer."

"Dê o dinheiro a ela para que volte para a Europa como ela sempre quis..."

"Como ela deveria ter feito desde o início. Assim teria evitado tudo o que aconteceu entre nós."

"Prometa, por favor."

"Está bem, Mario, eu prometo."

"Obrigado."

O que ela disse para ele naquele momento ecoou mais forte a seguir:

"Como ela deveria ter feito desde o início. Assim teria evitado tudo o que aconteceu entre nós."

Despertando de suas lembranças, ela falou em voz alta:

– Se Gianluza tivesse partido como quis desde o início, nada daquilo teria acontecido. Mas eu também fui culpada nisso tudo, pedi a ela que ficasse por mais tempo, para fazer companhia a mim e a meu filho.

Era difícil admitir para si mesma sua culpa naquilo tudo, mas agora ela conseguia.

Ela respirou fundo e quando o fez, percebeu que se sentia determinada:

– Eu prometo, Mario. Prometo que darei a ela o dinheiro para que volte com os filhos para a Itália. Prometo, sim. E promessa é dívida.

CAPÍTULO 22
CONFRONTANDO A REALIDADE

Enquanto isso na Itália, a mãe de Mario pressentiu sua morte. Tão desacorçoada ficou que foi conversar com o padre sobre a morte em si.

– A vida nos permite encontros que devem ser aproveitados o máximo possível, pois não duram para sempre – explicou ele no seu italiano com sotaque polonês. – Nada dura para sempre, minha senhora.

– Eu sei disso – concordou a mulher –, por isso sempre procurei aproveitar ao máximo cada momento ao lado dos meus entes queridos. Mas no caso do meu filho...

Ele delicadamente a interrompeu:

– Mas minha senhora, não se esqueça de que no céu teremos a oportunidade de reencontrar as pessoas que tanto amamos e que partiram da Terra antes de nós.

A resposta dela, reta e direta, deixou o homem sem graça:

– Se eu for para o céu, não é padre?

– É lógico que irá, filha.

A réplica dela surpreendeu novamente o homem:

– Se quem tanto amamos também for para o céu, não é mesmo, padre? Porque se um for para o céu e o outro para o inferno, então não poderemos nos rever. Nunca mais.

O padre fez ar de quem perde o chão. A senhora Corridoni continuou, afiada:

– Sei que meu filho está com Deus. Sei que está... Foi sempre um menino bom e direito.

– Então ele estará ao lado de Deus pai, com certeza.

– Sim.

Logicamente que nem a mãe de Mario, nem outro membro da família Corridoni, nem o padre, sabiam dos últimos acontecimentos que envolveram Mario Corridoni no Brasil.

Brasil, dias depois...
Roberto perguntava a sua mãe:
– Quanto ao papai... Nós nunca mais o veremos, não é mesmo?
– O veremos sim, meu querido. Quando morrermos, nós nos encontraremos.
– Mas mamãe... A senhora se esqueceu de que ele pecou...
– Todos nós somos pecadores, Roberto.
– Mas ele cometeu uma falta grave diante de Deus, lembra-se? Ele traiu a senhora com aquela mulher indecente. Portanto, ele só pode ter ido para o inferno.
Margarita se arrepiou:
– Que Deus tenha piedade do seu pai, Roberto. Piedade! É por isso que devemos pedir em oração ao Senhor.

Enquanto isso no outro plano...
Mario Corridoni conversava com um guia espiritual que lhe dizia:
– Só a dor de ter de se separar de quem tanto você amava, de tê-los deixado num momento em que mais precisavam, por não ter tido a oportunidade de rever seus entes queridos, de ter tido a vida interrompida num momento tão crucial para a prosperidade que você tanto almejou já é uma grande dor, meu caro. Nada pode ser mais tortuoso do que isso.
– Jamais pensei em ver os fatos por esse ângulo – murmurou Mario agora só em espírito, despido do seu corpo físico.
O guia continuou:
– Não nos esqueçamos do quanto você se afligiu por causa da culpa e também do remorso por ter se envolvido com sua amante: Gianluza.
– Isso é verdade. Eu me culpei muito, especialmente por medo de complicar sua vida diante de minha esposa: Margarita.
– Como vê, o sofrimento já foi e é tremendo. O sofrimento ensina até um ponto, depois disso só serve para desgastar a alma humana, a alma em si. Nada mais pode acrescentar. É como a fome, quando se deixa de comer, a barriga dói para nos lembrar que precisamos nos alimentar; quando se torna uma dor insuportável, perde-se os sentidos e aí a mensagem já não é mais absorvida.
– Interessante. Muito interessante. Agora me responda: como pode falar a minha língua? Que língua, afinal, fala-se aqui neste plano?
O guia sorriu e explicou:
– Aqui se falam todas as línguas. Somos como um guia turístico.
Mario achou graça da comparação, depois perguntou:
– Eu só quero saber se eles ficarão bem. Digo, minha esposa e meu

filho, Gianluza e os filhos dela.
– Só o dia a dia poderá nos mostrar. O que você podia ter feito em vida, você já fez.
– E se Margarita, minha esposa, não cumprir o prometido por raiva, vingança?
– Ainda assim, você não poderá interferir. Mas caso isso aconteça, o fato de Gianluza ter de encontrar outra solução para voltar para a Itália lhe ensinará também, de qualquer forma, algo de muito importante para o seu aprimoramento pessoal e espiritual. A vida é sempre assim: de tudo tiramos proveito!

*Fazenda dos Corridoni,
uma semana depois dos últimos acontecimentos...*

Margarita estava em sua sala de frente para o padre regente da paróquia de Santa Mariana que fora à fazenda visitá-la. Com ele desabafava:
– Agora entendo muito bem, padre, o que os sábios querem dizer quando afirmam que não devemos ser tão arrogantes e confiantes quanto ao futuro, pois ele, inesperadamente, pode mudar tão radicalmente a ponto de arrepiar nossos cabelos! Um dia você pode ser vitorioso, no dia seguinte, desonrado ou até morto.
– É verdade – concordou o padre, feliz mais uma vez por poder estar falando italiano, sua língua nativa.
– É, o futuro é realmente imprevisível...
– Mas há quem diga que...
Ele se interrompeu, parecendo incerto quanto ao que estava prestes a dizer.
– O que? Diga – incentivou a viúva bastante interessada nas palavras de seu conterrâneo.
Por fim, ele disse:
– Dizem que tudo, mas tudo mesmo que passamos pela vida...
– Passamos porque merecemos? – adiantou-se Margarita.
– É mais do que isso. Acontece porque precisamos para nos tornar quem no fundo almejamos ser. É como se fossem camadas que pairam sobre a nossa alma e que só se vão por meio de experiências vividas com intensidade. Todos os desafios e reviravoltas que o dia a dia nos traz, são úteis a nós de algum modo... Lapidam nossa alma como um garimpeiro lapida um diamante bruto para que se torne brilhante.
– Mesmo quando estivermos esgotados, admitiremos isso?
– É o corpo que se esgota, minha cara, o espírito nunca! Minha avó, que viveu milagrosamente até os sessenta anos,* dizia que o cansaço que sentia era físico, não espiritual. Que aos sessenta anos a mente era fértil, jovem e

saudável como sempre fora aos treze, catorze, quinze anos de idade, só o corpo é que diferia.

– Entendo, não sei se concordo, só saberei quando lá chegar. Aí, então, respondo ao senhor o que descobri.

– Não terá tempo, senhora. A essas alturas já estarei morto. A estimativa de vida do homem de hoje é de cinquenta anos e olhe lá.

– E será sempre assim? É tão pouco, não concorda?

– Hum hum... Creio, porém, que no futuro as pessoas poderão viver por mais tempo. Muitos chegarão aos sessenta, setenta, até mesmo aos oitenta anos com grande facilidade.

– Poderíamos muito bem chegarmos aos cem anos, não?

– É... Talvez.

– Viver até os cem para quem é feliz, seria ótimo.

– É, mas para quem é infeliz, seria péssimo, não acha?

Margarita concordou, pensativa.

A seguir foi servido pelas escravas um café acompanhado de pão, queijo fresco, geleia de frutas, sagu, manteiga, bolo de milho, bolo de fubá... O padre comeu até se fartar, a ponto de deixar a casa com a barriga estufada.

Ao passar pela sala, fez um último comentário antes de partir:

– Incrível, não? Mesmo depois de dez dias a sala ainda cheira a velório.

Foi mais seu tom enojado que surpreendeu Margarita do que propriamente sua observação.

O homem foi levado de volta a Santa Mariana pela mesma charrete conduzida por um dos escravos da fazenda que fora buscá-lo. Durante todo o trajeto, por diversas vezes, o italiano expeliu gases nada aprazíveis ao nariz do condutor, gases que mais pareciam traques de São João.

Naquela noite, Margarita se viu mais uma vez pensando na promessa que fizera ao marido no seu leito de morte. Todavia, não tinha coragem, pelo menos ainda, de encarar Gianluza, tampouco dispunha da quantia disponível para tal. O lucro que tiveram com a última colheita servira para cobrir o prejuízo que tiveram com a safra frustrada do ano anterior e o que sobrou serviu apenas para mantê-los até a próxima.

Não havia sobras, ela teria de esperar um pouco mais, até a venda da safra seguinte para cumprir o prometido. Um problema que queria resolver o quanto antes. Que Deus fizesse com que tivessem uma safra fértil e próspera no ano seguinte.

Assim os dias foram se passando e Gianluza Nunnari esperava que a

---

*Viver até os sessenta anos para a época, era uma grande conquista porque a estimativa de vida era de 40, 45 anos. (N. do A.)

ex-amiga a expulsasse da fazenda com os filhos assim que se recuperasse da morte do marido. Todavia, para sua total surpresa, esse momento nunca chegava.

No dia em que uma das escravas, que ajudava nos afazeres domésticos da casa-grande, foi chamar Gianluza em sua morada, a pedido de Margarita, Gianluza gelou.

O dia que ela tanto temeu, chegara finalmente: Margarita iria expulsá-la junto com os filhos de suas terras.

A italiana tirou o avental, jogou ao chão sem se dar conta e saiu da casa, estugando os passos. Desde o dia em que Mario Corridoni morreu, ela nunca mais vira Margarita, muito menos pusera os pés ali. Ao se ver frente a frente com a herdeira da fazenda, Margarita, sem preâmbulos, falou:

— Meu marido me fez prometer em seu leito de morte que eu daria a você e seus filhos o dinheiro necessário para voltarem para a Europa.

Gianluza se emocionou visivelmente.

— Eu jurei que cumpriria o prometido – continuou a viúva firme e forte. – Só que, diante dos últimos acontecimentos, digo, depois que tivemos uma safra frustrada, nossas economias se reduziram e, eu, sinceramente, não tenho como cumprir o prometido no momento.

— Eu espero, Margarita.

— Eu sei que prometi... – ela se interrompeu e olhou mais atentamente para a mulher a sua frente. – O que foi que disse?

— Eu disse que espero. Espero até que a situação melhore.

— Faria isso mesmo... por mim?

— É lógico que sim, sempre tive grande consideração por você.

Margarita mordeu os lábios, pensativa.

— Obrigada – falou em tom de quem finaliza a conversa com a palavra.

Assim que Roberto avistou Gianluza deixando a casa foi falar com a mãe.

— Mamãe, por que a senhora não expulsa essa gente daqui?

Margarita fez o filho recordar o prometido ao marido, seu pai.

— Mas... – balbuciou o rapazinho.

— Nem mas nem meio mas, Roberto. Promessa é dívida. Hei de cumpri-la como prometi a seu pai.

Roberto fez um muxoxo e deixou o aposento.

Roberto Corridoni tornava-se um rapaz vaidoso e orgulhoso, um pavão apaixonado pela sua própria aparência, com uma personalidade radical, dando a impressão de que sairia bem em qualquer atividade que escolhesse.

CAPÍTULO 23
UM POR TODOS E TODOS POR UM!

Desde a morte de Mario, Umbelina, Liberata e Maurizio mudavam de direção toda vez que teriam de cruzar com Roberto pela fazenda. Foi a forma que encontraram para evitar confrontos, ouvir xingamentos e levar pedradas, como certa vez ele arremessara contra os três. Foi no dia em que Umbelina e Liberata tiveram de conter a fúria do irmão, lembrando a Maurizio que eles dependiam totalmente daquela gente, que poderia expulsá-los a qualquer momento dali, sem terem para onde irem.

Quando as plantações estavam prestes a serem colhidas, a temperatura caiu vertiginosamente e o temido aconteceu: geada.

Se os fazendeiros não tomassem uma providência para evitá-la, teriam uma nova safra frustrada e muitos estariam falidos. Prepararam-se, então, fogueiras nas extremidades das plantações para serem acesas no momento propício para evitar a queima dos grãos.

Na fazenda Corridoni, por mais que os escravos se esforçassem, não haveria gente suficiente para preparar a quantidade exata de fogueiras para evitar que a geada queimasse a safra. Diante do desespero de Margarita, o capataz sugeriu:

— Eu sei quem pode nos ajudar, senhora.

— Ajudar a essa hora?! Quem?!

Ele, ainda que incerto se deveria ou não dar a sugestão, falou:

— Dona Gianluza e os três filhos.

A sugestão pegou Margarita de surpresa. Havia pensado neles, mas preferiu deixá-los de fora daquela situação.

— Você acha mesmo que devemos lhes pedir ajuda?

O homem foi sincero:

— Sim, senhora. Maurizio é muito esperto, mão para toda obra. As mocinhas também. Dona Gianluza nem se fala...

– Eu... eu não sei se devo...
– Por favor, senhora. É uma questão de emergência.
Roberto, com quase 16 anos nessa época, deu seu parecer:
– Esqueça-se deles, mamãe! Nós daremos um jeito.
– Roberto, a situação é grave – explicou Margarita, aturdida. – Não conseguiremos fazer tudo sozinhos.
– Ainda assim, acho que não deveríamos pedir-lhes ajuda.
– Não custa tentar.
– Pois bem, tente! Duvido que aceitem.

Quando o capataz chegou à humilde casa onde viviam Gianluza e os três filhos e disse ao que vinha, os quatro imediatamente se puseram em ação. Foi uma noite difícil, onde todos trabalharam à exaustão, mas foi imprescindível para a salvação da safra. Quando tudo se acalmou, Margarita tirou o orgulho de lado e foi agradecer a ex-amiga e seus três filhos.

– Não há o que nos agradecer, Margarita – respondeu Gianluza com sinceridade. – Era nossa obrigação ajudá-los.
– Tenho de agradecer-lhes, sim! Vocês foram de extrema importância para a salvação do plantio.
– Nós devemos muito a vocês.
– De qualquer forma, obrigada.

Esse momento foi, de certa forma, uma semirreconciliação entre as duas mulheres que se tornaram amigas e mais tarde rivais por causa do mesmo homem.

Quando chegou a colheita, lá estavam novamente Gianluza e os três filhos trabalhando arduamente para que a fazenda tivesse êxito. Roberto e Margarita também ajudaram de sol a sol e a impressão que se tinha é de que Roberto já não via mais Liberata, Umbelina e Maurizio com maus olhos. Voltara a ser gentil com eles, especialmente com Liberata, que já estava se tornando uma linda mocinha e, por mais que tentasse, não conseguia tirá-la do seu pensamento.

Dizem que o tempo tudo transforma, pois bem, assim fez ele com Margarita e Gianluza... Margarita foi novamente à casa de Gianluza agradecer-lhe pela colaboração na colheita.
– Gianluza...

O bordado escorregou das mãos da dona da casa que, imediatamente levantou-se da cadeira, cambaleando um pouco, e foi até ela:
– Margarita, você aqui?!... Há quanto tempo...

A mão de Margarita tornou a apertar a outra como quem faz para se acalmar. Respirando fundo, ela disse:

– Quero agradecer a vocês, mais uma vez, pela ajuda que nos deram.
A voz de Gianluza tremeu quando respondeu:
– Fizemos só a nossa obrigação, Margarita... Só a nossa obrigação. Vocês nos ajudaram quando mais precisamos, é justo que os ajudássemos agora.
Ambas se encararam por um momento sem se darem conta do que faziam. Foi Gianluza quem primeiramente voltou à realidade:
– Fiz muito gosto em ajudar a salvar e colher a safra. Meus filhos também fizeram. Gostaria que você soubesse...
Margarita a interrompeu:
– Eu gostava tanto de você, Gianluza... Era como uma irmã para mim... uma amiga e uma mãe ao mesmo tempo e...
– Eu não posso voltar o tempo, Margarita, se pudesse já teria feito para evitar tudo o que aconteceu entre nós.
A italiana ficou pensativa por alguns segundos e desabafou:
– Minha avó sempre dizia, para espanto de todos, que um homem só ia buscar fora o que não encontrava em sua casa. Não sei se ela estava certa, às vezes, chego a pensar que sim.
– Esqueça isso, Margarita. Para que se torturar com o passado? O passado não pode ser consertado...
Margarita novamente a interrompeu:
– O problema maior é que foi com você, com você que eu adorava, com quem tanto me preocupei, que Mario me traiu. Isso foi o que mais doeu em mim.
Respirando fundo, continuou:
– Eu...
– É melhor não dizer mais nada – adiantou-se Gianluza. – O ideal mesmo a se fazer é esquecer o passado. Só sei que eu ainda gosto de você...
– Eu também, Gianluza.
Margarita estava sendo sincera e quando ia partindo, Gianluza abrindo os braços, falou:
– Pode me dar um abraço?
Margarita arregalou os olhos diante do convite e, um tanto envergonhada, acabou aceitando-o. Quando o fez, subitamente chorou no ombro da amiga:
– Eu o amava tanto, Gianluza, tanto... E ele se foi tão moço, tão cedo...
– É a vida, Margarita... O que podíamos fazer?
Os olhos de Gianluza também transbordaram de lágrimas.
Margarita afastou-se, mirou os olhos da amiga e falou com todas letras:
– Às vezes penso que a morte dele, tão prematura, foi uma punição para vocês dois, pelo que me fizeram... Mas se foi, por que eu também fui punida? Afinal, sua morte também doeu e ainda dói em mim.

– Se foi ou não uma punição, Margarita, eu não sei... Só sei que ainda assim estamos juntas e precisando uma da outra. E quero deixar claro para você que pode contar comigo para o que der e vier.

Margarita assentiu, sorrindo com ternura.

– Eu sei – respondeu com sutileza. – Eu já sabia, agora tenho a certeza.

Desde esse dia, as duas italianas voltaram a ser amigas. De todos foi, obviamente, Roberto quem mais se chocou com a reconciliação. Mesmo chamando a atenção da mãe, Margarita foi firme:

– Nós precisamos uns dos outros, Roberto. Chega de sofrer por rusgas do passado.

O adolescente pareceu refletir enquanto sua mente foi ocupada pela imagem de Liberata, tornando-se uma mocinha linda que volta e meia prendia sua atenção.

– É, mamãe... pensando bem a senhora tem toda razão. Chega de sofrer por rusgas do passado.

Margarita, olhos atentos aos dele, confirmou:

– Sim, Roberto. Chega!

CAPÍTULO 24
SE NÃO AMASSEMOS TANTO ASSIM...

A colheita daquele ano foi tão excelente que os fazendeiros da região puderam se reerguer.

Enquanto a virada do século se aproximava, Liberata levantou a hipótese de que por trás daquele ar de superioridade no rosto de Roberto Corridoni havia um jovem inseguro e solitário. Por isso, passou a tratá-lo diferentemente. Estava sempre disposta a ouvi-lo, sem impor suas opiniões, ser, enfim, quem mais escuta do que fala, uma boa companhia, da qual sempre se sente saudade.

– Você é sempre tão paciente com ele – comentou Maurizio, certo dia. – Será que...

Ela o cortou bruscamente:

– Será que o quê, Maurizio?

– Que quer ser cortejada por ele?

– Ora, Maurizio!

– Pode ser, não pode? O que você acha Umbelina?

A jovem não teve tempo de responder, Liberata ergueu a voz para se defender:

– Sou simpática com todos... Você está enxergando coisas onde não há!

– Será mesmo? – zombou o irmão. – Não sei não...

– Deixe-me em paz, Maurizio! Vá caçar sapo com estilingue, vá!

O jovem deixou o aposento, soltando um risinho cínico.

– Esse meu irmão – murmurou Liberata, torcendo os lábios.

Umbelina deu finalmente sua opinião:

– E se for verdade?

– O quê?!!!

– Que você esteja gostando do Roberto, qual o problema?

– Mas isso não está acontecendo. Nunca acontecerá!

– Eu disse "E se...".

– Depois do que aconteceu entre a mamãe e o Senhor Corridoni nós nunca poderemos...

– Por que não? Além do mais, o que tem um fato a ver com o outro? São pessoas diferentes, histórias diferentes, não?

– Sim, mas...

– Eu acharia esplêndido se você e o Roberto futuramente se casassem.

– Há um outro detalhe que se opõe a nossa união, minha querida irmã. Um detalhe crucial que você se esqueceu. Dentre muito em breve nós estaremos voltando para a Itália. Portanto...

– Ainda assim, isso não impede a união de vocês. Você poderia ficar morando aqui no Brasil e...

– Eu viver distante da mamãe e de vocês?! Nunca! Nem por todo amor desse mundo!

– Será mesmo?

– Tenho absoluta certeza.

Tudo ia bem entre Roberto e Liberata até que ele, subitamente, passou a evitá-la. Liberata não deixou por menos, quis apurar o motivo:

– Você nem sequer me olha mais, Roberto, anda me evitando... Eu gostaria de saber o porquê.

Ele continuou rígido, recusando-se a olhá-la nos olhos.

– Se fiz alguma coisa errada... se disse algo que não devia, por favor, perdoe-me.

Ele entortou o pescoço um pouco mais para o lado e pareceu estremecer. As pálpebras despencaram sobre seus olhos e uma coloração rosada cobriu-lhe a face. Liberata, então, ousou dizer o que lhe veio à mente naquele instante:

– É melhor eu deixá-lo em paz.

Havia um certo desapontamento em sua voz, agora. Nem bem ela deu as costas para o adolescente, ele falou:

– Espere!

Havia desespero transparecendo em sua voz.

A jovem voltou calmamente seus olhos castanhos, bonitos, para os dele tão parecidos com os seus e aguardou até que ele se pronunciasse, o que levou tempo. As palavras pareciam terem sido amordaçadas em sua garganta:

– E-eu...

– Eu?!

– Eu... bem... me afastei de você porque percebi que sinto algo por você.

– Algo?

– É. Uma vontade enorme de ficar ao seu lado pelo maior tempo possível. E quando ao seu lado ficar admirando o seu perfil, o seu cabelo, os seus olhos bonitos.

Foi o rosto dela, dessa vez, que ficou rosado.

– Eu não deveria – continuou ele embotado de certa apreensão. – Sei que não deveria.

– Por que não?

– Porque não quero ser o único a sentir isso por você.

Ela franziu o cenho e tratou logo de se explicar melhor:

– Quero que você também sinta algo por mim, Liberata, entende? Algo da mesma forma que sinto por você.

O rosto dela adquiriu então uma coloração rosada luminescente. Ele, com a face tão rosada quanto a dela, aguardou por algumas palavras, palavras que lhe pareceram que jamais viriam à tona, por isso ele perguntou:

– E então, Liberata? Diga-me com sinceridade. Você sente o mesmo por mim?

Os olhos dele olhavam agora timidamente para os dela que olhavam para ele com crescente interesse e brilho.

– Diga-me com sinceridade. Você sente o mesmo por mim?

Ela finalmente respondeu:

– Sim, Roberto. Eu também sinto algo por você. Um carinho especial, uma vontade de ficar ao seu lado...

Ele deu um passo à frente e a encarou com um sorriso tímido despontando em sua face bronzeada.

– É bom... – afirmou com voz apaixonada. – É muito bom saber que sente algo por mim da mesma forma que eu sinto por você.

Os olhos dela piscaram, emocionados.

Então, ele deixou a insegurança de lado e achegou-se a ela ainda mais, ficando a um palmo de distância de sua pessoa.

– Eu queria um abraço... – pediu com voz sedutora.

Os lábios dela tremeram:

– Um abraço?

– É. Posso?

– Acho que sim.

Quando os braços dele a envolveram, Liberata retribuiu o abraço. Foi como se o calor humano dele tivesse baixado suas defesas.

– Quando você for mulher... – murmurou ele ao pé do seu ouvido.

– Já me tornei mulher – respondeu ela, orgulhosamente.

– Já?! Mas...

– É que... Deixa pra lá. Complete o que ia me dizer.

– Bem... eu ia dizer que...
– Ia?! Por que não vai mais?!
Ele riu, ela também.
– Não me faça parecer um bobo.
– Desculpe-me.
Novos risos.
– Bom... – continuou ele, procurando firmar a voz. – Eu ia dizer que... quando você for mulher... eu adoraria me casar com você.
Ela afastou o rosto e mirou bem seus olhos.
– Jura?
– Sim, Liberata. Você não acha a ideia maravilhosa?
– S-sim... maravilhosa, sem dúvida.
– Quem diria que aquele garoto e aquela garotinha que chorava sem parar ao embarcar no navio rumo ao Brasil, um dia, se...
Ele parou.
– Continue. O que foi?
– Bem...
Ele pareceu sem graça. Então ela disse por ele:
– Você ia dizer: quem diria que aquele garoto e aquela garotinha chorona iriam se apaixonar um pelo outro, certo?
– Isso mesmo – respondeu ele com um sorriso maroto bailando nos lábios. – Quem diria?
– Quem diria – continuou ela, emocionada. – Ninguém pode prever o futuro, não é mesmo? O futuro a Deus pertence.
– Só mesmo a Deus.

Dias depois aconteceu o primeiro beijo entre os dois adolescentes. Foi inesperado, lindo e intenso. Tudo mais à volta dos dois pareceu se desligar. A sensação era de que existiam apenas eles no universo todo.
– Eu fico procurando uma palavra para descrever o sabor do seu beijo – desabafou Roberto minutos depois –, mas não encontro.
O rosto de Liberata iluminou-se com um sorriso encantador, o mesmo que se estampou na face do mocinho. Ficaram a sorrir por dentro e por fora por alguns minutos em silêncio até que o rosto dela transfigurou-se. Sua expressão mudou de felicidade para algo facilmente reconhecível como perto do desespero.
– Oh, meu Deus! – exclamou ela, deixando-se sentar num tronco de árvore que havia ali e afundando o rosto nas mãos.
Houve uma pausa majestosa antes que ela dissesse:
– Isso não podia ter acontecido. Não podia.

Roberto sentou-se ao seu lado parecendo muito empertigado.
– O que não podia ter acontecido, Liberata?
Ela, visivelmente em dúvida se devia ou não responder à pergunta, quando o fez foi ainda com muita dificuldade:
– E-eu não podia ter me apaixonado por você.
Roberto absorveu a informação em silêncio.
– Você não vai me dizer nada?! – indagou ela, aflita com seu silêncio.
– O que espera que eu diga? Eu, particularmente não vejo problema algum por você ter se apaixonado por mim. É compreensível que isso tenha acontecido, afinal, eu sou um rapaz e tanto, não?
– É que... Depois de tudo o que aconteceu entre seu pai e minha mãe, entre você e nós... sua revolta, seu ódio por nós...
– Isso é passado.
– Será mesmo, Roberto?
– Sim, é! Eu já perdoei a sua mãe e ao meu pai e... Quanto a vocês não há o que perdoar, afinal, vocês nada tiveram a ver com o envolvimento dos dois.
– É verdade.
– Eu é que fui um tolo em ter agido como agi com vocês, mas é que o ódio me deixou cego. Espero que possa me compreender e me perdoar.
– Sim, é lógico que posso.
– Que bom... Só assim poderemos ficar juntos para sempre.
– Para sempre?
– É. O "para sempre" é muito tempo para você?
Ela riu.
– Acho que não.
Ele acompanhou seu riso.
– Então...
Ela delicadamente o interrompeu:
– Quando você diz "para sempre" você quer dizer...
– Sim, Liberata... Que quero me casar com você num futuro próximo. Viver ao seu lado para sempre. Espero que queira o mesmo em relação a mim.
– Se quero? É lógico que quero! Isso faria de mim a jovem mais feliz do planeta.
Ele, sorrindo lindamente, roubou-lhe um beijo rápido e cochichou ao seu ouvido:
– E faria de mim também o rapaz mais feliz do planeta.
Novamente ele a enlaçou e a beijou suave e, ao mesmo tempo, ardentemente. A paixão agora explodia no peito dos dois adolescentes, provocando arrepios e sensações jamais sentidos por ambos. Era quase amor... ou já seria o amor, apenas disfarçado de paixão? Só o tempo poderia

revelar...

Liberata quis muito contar para a mãe o que havia acontecido entre ela e Roberto, mas escolheu Umbelina por medo de Gianluza repreendê-la pelo feito.
– Ele me beijou!
– Roberto?!
– O próprio.
– E você deixou-o fazer isso com você?!
– Eu sei que não devia, mas... eu queria tanto, tanto ser beijada por ele, ser envolvida pelos seus braços, sentir sua respiração junto à minha. Ah, Umbelina, foi maravilhoso! Algo deslumbrante! De repente, foi como se eu levantasse voo como um pássaro... Juro que senti meus pés se desligarem do chão.
– Seus olhos estão brilhando, sabia?
Ela palpitou.
– Você contou sobre isso para a mamãe?
– Eu...
Nisso ouviu-se a voz de Gianluza ecoar pelo quarto:
– Contou o quê?
Umbelina e Liberata ficaram alarmadas com a chegada repentina da mãe.
– Estão me escondendo alguma coisa, mocinhas? – indagou a italiana, lançando um olhar atento para as filhas. – E esse brilho no olhar, Liberata? O que a deixou assim? Espere, eu mesmo digo: Roberto Corridoni, acertei?
– Oh, mamãe... Como a senhora soube?
– Tenho olhos, ouvidos e percepção. Notei o modo como fica toda vez que o nome dele é pronunciado por você ou por alguém ao seu lado. Você está se apaixonando por ele.
– Ele quis me beijar e eu... Oh, mamãe eu não pude resistir. Fiz mal não fiz? Pequei?
– Oh, filha – a mãe enlaçou a adolescente. – Eu compreendo você, não se culpe por ter permitido que ele a beijasse, o beijo é uma das coisas mais lindas da vida. Deve ser bem-vindo e não repudiado.
Umbelina, pensativa, quis saber:
– Se as pessoas souberem, podem falar mal dela, não podem, mamãe?
– Sim, Umbelina, podem. Porque a nossa sociedade é muito conservadora. Mas aqui, nessas terras, ninguém nunca sabe de nada... pelo menos penso assim.
Voltando-se para Liberata, Gianluza completou:
– Liberata, filha, só tenho um conselho a lhe dar! Do amor se fez, faz

e sempre se fará a vida, por isso viva esse amor intensamente na sua mais doce e esplendorosa forma!

A jovem assentiu, sorrindo lindamente para a mãe a quem tanto amava.

Dias depois, a alegria da jovem Liberata se transformava em tristeza. Gianluza encontrou a filha deitada de bruços sobre a cama, chorando copiosamente.

– O que houve, Liberata?
– Oh, mamãe... Se eu me casar com Roberto como ele tanto quer...
– Só ele?
– Eu também quero, é lógico... Eu o adoro!
– E daí?
– E daí que vocês vão voltar para a Itália e, eu me casando, ficarei morando no Brasil.
– E daí que você não quer se separar de nós? Acertei?
– Sim!
– Mas a vida é assim, filha. Chega um momento em que os filhos tomam o seu rumo e os pais os deles.
– Eu não queria que fosse assim.
– Mas a vida é assim, Liberata. Aceitar seu modo de ser é nos poupar de um sofrimento em vão.

Uma semana após os últimos acontecimentos, pela pequena estrada de terra em meio à plantação, que de longe mais parecia um belo tapete entalhado à mão, Roberto Corridoni montava seu cavalo, que trotava com suavidade ao lado de outro montado pela jovem e delicada italiana, Liberata Nunnari.

O rosto gracioso de Liberata, volta e meia virava-se para o adolescente que vinha despertando o amor em seu coração. Queria admirar o seu perfil, seu olhar sedutor sobre os seus, um olhar que parecia ter o poder de fazer com que seu coração voltasse a bater no ritmo certo. Era como se longe dele, o órgão vital batesse descompassado, aos pulos; só mesmo perto, bem perto dele, é que voltava a se portar como devia.

– Lembra-se – disse ela, a certa altura –, quando você, certa vez, diante de mim, Umbelina e Maurizio, apontou para a plantação ao longe e disse: "Tudo isso aqui é meu, tudo meu... Se pensam que vão herdar alguma coisa daqui estão enganados. Sairão dessas terras como aqui chegaram, com uma mão na frente e outra atrás". Lembra-se?

Ele riu, avermelhando-se feito um pimentão.

– Não me lembro ao certo... – admitiu afrouxando o colarinho.
– Também não me lembro se foram exatamente essas as suas palavras,

mas disse algo parecido.

Ele tornou a rir, parecendo sem graça.

– Você estava furioso naquela época – continuou ela, voltando os olhos para o passado.

– Sim – admitiu ele sem faltar à verdade –, não era para menos.

– Eu não o recrimino por ter agido como agiu, juro que não.

– Mas isso tudo pertence ao passado, Liberata. Esqueça.

– Eu já esqueci, Roberto. Acredite.

– Que bom!

Ele sorriu, tomou a mão dela e beijou-lhe o dorso.

– Sua pele é tão macia. Tudo em você me fascina e me inspira a viver.

– O mesmo faz você em relação a mim, Roberto.

– Mesmo?

– Juro que sim. Sinto-me completa agora que estou ao seu lado. Agora que estou sendo cortejada por você.

– Fala sério? Ama-me verdadeiramente?

– Oh, sim, verdadeiramente, intensamente, apaixonadamente.

Ela suspirou e acrescentou com aquela voz sobrenatural que só a paixão sabe produzir em nós:

– Sem você a vida não tem graça.

– É tanto assim, digo, seus sentimentos por mim são tão fortes e intensos assim?

– São. Posso dizer que sem você sou capaz de virar pó.

– Mesmo?

Os olhos dele brilharam movidos por um sentimento intenso e misterioso.

– É isso que eu mais queria ouvir de você, Liberata.

– Sério?

Ela sorriu, mas logo percebeu que não o compreendera.

– Como assim? – perguntou, querendo muito entender as palavras do amado.

– Eu quis dizer que queria ter você loucamente apaixonada por mim, mas não saberia se realmente estaria até que me dissesse, entende? Agora sei que é mesmo louquinha por mim e isso me realiza, muito.

O rosto dela tornou a se iluminar, feliz.

– Oh, Roberto, eu o amo tanto... tanto...

Para a linda e graciosa Liberata a tarde já estava agradável, mas ao lado de Roberto, tornava-se agradabilíssima. Poder estar ao lado do jovem que tanto amava tornava seu dia ainda mais inspirador. Seus sentidos se ampliavam bem como a vida ganhava um sentido ilimitado... O jovem tornara-se para ela como o ar límpido que, ao ser inspirado, revitalizava todo o seu corpo, até mesmo seu espírito.

Uma semana depois, no arrebol, Roberto e Liberata seguiram de charrete por um caminho que passava pelo coração da região das fazendas, de onde era possível ter uma vista espetacular em todas as direções. À direita, a cerca de um quilômetro ao sul, via-se um tapete verdejante feito de pés de café, em fase de crescimento e ao norte pés de grãos em abundância, elevando-se ao sol.

Logo, o casal tomou uma trilha pequena e esburacada que corria paralela a uma belíssima cadeia de árvores que findava num majestoso lago, cuja superfície parecia um espelho. Ali, Roberto ajudou Liberata a descer da charrete e, entrelaçando seu braço direito no esquerdo dela, conduziu-a até as margens do riacho.

Ao se virarem, os dois ficaram face a face mais uma vez. Com uma distância de apenas dois palmos um do outro. Roberto, então, alisou os cabelos dela, depois o rosto e suspirou. A pele de Liberata era macia, literalmente apaixonante, observou. Sem mais querer dominar seus instintos, aproximou-se dela para beijá-la, mas ela recuou. Sua reação o deixou inesperadamente sem graça.

– Quero um beijo, você não quer?
– Uma moça direita... – disse ela com certa dificuldade.
Ele delicadamente a interrompeu:
– Mas nós dois já nos beijamos antes.
– Eu sei, mas não devíamos ter nos beijado. Não fica bem para uma jovem como eu. As pessoas podem falar mal de mim se souberem.
– Mas aqui, Liberata, neste lugar não há ninguém a nos observar, veja.
Ele virou o rosto para um lado, depois para o outro e ela o acompanhou.
– Ainda assim... – disse ela, insegura.
– Ainda assim – adiantou-se ele, decidido –, você almeja um beijo meu assim como eu almejo um seu. É verdade ou não é?
Ela corou ao sorrir.
– É... é sim – admitiu, sorrindo com leveza.
– Então, Liberata, por favor.
Ainda que incerta, a italianinha acabou cedendo e o beijo trocado pelos dois dessa vez foi muito mais intenso e ávido que o primeiro. Ele a abraçou forte, prensando seu corpo contra o dele, deslizando suas mãos por suas costas, apertando-lhe a nuca, tocando partes que uma moça direita na época não permitiria, mas ela estava tão enfeitiçada pela paixão, sedução e sensações indescritíveis do momento que nem se deu conta.

Quando caiu em si, os dois estavam deitados sobre o gramado junto ao tranquilo remanso de águas verdes do riacho que passava por aquelas terras. Roberto voltou-se para a adolescente, esboçando um belo sorriso e um olhar de quem diz: "bem-vinda de volta à realidade!". De fato, a jovem, de tão encantada que ficara ao se ver presa entre os braços do rapaz, desligara-se da realidade por quase 20, 30 minutos.

Quando ela se virou para ele, havia lágrimas em seus olhos cor de mel.
– Oh, Roberto, eu o amo tanto... tanto...
Ele pareceu apreciar aquelas palavras intimamente.
– E você, Roberto?
– Eu?
– É. E você, ama a mim também? Nunca diz.
– Um homem não é muito de dizer essas coisas.
– Não?
– Não. Pode prestar atenção.
– Vou ficar atenta. De qualquer forma, diga-me, diga-me o que sente por mim. Não há ninguém aqui que possa ouvi-lo.

Ele sorriu, linda e encantadoramente.
– Meu sentimentos por você, Liberata refletem os seus.

Não foi preciso dizer mais nada, ela o compreendeu e se emocionou com suas palavras.

No dia seguinte, Liberata Nunnari despertou de uma bela noite de sono com a sinfonia dos pássaros que habitavam as árvores próximas à janela da humilde casa onde vivia com a mãe e os irmãos. Vestiu seu vestido rodado e deixou o quarto ansiosa para saudar a manhã agradável de ar perfumado. Estava feliz, radiante e apaixonada pela vida.

Nos dias que se seguiram, noites de luar espectral, repletas de estrelas cintilantes que pairaram, com todo encantamento místico, sobre aquele canto do planeta. Foi numa dessas noites que, Roberto e Liberata saíram para caminhar pelos arredores da sede da fazenda a convite do próprio Roberto. A noite estava quente, propícia para um passeio daquele tipo. Os dois andaram, de mãos dadas, um bom trecho em silêncio, ouvindo apenas o som dos grilos e de outros insetos presentes nos arredores. Depois, pararam para admirar as estrelas cintilando no céu.
– Quantas estrelas, não? – comentou a jovem.
– Inúmeras. Quando eu era moleque tentava contar quantas havia no céu.
– Eu também. Acho que toda criança já pensou em fazer isso.
– É verdade. E se frustrou por não conseguir.
– Outra verdade.
Risos. Após breve pausa, ele comentou:

— Olhando para o céu, impossível alguém se sentir sozinho, não?
— Você acha mesmo?
— Sim. Sinta.
Ela procurou sentir. Então, ficou na ponta dos pés e beijou o rapaz.
— Eu não devia ter feito isso, mas eu quis muito.
— Estou admirado com sua coragem, Liberata.
— É você quem me desperta essa coragem, Roberto. É você quem me faz viver feliz, assim, nos últimos tempos.
— Tenho mesmo esse poder?
— Sim, meu amor e para muito mais.
Novamente ela não conseguiu segurar a emoção e rompeu-se em lágrimas.
— O que foi?
— Quando penso que esse nosso amor vai me separar de minha família eu...
As sobrancelhas dele se arquearam.
— Como assim?
— Casando-me com você, Roberto, ficarei morando no Brasil enquanto minha mãe e meus irmãos voltarão para a Itália. Você não havia se dado conta disso?
— Não, sinceramente não.
— Você ainda quer se casar comigo, não quer?
— É lógico que sim, Liberata.
— Pois bem, uma vez que mamãe pretende voltar para a Europa o nosso casamento me distanciará dela. Mas pelo que sinto por você, Roberto, sou capaz de enfrentar a saudade que vou sentir com a nossa separação.
— Que bom!
Ela tornou a ficar na ponta dos pés para beijar o rapaz. Dessa vez, ele a segurou entre os braços, abraçando-a carinhosamente e prolongando o beijo intenso e ávido de paixão entre os dois.
— Logo, Liberata, muito logo nos casaremos e seremos o casal mais feliz do planeta. Você será a mulher mais feliz da história da humanidade.
— Com você ao meu lado, Roberto, tudo é possível.
Houve mais um beijo e, então, uma súbita visão intensificou o olhar apaixonado da jovem pelo moço, bem como seu entusiasmo pela vida.
— Acabo de visualizar nossos filhos correndo por aqui.
— É mesmo?
— Juro.
— E quantos eram?
— Visualizei três.

– Três?
– Sim, são muitos para você?
– Não, Liberata, você terá quantos filhos quiser.
– Já imaginou quando eles estiverem brincando entre nós, brincando conosco? Vai ser divertido, não vai?

Ele riu.

– Há uma força dentro de mim que não vê a hora de ser mãe. De gerar uma vida, dar continuidade à vida por meu intermédio.

– Deve ser coisa de mulher.
– Com certeza, é.

Novos risos.

– Pelo visto teremos de antecipar a data do nosso casamento.

O comentário a surpreendeu.

– Sim – continuou ele –, porque se você almeja tanto ter filhos será melhor nos casarmos o quanto antes, não acha?

Ela emudeceu de emoção.

– E se sua mãe e irmãos pretendem mesmo voltarem para a Itália, suponho que queira que eles estejam presentes no seu casamento, não?

– Sim, Roberto, seria maravilhoso.

– Então, é melhor começar a preparar o seu vestido de noiva, amanhã mesmo para que possamos nos casar o mais breve possível.

– Se você diz, assim farei, meu amor.

Ela novamente o beijou tendo somente o luar como testemunha.

Ao deitar-se naquela noite, Liberata rememorou tudo o que conversara com Roberto nos últimos dias e dormiu feliz por amá-lo tão intensamente.

CAPÍTULO 25
TEMPESTADE QUE CHEGA SEM AVISAR...

 Ao meio-dia de um magnífico dia de outono de 1799, um dia de céu distante... Azul, azul, azul por toda parte. Turquesa, anil, safira. Uma charrete de porte luxuoso seguido por outras três de porte médio tomaram a estrada que levava até a casa-grande da fazenda dos Corridoni. Levantavam poeira por onde passavam.
 Ao avistar os veículos parando em frente à sede da fazenda, Maurizio tratou logo de chamar a mãe.
 – Quem serão? – indagou Gianluza, cerrando os olhos. – Nunca os vi por essas bandas.
 – Eu não sei... – respondeu o filho, franzindo a testa.
 – O que foi, mamãe? – perguntou Umbelina, ao avistar os dois ali fora.
 – Visitas, filha.
 – Visitas?
 – Sim, devem ser parentes de Margarita ou de Mario Corridoni. Devem ter vindo de longe. Talvez até da Europa.
 Liberata opinou:
 – Estranho... Roberto não me falou nada a respeito deles.
 – Talvez porque não soubesse da chegada deles, Liberata. Deve estar sendo uma surpresa para ele e sua mãe da mesma forma que está sendo para nós.
 Não demorou muito para que uma figura alta surgisse na alameda que ligava as duas casas. Caminhava com vivacidade, trazia um frondoso chapéu sobre a cabeça e um cinto gasto, segurando a calça na altura do umbigo, uma calça feita de pano de boa qualidade para época, que a cada passo ia descendo e se não fosse erguida, certamente não tardaria as mostrar as *vergonhas* que ocultava.
 Gianluza tratou logo de fazer as honras da casa:

– Boa tarde, meu senhor. Meu nome é Gianluza, este é meu filho Maurizio e essas são minhas filhas, Umbelina e Liberata.

– Boa tarde, senhora.

– Por acaso o senhor é parente dos donos da fazenda? Digo de Dona Margarita e Mario Corridoni?

– Não, senhora.

– Não?! – surpreendeu-se Gianluza.

– Não! – confirmou o grandalhão. – Sou o novo proprietário da fazenda!

A resposta causou tremendo espanto em todos ali.

– Novo proprietário, como assim novo proprietário?! – agitou-se Maurizio, dando um passo a frente. – Que eu saiba a fazenda pertence...

O recém-chegado adiantou-se:

– Pertencia, meu rapaz! Foi vendida há um mês atrás para mim pela própria Dona Margarita e seu filho Roberto.

– Não pode ser...

– A escritura está comigo.

Umbelina estava boquiaberta. Liberata, mal acreditando no que ouvia.

– Mas Margarita nada nos disse a respeito...

– Não?! Sei lá por que razão ela agiu assim. Possivelmente para não assustá-los.

Maurizio, espumando de ódio, murmurou:

– Isso é coisa dele...

Todos olharam curiosos para o jovem. Com exceção do novo proprietário, todos ali entenderam a quem ele se referia.

O homenzarrão tomou novamente a palavra:

– Vim comunicar que vocês têm pelo menos um mês para deixarem essas terras. Os empregados de que vou precisar para manter isto tudo em andamento em breve chegarão, trabalhavam comigo na outra fazenda de minha propriedade e...

– Nós não temos para onde ir – afligiu-se Gianluza.

A resposta dele foi curta e grossa:

– Todos têm, minha senhora. Todavia, se quiserem ficar morando aqui, terão de trabalhar para mim.

Maurizio *pegou ar:*

– Eu vou falar com Dona Margarita e Roberto agora mesmo!

Nem bem dera um passo, o homem falou:

– Falar?!

O mocinho passou pelo homenzarrão feito um raio. Pisando duro, compenetrado.

– Eles não se encontram mais na fazenda, meu rapaz.

Maurizio deteve os passos, voltou o olhar para trás, um olhar horrorizado.

– O que foi que o senhor disse?

– Isso mesmo que você ouviu. Os velhos proprietários da fazenda Corridoni não se encontram mais aqui.

– O senhor está enganado, ainda ontem eles estavam aqui.

– Bem, eu ainda não verifiquei, mas o combinado era que a casa estaria desocupada quando eu aqui chegasse. Para que pudéssemos ocupá-la conforme havíamos combinado.

– Isso não faz sentido – murmurou Liberata. – Ainda ontem estava com Roberto... Ele nada me falou a respeito disso tudo... Fizemos planos...

Sem mais se ater a conjecturas, Liberata correu até a casa, os irmãos e a mãe correram atrás dela. A jovem passou por todos que haviam acabado de chegar como uma lebre afoita, subia o lance de escadas pulando de dois em dois degraus e invadiu a casa chamando aflita por Roberto. Entrou em todos os cômodos, mas não havia ninguém mais ali. Um grito ardido irrompeu de sua garganta, foi Umbelina quem a amparou em seus braços.

– Calma minha irmã, deve ter uma explicação para tudo isso!

Maurizio falou:

– Há sim, é bem fácil de saber qual é: vingança! Foi o modo que ele encontrou de vingar a mãe pelo o que nossa mãe fez a ela!

– Quieto, Maurizio, por favor – pediu Umbelina em tom de súplica.

– Queiram todos se acalmar – pediu Gianluza –, se eles são mesmo os novos proprietários da fazenda a casa é deles, deixemos que a ocupem como deve ser.

Umbelina, pasma, falou:

– Só não entendo a que horas eles partiram que ninguém viu nada.

– De madrugada, minha tola irmã – respondeu Maurizio, ácido.

Quando os quatro voltaram para a varanda, o homenzarrão se apresentou:

– Meu nome é Lamartine Millenotti.

Gianluza fez um aceno com a cabeça enquanto os filhos mediram o homem da cabeça aos pés. Lamartine Millenotti era alto, de meia-idade, com ombros muito largos, cabelos grisalhos desgrenhados e o rosto feio, porém, ao mesmo tempo muito simpático. Andava de maneira despreocupada e indolente.

Tinha uma agradável voz de tenor e ar de determinação, mas não de inteligência. Sua boca curvava-se ligeiramente para cima e era grande, denotando brutalidade.

Voltando-se para trás, Lamartine fez sinal para que a esposa descesse da charrete, ao que ela atendeu prontamente. A família Nunnari teve a impressão de que três mulheres haviam descido do veículo em vez de uma só. Era alta e magra e usava um chapéu para proteger-se do sol, o que impossibilitava a todos que estavam na varanda da casa de ver seu rosto com nitidez.

Quando ela chegou à varanda todos ficaram surpresos ao ver que se tratava de uma moça, certamente uns vinte cinco anos mais jovem do que o marido.

– Esta é minha esposa Elenara Domingues Millenotti – apresentou Lamartine Millenotti com certa satisfação.

Apresentações foram feitas e cumprimentos trocados.

Gianluza estudou-a com maior atenção nesse momento: era atraente, de uma maneira um tanto artificial. O rosto era razoavelmente bonito, assim como os cabelos pretos penteados de forma sofisticada. Usava um colar de pérolas muito graúdas e tinha em uma das mãos um anel com uma enorme esmeralda e na outra um imenso rubi.

Decerto tinha confiança em si mesma. Possivelmente tinha bastante confiança até para dois, mas Gianluza se perguntou se ela não seria secretamente insegura, se não estaria cuidadosamente desempenhando o papel de uma mulher que não nascera para ser.

Lamartine Millenotti fez um adendo:

– Logicamente que esta é minha segunda esposa. Casei-me com ela após dois anos de viuvez.

Elenara estudou um a um os membros da família Nunnari e a impressão que teve de todos ficou guardada somente para si. A seguir disse:

– Posso ver agora a minha mais nova morada?

O marido fez um gesto com a mão, como quem diz: fique à vontade. A jovem esposa ficou imediatamente fascinada pela atmosfera do aposento onde se encontrava. Margarita deixara todos os móveis da casa, levara consigo apenas os jogos de cama, mesa e banho, sua vestimenta e a do filho.

Elenara a seguir demonstrou o desejo de conhecer a casa por inteira. Escolheu como guia, para surpresa de todos, Umbelina. Não foi um pedido e sim, uma ordem. A jovem pareceu surpresa e incerta quanto a atender ao seu pedido, mas acabou fazendo o que ela queria ainda que Elenara não lhe tivesse pedido "Por favor".

As cortinas, cobrindo as janelas dos quartos, logo chamaram a atenção da nova proprietária. Realçavam os móveis e combinavam perfeitamente com as colchas que cobriam as camas, algo encantador para os olhos de uma mulher.

Os banheiros, severamente limpos, que davam gosto de se ver, também chamaram sua atenção. A cozinha, impecavelmente limpa e equipada com tudo que havia na época para facilitar o preparo da comida, e mais os dois fogões à lenha, enormes, convenceram a moça de que a casa era realmente perfeita para se morar.

– Do lado de fora ficam os fornos onde assamos os pães... – Umbelina logo se corrigiu –, onde assávamos os pães. Se quiser ir ver...

– Quero sim, quero ficar a par de tudo que agora me pertence.

Umbelina olhou com certo desdém para a arrogante e tratou logo de abrir a porta do aposento que levava para os fundos da casa. Elenara já vira um forno meia-lua anteriormente, mas não um tão grande. Ao curvar-se para ver a boca do local, uma galinha assustada saltou de dentro, causando-lhe um tremendo susto.

– Elas muitas vezes se escondem aí – explicou Umbelina achando graça do acontecido.

Elenara, séria, questionou:

– Você está vendo alguma palhaça por aqui para rir desse jeito?

– Não, senhora – Umbelina ficara visivelmente sem graça.

– Então não há motivos para manter esse risinho amarelo e sem graça na sua face feiosa.

– Desculpe-me.

Depois de expelir o ar dos pulmões umas duas, três vezes, a nova proprietária indagou:

– O que mais há para me mostrar de interessante?

– Bem... Muitas coisas. O ribeirão, por exemplo, é um lugar que merece ser visitado.

– Pois bem, verei depois de me instalar na minha morada.

– Sim, senhora.

Minutos depois, quando Gianluza e os filhos voltavam para casa, Liberata transtornada, desabafou:

– Isso não pode estar acontecendo. Não pode! Roberto certamente voltará para me buscar. Deve ter havido algum contratempo, por isso partiu sem me dizer nada, na calada da noite.

Gianluza aproximou-se de Umbelina e cochichou em seu ouvido:

– Não se desgrude de sua irmã, por nada. Ela vai precisar muito de nós, agora! Vai ser difícil para ela superar esse baque, só mesmo Deus para ajudá-la...

Só Deus mesmo, pois naquele noite, Liberata passou a noite em claro, soluçando até não restar nenhuma lágrima. No dia seguinte uma forte depressão a prendeu à cama. Dali, ela não mais se levantou, preocupando Gianluza, Umbelina e Maurizio.

Novamente a vida lhes parecia um corredor estreito, fechando-se até espremê-los.

Lamartine, com a ajuda do capataz, instalou os escravos que trouxera de sua antiga propriedade para a nova, na senzala. Eram catorze homens, seis mulheres e duas crianças. Depois deu ordens a todos, de como tudo seria administrado doravante e foi conhecer a fazenda nos seus maiores detalhes na companhia de Santos. Somente naquela manhã é que o funcionário descobriu que teria um novo patrão. Roberto guardou de todos realmente segredo a respeito da venda da fazenda.

Enquanto isso, em Serra Dourada, uma cidade não muito longe dali, de apenas dezessete mil habitantes, na divisa do Estado, Roberto e Margarita Corridoni tomavam posse de suas novas terras. Era uma terra roxa, altamente produtiva, onde se plantando, tudo dava.

A nova residência, embora ligeiramente menor do que a antiga, era uma joia. Margarita se apaixonou por ela à primeira vista. Da varanda se podia avistar a longa extensão de terras que pareciam se perder de vista. Dali, olhando mais além, Roberto desabafou com a mãe:

— Isso aqui tudo, minha mãe, um dia ainda será meu.

— Você quer dizer...

— Sim, mamãe. Todas essas terras muito além das que possuo hoje. Vou comprá-las aos poucos, mas logo terei centenas e mais centenas de alqueires...

— Não pensei que fosse tão ambicioso, Roberto...

— A ambição é que move o homem, minha mãe.

O tom de voz do rapaz tornou-se delirante a seguir:

— A gente dessa cidade precisa de um homem para fazer com que essas terras se valorizem. Fazer com essa cidade prospere e, esse alguém, serei eu: Roberto Lozano Corridoni.

— Nem seu pai era tão ambicioso assim, filho.

— Papai era um fraco, mamãe e a senhora sabe disso.

O cenho da mãe entristeceu. Surpreso com sua reação, o rapaz de apenas 17 anos de idade perguntou:

— O que foi? Qual a razão desses olhos tristes?

— Aquela gente, filho. Eles...

Roberto bufou e rispidamente, respondeu:

— Todos tiveram o que mereceram, mamãe.

— Liberata gostava de você, filho. Era mais do que gostar, ela o amava. Deve estar sendo um tremendo baque seu desaparecimento.

Ele deu de ombros, a mãe num tom entristecido continuou:

— Você gosta dela que eu sei, Roberto. Uma mãe conhece um filho...

— Pois se gosto, que eu aprenda a desgostar.

– Não é fácil assim. Ninguém doma um coração.
– Pois eu domarei o meu.
– Só se ele for de pedra.
– Que seja, só mesmo um de pedra para não se ferir.
– Cuidado, Roberto. Muito cuidado. Quando você cair em si já pode ser tarde demais.
– Eu já caí, mamãe. Acredite. Eu já caí... O que importa, a meu ver, é que ela, a irmã, o irmão e a mãe vão ter o que merecem. Aquela mulher plantou o mal e o mal colheu.
– Eu nem sinto mais raiva dela, filho... Gianluza e os filhos nos ajudaram muito na fazenda depois que seu pai morreu.
– Não fizeram mais do que obrigação, afinal, eram empregados de lá.

Margarita derramou uma lágrima. Roberto, olhando severamente para ela, falou:

– Nunca se esqueça, minha mãe, de que aquela mulher traiu a senhora com meu pai. Justo a senhora que lhe estendeu a mão quando ela mais precisou.
– Não sou, na verdade, uma pessoa rancorosa.
– Eu sou e muito! Não perdoei nem vou perdoar nunca o que ela fez para a senhora. Nem que eu a veja com meus próprios olhos, queimando no inferno.
– Filho...
– É isso mesmo, mamãe.

Ao voltar os olhos para o longe, Roberto rememorou involuntariamente o que viu naquela tarde distante entre o pai e Gianluza Greco Nunnari. Aquilo não conseguia ser apagado de sua memória e, toda vez que voltava, provocava-lhe o mesmo impacto, a mesma dor que sentiu ao pegar o pai com a amante na cama.

Olhando discretamente para o perfil do filho, Margarita se perguntou se o rapaz realmente conseguiria se esquecer de Liberata, a jovem que tanto amava e insistia em crer que se esqueceria dela ·facilmente. Seria mesmo capaz de ser tão frio assim? Seria alguém no mundo capaz de tanta frieza? Que o tempo se encarregasse de lhe mostrar a verdade.

CAPÍTULO 26
SOBREVIVENDO...

O quinto dia pareceu ter sido o pior para Liberata. Seu confinamento naquela casa, naquele quarto, naquela cama preocupava os outros três membros da família Nunnari. Diante da falta de apetite da filha caçula, Gianluza falou com certa severidade:

— Você precisa comer, Liberata!

— Que posso fazer se não sinto vontade, mamãe? – a jovem respondeu com voz apagada.

— Daqui a pouco você ficará só pele e osso. Uma caveira ambulante – observou Maurizio com seu humor ácido.

Umbelina repreendeu o irmão, dando-lhe um peteleco na cabeça.

— Vou me esforçar, prometo – admitiu Liberata sem muita vontade. – Agora quero ficar só, por favor.

Gianluza levantou-se de onde estava sentada, olhou para Umbelina e pediu:

— Fique com sua irmã, filha, por favor.

— Sim, mamãe.

Assim que se viu só, Gianluza percebeu que suas rezas diárias não serviam mais de consolo. Ao contrário, só faziam aumentar sua frustração, levando-a concentrar a atenção no vazio raivoso de seu estômago.

Enquanto isso, Elenara Domingues Millenotti se deliciava com sua nova morada. Era uma moça vaidosa, orgulhosa da beleza que só ela acreditava possuir e tinha também uma porção de outros defeitos. Secretamente construíra a imagem do que seria a vida ideal para ela. Ao perceber que nenhum homem da sua idade poderia realizar seus sonhos, passou a prestar atenção nos mais velhos. Foi assim que conheceu Lamartine Millenotti, carente e entristecido pela viuvez inesperada, tornando-se para ela o homem perfeito para abrir as portas do castelo que ela construíra mentalmente para morar até que desse seu último suspiro de vida.

Todos diziam que ela se juntara a ele simplesmente por interesse financeiro. Ela se defendia, afirmando que jamais se prestaria a tamanho papel por dinheiro. Alguns chegaram a prevenir Lamartine, mas ele conhecia a família da moça, gente de certa posse, fineza e requinte, todos muito honestos e de bom caráter, a moça não poderia ser exceção. Foi isso que lhe deu confiança para assumir o relacionamento com ela e se casar em menos de três meses de cortejo.

Na noite do vigésimo sexto dia morando na sede da sua nova propriedade, Lamartine desabafou com Elenara:

– Não sei se lhe disse, mas eu já planejava trocar minhas terras por terras mais distantes quando me casei com você.

– É mesmo?! Não, você nunca me disse.

– Não?! Pois bem, cheguei a mudar de ideia depois que me decidi a casar com você porque não queria distanciá-la da sua família, mas, de repente, percebi que só havia um modo de eu ter certeza realmente se você me amava. Se você fosse capaz de viver longe de sua família, em terras distantes, tendo somente a mim como companhia é porque realmente me amava. Seria o modo perfeito de calar a dúvida que as pessoas maldosas e invejosas plantaram dentro de mim...

– Quer dizer que você pôs realmente à prova o que eu sinto por você?

– Pus. Mas agora tenho a certeza de que me ama.

– Tem?

– Sim.

– Não foram suficientes meus beijos e nossas noites de amor para que tivesse a certeza de que eu me casei com você por amor?

– Teriam sido se não fossem as suspeitas levantadas por todos... Até mesmo por membros da sua família.

– Poupe-me dos nomes, senão sou capaz de voltar lá e esganar um a um.

Risos.

– Oh, Elenara eu a amo, meu amor. Você foi uma grande surpresa na minha vida. Obrigado por fazer parte dela.

Ele a beijou quente e ardentemente. Então ela, perguntou:

– E quanto à família?

– Você se refere à Gianluza e filhos?

– Os próprios.

– Dei-lhes um mês para partirem. Poderão ficar se todos decidirem pagar por sua morada, trabalhando para mim. Sou um homem de negócios, acima de tudo.

– Só me pergunto: por que os antigos proprietários não contaram a eles que a fazenda seria vendida? Por que partiram na calada da noite? Isso é bem fácil de saber. Não queriam em hipótese alguma que eles os confrontassem. Deve ter acontecido alguma coisa, algo de muito grave entre eles, só gostaria de saber o que...

– Pergunte a um deles, certamente lhe contará se se importa tanto com isso.

– Farei, Lamartine. Você sabe o quanto sou curiosa, não sossegarei enquanto não souber.

*De volta a Serra Dourada, começo de 1798,
dois meses depois dos últimos acontecimentos...*

A cidade junto às novas terras adquiridas por Roberto e Margarita Corridoni era uma dessas cidades com tendência para muito comprimento e pouca largura, com uma igreja para reunir todos aos fins de semana, especialmente aos domingos de manhã, para ouvir o sermão do padre que sempre parecia tão desconexo, mas que pouco se importava em melhorar, pois sabia que o que entrava por um ouvido, saía pelo outro. A maioria dos fiéis estava ali apenas de corpo presente, a mente vagava longe, procurando solução para os seus problemas, para os dramas de suas vidas.

Iam à igreja todo domingo porque aprenderam a ir, por medo de que se não fossem pagariam caro um dia a Deus, Nosso Senhor, pela ausência, como se Deus se importasse mais com quem frequenta a igreja do que com o bem que podem e devem fazer ao próximo.

Idalina, uma das moradoras da cidade, nascera e crescera ali, não ia à igreja, pois cuidava de crianças carentes, dava-lhes amor, afeto e infinita paciência. Bem, não tão infinita assim, para tudo há um limite, algumas chamadas de atenção tinham de ocorrer...

Pois bem, para ela, mais valia para Deus o bem que se faz ao próximo do que comparecer à igreja, fingir-se de interessado no que o padre diz e cantar, cantar e cantar canções lindas enquanto os olhos vão de um lado para o outro observando a roupa dos presentes, especialmente os vestidos das mulheres e observando quem engordou ou emagreceu (o que era raro nessa época pois ninguém tinha a prática de fazer exercícios e portanto, engordar era um caminho sem volta, só encontrava retorno por meio de uma doença que definhava a pessoa na cama e podia antecipar sua ida para o cemitério).

Todavia, Idalina Gonçalves fazia o Nome do Pai toda vez que passava em frente à igreja. Era um sinal de respeito e, também, para lembrar a si mesma que a igreja era importante sim, na vida de todos, como referencial da existência humana.

Naquele dia, Idalina cruzou com aquele que havia se mudado há pouco para uma das mais belas fazendas das proximidades de Serra Dourada, o jovem Roberto Corridoni. Já ouvira falar dele, mas encontrá-lo pessoalmente, aquela era a primeira vez. Discretamente admirou seus traços.

Roberto estava se tornando um homem viçoso... Além de bonito, tinha tal força e magnetismo no olhar e na fisionomia que impressionavam todos que o conhecessem, até mesmo um cego. Irradiava calor humano e vitalidade, o que o tornava uma pessoa difícil de se esquecer...

Seu charme e magnetismo eram exercidos de forma totalmente consciente, para agradar a todos, do mais pobre ao mais rico. Era tão bom no que fazia que ninguém pensaria que tudo aquilo era forjado, que fosse diferente do que com tanto esforço queria aparentar.

– Hum... – murmurou Idalina para consigo mesma. – Tem pompa de rei ou se faz parecer um. Algo me diz que sua personalidade vai deixar qualquer um fascinado por ele nesta cidade.

Roberto, como todo cavalheiro costumava fazer na época, ergueu o chapéu com galanteio diante da mulher. Entornou a cabeça para um lado enquanto mirava fundo seus olhos que o encaravam com grande interesse.

– Como tem passado, senhora? Tenha um ótimo dia! – falou ele como se fosse um adulto. Sua voz, cálida e vibrante, agradável ao ouvido, e o magnetismo de sua personalidade só serviram para causar novamente boa impressão em Idalina Gonçalves.

Um meio sorriso se insinuou no rosto da senhora.

– O Senhor também! O senhor também! – respondeu ela com entusiasmo.

Ele fez novo aceno com a cabeça e prosseguiu.

– Bonito... – comentou Idalina consigo mesma, baixinho. – Tem grande ambição... Logo, logo se tornará o homem mais importante da cidade.

Ela riu e corrigiu a si mesma:

– Homem... Que homem que nada! Não passa de um jovem. Não deve ter mais que dezessete anos.

Riu novamente e continuou conversando consigo mesma, como se a voz que lhe falava, viesse de alguém, de uma amiga a acompanhá-la, uma amiga invisível, mas no fundo, ela própria.

Roberto continuou seu caminho dando passos concentrados, estudando atentamente cada casa, cada árvore, cada trecho da cidade por onde passava.

Pela rua comprida havia algumas lojas onde as famílias podiam abastecer a dispensa de suas casas para preparar suas refeições no fogão a lenha, o melhor que havia na época. O que era perecível era guardado no que servia de geladeira na ocasião, uma dispensa num ponto da casa onde menos pegava sol.

Geladeira era algo que jamais alguém pensara que poderia existir um dia. Isto nos leva a pensar sobre a vida, sobre muitos de seus aspectos. De quantas e quantas outras coisas de cuja existência duvidamos ou sequer passaram pela nossa cabeça e, no entanto, estão hoje ao nosso dispor?

O mesmo processo acontece com relação à vida do ser humano no Cosmos? Quantos e quantos fatos sobre nós estão sendo descobertos ao longo dos tempos e julgávamos absurdo existir? Algo para se refletir, não concorda?

Pois bem, voltemos a nossa história...

Passando pela avenida de chão batido, a avenida principal da cidade, qualquer passante tinha uma bela vista do bosque de eucaliptos que se erguia na zona norte da cidade. Foi ali que Roberto se demorou mais, a vista panorâmica prendeu sua atenção.

Ouviu então ressoar em algum canto do seu cérebro o pequeno diálogo que havia tido com a mãe, assim que ocuparam a casa da nova fazenda:

"Isso aqui tudo, minha mãe, um dia ainda será meu... Sim, mamãe. Todas essas terras muito além das que possuo hoje. Vou comprá-las aos poucos, mas logo terei centenas e mais centenas de alqueires..."

"Não pensei que fosse tão ambicioso assim, Roberto."

"A ambição é que move o homem, minha mãe. A gente dessa cidade precisa de um homem para fazer com que essas terras se valorizem. Fazer com essa cidade prospere e, esse alguém, serei eu: Roberto Lozano Corridoni."

Com um sorriso discreto, bailando nos lábios, ele reafirmou o que disse, só que dessa vez para si mesmo:

– Essa gente precisa de um homem para fazer com que essas terras fiquem valorizadas, fazer com que essa cidade prospere e esse alguém serei eu: Roberto Lozano Corridoni.

Lembrou-se então do que a mãe lhe disse naquele mesmo dia, aquela mesma hora:

"Nem seu pai era tão ambicioso assim, filho."

E sua resposta:

"Papai era um fraco, mamãe e a senhora sabe disso."

A lembrança fez com que seu semblante endurecesse, um desconforto interno envergasse seu corpo, mas foi temporário, em questão de segundos ele espantou o mal-estar. Voltando os olhos para o céu, falou:

– O senhor, meu pai, deixou a Itália para fazer a vida no Brasil, mas serei eu, eu quem fará fortuna aqui. Uma fortuna que o senhor jamais sonhou possuir, tampouco conseguiria, pois era um fraco e nessa terra os fracos não têm vez.

Roberto despertou, ao avistar os moradores chegando para a missa da manhã de domingo. Ele, rapidamente, ergueu o chapéu com galanteria para cumprimentar um a um. Logo, o magnetismo de sua personalidade ocupava a cena toda em frente à igreja e sua pessoa tornava-se querida pelos moradores de Serra Dourada. Até mesmo o padre veio cumprimentá-lo assim que viu o alvoroço em frente à paróquia de sua responsabilidade.

Quando Margarita chegou para a missa, trazida pela charrete de luxo, guiada por um escravo, Roberto fez questão de entrar com a mãe, passando pelo corredor central e indo se sentar nos dois lugares do banco em frente ao altar que pedira gentilmente para uma senhora reservar. Foi a melhor forma de introduzir-se com sua mãe, na sociedade de Serra Dourada.

De volta a fazenda dos Millenotti,
antiga propriedade dos Corridoni

Maurizio Nunnari encheu uma xícara de café e foi para a frente de sua humilde casa degustar o líquido fumegante. Quando ali chegou, quase caiu para trás quando viu Elenara Millenotti parada a poucos metros da casa.

– A senhora aqui?! – exclamou, sem graça. Estava sem chapéu e sem camisa.

Elenara, descaradamente, examinou o rapaz de cima a baixo. Seu tórax robusto e bronzeado, com fios de cabelo começando a cobri-lo belamente, prendeu sua atenção.

Ela não fez segredo do quanto apreciou o físico lindo e jovial e ele também não fez segredo do quanto apreciou o modo com que ela olhara para ele, com intensa curiosidade.

A moça, parecendo cair novamente em si, inclinou-se para as flores do jardim em frente à humilde casa, demonstrando interesse por elas e disse:

– Parei aqui por causa delas. Aprecio muito flores...

Ele foi até ela e comentou:

– Acho que não existe mulher na face da terra que não tenha um fraco por flores, não é mesmo? Elas seduzem uma mulher da mesma forma que os homens, os bonitos e másculos, seduzem todas, não concorda?

Elenara voltou seu corpo na vertical e deu sinais de que não havia apreciado nem um pouco o comentário do rapaz.

– Desculpe – argumentou Maurizio olhando sedutoramente para ela –, não quis ser grosseiro.

– Mas foi. Se eu me indispuser com você, basta falar com meu marido que vocês serão postos para fora dessas terras na mesma hora. Lamartine pode parecer um bonachão, mas é um homem de sangue-frio. Quando se irrita, pode ser mais cruel do que o diabo.

Assim que ela se foi, Maurizio Nunnari abaixou e arrancou com raiva um matinho que crescia no meio do canteiro. Com o calcanhar esmagou o raminho verde violentamente no chão.

– Quem ela pensa que é? – resmungou.

Umbelina, que acabava de contornar a casa, trazendo consigo uma bacia de roupa lavada, respondeu à pergunta do irmão:

– Ela é a esposa do novo proprietário da fazenda, meu irmão. E acho bom você se afastar dela, não provocar sua ira, ela é bem capaz de nos levar à ruína.

Em Serra Dourada...

Roberto deixava o banco da cidade quando encontrou o senhor Amarante Sobrinho.

– Ora, ora se não é o nosso ilustre Roberto Corridoni – saudou o homem.

Apertou firme a mão do moço. Tão firme que o rapaz sentiu certa dor.

– Quero lhe apresentar minha filha, senhor Corridoni. Um jovem como o senhor precisa de uma mulher firme e prestativa o seu lado e, creio que minha filha mais velha é a moça ideal para esse papel na sua vida.

– E qual é o nome de sua graciosa filha, meu senhor?

– Inaiá. Inaiá Amarante.

– Pois terei muita satisfação em conhecer a moça.

– Quando pode ser?

Roberto refletiu rapidamente e respondeu:

– Quando o senhor preferir.

– Que tal amanhã à noite na minha casa?

– Estarei lá. Leve sua mãe também.

– Sim, senhor.

Roberto consultou rapidamente sua memória para se certificar se o Senhor Amarante era realmente quem ele estava pensando: um dos homens mais ricos da região, um dos maiores investidores do banco do qual muito em breve pretendia entrar como sócio.

Discretamente voltou para as dependências do banco e se certificou: era ele próprio. Um casamento com a filha serviria para triplicar suas posses, por isso ele tinha de se casar com ela o mais breve possível. E a decisão foi tomada, mesmo sem conhecer a moça.

Roberto voltou empolgado para suas terras naquela tarde.

– Sorria, minha mãe! – exclamou assim que avistou Margarita sentada na sala da casa-grande de sua fazenda, bordando.

Margarita surpreendeu-se com a chegada e o entusiasmo do filho.

– Sorria?!!! – indagou, olhando interessada para ele.

– Sim, mamãe! Pois muito em breve eu estarei me casando!

– O quê?!!!

– Isso mesmo que a senhora ouviu! Dentro de muito breve estarei me casando! A senhora terá uma nora como companhia.

– É mesmo? E posso saber quem será a felizarda?

– Inaiá Amarante, filha de um dos homens mais ricos da região. Um dos maiores investidores do banco do qual pretendo, em breve, me tornar sócio.

– Você acha mesmo que deve se casar com uma moça somente para somar e acumular bens?

– A senhora ainda pergunta?! É óbvio que sim!

Margarita mordeu os lábios, ficara subitamente apreensiva.

Na noite combinada para o jantar na casa dos Amarante, Roberto foi apresentado à jovem Inaiá. Segurou suas mãos com infinita delicadeza e procurou seduzi-la com o olhar. A jovem, por sua vez, limitou-se a lhe oferecer seu sorriso tímido.

Inaiá Amarante era uma jovem de quase 17 anos completos, cabelos pretos, pele opaca e um queixo determinado. Estava ligeiramente nervosa com o encontro e, por isso, conversava de forma um tanto ponderada como se tentasse esconder o fato.

A Senhora Amarante, mãe de Inaiá, parecia ser uma mulher simples e tranquila, mas havia, às vezes, uma expressão ansiosa em seus olhos que não se coadunavam com um espírito tranquilo. Tinha um ar frágil e melancólico. Lembrava e muito, uma Madona triste.

As mãos traíam sua autoconfiança e, em nenhum momento tomou parte da conversação. Seus olhos não se afastavam por muito tempo do rosto do marido que tagarelava aparentemente descontraído.

Volta e meia, Roberto voltava os olhos para Inaiá seus lábios esboçavam um sorriso bonito, deixando a moça lisonjeada e, ao mesmo tempo, sem graça diante dele.

Ela não era bonita, não como Liberata, foi-lhe inevitável fazer uma comparação, mas era com Inaiá que ele haveria de se casar, ter filhos, netos, viver até o último dia de sua vida.

Enquanto isso, na ex-fazenda dos Corridoni, Liberata alisava as pontas de seu cabelo como se fossem uma seda, voltando seus pensamentos mais uma vez para Roberto, o jovem por quem se considerava loucamente apaixonada. Ele a amava, ela sabia, era mais do que saber, era uma certeza incontestável. E ela acreditava que só esperando por ele é que provaria que o amava mais do que tudo na vida.

CAPÍTULO 27
TENTAÇÕES E MAIS TENTAÇÕES...

Maurizio estava na estrebaria, dando feno para os cavalos, quando percebeu que Elenara Domingues Millenotti estava ali, silenciosa, prestando atenção ao que ele fazia. Procurou fingir que não a tinha visto, mas foi quase impossível. Logo olhou para ela de relance e teve a impressão, por um instante, de que olhava para ele indevidamente, como somente fazem os que sentem forte atração física pelo sexo oposto. Teria de fato?

– Ei, rapaz! – chamou ela, despertando-o de suas conjecturas.

– Pois não?

– Quero que prepare um cavalo para eu montar.

– Para a senhora montar?

– Foi o que eu disse. É surdo por acaso?

– É que... Desculpe a pergunta, mas... a senhora tem experiência em montaria?

– Sim.

– Bem, então vou selar um para a senhora.

Nisso, ouviu-se a voz de Lamartine soar à distância:

– Elenara!

Ela imediatamente correu até ele e o beijou.

– Estou pensando em dar um passeio a cavalo – disse –, importa-se?

– Não, desde que alguém vá com você.

– O rapazinho.

Lamartine voltou o olhar para Maurizio que aguardava em frente à estrebaria, olhando timidamente na sua direção.

– Um pirralho daquele não deve saber montar nem um burro.

Santos pediu permissão para falar:

– O rapaz sabe montar bem, meu senhor. E é de confiança, acredite-me.

– Se você diz... – respondeu Lamartine, alisando o queixo.

Voltando-se para a esposa, falou:

– Está bem, Elenara, vá com ele.

Aproximando-se do ouvido do marido, ela sussurrou:

– Com sorte descubro o que houve entre a família dele e os antigos moradores da fazenda.

Exibindo sua dentadura reluzente num sorriso maroto, Lamartine falou:

– Só você mesma, Elenara. Só você!

A moça partiu, saltitante como uma meninota.

Minutos depois, examinava um cavalo após o outro com seus frios olhos negros feito opalas sempre atentos a tudo, sem deixar escapar nada. Encantou-se quando avistou o grande garanhão cujo pelo liso de ébano só era quebrado por uma mancha branca na testa. Ele lhe fez lembrar um cavalo que o pai tivera e adestrou pessoalmente quando ela ainda era uma menina. Um adestramento que ela tinha acompanhado em todas as etapas, com grande interesse.

– Vou querer montar aquele, é um belo animal; parece-me impetuoso.

– Todos aqui têm medo dele – preveniu Maurizio. – Se eu fosse a senhora...

Ela simplesmente o ignorou:

– Ele é lindo.

Maurizio franziu o cenho e tentou preveni-la outra vez:

– Ele não a deixará montá-lo. Na verdade, sou a única pessoa que já o fez.

O rapaz afagou o focinho do garanhão, sorrindo para ele. Elenara encarou Maurizio atentamente, desafiando-o com o seu olhar bonito e insinuante. Somente quando ele voltou-lhe a atenção é que ela disse em tom de ordem:

– Sele o animal que vou montá-lo!

– Torno a repetir, senhora. O garanhão é tempestuoso.

– Você é surdo, por acaso? Sele o bicho agora, vamos!

Maurizio permaneceu incerto quanto ao que fazer. Por fim, disse:

– Se eu permitir que a senhora monte o garanhão e acontecer alguma coisa com a senhora eu serei culpado e seu marido não hesitará em me punir.

– Se você não fizer o que lhe peço agora, também será punido! Porei meu marido contra você, ou melhor, contra você e sua família. E ele me ouve, faz tudo o que lhe ordeno, não hesitará em pô-los para fora dessas terras ainda que não tenham para onde ir.

Enquanto Maurizio ainda hesitava, Elenara posicionou rente ao garanhão um caixote que havia ali perto e se preparou para escalar o animal. Visto que ela não desistiria, Maurizio decidiu fazer o que ela ordenava. Selou o animal, verificando por duas, três vezes, se a sela estava firme sobre ele.

– Psiu! – chamou ela. – Agora ponha as mãos em concha para que eu possa montá-lo.

– Torno a repetir, senhora. O garanhão é tempestuoso.

Ela elevou a voz:

– Ponha as mãos em concha para eu poder subir no animal, agora!

Maurizio franziu o cenho e tentou preveni-la outra vez, mas ela o calou sobrepondo sua voz à dele:

– Você é sempre tão teimoso assim?!

Diante do impasse, Maurizio cedeu. Finalmente fez cama de gato para ela subir no animal. Ao pegar as rédeas com as duas mãos, sentiu o poder do animal e, quando o cutucou, viu Maurizio olhando para parte das suas pernas que sem querer haviam ficado à mostra. Nem ele se deu conta do que fazia. Ao perceber, ficou rubro diante do olhar reprovador da moça cujo prazer parecia ser desafiar o perigo.

– Senhora, por favor, desista dessa loucura – aconselhou. – Não posso permitir isso.

A resposta dela foi tão surpreendente quanto suas ações:

– Pois ele me parece bastante gentil...

Mal falou e o garanhão começou a trotar, saindo da estrebaria com graça, suavidade e cada vez mais rápido. Maurizio correu atrás na tentativa de segurar as rédeas, mas o cavalo empinou, obrigando o rapaz a pular para trás para se proteger. Elenara, por sua vez, agarrou-se ao cavalo com as coxas e afrouxou as rédeas. O garanhão partiu a todo galope, rumando para o campo aberto, saltitando sobre qualquer obstáculo que se pusesse a sua frente.

Elenara não pôde fazer outra coisa senão agarrar-se ao danado com todas as forças. Empolgada com a corrida, gritou de excitação. Ao chegarem a uma estrada, o animal alargou o passo e começou a trotar como se alçasse voo.

A moça vibrou ainda mais de excitação. Havia se esquecido do quanto era bom montar um animal daquele porte. Deitou o tronco sobre o pescoço do audacioso animal, enroscando os dedos em sua crina e voltou a gritar, eufórica, feliz, deliciando-se com o vento agitando seus cabelos macios e soltos.

Aos poucos, ela tomou consciência do som dos cascos que se aproximavam. Olhou para trás e viu Maurizio se aproximando. Estava vermelho de preocupação.

– Ôa, ôa! – gritou ele para espanto dela.

O garanhão pareceu ouvi-lo, pois diminuiu a velocidade. Ao emparelhá-lo, Elenara falou:

– Não seja um estraga-prazeres, eu estava me divertindo tanto!

– A senhora deveria ter dito que montava tão bem.

— Eu lhe disse, mas você não me acreditou.

Os olhos dele novamente se concentraram na parte de suas coxas que o vento deixou à mostra. Ao perceber, ela, imediatamente, puxou as dobras do vestido rodado por cima delas. Quando ele voltou a si, o garanhão trotava tranquilo, totalmente dominado.

— Ao que tudo indica, o garanhão se acostumou comigo — argumentou ela, alisando a crina do animal.

— Ao que parece, sim — respondeu ele mais tranquilo. — Estou surpreso, ele nunca antes...

— Rendeu-se aos encantos de uma mulher? — adiantou-se ela num tom mais amigo. — É isso o que você ia dizer, não?

As palavras fugiram dos lábios de Maurizio. Calado, ele continuou cavalgando lado a lado até que ela quebrou o silêncio e disse como que divagando:

— Que graça tem a vida se você não desafiar seus limites, seu medo, sua coragem?

— Bem, eu...

— Você precisa ousar mais, meu rapaz. A vida sem ousadia é muito insossa.

Ele suspirou e sem querer, como se seus olhos tivessem controle próprio, as coxas da moça foram novamente alvo de sua atenção. Ela procurou cobri-las, mas não totalmente dessa vez, subitamente, provocar o rapaz de dezessete anos lhe era extremamente prazeroso e excitante.

— Diga-me.

— Pois não?

— O que houve entre sua família e a do antigo dono da fazenda.

— Por que a senhora acha que houve alguma coisa?

— Pelo modo que eles partiram. Na surdina, ocultando de vocês a venda da fazenda. Já perguntei para os escravos que foram comprados junto com a propriedade e até mesmo para o capataz mas nenhum quis me responder. Então me diga a verdade... Só a verdade.

Maurizio ficou em dúvida se deveria ou não falar.

— Foi um problema com a sua mãe e o senhor Corridoni, não foi? Aposto que eles se tornaram amantes, não é mesmo?

Impressionado com sua aparência, o jovem italiano acabou respondendo sem se dar conta:

— Foi sim.

Ela riu e mordeu os lábios de forma libidinosa. Ele não se deu conta, continuou a falar como se falasse a um conhecido de longa data.

— Minha mãe ficou viúva muito moça, andava carente, muito carente, aí,

então o Senhor Corridoni se encantou por ela e, bem... foi por carência, sabe?
– Carência? Sei...

Ele não sabia dizer se ela estava zombando dele ou sendo solidária à situação.

– Agora conte-me um pouco sobre vocês. Como vieram parar no Brasil e como é a Itália?

Maurizio levou quase um minuto para começar a falar, antes olhou para um lado, depois para o outro para saber se não eram assistidos por alguém, especialmente pelo Senhor Lamartine. Teve receio de que o homem não gostasse de vê-lo andando a cavalo ao lado de sua jovem e linda esposa, desfrutando daquela intimidade que, de repente, tornara-se surpreendente, excitante e assustadora para ele.

Enquanto isso em Serra Dourada...

Roberto começava, com grande empenho, seu projeto mais ambicioso. Tornar-se comandante da cidade e de todos os povoados da região. Para isso cumprimentava todos com um sorriso largo e sempre se mostrava disposto a saber como estavam de saúde. Quando ouvia dizer que alguém estava em necessidade, corria para demonstrar seu auxílio.

– Não podemos aceitar sua ajuda, pois não teremos como pagá-la – respondiam os mais humildes.

– Não precisarão – retrucava ele num tom confortador –, minha ajuda é gratuita.

– Mas o senhor...

– Eu insisto. Ficarei muito chateado se recusarem minha oferta.

– Que Deus retribua ao senhor em dobro.

Em questão de semanas, Roberto Corridoni tornou-se querido pela população. Era visto como um herói, um enviado de Deus para ajudar todos que precisassem.

Nesse ínterim, na propriedade dos Millenotti...

Havia se passado um certo tempo desde que Elenara se aventurara a montar o garanhão. Quando quis montá-lo outra vez, Maurizio a preveniu novamente:

– O animal pode derrubá-la.

– Se não o fez da primeira vez, não fará hoje.

– Não sei se sabe, mas animais como este são imprevisíveis... O garanhão pelo menos é.

– Não tenho medo.

Mirando os olhos dele, ela completou:

– Não tenho medo de nada, italianinho. De absolutamente nada!

Ele se desligou de tudo diante daquele olhar sedutor da esposa do homem que agora era seu patrão. Nunca uma mulher o olhara daquele jeito, tampouco ele tivera a coragem de encarar uma, ainda mais tão linda daquela forma. Voltando a si, repetiu:

– Ainda assim, eu a previno.

– Por que se importa? – havia um certo desdém agora na sua voz.

A resposta dele foi rápida e precisa:

– Porque é a esposa do patrão.

Seu coração disparou quando percebeu que havia involuntariamente segurado o braço dela como quem faz para que a pessoa preste bem atenção ao que vai ser dito.

– É só mesmo por isso? – ela o desafiou.

Seu olhar penetrante sobre o dele o fez recuar. Diante da sua reação, um leve sorriso curvou os lábios finos e delicados da audaciosa, provocante e jovem senhora.

– Não se preocupe – continuou ela, com os olhos brilhando de prazer –, se eu cair do cavalo...

– A culpa será minha por ter permitido.

– Não será, não! Culparemos outra pessoa. O escravo responsável pela estrebaria.

– Isso não é certo.

– Eles não estão aqui para nos servir de todas as formas? Pois bem...

Maurizio não mais se ateve a nada, hipnotizado por aquele olhar sedutor, aquele jeito audacioso de Elenara enfrentar a vida. Ajudou-a a montar o animal e, rapidamente, montou um outro cavalo e a seguiu...

Quando ganharam distância, ela fez com que o garanhão diminuísse a marcha para que o rapaz pudesse cavalgar lado a lado com ela. Seguiram proseando e dessa vez foi ela quem contou um pouco de sua vida e, quando se cansou, teve uma ideia:

– Assim que fizer calor quero ir ao ribeirão. As pessoas nadam por lá, não nadam?

– Nadam, sim. É bem refrescante no verão.

– Quero muito conhecer o local. Você me levará, combinado?

– Combinado.

Quando Lamartine Millenotti encontrou a jovem esposa naquela tarde, Elenara estava estirada no sofá da sala, rente à janela que dava para a varanda, devaneando. Quando o marido abriu a cortina e espiou o interior do aposento com seus olhos vivos muito atentos, a moça teve um sobressalto.

– Onde estava? – indagou ele, lançando sobre ela aquele olhar bobo que

só os cegos de paixão adquirem. – Você esteve sumida a tarde toda.
– Se quer saber, fui andar a cavalo.
– A cavalo?! Outra vez?!
– Sim.
Ela se forçou a enfrentar o olhar do marido.
– Você mal conhece essas terras, pode se perder por aí...
– Não sou mais uma garotinha Lamartine. Sou mulher feita – retrucou, ofensiva.
– Eu sei. É que me preocupo com você.
– Não careço de tanta preocupação.
Por um milésimo de segundo ela comparou o rosto do marido com o rosto jovial de Maurizio Nunnari. Nunca um rosto de um rapaz lhe chamara tanta atenção a ponto de lhe provocar arrepios proibidos. Fazê-la sentir uma palpitação no peito, um desejo forte e audacioso.
Ela era jovem, mas Maurizio era cinco, seis anos mais jovem do que ela, era pobre, ou melhor, paupérrimo, o oposto de Lamartine Millenotti; por outro lado tinha o brilho intenso da juventude, a intensidade de se doar para a vida que só os adolescentes têm. Mas o mais interessante de tudo, ele era virgem e aquilo a provocava intensamente.

CAPÍTULO 28
OUSADIA E SEDUÇÃO...

Ao primeiro dia de sol quente, Elenara procurou Maurizio para levá-la ao ribeirão. Diante do local, a moça, maravilhada, comentou:
– De toda fazenda este é o lugar mais bonito. Meu marido fez bem em ter aplicado seu dinheiro aqui. Posso dizer que isto é quase o paraíso.
– Que bom que a senhora gostou – argumentou o rapaz. – Costumávamos vir muito aqui quando éramos crianças. Imaginávamos se os peixinhos pudessem saltar de dentro d'água e conversar conosco. Se eles tinham o poder de entender o que dizíamos, como faz um cachorro...
Elenara não deu muita atenção ao que ele dizia, subitamente, sem pudor algum, começou a se despir. Maurizio virou o rosto para o lado oposto no mesmo instante, mas a seminudez da moça ficou cravada na sua memória, provocando-lhe sensações até então desconhecidas por ele.
Quando ela ficou nua em pelo um novo sorriso despontou em seus lábios finos e bonitos. Era o sorriso de uma gata, matreira e libidinosa.
– Não precisa virar o rosto, seu bobo – disse ela com a maior naturalidade. – A nudez de uma mulher não mata, nunca matou um homem.
– É que não fica bem – respondeu ele, chegando a fechar os olhos mesmo estando com o rosto voltado para o lado oposto ao que ela se encontrava.
– Bobagem – murmurou ela e, sem mais delongas, entrou no ribeirão.
– Não quer entrar? – gritou ela. – A água está uma delícia!
Só então ele voltou os olhos para ela e, ainda que seu corpo estivesse submerso na água, pôde vê-lo em pensamento como que por mágica.
– Ui! – gemeu ela, brincalhona. – O dia está bonito, propício para um mergulho no lago.
Maurizio permanecia deslumbrado com o que via. Para ele, Elenara estava linda sob o sol, com os cabelos molhados escorridos sobre os ombros, nadando como uma sereia de um lado para o outro do ribeirão. Ele nunca

vira tamanha perfeição de traços numa mulher. Era linda demais!

Por fim, ele relaxou, sentou-se numa das pedras que cercavam o local e ficou a admirá-la, brincando com a água cristalina e refrescante do lugar como se fosse uma menina. Sua mente se esvaziou e seu corpo se tornou leve como o ar.

Elenara ficou nadando por quase uma hora e quando se cansou, pediu-lhe ajuda para sair da água.

— Por favor – disse ela, estendendo-lhe a mão.

Ele achou melhor atender ao seu pedido só que de olhos fechados.

— Entrou algum cisco no seu olho, por acaso? – desafiou ela, rindo.

Visto que ele continuava apertando as pálpebras, completou:

— Como você é patético, Maurizio! Simplesmente patético!

— Por favor, Dona Elenara... Se o seu marido me pega aqui com a senhora nua... Ele me mata!

— O que é bonito foi feito para ser visto, seu bobo.

Ele continuou rígido, com os olhos fechados e o rosto virado para o lado, recusando-se a olhá-la. Ela acabou rindo, escancaradamente dele, e foi se vestir.

— Pronto, seu bobo! Agora já pode me olhar – anunciou ela, dirigindo-se para o cavalo.

Ele então a ajudou subir no lombo do animal e, minutos depois, partiram de volta à sede da fazenda.

Elenara se sentia feliz e relaxada, considerou o mergulho no ribeirão algo revigorante.

Ao chegarem lá, ela fingiu estar com câimbra.

— Ai – gemeu, fingida.

— O que houve? – assustou-se o rapaz, correndo para o cavalo onde ela continuava montada.

— Uma dor estranha – murmurou ela com voz de coitadinha. – Uma espécie de câimbra... É como se o nervo da minha perna direita tivesse endurecido. Acho que ficou assim após tantos galopes.

— Pode ser. Venha, eu ajudo a senhora a descer.

— Acho melhor você me carregar.

— Carregar?!

— Sim, até a minha casa.

O rapaz, girando o pescoço ao redor, baixou a voz e disse:

— Não ficaria bem eu fazer isso, senhora, se seu marido me vir com a senhora nos braços, o que vai pensar?

— Você além de bobo é um covarde! Honre o que tem entre as pernas, italiano!

O rapaz amarrou o cenho, as palavras dela haviam ferido seu ego.

– Chega de frescura, italiano! Vamos, carregue-me no colo para dentro da casa-grande agora. Estou mandando!

Ele engoliu em seco e acabou cedendo mais uma vez à ordem da ousada mulher. Ao se ver em seus braços fortes, Elenara suspirou e disse:

– Isso, italianinho... Isso mesmo... é assim que se faz.

O temor do jovem aumentou quando sentiu o perfume natural da moça ao erguê-la do lombo do cavalo. Foi um desafio para ele carregá-la para dentro da casa. Mais que um desafio, uma tentação. Uma perigosa tentação.

– Agora, leve-me para o meu quarto – ordenou ela, assim que chegaram à sala.

Ele acabou acatando a ordem contra a sua vontade e, quando chegaram no aposento, ao deitá-la na cama, seus olhos de pálpebras pesadas se voltaram para suas coxas semiexpostas. Ela riu, zombeteira novamente e puxou o vestido para cima para deixar suas pernas ainda mais à mostra. Depois, disse:

– Isso, meu italianinho querido, admire o que é bom. Muito bom...

Subitamente, estendeu a mão, acariciando a covinha de seu queixo. Ao tocá-lo, ele deu um salto par atrás, apavorado. Ela, rindo, comentou:

– Você deveria ser trancafiado numa cela para evitar tudo o que é capaz de provocar e despertar numa mulher. Ninguém tem o direito de ser tão atraente assim.

Ele estava tão absorto, tão fascinado pela moça a sua frente que aquelas palavras não fizeram sentido algum para ele. Sem mais delongas, ele saiu correndo como um rato assustado perseguido por um gato. Mesmo de longe ele pôde ouvir a gargalhada gostosa que Elenara soltou diante da sua reação.

Umbelina surpreendeu-se ao pegar o irmão sentado de cócoras rente ao jardim, mastigando um galhinho de trigo, com a mente longe, muito longe dali. Ela aproximou-se dele com a mesma naturalidade de sempre, mas ele sequer notou sua aproximação. Ela esperou por quase três minutos até que fosse notada, mas isso não aconteceu. Então, ela falou:

– O que será que houve que deixou meu querido irmão com a cabeça nas nuvens?

A pergunta o despertou do transe.

– Oi.

– Olá. Ouviu o que eu disse?

– Você me disse alguma coisa?

– Disse sim.

– O quê?

– O que será que houve que deixou meu querido irmão com a cabeça nas nuvens?

— Eu?!

— O *senhor*, sim! — respondeu ela, balançando a cabeça com ar solene.

— De onde foi que você tirou essa ideia, Umbelina?

— Pelo seu modo de se portar... Você nunca foi assim... Por outro lado você nunca esteve com um semblante tão bonito, corado. Seus olhos brilham.

— Bobagem...

— Meu instinto feminino diz que você está encantado por algum rabo de saia.

— E se eu estiver, qual o problema? Sou homem feito, é natural que isso acontecesse mais dia, menos dia.

— Sem dúvida. Só quero saber quem é ela.

Maurizio corou enquanto Umbelina arriscava um palpite:

— Só espero que não seja...

— Não me amole, Umbelina — retrucou ele, ofensivo.

E mal fazendo um aceno com a cabeça, entrou na casa e rumou para o seu quarto. Quando a porta pesada se fechou às suas costas, Maurizio olhou para o espelho e se assustou com o seu próprio reflexo.

— Encantado por algum rabo de saia... — repetiu baixinho, sentindo seu coração amolecer. — Que ideia a de Umbelina. Ficou maluca!

Naquela noite Maurizio sonhou com Elenara, os dois cavalgavam lado a lado, proseando, e ela sorria e ele também sorria. Nunca se vira tão feliz!

No dia seguinte, por volta das três da tarde, Liberata estava mais uma vez sentada num banco alto rente à janela do seu quarto que dava para a alameda que ligava a casa humilde onde vivia e a casa-grande, atenta a qualquer barulho de carroça ou charrete que ecoasse pela redondeza. Ainda tinha esperança de que Roberto voltaria para lhe dar uma explicação e levá-la com ele.

— Ele não vai mais voltar, Liberata — disse a mãe parada sob o batente da porta do quarto.

— Vai, sim, mamãe.

A voz dela transparecia uma convicção assustadora.

— Não vai não, filha. Eu sinto muito.

Gianluza aproximou-se da filha, alisou seus cabelos num gesto carinhoso e falou:

— Não é justo você desperdiçar sua vida, esperando por ele.

A jovem voltou os olhos cheios d'água para a mãe e disse:

— Ele me parecia tão sincero, mamãe. Não podia ser fingimento.

— Mas foi, minha querida. Temos de aceitar os fatos.

Nisso Umbelina apareceu do lado de fora da casa acompanhada de Tibúrcio, o cão vira-lata que aparecera na fazenda nas últimas semanas e que se tornara amigo de todos. Ia naquele momento dar-lhe de comer.

– Tibúrcio! Venha, garoto! É hora da sua comida.

O cão abanou o rabo todo feliz e sem delongas devorou o que havia para se alimentar.

– Ele estava com fome – comentou Liberata, olhando com ternura para o cachorrão.

– Estava, sim – respondeu Umbelina, olhando com entusiasmo para a irmã.

Gianluza então fez um sinal discreto para que a filha chamasse a irmã para dar uma volta.

– Liberata – falou rapidamente Umbelina. – Vou dar umas voltas por aí com o Tibúrcio. Não quer vir?

– E-eu?

– Sim. Desde que comecei a passear com ele nunca mais deixei de fazer. É divertido. Vamos!

Gianluza incentivou a filha.

– Isso mesmo Liberata, vá com sua irmã e Tibúrcio.

Ainda parecendo em dúvida, Umbelina elevou a voz:

– Vamos lá, maninha.

Gianluza encaminhou a filha até lá fora e ficou assistindo as duas seguirem ao lado do cão grandalhão. Foi nesse momento, pela primeira vez, que ela se deu conta da importância de um animal de estimação na vida de uma pessoa e deu graças aos céus por eles existirem.

Pelo caminho, as duas jovens encontraram os filhos dos escravos brincando e os convidaram para passear com elas. Tibúrcio abanava o rabo e latia feliz pela escolha, sentindo-se um marajá seguido por seu séquito. Por sugestão de Umbelina, todos seguiram, cantando uma das canções que os negros cantavam na senzala em dia de festa. Foi um dos passeios mais marcantes na vida de todos e ajudou a estimular Liberata a sair toda tarde para passear com o cão.

Nesse ínterim, Elenara, acompanhada de Maurizio, chegava mais uma vez ao ribeirão onde minutos depois ela se despia bem diante do rapaz. Maurizio se mantinha rígido, com os olhos fechados e o rosto virado para o lado, recusando-se a olhá-la. Ela então perdeu a paciência, pegou o queixo dele com sua mão delicada e o forçou a olhar para ela.

– Olhe para mim, Maurizio, vamos! Aprecie o que é belo.

Ele se segurou, firme.

– Olhe para mim – ordenou ela, impostando a voz –, estou mandando!

Ele, muito timidamente, voltou-se para ela, mas os olhos estavam voltados para o seu rosto. Precisamente para os seus olhos.

– Você nunca vislumbrou uma mulher nua antes, não é mesmo? Então aproveite este momento, vamos! Olhe-me por inteira! Já!

O rapaz não conseguiu resistir.

– O que acha? – desafiou ela se deliciando com seu estado apoplético.

O rapaz engoliu em seco e estremeceu.

– Quis ser a primeira mulher que já viu nua em toda a sua vida.

Ele novamente estremeceu e disse:

– Dona Elenara, por favor.

Ela deu um passo à frente e o calou, pondo a ponta do dedo indicador de sua mão direita sobre seus lábios secos.

– Ainda bem que os dias têm sido ensolarados – comentou ela, espreguiçando-se. – Agora dispa-se e venha nadar comigo.

– A senhora perdeu o juízo?!

– Em absoluto.

– Não irei.

– Ah, você virá sim porque estou mandando.

– Não, não e não! Eu sinto muito.

Num puxão, sem dar tempo para o rapaz se defender, ela colou seu corpo junto ao dele, provocando-lhe um baita susto. Ele, todavia, adorou, mais uma vez o jeito ousado de ela agir.

– Largue de ser bobo, italianinho!

Ele, hipnotizado por seu olhar, nem percebeu que era despido por ela. Minutos depois, os dois nadavam e mergulhavam pelo ribeirão.

Em meio a um mergulho e outro, o rapaz, rindo, comentou:

– Quem diria que um dia eu estaria nadando pelado no ribeirão com uma...

Ele calou-se ao perceber que iria falar mais do que devia. Ela acabou completando a frase por ele:

– Quem diria que um dia eu estaria nadando pelado no ribeirão com uma mulher linda como eu?

Ele engoliu em seco e avermelhou até a raiz dos cabelos.

– A vida é cheia de surpresas, Maurizio – continuou ela, olhando sedutoramente para ele. – Cheia de deliciosas surpresas...

Ele não queria sorrir, mas a vontade de sorrir foi mais forte do que ele.

Quando Maurizio voltou para a casa, Gianluza aproveitou para ter uma conversa séria com ele.

— Onde estava Maurizio?
— E-eu?...
— Sim, você.
— Acompanhei Dona Elenara até o ribeirão.
— Outra vez?
— Ela insistiu, mamãe.
— Sei...
— Aquela mulher é terrível. Ela não pede, ordena e eu, sendo um simples funcionário do marido dela, tenho de acatar suas ordens.
— Sei...
A mãe levou alguns segundos para dizer:
— Filho, você é um jovem bonito e inocente. Precisa saber que há mulheres que são capazes de tudo para seduzir um jovem assim. Seu tipo de beleza e inocência as atrai muito.
— Por que a senhora está me dizendo isso?
— Quer saber mesmo? Pois bem, eu lhe direi. É por causa de Elenara. Eu não confio nela. Essa história de ela andar a cavalo na sua companhia, ter escolhido você para acompanhá-la e defendê-la de algum mal caso ocorra, aos meus ouvidos soa muito suspeito.
— Ela não me faria mal.
— Não, mas pode pô-lo em má situação diante do Senhor Lamartine. Se ele ficar com ciúmes de você, não hesitará em nos expulsar dessas terras e aí eu lhe pergunto: o que será de nós?
Maurizio ficou preocupado desde então. Minutos depois, perguntou:
— Mamãe, a senhora nunca pensou em ir atrás deles, de Dona Margarita e daquele filho da mãe do Roberto?
— Não, filho. Se eles quiseram romper os laços conosco, que assim seja. Respeitarei a decisão de ambos.
— Mas eles nos devem o dinheiro das passagens de navio. O Senhor Corridoni a fez prometer em seu leito de morte que ela nos daria.
— Eu sei, mas...
— Ainda acho que deveríamos ir atrás deles.
— Nem sabemos para onde se mudaram. Seria uma busca exaustiva e teríamos de ter dinheiro para isso, o que não temos.
— Eta vida miserável, hein?
— Nunca se esqueça, Maurizio de que há pessoas em condições muito piores que a nossa. Por isso não reclame, nunca reclame de nada. Pelo contrário, agradeça sempre o pouco ou muito que tem.
O rapaz ficou a pensar.

Enquanto isso em Serra Dourada...

Roberto e Inaiá Amarante se casavam em menos de um mês de cortejo. Roberto não se casou por amor, ele mal sabia o que era amor, casou-se porque o papel de um homem era encontrar uma mulher bonita e atraente, pedir a mão dela em casamento a seu pai e constituir família.

Casou-se também porque viu em Inaiá a mulher ideal para ser a primeira dama da cidade. Seria mais uma aquisição, entre aspas, para conquistar o seu maior objetivo: tornar-se o prefeito e líder de toda a região.

Na cerimônia de casamento, havia mulheres e mais mulheres vestidas elegantemente, com cabelos empilhados e presos em pirâmides e torres, ou enfeitados com grinaldas de flores. Os homens também estavam majestosamente bem vestidos trajando o melhor da vestimenta que tinham para uma ocasião importante como aquela.

Inaiá usava um vestido branco, lindo, com amplas mangas bordadas com rosas e folhas. O casamento, literalmente parou a cidade. A pequena igreja, lotada de convidados, foi cercada de curiosos que se esforçavam ao máximo para assistir à cerimônia.

Enquanto o casal consumava o casamento, Liberata ainda se mantinha sonhando com a volta de Roberto, decidida a se resguardar até o dia em que ele voltaria para buscá-la e pedir-lhe perdão pelo que lhe fizera. Ela não fazia ideia do rumo que a vida dele tinha tomado, ou melhor, do rumo que ele havia dado para sua vida. Não podia saber, seu coração apaixonado, cegamente apaixonado, não lhe permitia, como não permite a ninguém, ver a realidade neste estado.

E o tempo seguiu seu curso...

Depois de mandar chamar Maurizio para acompanhá-la novamente até o ribeirão e ele alegar estar muito ocupado, Elenara, enfurecida, foi até a estrebaria atrás dele. Assim que o viu, disse em alto e bom som:

– Sele os cavalos! É para irmos ao ribeirão.

Sua entrada ali e suas palavras repentinas pegaram o rapaz de surpresa.

– Dona Elenara?!...

– Vamos, italiano... Sele os cavalos e sigamos para o ribeirão.

Ele engoliu em seco e disse num tom visivelmente inseguro:

– A senhora já sabe ir sozinha ao ribeirão...

A resposta dela foi imediata:

– Mas quero a sua companhia.

– Não seria melhor que uma de minhas irmãs a acompanhasse?

– Prefiro a sua companhia. Só um homem pode me defender de alguém louco que possa aparecer nas redondezas. Tal como um escravo enfurecido, revoltado com os brancos.

– Louco?!

– Sim, tão louco quanto você é por mim.

Ela gargalhou e ele não entendeu nada.

– Venha!

Diante de sua imobilidade ela foi ríspida:

– Ande logo, italianinho, não tenho o tempo todo do mundo!

Ele atendeu à ordem, querendo e ao mesmo tempo não. Chegando ao local, sem pudor algum, Elenara despiu-se novamente na frente dele. Maurizio assistia a tudo surpreso por tamanha ousadia da moça que lhe parecia tão direita e, ao mesmo tempo, indecente e ousada. Quando ela ficou nua em pelo um novo sorriso despontou em seus lábios finos e bonitos. Era um sorriso de uma gata, matreiro e libidinoso.

– Por favor, Dona Elenara... – murmurou ele, sentindo a boca seca. – Se o seu marido nos pega aqui ele nos mata!

– Você é mesmo um frouxo. Se fosse homem de verdade não se preocuparia com nada, pois haveria de se defender caso isso acontecesse.

– Sou um rapaz digno.

Ela avançou sobre ele e deu-lhe um tapinha de leve na sua face bem tingida pelo sol dos trópicos e ordenou:

– Dispa-se e nade comigo, vamos. É uma ordem.

Sem ver outra escolha, ele atendeu ao seu pedido. Talvez, porque, inconscientemente, quisesse muito atendê-lo. Os dois ficaram a brincar na água feito duas crianças distraídas, inocentes quanto às maldades do mundo. Quando ela se cansou, deixou a água e ficou a secar-se sob o sol observada pelo rapaz que, de dentro da água, admirava seus contornos que o aqueciam até a alma.

A provocante e sedutora mulher volta e meia jogava um olhar sedutor para o jovem adolescente, radiante por estar sendo admirada pelos seus olhos bonitos, transbordando de desejo.

– Você está se contorcendo por dentro para não me agarrar, não é mesmo? – disse ela, assim que ele, sem graça, escondendo suas vergonhas com as duas mãos saiu da água. As palavras dela fizeram-no voltar-se para ela e dizer, com bastante segurança.

– Posso estar, mas sou mais forte do que qualquer desejo carnal.

Ela riu novamente, debochada e desafiou:

– Vamos ver até onde você vai aguentar.

Subitamente ele sentiu medo da cabeça aos pés de não resistir a sua sedução e cometer um pecado imperdoável. Ela levantou-se de onde estava sentada, foi até ele e tocou seu peito, encarando-o de frente, insinuantemente.

O rapaz procurou aguentar firme as provocações, mas os desejos da carne acabaram novamente falando mais alto em seu interior e, com isso, ele acabou cedendo à tentação provocada por aquela mulher cuja maior ambição era a sedução.

Ele a agarrou e a beijou quente e ardentemente. O ato sexual aconteceu ali mesmo, no chão empoeirado, exatamente como ela queria. Um fetiche que ela há muito ansiava realizar. Quando terminou, o adolescente sentou-se, mergulhou as mãos nos cabelos e suspirou fundo.

– Isso não podia ter acontecido.

Ela soltou um risinho de escárnio e comentou:

– O sexo é como um doce que se prova e gosta muito, do qual se quer provar sempre. Você nunca mais vai conseguir resistir a mim. Antes era eu quem o procurava, agora será você quem virá me procurar, me despir e...

– Chega!

Ele curvou-se sobre ela, pressionou sua mão direita sobre o seu pescoço e perguntou, com raiva:

– O que a senhora pretende com tudo isso?

– É tão simples de se entender.

– Pois eu não entendo.

– Já ouvira dizer que os homens são burros quando comparados à mulher, mas pensei que fosse mero boato.

Ele pressionou o pescoço dela com mais força e engrossou a voz:

– Diga de uma vez por todas, o que a senhora pretende com tudo isso? Por que me excita? Por que me seduz?

Ela riu, matreira, tirou a mão dele de seu pescoço com força e rapidez impressionante, sentou-se e disse:

– Eu quero você, seu tolinho. Será que é tão besta para não compreender que eu o quero?

– A senhora me ama?

– Amar? Acho que não. Sinto-me apenas atraída por você. Atraída sexualmente. Da mesma forma que você se sente atraído por mim.

Aquilo era uma verdade incontestável. Ele realmente a queria até mesmo em seus mais profundos sonhos e pesadelos. Todavia, a advertência que Gianluza lhe dera, fez com que ele dissesse:

– É melhor que nos afastemos um do outro. Se seu marido nos pega...

– Maurizio, você é realmente um frouxo! Um covarde, uma lesma! Se não fosse tão atraente juro que mandava meu marido se livrar de você. Mandava, não, exigia!

O jovem ia se levantar, mas ela o segurou pelo punho.

– Escuta aqui, italianinho. Ou você se deita comigo sempre que eu quiser ou digo para o meu marido que você tentou me seduzir. Não é preciso muito cérebro para saber em quem ele vai acreditar, não é mesmo?

Maurizio livrou seu punho com um puxão, vestiu-se rapidamente e deixou o lugar. Elenara ficou ali, rindo, satisfeita por ter conseguido o que tanto queria. Fazer *indecências,* como ela mesma definia o ato, com seu italianinho querido, correndo perigo. Um perigo mortal!

CAPÍTULO 29
PROVOCAÇÕES...

Início de 1800

Em Serra Dourada... Inaiá, após muito ensaio, pediu, finalmente, permissão ao marido para lhe falar. Ela sentia muita insegurança de se dirigir a ele, especialmente depois de casados, quando ele pareceu ter se transformado numa outra pessoa. Uma completamente diferente da que conheceu durante o cortejo. Roberto era sempre ríspido para com ela, nunca lhe tinha uma palavra de carinho, tampouco lhe demonstrava afeto.

Só mesmo quando estavam em público que ele voltava a ser o jovem gentil e polido, aparentemente apaixonado por ela.

Margarita tornara-se boa companhia para a nora que até então não notara como era tratada por Roberto, seu filho adorado.

– Desembucha – falou Roberto sem tirar os olhos dos documentos que analisava sob um castiçal repleto de velas.

A esposa engoliu em seco e falou tão baixo que ele olhou-a e elevou a voz:

– O que é isso? Está afônica por acaso?

– N-não...

– Então ponha força nessa garganta, mulher!

Inaiá tornou a engolir em seco e ainda com muita dificuldade falou:

– Tenho uma notícia para você, meu marido.

– Desembucha.

– Fui ao médico esta tarde e...

– Diga... Desse jeito vai levar uma hora para pronunciar cada frase.

– É que...

– Fale, Inaiá – incentivou Margarita, percebendo finalmente sua aflição.

As palavras de Margarita serviram com uma injeção de ânimo para ela ir em frente:

– Estou grávida.

Roberto simplesmente respondeu:

– Finalmente! Estava demorando por demais, *sô*.

– Mas que notícia ótima – alegrou-se Margarita. – Parabéns, minha querida!

– Obrigada, minha sogra.

As duas se abraçaram.

– Roberto – chamou a mãe – precisamos comemorar.

– Não posso agora, mamãe. Estes documentos são importantes, não posso parar agora. Comemore a senhora com ela.

– Está bem, filho. Não quero atrapalhá-lo.

As duas mulheres foram para a cozinha servir-se de um suco.

– A senhora acha que o Roberto ficou feliz com essa gravidez? – perguntou ela após umedecer a boca.

– É lógico que sim, minha nora.

– Mesmo?

– Sem dúvida. Ele amou a notícia, só não é de demonstrar alegrias por timidez.

– É mesmo?

– Uma mãe sabe o que fala.

– Suas palavras me deixam mais aliviada.

– Roberto tem esse jeito frio de ser, mas no fundo é um ser humano e tanto, você sabe...

– Oh, sim, eu sei... Sei, sim...

Mas a verdade é que Inaiá Amarante Corridoni não sabia.

Enquanto isso, na fazenda Millenotti...

As lamparinas emitiam uma luz tênue sobre os quatro cantos do humilde quarto onde Liberata Nunnari repousava. Gianluza foi até lá, mais uma vez, para ver como a filha estava passando. Encontrou-a na mesma posição de sempre, estirada de bruços sobre a cama, com os olhos abertos, vazios, que mal piscavam. Na tentativa de alegrá-la, Gianluza perguntou:

– Quer uma massagem?

Liberata não respondeu nem que sim nem que não. Gianluza, indiferente a sua resposta, sentou-se ao seu lado e começou a massagear-lhe as costas. Seus dedos bem feitos moviam-se de cima para baixo, de baixo para cima, um toque preciso e, ao mesmo tempo, suave, capaz de relaxar o corpo e a mente por completo.

Depois de alguns minutos em silêncio, Gianluza transformou em palavras suas conclusões:

– Pode parecer que sua vida acabou por causa do que Roberto lhe fez, Liberata. Mas isso não é verdade, são só aparências. Você, como qualquer um, deve respirar fundo e prosseguir.

– Como, se não tenho coragem?

– Para isso você precisa ser mais forte que o desânimo. Para que um dia, ao olhar para trás, não se arrependa de ter sofrido ou, até mesmo, jogado sua vida fora, por um moço que não a merecia. Prometa-me que vai reagir. Vai abrir seu coração para um outro rapaz.

– De que adianta reagir se penso em Roberto a todo instante, mamãe?

– O envolvimento com um outro moço fará com que você se esqueça dele. Acredite-me.

– A senhora acha mesmo?

– Sim. Com certeza absoluta! O amor só acontece para muitos por meio do convívio.

– Quer dizer que devo me casar com outro moço mesmo pensando o tempo todo naquele que me deixou?

– Deve.

– Mas isso é justo para com esse com quem eu possa a vir me casar? O certo não seria eu me casar por amá-lo de verdade?

– Como disse: para muitos o amor acontece por meio do convívio.

Liberata pareceu refletir.

– E tem mais – lembrou-lhe a mãe, acariciando a nuca da filha. – Segundo sua bisavó, todo casamento que acontece por amor ou por necessidade acontece porque assim tinha de ser. Ninguém se une a ninguém por acaso. Mesmo que não o ame intensamente, essa união tem mais razão de existir do que possamos imaginar. É algo traçado pelo Além.

Liberata refletiu um pouco mais e murmurou com voz distante:

– Só me pergunto, se...

A mãe deu uma pausa no que fazia para olhar com mais atenção para a filha.

– Só me pergunto: se a vida é eterna como ensina a igreja – continuou a adolescente – gostaria de saber se as paixões também são eternas.

A mãe franziu o cenho, procurando entender.

– Como assim?

Liberata explicou:

– Se a vida é eterna... se o espírito sobrevive à morte, passa para um outro plano, o paraíso como a Igreja diz, gostaria de saber se as pessoas que se amam se encontram neste paraíso e continuam vivendo esse grande amor. Porque nenhum casal morre ao mesmo tempo, não é mesmo? A senhora e o papai, por exemplo. Ele morreu já faz anos e a senhora continua aqui na Terra.

– Interessante a sua pergunta, Liberata.
– É, não é?
– Muito. Nunca havia pensado nisso.
– Pois é... Deitada aqui nesta cama há tanto tempo cheguei a algumas conclusões.
– Por que não conversa com o padre a respeito?
– Ele também não tem a resposta. Vai me dizer o que sempre diz quando não sabe o que responder: só Deus sabe!

Gianluza riu. Liberata também. Aquilo era um sinal de melhora, alegrou-se a mãe.

Meio minuto depois, Gianluza opinou:
– Penso que se Deus nos permitiu unir aqui na Terra, certamente permitirá com que nos unamos no paraíso.
– Faz sentido.
– Faz, não faz? Só há um porém.

A jovem virou-se e encarou a mãe. Gianluza ficou temporariamente incerta se deveria ou não dizer o que pensou.
– Diga – incentivou a jovem.
– Não se esqueça, meu bem – continuou Gianluza com certa dificuldade –, que nem todos vão para o paraíso.

Os olhos da jovem se arredondaram.
– Alguns vão para o inferno.

A jovem fez ar de quem diz "É verdade, a senhora tem razão."
– Havia me esquecido desse particular.

Houve uma breve pausa até que ela comentasse:
– Mas será mesmo que os condenados ao inferno terminam no inferno eternamente? A meu ver é muito estranho...
– É o que a Igreja diz, filha.
– Mas será que é verdade?
– É lógico que sim. Por que haveriam de escrever uma inverdade?
– É... A senhora tem razão.

Liberata ficou pensativa. Gianluza, por sua vez, apreciou o certo entusiasmo da filha àquela hora. Há tempos que ela não dava um sinal positivo como aquele, de regresso à vida, à normalidade...

No dia seguinte, Maurizio e Elenara se encontravam novamente a sós no ribeirão...
– Ouça – murmurou ela num tom sensual. – Meu marido parte de viagem esta madrugada. Logo que o sol raiar. Assim, quero que vá a minha casa amanhã à noite quando todos na sua casa já estiverem dormindo, pois

poderemos passar finalmente a noite juntos, não é uma maravilha?
 A resposta dele saltou-lhe à boca como uma bala:
 – Eu não irei.
 – Irá, sim.
 – Como pode ter tanta certeza?
 Ela riu. Um riso de superioridade.
 – Porque me deseja mais do que tudo, seu tolinho.
 Ele mergulhou as mãos no cabelo, num gesto de desespero e falou em tom de ordem:
 – Vista-se! Temos de voltar!
 – Olha como fala comigo, seu tolo. Quem dá as ordens aqui sou eu. Eu sou a patroa, lembra-se? Você é um simples empregado e, como todos, pode ser dispensado quando o patrão e a patroa bem quiserem.
 Ele mordeu os lábios, constrangido e, ao mesmo tempo, furioso.

CAPÍTULO 30
PROVOCAÇÕES...

    No dia seguinte Maurizio e Elenara mal se viram. Ele procurou de todas as formas evitar passar perto da casa-grande para ter de se deparar com ela. Mas em sua cabeça, o convite que ela lhe fizera se repetia incansavelmente: "Ouça. Meu marido parte de viagem esta madrugada. Logo que o sol raiar. Assim, quero que vá a minha casa amanhã à noite quando todos na sua casa já estiverem dormindo.".

    A lua já ia longe no céu, já era por volta das vinte e duas horas quando ele decidiu finalmente ir até a casa-grande. O desejo era mais forte do que ele, do que seu bom senso, do que tudo mais. Abriu a janela de seu quarto e, com cuidado, saltou para fora.

    Antes de prosseguir, parou para olhar em volta, ter a certeza de que a mãe e as irmãs não haviam despertado com seu salto. Diante do silêncio da casa, ele prosseguiu.

    Chegou a pensar em ir embora quando se deparou com a escada que dava acesso à varanda da casa. Subiu alguns degraus e parou. Por que estava arriscando sua vida por uma mulher que já lhe considerava sua? Ficou imóvel, com a mão no corrimão. Saia já, disse a si mesmo. Virou-se depressa e começou a descer.

– Maurizio.

Ele voltou os olhos para trás com certa cautela. Elenara estava parada no patamar mais alto da escada. Num instante postou-se a seu lado.

– Você veio! – exclamou, segurando suas mãos. O calor de seu toque percorreu o corpo do rapaz, provocando-lhe arrepios.

– Você estava mesmo me esperando?

– Eu o convidei, não convidei?

– Aquilo foi mesmo um convite? Eu fiquei em dúvida.

– Seu tolinho, é lógico que foi um convite. Você precisa começar aprender a ler nas entrelinhas...

— Como assim?

— Pelo visto há muito que lhe ensinar. Esse é o problema dos jovens...

— O que está querendo me dizer com isso?

— Nada, nada não, seu bobinho.

Ela suspirou e perguntou:

— Quer relaxar, por favor? Você está tenso!

— É que... bem... acho melhor eu ir embora.

— É isso mesmo o que você quer?

— Não, mas é o certo a se fazer.

— Confesse, vai. Você está há dias esperando, ou melhor, sonhando com esse nosso encontro.

Ela não esperou pela resposta dele, segurando seu braço, conduziu-o pela casa até o quarto que ela ocupava com o marido, um cômodo surpreendentemente espaçoso.

— Esse é o quarto seu e de seu marido, não?

— É sim. Você nunca esteve aqui antes? Digo, quando os outros moradores ocupavam a casa.

— Estive, sim. Mas o casal ocupava o quarto ao lado.

— Preferi esse, é mais espaçoso. Sou uma mulher espaçosa, se é que me entende...

Ela riu. Em seguida fechou a porta do quarto com o ferrolho. Subitamente, Maurizio teve a sensação de estar sendo encurralado numa armadilha.

— Por que está fazendo isso?

— Para me sentir segura.

— Teme que seu marido chegue de repente e nos pegue aqui, não é?

— Talvez. Um pouco de precaução não faz mal a ninguém.

Ela então deixou cair a camisola, revelando novamente para ele sua nudez encantadora. Maurizio assistia a tudo, novamente surpreso e encantado por sua belíssima nudez e sua ousadia inconsequente.

Ele pousou os olhos nos seus seios e mordeu os lábios. Ela, com um meio-sorriso nos lábios, disse:

— Você é sempre tão tímido assim? Ah, desculpe-me, esqueci que sou a primeira.

Ele engoliu em seco, fazendo com que ela se divertisse um pouco mais com seu estado acabrunhado. Então, estendeu os braços, segurou sua cintura e puxou-o devagar para a cama.

Suas palavras de ternura tinham um toque reconfortante de rudeza quando aproximou seus lábios dos seus. A princípio, ele a abraçou com delicadeza, mas logo seus beijos profundos incendiaram suas veias e, à medida que ela buscava avidamente sua boca, ele estreitava o abraço.

– Isso, rapaz... Seduza-me, vamos... – murmurava ela, ofegante.

Enquanto as mãos vigorosas dele passeavam em seu corpo, guiadas pelo desejo, as dela também corriam pelo corpo dele, deleitando-se com a sensação dos músculos retesados, buscando a braguilha de sua calça para despi-lo. Ao chegar ali, ele recuou, mas ela tornou a puxá-lo para junto dela e voltou a investir na sua empreitada.

– Não faça isso – suplicou ele, ofegante.

– Como não?

– Não devemos.

– Você é um homem ou uma borboleta?

– Sou homem, sim!

– Pois não está me parecendo.

Revoltado com o comentário, ele recuou e se despiu. Depois deitou-se novamente sobre ela e a beijou calorosamente repetidas e repetidas vezes. Ia de um lado para o outro, da testa até o queixo, das orelhas até o pescoço, depois corria os lábios por todo o seu corpo lindo e jovial e assim, quase sem se darem conta, o ato de amor teve inicio e o clímax tão desejado lhes pareceu jogá-los noutra dimensão. Quando tudo teve fim, os dois amantes ficaram por longos momentos enlaçados um ao outro com ternura, imersos num silêncio generoso, rompido apenas por um ou outro suspiro.

Depois, muito tempo depois, ela se soltou dos braços dele e se levantou da cama.

– Aonde vai?

Olhando para o jovem que em menos de duas semanas se tornara seu amante, ela respondeu:

– Beber água.

– Água?

– Sim, água. Por que o espanto?

– Por nada, não.

Ele saltou da cama e juntou suas roupas deixadas no chão. Disse:

– É melhor eu ir...

– Não, ainda é cedo – agitou-se ela, indo até ele e tirando-lhe as vestimentas da mão. – Muito cedo. Quero que repita a dose.

Ele fez ar de escandalizado com suas palavras.

– Maurizio... Maurizio... Maurizio... – sibilou ela, irônica – você cresceu fisicamente, mas mentalmente ainda é um menino inocente e lerdo.

Ele não sabia se deveria se sentir ofendido com aquelas palavras ou não. Talvez o fato de ela, no minuto seguinte, passar a tratá-lo como se ele fosse a criatura mais inocente do mundo, o fez esquecer qualquer ofensa por parte dela.

As noites de sexo ardente se repetiram nos dias que se seguiram. Foi num desses dias, ao alvorecer, quando Maurizio voltava para a casinha humilde em que vivia com a mãe e as irmãs, que ele encontrou Gianluza em frente à morada, aguardando por ele. Ela definitivamente o pegara com a boca na botija.
– Você não dormiu em casa, Maurizio. Onde estava?
Ele, procurando transparecer normalidade, respondeu:
– Por aí...
– Por aí?!
– É... por aí. Passeando...
– A essa hora?
– É...
A ponta do nariz da mãe começou a ficar branca, o que era um mau sinal, bem sabia o rapaz. Só acontecia quando ela ficava muito zangada.
– Você e aquela mulher, vocês estão... – perguntou ela com uma voz que parecia um rugido.
– Estou com a boca seca, louco por uma limonada... – respondeu Maurizio. Novamente respirando fundo e prosseguiu: – colhi uns limões ontem e trouxe para a casa, a senhora viu?
Ela fez ar de estupefata.
– Você não respondeu a minha pergunta.
– A senhora nem conseguiu completá-la.
Ela bufou.
– Não se faça de desentendido, Maurizio. Minha paciência tem limite!
O jovem dirigiu os olhos para o céu e desconversou:
– Vai ser um dia bonito, não?
Chegando mais perto dele, com os olhos a examiná-lo, Gianluza usou de seriedade mais uma vez:
– Maurizio, não brinque comigo.
Sabia que o tinha pego de surpresa e que ele tentava fugir do confronto.
– Repito a pergunta: você e aquela mulher, vocês estão...
Ele finalmente a encarou e a coragem pareceu ser despertada dentro dele. As palavras foram saindo:
– Ela me atraía muito, mãe.
Os olhos cinzentos da italiana se arregalaram. Ela parecia chocada, como se o estivesse vendo pela primeira vez.
– O que eu podia fazer? – continuou o jovem, abanando a cabeça em

desamparo, lutando contra o choro repentino. – Ela me queria tanto quanto eu a quis... O jeito de ela me olhar, havia algo lá, algo tentador, atraente me puxando para ela como um imã. Fiquei louco, não resisti.

– Pois tinha de ter se controlado. Ela é a esposa adorada do Senhor Millenotti. Ele vai matá-lo se descobrir o que vocês dois fizeram.

– Eu sinto muito.

– Sente muito? Você pode acabar com a nossa vida. Atração e desejo sexual vão sempre importuná-lo, mas você tem de resistir a isso.

– A senhora resistiu?

Gianluza levantou uma sobrancelha eriçada. Quando caiu em si novamente havia dado um tapa no rosto do filho. Ele, ainda massageando a bochecha, falou, ácido:

– Que moral tem a senhora para me dizer que errei em nome do desejo e da atração? A senhora também não aguentou, lembra-se?

Gianluza calou-se, durante o que lhe pareceu um longo tempo, com o rosto impassível. Por fim, abanou a cabeça, quase triste e disse:

– Desculpe-me, perdi as estribeiras.

Olhou bem para o adolescente e falou:

– Você gosta mesmo dessa sirigaita, Maurizio?

– Ela tem nome, mãe.

– Pois bem... Mas saiba que ela não presta, pois ela o seduziu, deveria ter respeitado o marido e não o fez. Por isso...

– Ela não presta? Só por isso?

– Sim. Se ela desrespeitou o marido, irá desrespeitá-lo também caso fique com você.

– Só o tempo poderá me dizer.

– Quando isso acontecer que seja da melhor forma. A menos dolorida.

Maurizio ficou cabisbaixo quando uma forte sensação de culpa e remorso o invadiu por ter dito o que disse para a mãe. Minutos depois, quebrando o silêncio, Gianluza falou:

– Quer saber de uma coisa, filho? Se você gosta dela e ela de você vivam esse amor, essa paixão ainda que não dê em nada.

– A senhora acha mesmo?

– É melhor se arrepender do que se fez do que daquilo que não se fez. Todo amor deve ser vivido até onde durar. Não importa o quanto dure, o que importa é vivê-lo.

De alguma forma, a conversa que se seguiu entre mãe e filho, os aproximou.

Os dois não perceberam que Umbelina e Liberata haviam ouvido a conversa dos dois. Assim que teve oportunidade, Umbelina questionou a mãe:

— Mamãe, a senhora acha que deu o conselho certo para o Maurizio?
Gianluza não precisou pensar para responder. Disse simplesmente:
— Sim.
— Ainda que ele se machuque em toda essa história?
Umbelina havia pontuado um fato importante a seu ver.
— Ainda assim. Se for feliz, maravilha. Se for triste, se sofrer, algum aprendizado vai tirar disso tudo.
Umbelina mordeu os lábios, pensativa.

Diante dos alertas da mãe e de Umbelina, Maurizio decidiu falar a respeito com Elenara ao chegar à casa-grande naquela noite para passarem mais uma noite juntos.
— Responda-me, Elenara.
— Responder?!
Ela se assustou com seu tom e sua agitação nervosa.
— Sim, por favor – continuou ele, sério. – Você quer prejudicar a mim e a minha família, não é?
— O quê?
— É isso mesmo que ouviu. Você quer nos prejudicar, por isso se envolveu comigo, não é mesmo?
— Como você é bobo, Maurizio.
— Responda-me, por favor. Zelo pelo bem de minha mãe e de minhas irmãs.
— Você é mesmo um covarde.
— Covarde?!...
— Sim, um covarde.
Ela riu, sarcástica.
— Se fosse homem de verdade seria capaz de enfrentar qualquer consequência negativa que nossos encontros possam acarretar no futuro.
— Você quer dizer...
— Diante de meu marido.
Ele arrepiou-se.
— Mas ele nada sabe a nosso respeito, não é mesmo?
— Não, nem saberá, por isso tranquilize-se e venha me amar, vamos, estou mandando.
Diante de seu olhar, Maurizio Nunnari não resistiu mais uma vez.

CAPÍTULO 31
NOVOS RISCOS...

Maurizio entristeceu ao perceber que suas noites de amor e sono ao lado da amante estavam para terminar, pois o Senhor Millenotti não tardaria a voltar para a casa, depois de quase um mês de viagem. Ele não queria que as noites deliciosas e cheias de prazer ao lado de Elenara tivessem fim; não, nunca!

O adolescente estava sentado em frente a humilde casa onde vivia com a mãe e as irmãs, com o olhar perdido no horizonte, mascando um raminho de trigo, quando Umbelina aproximou-se e perguntou:

– O que foi, Maurizio?

– Nada não, Umbelina.

– Foi ela, não foi? Aquela danada.

Ele largou o trigo, apoiou os cotovelos nos joelhos e pressionou a palma das mãos contra a face.

– Tire ela da cabeça, meu irmão – aconselhou Umbelina achegando-se a ele. – O senhor Lamartine foi e está sendo muito bom para conosco, mas deixará de ser se souber que...

– O Senhor Lamartine jamais vai descobrir sobre mim e ela, Umbelina! Jamais! Pode ficar tranquila.

– Seria bom mesmo! Para o bem de todos. Todavia...

O tom dela o empertigou.

– Todavia?!...

– A mamãe e o Senhor Corridoni também pensaram o mesmo. Que Dona Margarita jamais descobriria que haviam se tornado amantes e, no entanto...

– Comigo e com Elenara será diferente. Eu prometo!

Umbelina fez ar de dúvida.

Ao crepúsculo daquele mesmo dia, Lamartine Millenotti voltou para casa. Chegara um dia antes do previsto, pegando, de surpresa, Elenara que muito ansiava por passar mais uma noite ao lado de seu jovem amante, livre para fazer o que bem quisesse ao seu lado. Quando o marido quis matar a saudade da esposa, ela fingiu indisposição.

— Mas meu docinho... — murmurou ele ao pé do ouvido dela.

— Desculpe-me, querido — respondeu ela, fingindo um bocejo atrás do outro. — Sei que está com vontade, mas não ando bem nos últimos dias. Estou sentindo muitas cólicas.

Emburrado, Lamartine Millenotti falou:

— É melhor ver um médico.

— Não é preciso não, o meu mal, agora que você voltou será curado! O meu mal era saudade, meu amor. Saudade, entendeu?

O rosto feio e simpático do homenzarrão voltou a serenar:

— Oh, Elenara eu adoro você!

Ele a abraçou, externando todo o seu carinho por ela. Elenara, por sua vez, cobriu seu rosto com um sorriso matreiro e vivaz.

Roberto passeava pela rua principal de Serra Dourada, exibindo-se como sempre para todos que cruzavam o seu caminho, cumprimentando galantemente as senhoras, senhoritas e crianças em geral para que o elegessem quando se candidatasse a prefeito da cidade, seu alvo mais importante nos últimos tempos. Foi quando tomava o caminho de volta para o banco de sua propriedade que ele avistou a mãe saindo da loja de um senhor que comercializava joias. O que estaria ela fazendo ali à uma hora daquelas?, indagou-se e, por algum motivo, farejou algo de errado no ar.

Quando se aproximou de Margarita, a mulher deu um pulo de susto ao vê-lo.

— Mamãe? — falou ele em tom repressor. — O que está fazendo aqui?

— Roberto?... — exclamou ela, branqueando.

Ao vê-la procurando esconder a bolsa que carregava na mão, o italiano cismou:

— O que tem aí, mamãe?

— Aqui?! — avermelhou-se Margarita, procurando parecer natural, o que não conseguiu. — Não é nada, apenas a minha bolsa.

— O que fazia nesta loja?

— Ah... vim saber o preço de uma correntinha de ouro. Quero dar uma de presente para Inaiá.

Roberto não se deu por convencido.

— Dê-me a bolsa, mamãe — pediu, esticando a mão para ela.

— Ora, Roberto...

— A bolsa, mamãe.

Margarita amarelou. Fez ar de choro quando o filho intensificou seu olhar desconfiado sobre ela.

– Roberto, por favor.

– A bolsa, mamãe.

A mulher acabou cedendo. Quando ele encontrou uma exorbitante quantia no local, quis logo saber:

– Que dinheiro é esse, mamãe?

– Era para comprar a tal pulseira.

– Pulseira ou corrente?

– Tanto faz.

– A senhora fica péssima mentindo, mamãe. Responda-me, que dinheiro é esse?

– Ora, Roberto...

O filho amarrou ainda mais o cenho.

– Está bem, está bem – falou ela, enfim, soltando um suspiro tenso. – Essa é a quantia que consegui com a venda das minhas joias.

O rosto do moço transformou-se:

– O quê?! A senhora vendeu as suas joias?! Por quê?

– Quer saber mesmo?! Pois bem, eu lhe digo. Para enviar para Gianluza e seus filhos poderem voltar para a Itália.

– A senhora só pode estar brincando comigo?!

– Sinto-me mal por não ter cumprido o prometido, Roberto.

– A senhora ainda não se esqueceu disso?!

– Como poderia, filho? Prometi a seu pai no seu leito de morte.

– E daí?

– E daí que promessa é dívida. Esse é o lema de minha família, de muitas famílias por sinal. Famílias de caráter, de brio como a nossa.

– O papai, na condição em que se encontrava, nem sabia ao certo o que estava dizendo.

– Para mim me parecia bastante lúcido.

– Esqueça isso de uma vez por todas, mamãe! Por favor!

– Filho.

– Não quero me aborrecer com a senhora.

– Deixe-me mandar-lhes o dinheiro. Para desencargo de consciência. Consegui um bocado com a venda das joias, será mais do que o suficiente para eles comprarem as passagens.

– Não, não e não!

– Roberto, por favor.

– Vou reaver as joias da senhora agora mesmo. Dê-me o dinheiro, por favor. Onde já se viu vender o que era seu para... Além do mais isso é uma vergonha... Pode parecer diante de todos que sou mesquinho, que não colaboro com a senhora financeiramente, justo um homem rico como eu.

Margarita suspirou.

– O que a senhora disse para o homem que comprou suas joias?

– Disse que era para ajudar minha família na Europa.

Roberto soltou um suspiro de alívio.

– Menos mal.

Tomando o dinheiro das mãos da mãe, Roberto dirigiu-se à loja do senhor Almeida. Lá inventou uma desculpa qualquer para reaver as joias.

– Senhor Almeida, meu caro Senhor Almeida.

– Senhor Corridoni, que prazer em recebê-lo em meu humilde comércio.

Fingindo bom humor, Roberto falou:

– Minha mãe, coitada, por não querer me aborrecer com problemas, de sua família na Itália, veio até o senhor vender-lhe suas joias. Por sorte a encontrei saindo daqui e descobri o que fez.

Baixando a voz, completou:

– Peço-lhe encarecidamente que desfaça a compra, Senhor Almeida. Quero minha mãe com suas joias, joias que têm profundo significado para ela, presente de meu pai.

O homem com um sorriso de ponta a ponta, respondeu:

– Senhor Corridoni, o senhor não precisa me pedir duas vezes. É lógico que eu desfaço o negócio.

– Muito gentil da sua parte. Fico sem palavras.

O homem sorriu.

– E, por favor, não comente nada com ninguém a respeito.

– O senhor não precisa me pedir duas vezes.

– Grato mais uma vez por sua compreensão.

Assim que deixou o estabelecimento, Roberto foi se encontrar com a mãe que o aguardava na charrete como ele havia ordenado.

– Aqui estão suas joias, mamãe – falou ele seriamente depositando sobre o colo dela o porta-joias.

Margarita, com olhos lacrimejantes, falou:

– Oh, filho...

– A senhora nunca mais me faça uma dessas.

– Roberto... perdão... eu só...

– Vá para a casa, agora. E façamos um trato: finjamos que isso nunca aconteceu!

Margarita baixou a cabeça e, ao sinal de Roberto, o escravo pôs o veículo em movimento.

Roberto Corridoni ficou ali, observando o carro se afastar, com a testa

enviesada.
— Aqueles malditos! Eles ainda nos atormentam. Oh, praga dos infernos!
Ele se referia aos Nunnari... Mais uma vez aos Nunnari.

Dias depois, na fazenda Millenotti, o dono da fazenda vizinha chegou todo esbaforido ao local, acompanhado de seu capataz. Sua voz se fez ouvir a uma certa distância, despertando a atenção de Liberata, fazendo-a pular da cama e correr para a janela para ver se era ele, Roberto, quem finalmente havia voltado para buscá-la.

Frustrou-se, mais uma vez, ao perceber que se tratava de uma outra pessoa. Consolou-se, abraçando Tibúrcio que se tornara seu melhor amigo e companheiro fiel. Tão apegada ficara ao animal que Gianluza se viu obrigada a permitir que ele dormisse dentro do quarto com ela, assim que notou que a filha o desejava ali.

Enquanto isso, o recém-chegado à fazenda se pronunciava mais uma vez:
— Quero falar com o dono da propriedade!
A altura da voz foi aumentando e a intensidade das palmas também.
Minutos depois, Lamartine Millenotti aparecia na varanda em frente a sua morada.
— Pois não? – disse, medindo o homem espalhafatoso da cabeça aos pés.
— O senhor é o proprietário dessas terras?
— Eu mesmo! Lamartine Millenotti a seu dispor.
— Meu nome é José Epaminondas. Sou o dono da fazenda vizinha.
— Oh, sim! Seja bem-vindo! Queira entrar, por favor!
— Estou bem aqui. Venho procurá-lo para fazer-lhe uma reclamação.
— O que posso fazer pelo senhor?
As sobrancelhas expressivas do visitante carrancudo elevaram-se uma polegada e depois se abaixaram.
— O demônio do cão da sua fazenda está atacando os meus bezerros. Já matou dois.
— Cão?! Nem sabia que tínhamos um.
— Tem sim, meu capataz está aqui para confirmar.
— Um minuto, por favor – pediu Lamartine e a seguir chamou por Santos para confirmar o fato.
O funcionário foi preciso:
— Temos cão na fazenda, sim, senhor. Vive na casa de Dona Gianluza e seus filhos.
— Pois eu não sabia desse detalhe.
Voltando-se para o recém-chegado, Lamartine falou:
— Desculpe-me pela falta de informação, é que comprei essas terras

há muito pouco tempo e essa família já residia aqui, tenho pouco contato com eles.

— Mande-lhes um recado, por favor. Diga que se o cão voltar a matar um de meus bezerros, eu o mato!

O homem limpou a garganta e completou:

— Digo, mato o cão! O senhor me compreendeu, não?

Lamartine, sobrancelhas em pé, questionou:

— O senhor tem certeza de que foi esse mesmo cão que atacou seus bezerros?

— Absoluta! Aqui está meu capataz para comprovar.

Depois de medir o homem de cima a baixo, Lamartine falou:

— Está bem, vou comunicar aos donos do animal em questão. Passar bem.

O visitante amarrou o cenho.

— E quem arca com o meu prejuízo?

A resposta de Lamartine foi rápida e direta:

— Não eu, meu senhor! Não sem provas conclusivas.

— Está bem, por ora acato sua decisão. Passar bem.

Assim que os visitantes se foram, Lamartine voltou-se para o capataz e ordenou:

— Vá até a casa *dessa* Gianluza e lhes dê o recado. Se o cão voltar a atacar algum dos bezerros desse sujeito, eu mesmo mato esse demônio!

— Está bem, meu senhor.

Assim que Santos deu a notícia a Gianluza, Liberata falou em defesa do animal:

— Tibúrcio não machucaria nem uma mosca, Santos.

— Eu sei que a senhorita gosta muito desse cão, mas um cão, muitas vezes, transforma-se quando está longe de quem cuida deles. Podem tornar-se agressivos e impetuosos quando querem se alimentar.

— Mas ele é bem alimentado todos os dias.

— Eu também sei disso, Liberata. Só vim passar o recado.

Foi Umbelina quem perguntou a seguir:

— Mas o tal fazendeiro tem provas de que foi Tibúrcio quem atacou o tal bezerro?

— Foi isso que o patrão quis saber, mas... Provas mesmo ele não tem. Enfim, fiquem de olho no animal. Não permitam que ele vá para longe. Penso que esse é o melhor conselho que posso lhes dar.

— Obrigada — agradeceu Gianluza, polida como sempre.

O capataz fez um aceno com um chapéu e partiu. A dez passos, Gianluza foi atrás dele e perguntou, baixinho:

– Alguma notícia de Roberto e de Dona Margarita?

Santos voltou-se para ela e respondeu no mesmo tom:

– Não, senhora. Ainda me espanto de eles terem vendido a fazenda e partido sem nada me dizer.

– É mesmo deveras espantoso.

– O que será que deu neles?

– Nele, propriamente dito, meu bom Santos. Nele: Roberto Corridoni.

O homem olhou para ela de viés, sem muito entender. A italiana, reflexiva, deu seu parecer:

– Mas eles não devem ter se mudado para muito longe.

– Por que a senhora acha isso?

– Intuição. Chame de intuição feminina.

– Intu... intu... o quê?

Gianluza sorriu e pacientemente explicou.

Assim que voltou para junto de Umbelina, a jovem lhe perguntou, baixinho, para que Liberata não as ouvisse:

– Nenhuma notícia deles ainda, não é mesmo?

– Não.

A mãe, olhando surpresa para a filha, comentou:

– Como sabe que eu...

Umbelina sorriu.

– Intuição, minha mãe – respondeu sorrindo. – Como a senhora mesma diz: intuição feminina.

Gianluza sorriu e Umbelina seriamente falou:

– Só queria saber onde aquela peste... Peste, não! Demônio! Onde aquele demônio se escondeu com a mãe dele.

– Para que saber? É melhor que fiquem bem longe de nós, Umbelina. Para poupar o coração de sua irmã.

– É... Neste caso a senhora tem razão.

– Filha, vou dar-lhe um conselho, um conselho de quem tem mais experiência na vida. Tire todo o rancor, ódio e mágoa de seu coração, com relação a uma pessoa. Não vale a pena alimentá-los dentro de nós. Não vale! Quem acaba sofrendo mais e mais por algo que nos fizeram de ruim, direta ou indiretamente, somos nós mesmos.

Quem nos magoou, a maioria, nem se lembra mais de nós, está seguindo sua vida sem se preocupar com o que fez conosco. Muitas vezes encara o que nos magoou como algo natural, sequer se deu conta de que nos magoou com sua atitude, portanto, tire todo o rancor, ódio e mágoa de seu coração com relação a quem a feriu direta ou indiretamente. Só assim se recupera a paz, vive-se em paz!

Roberto achou que o certo era fazer o que fez, nós e a maioria das pessoas vamos discordar dele, mas ele continuará achando que estava certo no que fez, portanto, querer mostrar a ele que estava errado é o mesmo que dar murros em ponta de faca. É o mesmo que jogar pérolas aos porcos. Será um desgaste em vão. O melhor a se fazer é deixá-lo com os pensamentos dele, com os *achares* dele e nós com os nossos, lembrando que não precisamos que ninguém concorde com os nossos pensamentos para que sejamos felizes e vivamos de bem com os outros.

Compreende?

– Acho que sim, mamãe. Ainda assim, sinto um tremendo ódio por ele.

– Eu sei. Abrandar o ódio em nosso coração é o mesmo que domar uma fera selvagem. Penso que o ódio é tal como o demônio, quer usar cada um de nós para seus propósitos malignos sem levar em consideração o que esses propósitos nos acarretarão. O mal que nos fará ao executá-lo. O ódio quer ser saciado mesmo que para isso nossas vidas sejam prejudicadas para sempre. Penso que *algo* que não se importa com o nosso equilíbrio, nosso bem estar, nosso progresso deve ser desprezado da mesma forma com que ele nos despreza.

Umbelina apreciou intimamente aquelas palavras, abraçou a mãe e as duas se realizaram, mais uma vez, por estar lado a lado, sentindo aquele calor humano, aquela paz familiar.

Enquanto isso, em Serra Dourada...

Roberto conquistava mais uma de suas metas: entrara como sócio no banco da cidade. Comprara de dois sócios que queriam se aposentar, a parte que lhes cabia e estava felicíssimo por sua aquisição. Sua meta seguinte era se vir livre do sócio que restara para que o banco passasse a ser inteiramente seu, e estava disposto a não poupar esforços para convencer o homem a vender o que lhe cabia.

Margarita ficou feliz pela nova conquista do filho e, após parabenizá-lo, voltou-se para a nora e perguntou:

– Você já congratulou seu marido, Inaiá?

A moça, grávida de sete meses, um tanto sem graça, respondeu:

– Não, minha sogra. Ainda não tive a chance.

– Então faça-o agora.

Inaiá engoliu em seco e disse:

– Parabéns, meu marido, pela grande conquista. Pela grande aquisição.

– Obrigado – respondeu ele, entornando um cálice de vinho.

– Fico muito feliz – continuou ela, mas não foi além disso. Roberto voltou-se para a mãe e continuou contando os detalhes sobre a compra e os dividendos que ganharia a partir de então.

Visto que não faria falta ali, Inaiá retirou-se da sala. Subitamente sentiu-se como uma das escravas, que estavam ali para servir seus senhorios quando lhes bem conviesse e quando terminada sua função eram dispensadas.

– Lembra, mamãe? – dizia Roberto, empolgado. – A senhora lembra quando eu disse que um dia eu seria o homem mais rico da região? Pois bem... estou a caminho.

Margarita, acariciando o braço do filho, respondeu:

– Você vai longe, meu filho. Muito longe.

– Irei, com certeza irei. E a senhora sentirá muito orgulho de mim...

– Roberto! Eu já sinto orgulho de você.

– Pois quero que sinta bem mais.

Ele, num movimento rápido, beijou a mãe na testa, levantou-se e saiu, dizendo:

– Vou me banhar. Peça para servir a ceia daqui uma meia hora, por favor. E repita para aquelas escravas desmioladas que não quero comer comida fria. Nem morna. Quero pelando. Ultimamente a comida tem sido servida morna. Já cansei de repetir à Inaiá para tomar uma providência, mas falar com ela e uma porta é a mesma coisa.

– É que ela está grávida, Roberto.

– Há sempre uma desculpa para encobrir o fato de que ela não passa de uma moloide, a senhora já reparou?

– Não fale assim. Ela é uma esposa dedicada.

– Pois que aprenda a ser mais.

Pondo-se de pé, Margarita falou:

– Vou fazer o que me pede. Mas não se atrase, se o fizer, comida morna é o que terá para se servir.

O filho assentiu, sorrindo, e tomou a direção dos seus aposentos.

– Homens – murmurou Margarita em tom brincalhão –, são todos iguais!

– Eu ouvi isso! – berrou Roberto com bom humor.

Ele estava feliz, verdadeiramente feliz com a grande conquista. Sendo materialista, não que tivesse nascido assim, mas tornara-se um ao longo dos anos, aquisições como a do banco valiam até mais do que o ar que respirava e o mantinha vivo, como acontece com todos os materialistas.

CAPÍTULO 32
SANGUE FRIO...

    Semanas depois, o dono da fazenda vizinha a dos Millenotti voltava à fazenda, cuspindo fogo pelas ventas.
— Quero falar com o dono da propriedade! – berrou enquanto aumentava a intensidade das palmas.
Minutos depois, Lamartine Millenotti aparecia para atendê-lo.
— Pois não?
— Senhor Lamartine. É esse seu nome, não?
— Eu mesmo! Lamartine Millenotti a seu dispor.
— Deve se lembrar de mim. Meu nome é José Epaminondas. Sou o dono da fazenda vizinha. Estive aqui semanas atrás...
— Ah, sim.
— Pois bem, meu senhor. O seu cão voltou a atacar um dos meus bezerros.
— Meu cão, vírgula. Já lhe informei que o cão não é meu, que eu nem sabia que tínhamos um na propriedade.
— Uma vez que o cão pertence a um de seus empregados, o senhor é responsável por ele, sim.
— O senhor tem provas, por acaso, de que foi mesmo ele que...
— Testemunhas o viram.
O homem deu um passo à frente e completou, enfurecido:
— Se o senhor não tomar uma providência, tomo eu.
— Pois então que tome o senhor. Neste caso eu lavo as minhas mãos.
— Onde mora essa família cujo cão dizem tomar conta?
— Por ali.
Os dois homens caminharam até o local, pisando duro e apressadamente. Assim que se aproximaram da casa, Tibúrcio latiu.
— Lá está o demônio!
Tibúrcio, que como todo cão percebia quem não gostava dele, avançou contra os dois sujeitos, latindo ferozmente.

A voz de Lamartine soou alta e clara:
– Cala a boca, seu cão empesteado!
– O que houve? – perguntou Gianluza, chegando à varanda esbaforida.
– Tibúrcio! – chamou Liberata na esperança de acalmar o animal.
Mas o cão continuou latindo desenfreadamente.
– Esse demônio atacou novamente a fazenda do vizinho – explicou Lamartine erguendo a voz.
– Como pode ter certeza de que foi ele? – indagou Gianluza, procurando se fazer ouvida em meio aos latidos insistentes do cachorro.
– É o único na redondeza feroz assim – explicou Epaminondas.
– Mas ele é tão bonzinho para comigo – defendeu Liberata já começando a derramar-se em lágrimas.
– Da mesma forma que não temos como provar a vocês que essa besta atacou meus bezerros, vocês não têm como provar que não foi ele.
– Mas...
– Nem mas nem meio mas – alterou-se Lamartine tirando do cinto o revólver que sempre carregava ali.
Desesperada, Liberata entrou na frente do animal.
– Por favor, não faça mal a ele!
Lamartine, enfurecido, gritou:
– Tire sua filha de perto deste animal, antes que...
– Filha, por favor – suplicou Gianluza, aturdida.
Tibúrcio, enfurecido, escapou das mãos da jovem e foi para cima de Lamartine.
– Tibúrcio! – chamou a adolescente com um grito de horror.
O cão não parou, continuou latindo feroz até que Lamartine, cansado de tudo aquilo, empunhou a arma na sua direção e disse:
– Estou cansado de ser importunado por causa disso!
Liberata berrou:
– Não!
Maurizio, que chegava a casa naquele instante, assustou-se com o que viu. E quando Liberata deu novamente um grito, a arma do dono da fazenda disparou dando fim à vida do pobre cachorro.
– Pronto – suspirou Lamartine, parecendo ter o coração de pedra. Voltando-se para o fazendeiro presente, falou: – Agora o senhor não mais me aborrecerá vindo aqui fazer suas reclamações! Por favor, queira ir embora.
O homem recolocou o chapéu sobre a cabeça e voltou apressado na companhia de seu capataz para frente da casa-grande onde os dois haviam deixado seus cavalos amarrados.
Ao passar por Maurizio, Lamartine mediu o rapaz de cima a baixo

enquanto recolocava no cinto a arma sem a qual raramente andava. Maurizio engoliu em seco diante da passagem do grandalhão. Depois, correu para junto da mãe e das irmãs que cercavam o animal morto, estirado ao chão. Umbelina consolava Liberata, afagando-lhe o peito, enquanto Gianluza passava a mão por sua cabeça.

– Que homem mais sem coração – murmurou Umbelina.

– Ele, sim, é um demônio – opinou Liberata, entre lágrimas.

Gianluza e Umbelina se entreolharam.

Maurizio tentou ser solidário à irmã:

– Eu sinto muito, mana.

Ela voltou os olhos lacrimejantes para ele e desabafou:

– Eu odeio esse homem! Odeio! Simplesmente o odeio!

– Calma, filha – acudiu Gianluza. – Não se esqueça de que dependemos dele para viver. Ainda temos um teto sobre a cabeça por causa dele.

– Mesmo assim, eu o odeio.

– É compreensível que se sinta assim. Não foi nada bonito o que ele fez.

– Nunca pensei que o Sr. Lamartine fosse capaz de uma barbaridade dessas – murmurou Maurizio abasbacado. – Matar um cão a sangue frio bem na frente de vocês... mulheres, que coisa mais insensível!

– Isso prova que nunca conhecemos de verdade uma pessoa.

– Nossa, eu estou pasmo!

Umbelina perguntou a seguir:

– Será que ele não sentiu nada pelo que fez?

– Não, Umbelina. Muitos homens são insensíveis, brutalhões, quase selvagens.

A jovem suspirou e, após certo esforço, conseguiu levar Liberata para dentro da casa onde Gianluza fez um chá para acalmar todos.

Depois de entornar uma xícara e meia do líquido fumegante, Maurizio pousou sua mão direita sobre a mão esquerda de Liberata e, disse, com aquela voz que vem do coração:

– Eu vou enterrar o Tibúrcio, mana. Não se preocupe. E procure lembrar-se dos bons momentos que viveu ao lado dele. Assim como fizemos com relação ao nosso pai.

Os olhos da jovem encontraram-se com os do irmão e ela fez um pequeno aceno de cabeça. Depois de um longo suspiro, falou:

– A morte é algo simplesmente horrível. Abominável. Por mais que eu tente, jamais vou entender por que Deus a criou. É revoltante só de pensar.

– Deve haver um porquê mais profundo, filha – opinou Gianluza. – Um porquê que por mais que tentemos compreender foge a nossa compreensão.

Liberata não disse mais nada. A seguir todos foram ao sepultamento de Tibúrcio.

Assim que teve a oportunidade, Maurizio correu atrás de Elenara.
– Depois que vi o que seu marido fez com o nosso cachorro, sei que ele vai me matar se descobrir o que fizemos! – desabafou, exasperado.
– Ah, isso ele vai, com certeza.
– E você diz isso com essa naturalidade?
– Ora, de que outro modo eu poderia confirmar uma verdade?
– Nós temos de parar de nos encontrar. Deus queira que ele jamais suspeite do que fizemos.
– Fizemos, uma vírgula, continuamos a fazer. Quanto mais perigoso melhor.
– Você é louca...
– E você é louco por mim.
– Isso tem que parar.
– Diga que você é louco por mim.
– Louco, eu sou, só posso ser, agindo como venho agindo... Oh, Deus estou perdido.
Sem mais, o jovem saiu correndo.
– Aonde você vai? – berrou Elenara.
– À igreja me confessar – respondeu ele num fôlego só.
– Larga de ser tonto! – zombou ela. – Larga de ser moleque, seu italianinho bobo.
Mas Maurizio continuou, ignorando as palavras da amante, entrou na estrebaria, selou um cavalo e rumou para Santa Mariana. Foi mais uma das confissões que deixou o padre italiano embasbacado. Já deveria ter se acostumado a confissões do tipo, pois a maioria delas se tratava do mesmo assunto: traição em cima de traição, em cima de traição, em cima de traição... Ou traía-se de fato ou em pensamento. Eram confissões de maridos traindo suas esposas com mulheres mais jovens ou escravas de curvas acentuadas, rosto bonito e sorriso deslumbrante... Confissões de mulheres traindo seus maridos obesos e mal-cheirosos com escravos jovens e fogosos...
Os negros, percebia o padre, eram os mais fiéis: tanto as esposas quanto os esposos. O único senão em relação a um casal de negros, era para o marido, que muitas vezes tinha de aturar calado o fato de a esposa que tanto amava ser obrigada a se deitar com o patrão ou com o feitor, fosse num canto qualquer da fazenda ou no meio do canavial. Diante da ordem, eles nada podiam fazer, quem se rebelasse, acabava no tronco a pão e água e recebendo chicotadas.
De todos os casos, o que mais surpreendeu o padre foi o do escravo que decidiu se vingar de seu senhorio, por continuar obrigando sua esposa a fazer

indecências com ele, e, ao agredi-lo com intenção de matá-lo, acabou morto.

O pior também acontecia quando as escravas, enfurecidas, mordiam as partes íntimas de seus senhorios com a intenção de arrancar-lhes sangue e acabavam no tronco, deixadas ao relento, sob sol, sob lua, sob chuva e, sem comida até o corpo sucumbir. E ai de quem tentasse alguma coisa para aliviar o castigo.

Uma traição envolvendo um jovem com uma jovem era até natural, o diferencial entre Maurizio e Elenara estava na ousadia da moça de nadar nua com o rapaz no ribeirão, um local aberto, às claras, onde qualquer um poderia chegar a qualquer momento e flagrar os dois. Especialmente o marido. Elenara, para o padre italiano, era, sem dúvida, uma doidivanas além de imoral.

Maurizio, depois de acatar o conselho do padre: "Reze três Pais-Nossos e três Ave-Marias e não peque mais", voltou para a fazenda, sentindo-se mais aliviado e disposto a nunca mais se envolver com Elenara Millenotti. Mas a carne era fraca, ainda mais para um jovem inexperiente... Diante de Elenara, ele não passava de uma pétala de flor, sendo levada por seu sopro meigo e quente de paixão, emitido por aqueles lábios finos e delicados, deliciosos de beijar.

Quando ela mandou chamá-lo para ir a sua casa à noite, Maurizio atendeu ao pedido por saber que Lamartine estaria lá e ela não tentaria fazer nada com ele na sua presença. Ficou sem fôlego depois de subir os lances de escada, pisando de dois em dois, mas quando avistou Elenara, linda num traje sensual, esperando por ele, o esforço que fizera ou qualquer outro no mundo, compensou diante de tão formosa criatura. Levou quase cinco minutos para que ele percebesse que havia algo de errado ali, àquela hora.

– Por que está vestida assim, Elenara? – perguntou ele, intrigado. – Cadê seu marido?

– Venha.

Ele a segurou pelo pulso e tornou a repetir, baixinho, para que só ela ouvisse:

– Onde está o seu marido?

Ela tornou a sorrir, linda e misteriosa.

– Fique tranquilo, ele foi até o vilarejo. Agora, venha.

Ele nem se ateve ao fato de que àquela hora não era propícia para um homem como Lamartine Millenotti ir ao vilarejo, tampouco se ateve ao motivo que poderia tê-lo feito ir até lá. Foi como se a voz dela tivesse o poder de hipnotizá-lo, desligá-lo de tudo mais a sua volta, fosse capaz de fazer segui-la cegamente até o fim do mundo, até mesmo até o quinto dos infernos sob seu encanto, sob o poder que ela exercia sobre a sua pessoa.

Ela havia mandado preparar um jantar delicioso para ambos saborearem, acompanhado de muito vinho. Ao avistar as escravas, Maurizio voltou a si:

– Você perdeu o juízo, Elenara? – sussurrou. – Essas escravas dirão ao seu marido que estive aqui jantando com você.

– Não dirão nada, seu bobo! Mesmo que digam, o que é a palavra de uma escrava diante da minha, seu tolinho?

– Cuidado, Elenara. Você está nos arrastando para um terreno muito perigoso.

– Ah, seu bobinho, quantas vezes eu vou ter de dizer que quanto mais perigosa for a vida mais excitante ela é?

– Podemos acabar mortos, Elenara.

– Não podemos, não!

– Seu marido é bem capaz de nos matar se descobrir que estamos juntos. Você sabe que ele é bem capaz disso!

– Sim, eu sei, mas se ele tentar alguma coisa contra nós, você nos defenderá.

– Defender?!

– Sim, defender. Com uma arma!

– Você faz tudo parecer tão simples.

– E pode ser, não pode?

– Não, não pode!

Ela riu sarcástica, uma risada inadequada para o momento.

– Relaxe, seu bobo e, agora sente-se à mesa e prove do jantar apetitoso que mandei preparar para você.

Novamente sua voz hipnótica teve poder sobre o adolescente. Os dois ficaram absortos um no outro, bebendo e comendo. De repente, nada mais existia, nada mais importava senão ela e ele na cabeça de Maurizio. Logo estavam rindo e conversando descontraidamente...

Com um aceno, Elenara dispensou as escravas e puxou Maurizio pela mão até seu quarto para outro momento de amor e intensa paixão.

– Nós temos que parar com essa loucura, Elenara.

– Isso é o que menos você quer na vida, Maurizio.

– Por que está fazendo isso comigo?

– Porque você me atrai e eu o atraio da mesma forma, e seria um desperdício deixar passar batido tudo isso.

Ele suspirou, desconsolado. Ela foi até ele, ergueu seu queixo e o beijou, derrubando de vez todas as suas defesas.

– Venha, seu tolinho. Venha para mim.

Por nenhum momento o jovem italiano se preocupou com a chegada repentina do dono da casa. Nos braços de Elenara Millenotti, como sempre, era capaz de se esquecer de tudo mais a sua volta.

Quando o ato teve fim, cinco minutos depois, apoiando-se num cotovelo, Maurizio levantou da cama em que se deitara com a amante, mergulhou as mãos nos cabelos e ficou, por instantes, admirando a nudez da mulher que o deixava louco e surdo para o bom senso.

– Elenara... Elenara... você é uma loucura.

Ela, sorrindo, matreira, respondeu libidinosamente:

– Eu sei.

Ele voltou a se deitar sobre ela e cobri-la de beijos ardentes e apaixonados.

– V-você... – sussurrou entre um beijo e outro –, você me deixa louco, Elenara... muito louco, meu amor.

Ela simplesmente se deleitou com suas declarações. Levou quase vinte minutos até que ele desse fim a tudo aquilo e o fez não porque quisesse, mas porque se lembrou que o dono da casa poderia chegar a qualquer momento.

– Seu marido – falou ele, levantando-se da cama num salto.

– Calma – pediu ela com a maior naturalidade do mundo.

– Ele pode chegar. Já deve estar chegando.

Ela se levantou, foi até ele, beijou-o novamente até que minutos depois, novas palavras atravessaram seus lábios:

– Agora quero lhe mostrar uma coisa, acompanhe-me.

– Antes é melhor eu me vestir.

– Não é preciso... Venha!

Ela o puxou pela mão até o quarto ao lado.

– O que é? – perguntou ele enquanto fungava sua nuca.

– Algo que você vai gostar muito de ver.

– Hum...

Ela parou em frente à porta, voltou-se para ele e disse:

– Antes quero um abraço e um daqueles seus beijos ardentes.

Enquanto ele atendia ao seu pedido, Elenara com uma das mãos empurrou a porta deixando-a bem aberta, revelando o seu interior. Quando Maurizio percebeu o que ela havia feito, afastou o rosto para poder ver melhor o interior do quarto e, ao avistar Lamartine deitado na cama de casal que havia ali, berrou, mas seu berro foi retesado a tempo pela ágil mão da amante sobre a sua boca.

CAPÍTULO 33
LOUCURA...

Ele agarrou os braços dela e a arrastou dali num movimento tão rápido que Elenara ficou zonza.
– Sua louca!
– Calma, ele está dormindo.
– Você disse que ele havia ido a Santa Mariana.
– Menti.
– Mentiu?
– Se eu dissesse a verdade você não teria vivido comigo mais um momento delicioso de amor!
Ele a soltou e mergulhou as mãos na cabeça.
– Que loucura... – desabafou exasperado.
Ela tentou acalmá-lo.
– Eu dei algo bem forte para ele tomar, relaxe. Ele não vai acordar tão cedo.
– Por que fez isso? E se ele desperta de repente?
– Só assim seria excitante, excitante como eu gosto que a vida seja.
– Você é louca, totalmente louca!
Ela riu, exibindo seus dentes bonitos. Diante de sua expressão, ele se arrepiou. Foi como se estivesse diante da morte encarnada num espírito humano, querendo muito levá-lo consigo para a escuridão. De repente, ele sentiu sua garganta apertar doer, como se uma mão estivesse ali, apertando-a, impedindo-o de falar. Foi algo desesperador.
– Tenho de me afastar de você, Elenara – disse ele, por fim, ofegante. Pelo meu bem, pelo seu bem e de minha família.
– Tente...
– Tentarei.
– Pode tentar, fique à vontade – respondeu ela, olhando-o nos olhos

–, logo descobrirá que não pode. Não, não pode, porque o desejo não tem ouvidos, nem bom senso, ele quer ser saciado a qualquer custo. A paixão é a mesma coisa. O desejo e a paixão são sinônimos.

Ela puxou-o contra o peito e sussurrou, mirando fundo seus olhos:
– Se você não fosse tão delicioso...

Ele, subitamente, desatou os braços dela que o seguravam e se afastou.
– Tenho de ir embora daqui – desabafou –, para longe, para nunca mais me sentir tentado. Você é a esposa do patrão. Devo-lhe respeito. Você também lhe deve.

– Respeito?! Só devo a mim e a Deus e olhe lá.

Assustado com suas palavras, o adolescente revidou:
– Não posso permitir que essa loucura continue pondo em risco a minha vida e a de minha família.

Lágrimas de medo lhe arderam nos olhos naquele instante. Chegou a sentir sua cabeça girando. Elenara foi mais uma vez impetuosa:
– Quer dizer que você não está disposto a arriscar sua vida e a de sua família por uma paixão que incendeia o seu peito e o seu coração? Que espécie de homem é você? Um tolo e um frouxo ao mesmo tempo, é isso?

Ele contemplou-a sem palavras, com a sensação de que fora exilado, condenado a um mundo crepuscular.

O rosto dela relaxou num sorriso largo.
– Abandone-me, Maurizio, e estará abandonando uma vida excitante de muito sexo e aventura.

As palavras mexeram com ele. Percebeu, de repente, que ela tinha razão no que disse.

– Pense bem no que lhe digo, tolinho – continuou ela em tom desafiador. – É muito tarde para você voltar atrás. Sua vida nunca mais será a mesma sem me ter ao seu lado. Nunca mais, ouviu? Agora vá, vá embora para a sua casinha humilde bajular sua mãe e suas irmãs pobretonas e sem graça. Vá, vá rapidinho antes que eu o denuncie ao meu marido por invasão de domicílio.

Ele deu um passo para trás, depois outro, então, repentinamente correu para ela, tomou-a nos braços e a beijou loucamente.

– Minha querida... – murmurou junto a seu cabelo. – Eu sou louco por você, Elenara!

Lágrimas de felicidade marejaram seus olhos enquanto um sorriso radiante iluminou o rosto matreiro da amante.

– Você será minha, Elenara, só minha – desabafou ele, ofegante.

O sorriso radiante dela se intensificou, fazendo seus olhos brilharem como os de uma gata. Ela também sorriu e admitiu mais uma vez:
– E eu também sou louca por você, seu bobo! Louca!

– Somos dois loucos – respondeu ele, agarrando-a e beijando-a novamente intensamente.

Outro inesperado momento aconteceu na noite em que Lamartine, logo após o jantar, encharcou-se de vinho e adormeceu no sofá. Elenara, aproveitou então para sair em busca de Maurizio e se amarem. Jamais pensou que o marido despertaria meia hora depois e desse por sua falta.

– Elenara?! – chamava ele pela esposa indo de aposento em aposento.

Ao encontrar uma escrava, Lamartine segurou firme em seu punho e perguntou:

– Onde está minha mulher?

– E-eu... eu não sei não, sinhô – respondeu a negra, aflita e temerosa.

Lamartine continuou caminhando em busca da esposa. Logo encontrou Santos que ao vê-lo naquele desespero, também se desesperou.

– Minha esposa – rosnou Lamartine, tenso –, você a viu?

Santos teve medo de lhe dizer a verdade.

– Diga, homem! Você viu minha esposa? Sabe onde ela se encontra?

O homem, começando a transpirar frio, por fim respondeu:

– E-eu não a vi não, senhor.

– Como não?! De repente, ela se tornou invisível para todos.

O relincho de um cavalo vindo da estrebaria fez Lamartine voltar os olhos para lá.

– A estrebaria... – murmurou ele enviesando o cenho. – Quem está lá?

– Não sei não, meu senhor – gaguejou Santos.

Sem mais delongas, Lamartine apanhou a arma do capataz e seguiu para lá a passos pesados e concentrados.

– Elenara – murmurava ele sem se dar conta. Havia certo desespero em seu tom agora.

Santos correu atrás de seu senhorio.

– Meu senhor, por favor...

Lamartine travou os passos, voltou-se furioso na direção do funcionário e perguntou:

– O que teme, Santos?

– O senhor está nervoso...

– E não é para estar? Minha esposa diz que vai se banhar e quando vou atrás dela não a encontro. Suponho que algo de muito errado deve ter acontecido, não?

– Certamente... Mas ela deve ter saído para caminhar ao luar... Dona Elenara gosta muito de caminhar sob um luar como o desta noite.

Lamartine farejou algo de errado no ar.

– Está por acaso sabendo de alguma coisa que não sei... Digo, em relação a minha esposa?
– Não, senhor.
Outro relincho despertou Lamartine.
– Onde está o rapaz? O tal rapaz que acompanha minha esposa durante os passeios a cavalo?
Pela transformação no rosto de Santos, Lamartine pôde compreender o que tanto o apavorava.
– Aquele danado... Não pode ser... Elenara não me trairia com ele... Ela me ama.
Sem mais se ater a conjecturas, Lamartine Millenotti seguiu para a estrebaria.
Bem naquele momento, o casal deitado em meio ao feno, fazendo amor, atingia o clímax. Jamais poderiam suspeitar do que estava prestes a lhes acontecer. Subitamente, a porta do lugar se abriu com um pontapé e o grito de Lamartine quebrou o silêncio do local:
– Elenara!
Só houve tempo para Maurizio escorregar para longe do corpo da amante e se esconder atrás de um monte de feno.
– Elenara! – berrou Lamartine, outra vez.
A moça, com a maior cara de pau, ajeitou sua roupa e foi ao seu encontro.
– Lamartine...
Ele deu um passo à frente, parecendo prestes a explodir de ciúme e ódio. Ela, majestosa como sempre, falou:
– Olá, meu marido... O que houve?
– Eu é que pergunto o que houve, Elenara? O que está fazendo aqui?
– Meu marido não vai me acreditar...
– Experimente contar...
– Dei pela falta de uma de minhas joias e vim ver se a havia perdido aqui.
– Joia? Que joia?
– Uma de minhas pulseiras.
– E?
– E daí que enquanto procurava por ela senti uma certa tontura e devo ter desmaiado.
– Desmaiado?
– Sim, meu amor.
O rosto do marido mudou, passou de tensão pela suspeita da infidelidade da esposa para preocupação.
– Você está melhor? – agitou-se o homenzarrão. – Melhorou?
– Sim, meu querido...

Ele baixou a arma e a abraçou.

– Oh, meu amor.

– Oh, meu marido querido.

Ele a beijou.

– Fiquei preocupado. Nem sabe o que cheguei a pensar.

– Pensar?...

– É, Elenara... Você, uma mulher bonita... jovem... Cheguei a pensar que...

Ela recuou o rosto e o encarou.

– Não vá me dizer que suspeitou de mim, Lamartine?

– Elenara...

– Por favor, Lamartine... Não me diga que suspeitou da minha fidelidade para com você.

– É que...

– Sinto-me ofendida.

– Não se ofenda, por favor...

– Ofendo-me sim, Lamartine.

Ela fez um muxoxo.

– Perdoe-me, querida.

– Vou pensar.

Nisso ouviu-se um barulho feito sem querer por Maurizio que se mantinha escondido, nu, trêmulo da cabeça aos pés.

– O quer foi isso? – empertigou-se Lamartine.

Elenara voltou a abraçá-lo e falou:

– Um dos cavalos, meu amor. Vamos para casa.

– Não! Espere!

Elenara elevou o tom:

– Lamartine!

Mas o marido não lhe obedeceu desta vez. Ainda estava cismado com tudo aquilo. Foi até o monte de feno inspecionar se havia alguém ali. Devido a pouca luz do luar que conseguia se infiltrar no local pouco podia ver com nitidez, essa foi a sorte de Maurizio Nunnari.

– O rapaz – falou Lamartine, subitamente.

– Rapaz? Que rapaz? – fingiu-se Elenara de desentendida.

– O rapazola que sempre a acompanha nas suas voltas a cavalo pela fazenda.

– Ah... – respondeu Elenara, modulando a voz para um tom de desinteresse. – O que tem ele?

– Ele, por acaso, não tentou seduzi-la, tentou?

– Aquele moleque? É lógico que não, meu marido. Mesmo que tentasse, seria perda de tempo da parte dele, além de que, certamente, eu contaria a você o que ele fez.

– Contaria?

– Sim. Encararia sua atitude como um abuso. Onde já se viu tentar tal coisa com a esposa de seu patrão? Sentir-me-ia tão ofendida quanto me senti agora há pouco quando suspeitou de minha fidelidade para com você.

– Oh, Elenara...

O marido voltou até a esposa, baixou novamente a arma e a envolveu em seus braços.

– Perdoe-me por...

Nisso ouviu-se um espirro dentro do local. O espirro que Maurizio não mais conseguiu conter.

– O que foi isso? – alarmou-se Lamartine, novamente.

– O quê?

– Acabei de ouvir alguém espirrando.

– Espirrando?!... – fingiu-se Elenara de sonsa. – Eu não ouvi.

– Não?!

Ela, com a cara mais deslavada do mundo, argumentou:

– Tudo isso deixou-o tão agitado que passou a ouvir coisas, Lamartine. Vamos para casa, por favor.

– É... – concordou o homem, acreditando piamente na opinião da esposa. – Devo estar realmente ouvindo coisas, pois de fato tudo isso me tirou mesmo do sério.

– Vamos – repetiu ela, estendendo a mão para ele.

Ele pegou em sua mão e deixaram o local, para total alívio de Maurizio Nunnari. O rapaz estava branco de medo, simplesmente apavorado.

Ao passarem por Santos, Lamartine devolveu-lhe a arma que havia tomado dele.

– Está tudo bem, meu senhor? – perguntou o homem, sentindo-se mais aliviado.

– Por que não haveria de estar, homem de Deus?

– Que bom que encontrou Dona Elenara.

– Oh, sim... Ela estava na estrebaria à procura de uma pulseira que perdera na tarde.

– Uma pulseira... Ah, sim!

– Se você ou um dos escravos, por ventura, encontrá-la, devolva-lhe.

– Pode deixar, meu senhor.

Quando os olhos de Elenara cruzaram-se com os do capataz, ela soube que ele sabia de toda a verdade. Algo que a deixou excitada e não preocupada como acontece com a maioria.

Ele ficou a acompanhá-la com o olhar até o casal adentrar a casa-grande. Despertou de seus pensamentos ao ouvir Maurizio se aproximando. Ao vê-lo, seus olhos disseram mais do que palavras de advertência.

– Olá, Santos... – cumprimentou Maurizio um tanto sem graça.

– Olá, meu rapaz... – respondeu o homem sem tirar os olhos julgamentosos dele.

– Eu estava por aí – continuou Maurizio, tentando encobrir a *senvergonhice*.

– Sei muito bem onde estava, Maurizio.

O rapaz olhou diferente para o capataz.

– Gosto de você, Maurizio, por isso vou lhe dar um conselho... Um conselho de amigo. Cuidado, muito cuidado com o Senhor Lamartine. Lembre-se do que ele foi capaz de fazer com o cão de sua irmã.

Maurizio gelou.

– Sei, sim, Santos... Foi cruel.

– Os homens podem ser cruéis, Maurizio. Um homem enciumado, traído, pode ser muito mais.

Maurizio tornou a gelar diante da advertência. Voltou para a casa onde vivia com a mãe e as irmãs, agradecendo a Deus por não ter sido descoberto por Lamartine Millenotti naquela noite, ao lado de Elenara. Fora por pouco, por muito pouco que uma tragédia não aconteceu.

Ao chegar à casa, Gianluza e as filhas notaram de imediato que algo de preocupante havia acontecido.

– Maurizio, meu filho – exclamou Gianluza prestando melhor atenção a ele. – Está tudo bem? Aconteceu alguma coisa? Você parece tenso...

– Está branco feito neve – sugeriu Umbelina.

– E-eu?

– O *senhor*, sim. O que houve?

– Nada não, mamãe. Foi apenas um susto. Um susto que levei quando estava vindo para cá. Uma cobra, havia uma cobra pelo caminho, por pouco não piso nela.

– Uma cobra?

– Sim, mamãe. Uma cobra. Vou me banhar agora.

A mãe assentiu. Assim que o rapaz deixou o aposento, as três mulheres se olharam. Foi Umbelina quem falou:

– Acho que a cobra que ele viu tem nome. Elenara é seu nome!

Liberata achou graça, Gianluza não.

– Não brinque com coisa séria, Umbelina. Por favor.

– Desculpe, mamãe.

Umbelina e Liberata se entreolharam. Gianluza, voltando os olhos para

o local que o filho seguiu, comentou consigo mesma em voz alta:
– Preciso ter uma outra conversa séria com Maurizio. Quantas mais forem precisas.
A italiana estava verdadeiramente preocupada com o adolescente.

Naquela noite, Elenara agradou o marido até onde não pôde mais, sabia que um agrado exagerado o faria esquecer o episódio daquela noite. E ela acertou em cheio. Lamartine não mais se ateve ao acontecido. Caiu na lábia da esposa como um patinho, mais uma vez.

CAPÍTULO 34
TUDO OU NADA!

 Depois de ter sido quase pego pelo marido da amante que poderia ter muito bem atirado nele a sangue frio, Maurizio Nunnari decidiu de uma vez por todas dar fim ao seu romance com Elenara. Tinha de ser, antes que um dos dois ou os dois acabassem mortos e sua mãe e irmãs na rua da amargura.
 Lágrimas de medo arderam em seus olhos quando percebeu que chegara ao fim o que pensou ser para sempre. No íntimo, planejara inconscientemente viver ao lado da amante para todo o sempre.
 – Acabou, Elenara, acabou! – disse ele quando se viu novamente frente a frente com a moça num lugar apropriado para conversarem.
 – Acabou?
 – Sim, Elenara, acabou nossa loucura.
 – É isso mesmo o que você quer?
 – Sim. É isso.
 – E você vai ser capaz de se segurar diante de mim, toda vez que cruzar por meu caminho?
 – Eu vou embora daqui.
 – Com uma mão na frente e outra atrás?
 – Sim.
 – Que coragem, hein?
Ele inspirou o ar, fundo.
 – Adeus, Elenara. Foi, de certa forma bom conhecê-la.
 – Espere, Maurizio. Espere, por favor. Eu irei com você.
Os olhos dele se arregalaram de espanto.
 – Você, o quê?
 – É isso mesmo o que você ouviu. Eu irei com você.
 – Perdeu o juízo?

– Não! Nunca estive tão certa do que quero para mim para a vida toda.

– Você é capaz de abandonar tudo isso aqui, todo esse luxo, todo o futuro maravilhoso que o seu marido pode lhe oferecer por minha causa?

– Sou, Maurizio. Por você, eu sou!

– Você é mesmo completamente maluca. Eu não tenho um centavo, não tenho sequer onde cair morto e você quer ir embora comigo?

– Eu tenho lá minhas economias e também joias que posso vender para nos sustentar até que arranje um trabalho.

– Estou pasmo mais uma vez com você, Elenara. Pasmo! Você não para de me surpreender.

Ela sorriu, matreira e lascou-lhe um beijo, ousado e ardente.

– O que é isso? Alguém pode nos ver.

– Longe daqui poderemos fazer o que bem entender, Maurizio, sem mais nos preocupar em sermos flagrados por alguém.

Ele olhou novamente admirado para ela.

– Leve-me com você, Maurizio. Leve-me, para bem longe daqui.

O rapaz sentiu a cabeça girar, incerto quanto ao que fazer. Por fim, disse:

– Quando seu marido descobrir que fugimos, ele virá atrás de nós. Nos caçará onde quer que formos.

– É bem capaz que faça isso, mas aí é que está a graça, meu italianinho querido. Continuaremos vivendo com risco o que torna a vida por demais interessante.

– Será que estou disposto a arriscar minha vida por uma paixão alucinante como essa? Cheia de riscos e...

– É lógico que está, Maurizio. Porque me ama, ama-me loucamente.

Ele desviou o rosto, sem saber mais o que dizer. Ela agarrou seu queixo e o fez encará-la novamente:

– Olhe para mim, não seja covarde.

Ele abanou a cabeça com tristeza enquanto ela, em meio a um largo sorriso, procurou tranquilizá-lo:

– Vai dar tudo certo, seu bobo. Não se preocupe.

Resmungando uma desculpa qualquer, ele se afastou dela e logo se pôs a correr para longe dali. Mesmo ao meio-dia, ele se sentia como se tivesse caído num abismo crepuscular. A incerteza agora o apunhalava pelas costas. O que fazer?, era a pergunta que não queria se calar dentro dele. Deveria ele fugir com a amante? A pergunta ecoou e ecoou até a exaustão sem chegar a nenhuma conclusão.

As horas restantes do dia nunca se arrastaram de forma tão torturante para o jovem. Mas foi Elenara mais uma vez quem lhe deu forças para seguir em frente, o pensamento colado nela, a lembrança dos bons momentos que passaram juntos. O dia em que ele a viu pela primeira vez em frente a sua casa e ela, despudoradamente, admirou-o de cima a baixo, fixando seus olhos em seu tórax robusto e bronzeado, com fios de cabelo começando a cobri-lo belamente...

Quando ela, parecendo cair em si novamente, inclinou-se para as flores do jardim em frente a humilde casa, demonstrando interesse por elas e disse:

"Parei aqui por causa delas. Aprecio muito flores...".

E ele foi até ela e comentou:

"Acho que não existe mulher na face da terra que não tenha um fraco por flores, não é mesmo? Elas seduzem uma mulher da mesma forma que os homens, os bonitos e másculos, seduzem todas, não concorda?"

E Elenara voltou seu corpo na vertical e deu sinais de que não havia apreciado nem um pouco o seu comentário.

"Desculpe", argumentou ele, olhando sedutoramente para ela, "não quis ser grosseiro."

"Mas foi..."

Seu jeito o deixou irritado:

"Quem ela pensa que é?", resmungou.

Então Umbelina surgiu e lhe respondeu:

"Ela é a esposa do novo proprietário da fazenda, meu irmão. E acho bom você se afastar dela, não provocar sua ira, ela é bem capaz de nos levar à ruína."

Mas ele não ficou, não conseguiu e sabia bem o porquê. Elenara não lhe permitiu se distanciar dela, procurou de todas as formas mantê-lo preso a ela, provocando-lhe com seu encanto e sua arte de seduzir.

Maurizio lembrou-se a seguir do dia em que a amante chegou à estrebaria e quis porque quis montar o garanhão selvagem.

"Vou querer montar aquele, é um belo animal; parece-me impetuoso."

"Todos aqui têm medo dele", preveniu Maurizio. "Se eu fosse a senhora..."

Ela simplesmente o ignorou:

"Ele é lindo."

Maurizio franziu o cenho e tentou preveni-la outra vez:

"Ele não a deixará montá-lo. Na verdade, sou a única pessoa que já o fez."

"Sele o animal que vou montá-lo!"

"Torno a repetir, senhora. O garanhão é tempestuoso."

"Você é surdo, por acaso? Sele o bicho agora, vamos!"

Maurizio permaneceu incerto quanto ao que fazer. Por fim, disse:

"Se eu permitir que a senhora monte o garanhão e acontecer alguma coisa com a senhora, serei culpado e seu marido não hesitará em me punir."

"Se você não fizer o que lhe peço agora, também será punido! Porei meu marido contra você, ou melhor, contra você e sua família. E ele me ouve, faz tudo o que lhe ordeno, não hesitará em pô-los para fora dessas terras ainda que não tenham para onde ir."

Foi quando ela montou o animal que ele viu, pela primeira vez, parte das suas pernas que sem querer haviam ficado à mostra. Nem ele se deu conta do que fazia. Ao perceber, ficou rubro diante do olhar reprovador da moça cujo prazer parecia ser desafiar o perigo.

Nem bem ele a aconselhara novamente a desistir daquela loucura, o garanhão começou a trotar e logo desembestava pela fazenda. Só diminuiu os galopes quando ele se aproximou montando um outro animal e disse:

"Ôa, ôa!"

Ao emparelhá-lo, Elenara falou:

"Não seja um estraga-prazeres, eu estava me divertindo tanto!"

E ele respondeu:

"A senhora deveria ter dito que montava tão bem."

"Eu lhe disse, mas você não me acreditou."

Foi nesse momento, nesse exato momento que os olhos dele novamente se concentraram na parte de suas coxas que o vento deixara à mostra. Ao perceber, ela, imediatamente, puxou as dobras do vestido rodado por cima delas. Até então parecia uma moça direita, jamais pensou que ousaria fazer tudo o que fez na sua presença e com ele mais tarde.

Maurizio suspirou diante da lembrança e ainda mais com as que vieram a seguir. O momento em que Elenara, subitamente, sem pudor algum, começou a se despir em frente ao ribeirão. O momento em que ele virou o rosto para o lado oposto para não ter de encarar a seminudez da moça que ficou cravada na sua memória, provocando-lhe sensações até então desconhecidas por ele.

O dia em que ele viu uma mulher feita, inteiramente nua, pela primeira vez, linda sob o sol, com os cabelos molhados escorridos sobre os ombros, nadando como uma sereia de um lado para o outro do ribeirão. Ele nunca vira tamanha perfeição de traços numa mulher. Era linda demais!

Foi naquele mesmo dia, quando voltaram para a sede da fazenda que ela fingindo dor, o obrigou a carregá-la para o quarto e quando lá, ao deitá-la na cama, seus olhos de pálpebras pesadas voltaram-se para suas coxas semiexpostas, provocando um riso súbito e zombeteira nela, fazendo-a puxar o vestido ainda mais para cima para deixar suas pernas ainda mais à mostra.

"Isso, meu italianinho querido, admire o que é bom", foram suas palavras e, subitamente, estendeu a mão, acariciando a covinha de seu queixo, fazendo com que ele desse um salto para trás e fugisse dali como um rato assustado perseguido por um gato. Ele ainda se lembrava com exatidão da gargalhada gostosa que ela soltou diante da sua reação.

Elenara era mesmo tentadora e seu jeito audacioso o fascinava, o enlouquecia.

"Olhe para mim, Maurizio, vamos!", disse ela na segunda visita que fizeram ao ribeirão. "Você nunca vislumbrou uma mulher nua antes, não é mesmo? Então aproveite este momento, vamos! Olhe-me por inteira! Já!"

Ele não conseguiu resistir.

"O que acha?", desafiou ela se deliciando com seu estado apoplético.

Ele engoliu em seco e estremeceu.

"Quis ser a primeira mulher que já viu nua em toda a sua vida."

Ele novamente estremeceu e disse:

"Dona Elenara, por favor."

"Agora dispa-se e venha nadar comigo."

"A senhora perdeu o juízo?!"

"Em absoluto."

"Não irei."

"Ah, você virá sim porque estou mandando."

Num puxão, sem dar tempo para o rapaz se defender, ela colou seu corpo ao dele. Maurizio se assustou, mas adorou, mais uma vez o jeito ousado de ela agir. Ele, hipnotizado por seu olhar, nem percebeu que era despido por ela. Minutos depois, os dois nadavam e mergulhavam pelo ribeirão. Em meio a um mergulho e outro, o rapaz, rindo, comentou:

"Quem diria que um dia eu estaria nadando pelado no ribeirão com uma..."

Ele calou-se, ao perceber que iria falar mais do que devia. Ela acabou completando a frase por ele:

"Quem diria que um dia eu estaria nadando pelado no ribeirão com uma mulher linda como eu?"

Ele engoliu em seco e avermelhou até a raiz dos cabelos.

"A vida é cheia de surpresas, Maurizio – continuou ela, olhando sedutoramente para ele. – Cheia de deliciosas surpresas..."

Ele não quis sorrir, mas a vontade de sorrir foi mais forte do que ele.

Ainda era fresco em sua memória o dia em que eles voltaram ao ribeirão pela terceira vez e novamente brincaram na água feito duas crianças distraídas, inocentes quanto às maldades do mundo. Ele ainda podia se lembrar com exatidão, talvez, lembraria aquilo eternamente, nos mínimos detalhes, o momento em que ela deixou a água e ficou-se a secar sob o sol assistida por ele que de dentro da água admirava seus contornos que lhe aqueciam até a alma.

As lembranças de tudo o que viveu com Elenara davam-lhe a certeza de que não havia escolha melhor na sua vida do que fugir com ela para um lugar onde pudessem se amar sem o medo de serem flagrados por Lamartine, um lugar onde pudessem ser felizes, ter uma vida normal de casal com seus filhos.

Ele novamente suspirou, as lembranças provocavam-lhe palpitações.

"Elenara... Elenara... Eu adoro você", murmurou em silêncio, tomando coragem de vez para fugir com ela.

Foi no dia seguinte, assim que avistou o Senhor Lamartine deixando seu casarão, que o jovem se esgueirou para dentro da casa, tendo o cuidado para não ser visto por nenhuma dos escravas, e foi atrás de Elenara. A audaciosa e sedutora mulher sorriu, com ar divertido nos olhos brilhantes ao vê-lo chegar de surpresa.

– Ora, ora, ora... – disse ela, curvando os cantos de sua boca de Cupido ao vislumbrar o adolescente. – Eu sabia que viria.

Os olhos dele deslizaram sobre o corpo escultural da moça, mal encoberto pela toalha amarrada na altura dos seios.

– Pois não deveria – respondeu ele, enfim, voltando a encará-la.

Ela alargou o sorriso e perguntou:

– Se não deveria por que veio?

– Porque sou um tolo, um italiano tolo como você mesma diz.

– Ah, finalmente compreendeu. Parabéns!

Sem se deixar perturbar, Maurizio continuou a se defender:

– Eu penso que...

Os olhos dele voltaram a deslizar sobre o corpo dela, foi então que ela deixou cair a toalha para provocar o jovem com sua nudez linda e obscena ao mesmo tempo. Sem poder mais resistir à tentação, ele a agarrou e rolou com ela pelo chão, beijando-a intensamente, amando-a loucamente. Foi assim até que ouviram o vozeirão de Lamartine ecoando pela casa.

– Elenara!

Maurizio gelou e quis sumir dali como que por mágica.

– E agora? – indagou, aflito.

– E agora – respondeu ela determinada. – E agora que nós vamos fugir essa noite.

– Essa noite?

– Sim, sem mais delongas. Espero você por volta das onze horas. E não ouse partir sem mim, Maurizio se o fizer acabo com você. Digo a Lamartine que fugiu porque me pegou à força e teve medo de ser apanhado por ele.

– Você não ousaria... – desafiou ele compenetrado nos olhos dela. – Pensando bem, ousaria sim.

Um novo berro de Lamartine fez com que Elenara se cobrisse novamente com a toalha e deixasse o lavatório e fosse até o marido para entretê-lo e, assim, permitir que Maurizio saísse dali sem ser visto.

Gianluza e Umbelina notaram que Maurizio estava estranho naquela noite, pouco falou durante o jantar, parecia abatido e confuso, entretanto preferiram deixá-lo quieto como parecia querer ficar.

Naquela madrugada, à hora combinada, Maurizio saltou da cama movido por uma força até então desconhecida por sua pessoa. Queria porque queria ir adiante com seu plano de fuga com a mulher que parecia dominá-lo por inteiro. Fazer dele um fantoche a seu bel prazer. Seria ela mesmo capaz de fugir com ele para um lugar distante, abandonar uma fazenda próspera como aquela, uma casa grande e confortável, um marido rico que poderia lhe garantir um presente e um futuro promissor? Seria? Ele estava prestes a descobrir.

Com cuidado para não despertar ninguém na casa ele se vestiu, fez uma trouxa com suas roupas e se esgueirou do quarto. Por um minuto quis desistir de tudo pela mãe e pelas irmãs, só de pensar que teria de viver longe delas era lhe perturbador demais, chegava a sentir seu coração se espremer como se espremesse uma laranja para fazer suco.

Mas foi Elenara mais uma vez quem lhe deu forças para seguir em frente, o pensamento colado nela, a lembrança dos bons momentos que passaram juntos...

"Elenara... Elenara... Eu adoro você", murmurou em silêncio tomando coragem de vez para deixar a casa em surdina.

A escuridão lá fora o assustou, a noite nunca lhe parecera tão escura quanto aquela. Era o medo, logicamente que o fazia ver tudo diferente.

– Calma, Maurizio... – aconselhou a si mesmo. – Como Elenara mesmo disse, certa vez: seja homem!

Assim, ele respirou fundo e seguiu para a casa-grande na expectativa de encontrar a amante a sua espera. Estaria de fato lá como havia combinado com ele?

Pelo caminho outro trecho do passado voltou a sua memória.

"Você está se contorcendo por dentro para não me agarrar, não é mesmo?", perguntava ela, provocante.

"Posso estar, mas sou mais forte do que qualquer desejo carnal.", respondia ele, fingindo-se de forte.

Ela rindo, o desafiou:

"Vamos ver até você vai aguentar."

Sem pudor algum, ela começou a se despir para ele. Quando ela ficou nua em pelo, um novo sorriso despontou em seus lábios finos e bonitos. Era um sorriso de uma gata, matreiro e libidinoso.

"Por favor, Dona Elenara...", murmurou ele, sentindo a boca seca. "Se o seu marido nos pega aqui, ele nos mata!"

Ela avançou sobre ele e deu-lhe um tapinha de leve na sua face bem tingida pelo sol dos trópicos. O rapaz procurou aguentar firme as provocações, mas os desejos da carne acabaram novamente falando mais alto em seu interior e, com isso, ele acabou cedendo à tentação provocada por aquela mulher cuja maior ambição era a sedução.

Ele a agarrou e a beijou quente e ardentemente. O ato sexual aconteceu ali mesmo, no chão empoeirado, exatamente como ela queria. Um fetiche que ela há muito ansiava realizar.

Ela o fascinava, na verdade, o fascinara desde o primeiro instante em que o viu.

"Escuta aqui, meu rapaz. Ou você se deita comigo sempre que eu quiser ou digo para o meu marido que você tentou me seduzir. Não é preciso muito cérebro para saber em quem ele vai acreditar, não é mesmo?"

Essa foi outra frase dela que ficou cravada em sua memória. Tanto quanto o dia em que ela o levou para dentro da casa-grande e fez amor com ele na cama dela e do marido, depois o convidou para jantar e copulou com ele, tendo o marido adormecido ao quarto ao lado... Elenara era sem dúvida, tão linda quanto louca e ele tinha o mesmo nível de loucura por ela.

Despertando de seus pensamentos, Maurizio observou a casa-grande sob o céu noturno sem luar e temeu mais uma vez que Elenara não estivesse ali para ir embora com ele. Aproximou-se da casa a passos lentos e concentrados. Quando não a viu na varanda, deu a volta em torno da casa a sua procura. Quando não a localizou em lugar algum, perguntou-se, baixinho:

– Onde está você, Elenara? Onde?

Sentiu seu coração se partir de decepção por acreditar que ela houvesse desistido de fugir com ele. Subitamente quis adentrar a morada e tirá-la de lá a força, levá-la consigo nem que fosse amarrada. Ele a queria mais do que tudo, por ela era capaz de tudo.

Foi quando ele voltou para frente da casa, posicionou-se diante da escada que levava até a porta dianteira que seus temores tiveram fim. A amante saía da casa naquele instante, trazendo consigo apenas uma trouxa de roupas.

– V-você... você veio – balbuciou ele sentindo seus olhos arderem de emoção. – Por um momento pensei que desistiria dessa loucura.

– E eu lá sou mulher de desistir de uma loucura, Maurizio? Você já deveria ter aprendido que não.

Ele, rindo, concordou:

– É verdade.

– Vamos?

– Vamos. Primeiro para a estrebaria, selar os cavalos.

– Certamente que sim.

Eles estavam no local, já com os dois animais selados quando ouviram um barulho que os fez olhar para trás, na direção da entrada e temerem o pior. Havia alguém ali, prestes a entrar. Se fosse Lamartine, que desculpa lhe dariam dessa vez? Maurizio gelou, Elenara para sua surpresa também gelou. Era bom pensar em algo e rápido.

Nota de esclarecimento referente à página 256/ Capítulo 35

*Usamos a palavra prefeito e prefeitura para melhor entendimento por parte do leitor. Mas a instituição e o cargo são algo relativamente novo no nosso Brasil.

No período do Brasil-colônia, isto é, na época do reinado, a administração das cidades cabia à "Câmara municipal" que possuía muito mais poderes do que hoje. Por exemplo; ela era responsável pela arrecadação dos impostos; exercia regulação das profissões e ofícios e também do comércio; era responsável pela criação e gerência dos presídios e também pelo cuidado do patrimônio público, entre outros. Muitas dessas funções atualmente são de responsabilidade do governador do estado.

Após a independência do Brasil (1822), as câmaras municipais deixaram de ser tão abrangentes. Em 1824, foi criada a 1ª Constituição e cada mandato tinha a duração de quatro anos. O Vereador mais votado assumia a Presidência da Câmara, tendo os encargos semelhantes aos do Prefeito como conhecemos atualmente mas acumulava também sua função como vereador.

CAPÍTULO 35
FUGA DO AMANHÃ...

Por fim, não era outro senão Santos, o capataz quem estava ali.
– Dona Elenara, Maurizio... – murmurou ele ao vê-los. – O que houve?
Eles tinham de responder alguma coisa, mas o quê? Fez-se um silêncio desconcertante até que Maurizio achasse melhor dizer o que era correto:
– Santos, meu bom amigo, volte para o seu leito, por favor.
– Mas... aconteceu alguma coisa? Onde vão a uma hora dessas?
– Não ouviu o que ele lhe disse? – interveio Elenara com certa rispidez.
– Sim, senhora. Mas...
Maurizio insistiu:
– Santos, por favor.
– Se o patrão souber que estive aqui e consenti com o que pretendem fazer, ele é capaz de me despedir. Pior do que isso é capaz de me matar.
Foi novamente Elenara quem respondeu:
– Então não lhe diga nada, seu bobo.
O homem sem saber ao certo o que fazer, talvez por consideração a Maurizio a quem queria muito bem, acabou voltando para os seus aposentos. Antes de deixar o lugar, porém, Maurizio lhe pediu um favor:
– Diga a minha mãe e minhas irmãs que eu as amo e que assim que eu estiver estabilizado financeiramente, volto para buscá-las.
O homem assentiu e se retirou.
– Ufa – suspirou Maurizio –, que alívio, por um segundo pensei que era Lamartine e...
– Vamos, Maurizio – ordenou Elenara com certa impaciência. – Antes que ele apareça de verdade.
Com a ajuda dele, ela montou o cavalo e assim que ele se ajeitou no seu, partiram.
Seu futuro longe da mãe e das irmãs o assustava mais do que a escuridão da noite, todavia, o entusiasmo de Elenara com a fuga, com a vida que poderiam ter longe dali, fazia com que tudo parecesse uma simples

brincadeira de garoto quando adentrava a mata para brincar com as irmãs e Roberto de pique esconde.

A viagem até uma cidade próxima para pernoitarem pareceu uma eternidade. Bichos corriam por entre as moitas, uivos estranhos ecoavam das matas, deixando a noite mais assombrosa do que o normal.

Na manhã do dia seguinte, logo após o galo cantar, Lamartine despertou do sono, induzido pelo chá forte que Elenara estrategicamente lhe oferecera com o propósito de fazê-lo dormir pesado. Ao descobrir que a esposa não estava deitada ao seu lado na cama, saiu do quarto a sua procura.

– Elenara? – chamou.

Ao entrar na cozinha, indagou à escrava:

– Onde está minha mulher?

– Não sei, não, sinhô.

Depois de procurá-la pelos cômodos da casa, Lamartine partiu em busca do capataz.

– Santos – falou assim que o viu.

– Sim, senhor.

– Minha esposa. Você a viu?

O homem tentou parece natural:

– Não, senhor.

– Se ela não está em casa, só pode estar em algum canto da fazenda...

– Meu senhor...

– Diga.

– Dois dos cavalos de sua propriedade não estão na estribaria.

– Não? Como não?!

Ele foi até o local, começando a transparecer nervosismo.

– Se não estão aqui onde estão? – perguntou, enfurecido enquanto examinava o lugar.

– Foram selados, meu senhor, pois há também duas selas faltando.

– Selados? Por quem? Quando?

– Só pode ter sido nesta madrugada, pois ainda ontem, pouco antes de eu dormir, vim até aqui inspecionar os animais.

Era mentira, o empregado não havia feito aquilo, mas foi a única forma que ele encontrou para tentar dizer a verdade ao patrão.

– O garoto... O tal chamado Maurizio... – falou Lamartine –, vá chamá-lo, ele deve saber a respeito.

– Já fiz isso meu senhor, assim que dei pela falta dos dois cavalos e das duas selas.

– E o que ele disse?

– Bem...
– Diga, homem.
– Não me disse nada porque não o encontrei na sua casa.
– Não?!
– Não, senhor.
– Para onde ele foi?
– Sua mãe e suas irmãs também não souberam responder.
– Então ele só pode ter saído com os animais e...

Diante do olhar encabulado do empregado a sua frente, Lamartine finalmente percebeu o que havia acontecido.

– Não pode ser... Ela não faria uma coisa dessas comigo. Ela me ama...

Só então ele foi juntando os fatos. Percebendo o quanto a esposa vivia praticamente grudada ao italianinho, andando sempre a cavalo na sua companhia, indo para longe da sede da fazenda, visitando o ribeirão... Voltou-lhe à memória, também, o dia em que ele a pegou na estribaria e ela disse ter sentido tontura e em seguida ouviu um ruído como se houvesse mais alguém ali, às escondidas. Tudo agora se encaixava e Lamartine começou a se odiar por ter sido tão cego até então.

– Eu vou matar aquele garoto! – bramiu pondo-se a caminho da casa-grande.

– Meu senhor, acalme-se!

Mas o homenzarrão não se acalmou, adentrou sua casa, pegou sua arma e quando reencontrou Santos, ordenou:

– Vá até Santa Mariana e traga os caçadores de escravos fujões que há por lá.

– Sim, senhor. Se me permite perguntar... Para que precisa deles se nenhum dos escravos de sua propriedade fugiu?

– Eles irão ao encalço de minha esposa e do italianinho. Quanto mais cedo partirem, mais rápido os localizarão. Agora, vá, sem perder tempo.

Em seguida, Lamartine tomou a alameda que levava à casa de Gianluza. Carregava ainda dentro de si a esperança de encontrar Maurizio na casa e, com isso, destruir de vez as evidências de que a esposa havia fugido com um amante.

As três italianas estavam na casa, ainda inconformadas com o sumiço de Maurizio, quando a porta da sala se abriu com um forte e estrondoso pontapé.

Gianluza prendeu a respiração quando Lamartine avançou ameaçadoramente em direção a ela.

– Onde está ele, seu filho, diga!

O homem avaliou o aposento, aspirando com seu nariz o aroma deixado

pelo café coado há pouco. Subitamente, virou-se para a dona da casa e berrou:
— Onde está ele?! Eu fiz uma pergunta, uma de vocês quer me responder?
Foi Gianluza, trêmula dos pés a cabeça, quem respondeu, por fim:
— Eu, eu não sei, nenhuma de nós sabe.
— Mentira!
— Juro por Deus! Maurizio, meu filho desapareceu sem deixar um bilhete sequer, sem dizer nada.
— Ele deve ter dito alguma coisa para uma das irmãs.
Umbelina respondeu pelas duas:
— Não, senhor, ele também não disse nada para nós duas.
— Mentira, mentira, mentira! – vociferou, enquanto seus olhos se deslocavam de uma moradora para outra. – Vocês estão brincando comigo como uma leoa se diverte com uma presa!
Ao fixar-se em Liberata, seu tom foi mais ríspido ao dizer:
— Você aí, fale, desembuche. Onde está seu irmão? Para onde ele fugiu com minha esposa?
Liberata foi sincera sem medo de que sua sinceridade complicasse ainda mais a situação das três:
— Mesmo que eu soubesse eu não lhe diria, Senhor Lamartine.
— O que foi que disse?
— Isso mesmo que o senhor ouviu.
Sua mão, cheia de veias azuladas, fechou-se e acertou um murro contra a parede. Explodiu:
— Eu vou matar aqueles dois! Eu mato! Juro que mato!
As três italianas se entreolharam, assustadas.

Com o passar dos dias, à medida que os caçadores de escravos fujões seguiam ao encalço de Maurizio e Elenara, o casal seguia por trilhas e mais trilhas cobertas de mato, caminhos muitas vezes tortuosos e obscuros, mas os melhores na opinião de Maurizio para se protegerem dos homens que Lamartine certamente havia posto ao encalço deles. Se seguissem pelas estradas costumeiras poderiam ser facilmente localizados, o que seria uma lástima para os planos que traçavam com tanto entusiasmo para ambos.

Diante das medidas tomadas por Lamartine para localizar Maurizio e Elenara, deixando bem claro que mataria os dois, especialmente Maurizio assim que fosse trazido até sua pessoa, Gianluza tomou a iniciativa que toda mãe apaixonada pelo filho tomaria, foi enfrentar o impiedoso e enfurecido homem. Adentrou sua morada sem lhe pedir licença e foi direto ao assunto:
— O senhor não vai fazer nada com o meu filho, está me ouvindo?

Lamartine saltou da poltrona feito uma mola e a desafiou com o olhar e com palavras:
— Quem vai me impedir?
— Eu!
— A senhora?!
— Eu mesma!
O homenzarrão riu, debochado.
— Não me faça rir.
— O senhor é que não me faça rir. Muito me admira o seu espanto por sua esposa tê-lo traído com o meu filho.
— Ele certamente a forçou.
— Isso é no que o senhor quer acreditar. Maurizio não passava de um rapaz inocente, que desconhecia totalmente as artimanhas de uma mulher como Elenara. O senhor deveria ter vergonha de ter se casado com uma jovem daquela idade, que certamente só o desposou por interesse financeiro.
— Meça suas palavras, minha senhora! Não lhe dou o direito de falar comigo nesse tom!
— Não me calarei. Pode nos expulsar, a mim e a minhas filhas de suas terras, mas o senhor vai ouvir umas verdades.
Lamartine estava espantado com a reação e a coragem da italiana em lhe falar daquele jeito. Nunca, em toda a vida, uma mulher lhe falara daquele modo. As que tentaram, não permitiu, todavia, Gianluza foi mais forte que todas, até mais do que ele próprio.
O silêncio pairou no ar a seguir. O homenzarrão voltou então a se sentar na poltrona, enxugou a testa com um lenço e desabafou:
— Eu quis acreditar que ela me amava, sabe? Porque ser amado por uma mulher jovem e bonita como ela, enche o ego de um velho como eu. Dá-nos a doce ilusão de que a gente ainda dá um bom caldo, como se diz por aí. Mas no íntimo, bem lá dentro do coração, um *velho* sabe que uma jovem só está com ele por interesse, não todas, logicamente, mas com a maioria é assim. O *velho* quer se iludir, quer acreditar que a sua jovem esposa é uma das exceções, mesmo sabendo, no íntimo, que não é.
Gianluza com pena do grandalhão, falou:
— Quem nunca cometeu um pecado que atire a primeira pedra. Não foi isso que disseram? Pois eu faço uso da mesma frase referente aos enganos: quem nunca cometeu um equívoco que atire a primeira pedra. Quem nunca se enganou com alguém, iludiu-se com uma paixão, que atire a primeira pedra!
Voltando os olhos lacrimejantes para ela, Lamartine admitiu:
— A senhora é uma mulher inteligente. Minha falecida esposa tinha qualidades semelhantes às suas.

Ela, com um semblante mais brando, agradeceu:
— Agradeço seus elogios...

Naquele dia, Gianluza viu em Lamartine essências que jamais havia notado nele anteriormente. Ele também viu nela o mesmo. Foi na verdade a primeira vez que ambos prestaram verdadeiramente atenção um ao outro.

Assim que ela se juntou às filhas, Umbelina e Liberata quiseram saber:
— Como foi a conversa com ele, mamãe?
— Fiquei com pena dele, minhas queridas — admitiu ela com sinceridade.

Liberata indignou-se:
— Mesmo sendo aquele monstro que matou sem piedade meu Tibúrcio, meu cão adorado?
— Mesmo assim, eu fiquei com pena dele, Liberata.

As duas jovens se entreolharam, pensativas.

Enquanto isso em Serra Dourada...
...nascia o primeiro filho de Roberto e Inaiá Corridoni. Nascia de quase oito meses, mas por meio de um parto tranquilo. Era um menino forte e sadio para espanto do médico, fazendo-o pensar se a mãe não havia errado na data em que pensou ter ficado grávida. Foi batizado com o nome de Mássimo Corridoni.

Margarita era pura alegria, até mesmo os escravos da fazenda saudaram a chegada do bebê.
— Que bênção dos céus, *mamma mia!* – exclamou a italiana feliz por ser avó. – Que *Dio mio* proteja essa criança ao longo de sua vida.

Inaiá se mostrou feliz por ver a sogra feliz e radiante diante do nascimento do neto. Feliz também por vê-la pedindo a Deus proteção para a criança, algo que toda mãe anseia infinitamente para seus filhos.

Naquele dia Roberto comemorou com os amigos, servindo de graça para todos, na taberna mais popular da cidade, bebida e aperitivos. Aproveitou-se do momento para se tornar mais popular ainda entre eles, para que logo pudesse alcançar seu mais importante objetivo: o de se tornar prefeito* da cidade.

— Viva meu filho! – falou alto e em bom som erguendo seu caneco de vinho para o alto.

Todos ali presentes imitaram seu gesto e gritaram:
— Viva!

A seguir entornaram a bebida numa talagada só.

---

*No rodapé da página 250.

CAPÍTULO 36
PELO AMOR E PELA DOR...

     Semanas haviam se passado desde que Elenara e Maurizio haviam fugido da fazenda. No decorrer desse tempo, Gianluza e Lamartine se aproximaram muito, viam-se praticamente todos os dias, trocavam ideias, ele pedia-lhe opinião sobre os assuntos que precisava dirimir na fazenda e ela gostava de dar seu parecer que era sempre muito bem-vindo e atendido.
     Foi então que certo dia ele a prensou contra a parede e disse sem rodeios:
– Case-se comigo, Gianluza.
– Casar-me, com você?
– É. Por que não?
– Não está se precipitando? Você me disse certa vez que eu lembrava muito sua falecida esposa... Não está inconscientemente querendo usar-me para substituí-la?
– Não. Gosto de você independentemente das semelhanças.
– Você se esqueceu que ainda é um homem casado? Elenara ainda é, oficialmente, sua esposa.
– Anularei o casamento. Além do mais tenho provas suficientes de sua infidelidade para comigo. Só preciso encontrá-la o que não será difícil e fazê-la assinar os papéis da separação.
     Gianluza estava perplexa e sem palavras diante de mais aquele revés do destino.
– E então, aceita casar-se comigo? – insistiu ele ansioso por um "sim".
A resposta dela não poderia ter sido mais sincera:
– Antes preciso conversar com minhas filhas. É muito importante para mim a opinião delas com relação a isso.
– Converse, tenho a certeza de que elas se alegrarão com o fato.
E foi de fato o que aconteceu.
– Se ele gosta mesmo da senhora – opinou Umbelina –, e se a senhora gosta dele...
– Sim, Umbelina, eu gosto dele – admitiu Gianluza. – A princípio não,

mas depois daquele dia em que fui atrás dele para falar de Maurizio na esperança de impedir que ele fosse punido com a morte, bem... foi como se uma luz tivesse se acendido dentro de mim e penso que o mesmo aconteceu com relação a ele.

– Então, mamãe, a senhora estará fazendo muito bem em se casar com ele.

A mãe abraçou a filha e voltou-se para Liberata que até então se mantivera quieta.

– E quanto a você, Liberata? O que acha? Sei que guarda ressentimentos dele pelo que fez a Tibúrcio, mas...

– Penso, mamãe, que nunca lhe perdoarei por aquilo.

– Eu a compreendo.

– Apesar disso, eu quero a felicidade da senhora... e se ela é ao lado desse homem, pois bem, que assim seja.

Gianluza sorriu e abraçou a filha. Depois puxou Umbelina para junto delas e as enlaçou, formando um abraço a três. Minutos depois, disse:

– Só quero ver a expressão no rosto do seu irmão quando souber que sua mãe aos trinta e seis anos de idade vai se casar novamente.

– E o pior – arrematou Umbelina – com o marido daquela que se tornou a amante dele.

– Ou esposa – contribuiu Liberata –, ou sei lá o que...

As três riram.

Gianluza ficou surpresa, ao se ver novamente se envolvendo com outro homem. Ela jurara amor eterno a Gianni Nunnari, todavia acabou se apaixonando por Mario Carridoni e, agora, por Lamartine Millenotti.

Havia sim, uma diferença com relação ao amor que vivia com Lamartine: era um amor mais sereno, sem ansiedade, sem querer ter posse, fundado em confiança e, ele também se sentia assim, com relação a ela. Uma confiança total, algo que jamais pensou que voltaria a sentir depois que fora traído pois, quando se é, muitos homens nunca mais voltam a confiar totalmente em uma mulher.

Sendo Lamartine viúvo e ela também, Gianluza não se sentia mais à sombra da culpa, do remorso e, do sentimento de desprezo por si mesma, como aconteceu quando se envolvera com Mario Carridoni por ele ser casado, por isso se sentia feliz e realizada agora, vivendo um inesperado e interessante momento de vida.

Assim que teve oportunidade, Gianluza escreveu para sua família na Itália contando-lhe as últimas novidades. A notícia surpreendeu a todos como não poderia deixar de ser. Uns ficaram contentes, outros hipercontentes, outros chocados, reprovando sua atitude, dizendo alto e em bom tom: onde já se viu uma mãe de três filhos, quase adultos, casar-se novamente aos trinta e seis anos? É um disparate! Houve uma grande discussão entre os que se alegraram com a notícia e os que não, provando mais uma vez que a Terra é realmente um mundo de *achares*. Um acha isso, o outro aquilo, o outro aquilo outro e assim por diante e as pessoas brigam pelos seus *achares* e se desgastam para provar para o outro que o seu *achar* é o certo e o dele é o errado e assim por diante.

É lógico que nessa época já existiam os mais sábios que já haviam compreendido que cada um deve mesmo ficar com os seus *achares,* que não se deve deixar ser tragado por essa discussão inútil que muitos criam para defendê-los, algo que só serve para desgastar a mente e até mesmo o espírito.

Nos meses que se seguiram, tanto Gianluza quanto Umbelina e Liberata aguardaram ansiosamente por notícias de Maurizio, todavia, nenhum recado, muito menos um bilhete trazendo notícias suas chegou até as três. Que Deus o estivesse protegendo, era o que Gianluza e as filhas mais desejavam para Maurizio onde quer que estivesse.

Enquanto isso, Inaiá aguardava também com certa ansiedade a vinda de seu segundo filho. Por ter engravidado, como Roberto tanto quis, quando ainda estava de resguardo do parto do primeiro filho, ela se sentia anêmica.

Nesse ínterim, Lamartine e Gianluza trocavam ideias. Foi nesse dia que ele revelou a futura esposa o que fizera para pôr à prova o amor de Elenara por ele.

– Eu já planejava trocar minhas terras por terras mais distantes quando me interessei por Elenara – explicou ele para Gianluza. – Desisti do meu objetivo ao perceber que meu ideal distanciaria Elenara de sua família, o que seria certamente dolorido para ela. Jovem como era, não suportaria viver longe dos pais, irmãos, parentes e amigos... Estava mesmo disposto a abrir mão do meu sonho por ela, porém, quando todos que me cercavam começaram a duvidar dos sentimentos dela por mim, percebi que só havia um modo de eu ter certeza realmente se ela me amava. Se ela fosse capaz de viver longe da família, de todos que tanto adorava, em terras distantes, tendo somente a mim como companhia, é porque realmente me amava. Foi esse o grande estímulo que me fez definitivamente comprar as terras nesta região. Não sei se agi certo, pondo o amor dela à prova, mas é que todos falavam tanto na minha cabeça...

– Você fez o que achou melhor para a época, Lamartine.

– Você acha mesmo?
– Sim.
– É, você tem razão. Mas foi seu filho, Maurizio, quem me ajudou a descobrir quem era Elenara no íntimo.
– Foi por meio dele também que nós nos unimos.
– Verdade. Por falar nele, por onde será que anda o rapazola?
– O rapazola já é um homem feito a essas alturas, Lamartine.
– Outra verdade. Espero que esteja bem, amparado por Deus. E que volte o mais breve possível para me ver, já estou morta de saudade.

O homenzarrão assentiu e completou:
– Espero que traga aquela bandida com ele para que possa assinar os papéis da nossa separação e assim eu e você possamos nos casar.

Gianluza se surpreendeu mais uma vez com o fato de que se casaria de papel passado pela segunda vez na vida. Ainda não se acostumara com a ideia. Era sempre espantoso para ela quando se deparava com o fato, algo extraordinário e ao mesmo tempo surpreendente, provando mais uma vez que a vida estava sempre disposta a surpreender todos e, talvez, quem sabe, para quebrar a monotonia.

Meses depois em Serra Dourada... (1801)
Inaiá Corridoni se recuperava do parto do casal de gêmeos, sua segunda gravidez. O menino recebeu o nome de Matteo e a menina de Cecília Corridoni.
– Ela está um pouco fraca – explicou o médico a Roberto. – É natural que se sinta assim. O esforço para parir pode deixar muitas mulheres exaustas. Ainda mais para parir gêmeos.
– Pois ela que se recupere rápido.

Voltando os olhos para o médico, Inaiá comentou:
– Acho que nunca mais estarei pronta para conceber outro filho.

O rosto de Roberto deu verdadeiro sinal de apoplexia diante das palavras da esposa.
– Vai conceber outro filho, sim! – disse ele, abruptamente. – Eu me casei com uma mulher ou com uma pata? Se bem que uma pata me parece mais sadia do que você.

Os olhos de Inaiá se avermelharam de vergonha. O médico tentou pôr panos quentes na situação:
– Ela só está desanimada agora porque está cansada, logo...
– Bem logo, o senhor quer dizer, não é doutor? Quero ter pelo menos uns sete, oito filhos. Desposamos uma mulher para gerar filhos, não é esse o objetivo de um casamento? Deus não disse: casai-vos e multiplicai-vos?

— Disse sim, meu senhor. Dê-lhe apenas algum tempo para se recuperar.
Roberto não respondeu, apenas bufou e deixou o quarto, pisando duro.
— Ele vai cooperar com a senhora, acredite – falou o médico, tentando animar a paciente.

Ela agradeceu seu gesto com um meio sorriso, nem para isso tinha forças. Logo as escravas chegaram, trazendo os gêmeos recém-nascidos que choravam de fome.

— Ainda bem que a senhora tem bastante leite – comentou o médico sem saber ao certo se devia.

Uma criança foi posta num seio de Inaiá e a outra, noutro. Inaiá chegou a dormir enquanto os filhos se alimentavam.

— Pobre sinhá, está exausta – comentou Etelvina, a escrava mais afeiçoada a Inaiá.

— O pior é que o pequeno Mássimo ainda mama na mãe. Não sei como ela vai suportar amamentar três crianças ao mesmo tempo. Parece-me tão fraca.

O médico fez ar de quem diz: "Você tem razão, aja folêgo!"

Quando pôde falar mais abertamente com a patroa, Etelvina disse:
— Sinhá, sei que a senhora anda muito cansada...
— Estou mesmo Etelvina, exausta. Tendo um filho atrás do outro fiquei acabada.
— É compreensível, sinhá.

A negra apertou a mão esquerda da patroa largada sobre a cama e falou, baixando a voz:
— Tenho uma sugestão para a senhora. A Tunai, a escrava que meses atrás teve bebê, pois bem, ela tem leite de sobra e poderia amamentar seus filhos para não deixar a senhora tão exausta.

Inaiá se inflamou:
— Mas ela é uma negra!
— Sim, Sinhá!
— Mas uma negra é uma negra, quero dizer... o leite de uma negra é diferente do leite de uma branca. Assim pelo menos penso eu.
— É tudo igual, sinhá. O leite é o mesmo, só difere a cor da mulher que amamenta um bebê.
— Será mesmo?
— Bom, se os brancos tomam leite da vaca, que é um animal, porque uma criança não pode tomar o leite de uma escrava, que para muitos é também tida como um animal?

Inaiá refletiu por mais um momento.
— É... Nesse caso você tem razão.

A escrava simpática sorriu, exibindo seus dentes brancos que formavam sua bela arcada dentária, invejáveis a qualquer branca.

— Obrigada pela sugestão, Etelvina, mas meu marido não permitiria uma coisa dessas!

— O sinhô não precisa ficar sabendo, sinhá. Pode ser feito quando ele está fora, na cidade.

— Você acha mesmo?

— Hum-hum.

Inaiá refletiu por instantes.

— Mas ele pode chegar a qualquer hora e pegar a escrava amamentando os bebês.

— Nós damos um jeito.

— Tem também minha sogra. Se dona Margarita me pega permitindo uma coisa dessas.

— Ela não é uma mulher má. É bastante compreensiva, pelo menos assim me parece.

— É melhor não trocar o certo pelo duvidoso, Etelvina.

— Penso que a senhora deveria pelo menos tentar.

Nova reflexão.

— Está bem, vamos tentar. Se isso me ajudar a ficar mais disposta, que seja bem-vindo.

O que deixava Inaiá exausta era o fato de um dos gêmeos, o menino, precisamente, não querer chupar seu bico, nem o direito nem o esquerdo e Roberto insistir para que ele mamasse. Com isso, seus bicos do peito ficaram doloridos e sensíveis como se estivessem em carne viva. Mas com a solução apontada por Etelvina, a criança acabou poupando a mãe de suas dores. Sentiu-se muito mais estimulada a mamar no seio da negra do que nos dela.

Roberto assim que voltava para casa e ia ver os filhos, perguntava:

— Essa criança já mamou hoje?

— Já, sim – respondia Inaiá apressada. – Se não tivesse, estaria berrando de fome a uma hora dessas.

— É... nesse ponto você tem toda razão.

Voltando-se para a mãe, Roberto perguntou:

— A senhora estava presente quando meu filho, seu neto, foi amamentado hoje, minha mãe?

— Não, Roberto. Mas se sua esposa está dizendo que ele mamou de seu peito, penso que deveria acreditar nela.

Roberto definitivamente não esperava por aquela resposta. Sem mais, foi se banhar, e, logo após a ceia, fez sinal para a esposa ir se recolher com ele. Assim que fechou a porta do quarto, Inaiá compreendeu o porquê de ele tê-la levado para lá. Teve a nítida impressão de estar enjaulada para um abate.

— Tire a roupa e deite-se – ordenou ele, ríspido como sempre.
— Roberto, por favor... não faz nem um mês que dei à luz aos gêmeos.
— Faça o que estou mandando, não me retruque.
— Juro, Roberto... ter filhos pode ser lindo e é, de fato, mas é exaustivo demais para a mulher... São nove meses de gestação, depois o período de amamentação... Confesso que preciso de um tempo para me recompor... Tive praticamente um filho a cada ano...

Ele a arrastou para a cama, ergueu-lhe a saia, abriu a braguilha e se preparou para fazer o que intencionava fazer.

— Feche os olhos, ou vire o rosto para o lado, pois esse seu olhar assustado e, de doente, é revoltante de se ver. É preferível olhar para uma cabra do que para você se isso fosse possível durante o ato.

Inaiá começou a chorar.

— Acho melhor você virar de bruços, essa sua barriga pelancuda não me é nada excitante.

Inaiá chorou ainda mais.

— Esposa tem por obrigação atender as exigências do marido! Se ele quer ter muitos filhos, assim ela tem de fazer.

Ignorando o desespero da esposa, Roberto se entregou ao ato, pensando só no seu prazer e no seu interesse próprio... Da mesma forma que a maioria dos homens fazem até hoje. Quantos se preocupam se a mulher está compartilhando do mesmo prazer que ele durante um intercurso? Pouquíssimos. Compartilhar o prazer é uma das lições que muitos ainda têm de aprender para alcançarem uma luz interior que ilumine seus sentidos para que possam conhecer de fato, o que é a sua existência e a do outro e o porquê de um necessitar do outro e se unirem pelo amor.

CAPÍTULO 37
O ALVORECER DE UMA PAIXÃO...

Diante da seca que se abateu na região, o padre sugeriu uma procissão em nome de Santo Expedito, o Santo das causas perdidas. Lamparinas, tochas e velas cintilaram à luz do crepúsculo enquanto o padre, envolto como uma iguaria rara em uma túnica de linho branco seguia à frente do andor, comandando a procissão (cortejo) por ruas e ruas da cidade ao som dos fiéis ora rezando, ora cantando em conjunto.

O Senhor Ulisses Domingues, pomposo morador de Santa Mariana, com pretensões de vir a ser o prefeito da cidade um dia, inspecionava os que seguiam o andor com um sorriso gentil nos lábios carnudos. Examinava todos, um a um com uma expressão de simpatia exagerada na face para fazer com que todos se lembrassem de votar nele na próxima eleição.

Como podemos perceber, tanto no passado quanto no presente, os truques para ganhar uma eleição eram os mesmos. A safadeza também.

Humberto Domingues, filho do senhor Domingues, ficou mais uma vez sem fôlego ao avistar Umbelina Nunnari. Seu pescoço gracioso, adornado por um colar de pérolas, presente do pai, única relíquia deixada por ele, a deixava ainda mais graciosa.

Toda vez que a jovem punha a joia, Gianni Nunnari voltava a sua memória e era bom, muito bom relembrar o pai com quem conviveu só uma década, e que a amou intensamente e tanta saudade deixou.

Humberto Domingues quis muito aproximar-se da italianinha para trocar algumas palavras com ela, mas sua timidez o impediu mais uma vez.

Seu pai, cuja timidez nunca fora seu fraco, achegou-se ao filho e falou:

– Você precisa deixar essa timidez de lado, Humberto. Senão nunca conseguirá mulher alguma para se casar.

– Eu tento, papai, mas não consigo.

– Precisa se esforçar, meu filho. O primeiro passo é sempre mais difícil, mas depois dele tudo se torna mais fácil, acredite-me.

O filho mordeu os lábios, esperançoso de que um dia falaria com a jovem e lhe pediria permissão para cortejá-la. Em outras palavras: namorá-la. Cortejar era a forma que se usava para referir-se ao que conhecemos hoje como namoro.

Umbelina tornara-se uma jovem de dezessete anos linda... Mesmo na fase adulta seria bonita sem precisar se maquiar. Seus olhos num tom caramelo envoltos por cílios longos, tornaram-na encantadora. Falava com delicadeza, com voz baixa e atraente e uma dicção muito clara. Muito pouco do sotaque italiano se misturava ao português. Era, propriamente falando, uma "Lady".

Dias depois, Humberto, o jovem que mal completara os dezoito anos de idade, venceu sua timidez e foi conversar com a moça por quem há muito se encantara: Umbelina Nunnari. O fato se deu no final da missa na paróquia de Santa Mariana que acontecia aos domingos pela manhã. O rapaz tirou o chapéu e a saudou:

– Como vai?

Ela percebeu de imediato que ele tremia da cabeça aos pés.

– Vou bem e você?

Ele assentiu enquanto ligeiro rubor cobria-lhe a face. O pai resolveu ajudar o filho, senão sua timidez não o permitiria dizer mais nada além daquilo.

– Bom dia – cumprimentou o Senhor Domingues. – Meu filho Humberto se simpatiza muito com a senhorita.

Umbelina amarelou. Gianluza resolveu então lhe dar uma mãozinha:

– Desculpe-me intrometer, mas...

Ela, estendendo a mão, completou:

– Sou Gianluza Nunnari e essa é minha filha Umbelina.

Voltando-se para o rapaz, acrescentou:

– Humberto é um nome muito bonito.

O pai deu um cutucão no filho e falou com toda pompa:

– Humberto queira cumprimentar Dona Nunnari como se deve.

Ele tomou-lhe a mão e a beijou.

– Teríamos muito prazer de recebê-los em casa para um café.

– Será uma honra.

O dia para o encontro foi arranjado e após as despedidas, Gianluza, as filhas e Lamartine seguiram para a charrete com a qual haviam ido à missa. Assim que se assentaram, Umbelina comentou:

– Ele é estranho...

– Quem? – indagou a mãe.

– O tal de Humberto – respondeu ela, frisando o cenho.

– Tímido, querida. É um moço muito bonito e gostei também do nome.

– Eu não. Vai que eu me atrapalho com seu nome e o chamo de Doisberto ou Trêsberto...

Até Liberata riu. Lamartine gargalhou.

– Mas ele é mesmo encantador e está fascinado por você, Umbelina.

– Mas eu nem o conheço.

– A corte existe para que duas pessoas se conheçam, meu bem. O casamento é para aprimorar esse conhecimento. Ninguém casa com o outro conhecendo o parceiro totalmente, é impossível. Mesmo depois de muitos anos de convívio há muito que desconhecemos a respeito do nosso cônjuge e ele de nós.

– O certo seria saber tudo antes de nos casarmos para não corrermos o risco de nos decepcionarmos depois.

– Querida, se tem algo que aprendi com a vida e faço questão de lhe ensinar é que ninguém nunca vai combinar com ninguém cem por cento. É impossível. Vamos ter de nos acostumar...

– Tolerar a senhora quer dizer...

– Sim, tolerar, essa palavra também cai bem, se quisermos viver lado a lado.

A mãe olhou de relance para o perfil da filha e acrescentou:

– Não se amofine por algo que ainda não viveu. Permita-se viver um dia após o outro, desfrutando ao máximo de cada dia, não queira controlar o futuro, pois este é incontrolável. Digo isso por experiência própria, você sabe. Eu mais do que ninguém sou a prova viva de que ninguém consegue controlar o futuro.

Umbelina apreciou intimamente aquelas palavras. Quanto a Liberata ela nem prestou atenção a elas, pois estava com a mente focada em Roberto, na saudade que sentia dele e, na esperança de que ele um dia voltaria para ela.

O almoço na casa dos Domingues aconteceu como planejado. Somente Liberata não compareceu, mesmo tendo sido convidada. Só saía mesmo de sua casa para ir à missa aos domingos, rezar, rezar pela volta de Roberto Corridoni que até então considerava o grande amor de sua vida.

Era por volta das cinco horas da tarde quando todos chegaram de Santa Mariana, do almoço na casa dos Domingues.

– Como foi o almoço na casa da família do Humberto, Umbelina? – quis saber Liberata ansiosa por boas notícias.

Umbelina suspirou fundo e disse:

– Foi ótimo, Liberata. Você deveria ter ido, tive outra impressão do Humberto.

– É mesmo?

– Sim.

– Eu disse a você que não deveria tirar conclusões apressadas sobre o rapaz – lembrou Gianluza.

– Ele estava muito menos tímido dessa vez e penso que foi isso que me fez ter outra impressão a seu respeito.

– Que bom!

– E você, irmãzinha? Como passou essas horas sem nós?

Liberata procurou sorrir.

– Liberata, minha irmã querida. Quando você vai compreender que ele nunca mais vai voltar?

– De quem você está falando, Umbelina?

– De Roberto, ora.

– Eu ainda tenho esperanças.

– A uma hora dessas Roberto já deve estar casado e com filhos.

– Roberto?! – Liberata riu. – Não, ele não faria isso comigo. Ele me amava, era louco por mim assim como eu era por ele. Por isso acredito piamente que logo chegará para me levar com ele para sua nova fazenda.

Umbelina e Gianluza se entreolharam e cada qual preferiu não dizer mais nada.

Nesse ínterim, em Serra Dourada...

Inaiá Corridoni deixava o quarto acompanhada do médico que fora até a fazenda da família examiná-la.

– Senhor Corridoni – disse o profissional. – Sua esposa tem uma novidade para o Senhor.

O rosto de Roberto se iluminou, o de Margarita também.

– É o que estou pensando? – adiantou-se Margarita, juntando as mãos em sinal de louvor.

– É, sim, minha sogra – responde Inaiá sem tirar os olhos do marido que se mantinha encarando-a com um surpreendente interesse.

– Deus seja louvado! – exclamou Margarita indo abraçar a nora. – Mais um neto, que maravilha! (Exclamou em italiano)

Depois do abraço, voltou-se para o filho e falou:

– Roberto, saúde sua esposa pelo grande acontecimento.

– Estou muito contente pelo fato – respondeu Roberto sem transparecer qualquer euforia além do necessário.

Voltou-se para o médico e falou:

– Doutor, obrigado por ter vindo. Eu o acompanho até a porta.

– Obrigado – agradeceu o homem e voltando-se para as duas mulheres despediu-se: – passar bem, senhoras.

– Passar bem, doutor – responderam as duas quase simultaneamente.

Assim que chegaram à varanda, Roberto quis saber:
– E então, doutor? Está tudo bem com ela, digo, com minha esposa? Ainda é saudável o bastante para gerar uma criança sadia, não?
Com uma palmadinha no ombro de Roberto, o homem respondeu:
– Asseguro-lhe que está tudo bem com ela, meu caro Roberto. Não se preocupe. Esse novo filho nascerá tão saudável quanto os três primeiros.
Roberto fez ar de contentamento.

Dias depois Inaiá foi até a igreja agradecer a Deus por ter ficado grávida mais uma vez como o marido tanto queria. Aproveitou também para pedir que Roberto desistisse de ter mais filhos, com a vinda desse, somariam quatro e quatro na opinião dela, já estava bom demais. Já formava uma família e tanto.
Ela deixava a igreja quando uma mulher sentada num dos bancos de madeira que havia nas imediações chamou sua atenção. Era ainda moça e chorava baixinho, em desespero. Como o padre não estava ali para prestar-lhe auxílio, Inaiá decidiu ela mesma conversar com a pobre coitada.
– O que há? Posso ajudá-la em alguma coisa?
A moça assim que a viu, tratou logo de enxugar as lágrimas.
– Obrigada – respondeu com o queixo a tremer.
– O que houve?
– Estou desesperada, minha senhora.
– Por que não conversa com o padre?
– Não posso entrar nesta igreja, não, senhora.
– Ora, por que não?
– Porque sou uma pecadora.
– Ainda assim, o coração de Deus é muito generoso. Penso que tudo perdoa, especialmente quem por Ele quer ser perdoado. Confesso a você que minha fé já foi instável, em certos momentos da vida cheguei a ser descrente de tudo, mas somente dentro de um lugar como este encontro a paz.
A moça escondeu novamente o rosto por entre as mãos e voltou a chorar. Inaiá Corridoni sentou-se ao seu lado e pegou na sua mão, na altura do punho.
– Não se desespere, para tudo há uma solução.
– Faço o papel de amante na vida de um homem casado – explicou a pobre alma, enfim. – Sei que isso não está certo, mas nunca apareceu outro homem em minha vida que se interessasse por mim. Tentei, juro que tentei encontrar um e não consegui.
A revelação não chocou Inaiá como a moça esperou que acontecesse, por isso ela prosseguiu, sentindo-se mais à vontade para falar:
– Quis deixar de ser sua amante e não consegui... Acreditei tolamente que ele abandonaria a família por minha causa, mas que tola fui eu para

não perceber que nenhum homem de família larga a esposa legítima para se casar com uma amante. Eu quis ele só para mim ainda que sua família fosse rompida. Agora estou grávida e temo pela criança. Não queria que meu filho tivesse um pai distante. Que situação.

— Eu posso ajudá-la, se quiser minha ajuda, é lógico.

— Como pode me ajudar?

— Há sempre um meio, minha querida.

— Você vai me sugerir que eu aborte a criança, não é?

— Não, nunca faria isso! Um aborto é, na minha opinião, um assassinato.

— Ainda que seja contra a vontade de uma mulher. Por meio de um estupro?

— Penso que uma vida que brota dentro de nós é sempre uma vida não importa os meios como foi concebida. Mas cada um tem o direito de decidir o que é melhor para si numa situação como esta.

— Compreendo.

As duas ficaram ali, conversando por um longo tempo e, depois de muitos conselhos, a jovem amante acabou voltando para sua casa, sentindo-se mais disposta e confiante na vida.

Quando Inaiá contou à sogra o que fez, Roberto a ouviu sem que ela se desse conta e só faltou subir pelas paredes.

— Você ajudou uma prostituta?! – zangou-se.

— Ela não é uma prostituta, filho – interveio Margarita, rapidamente. – Pelo que sua esposa me disse tratava-se de uma amante.

— Amante e prostituta para mim é a mesma coisa, mamãe! Não seja tola!

— Mas...

— Inaiá, eu não quero você envolvida com essa mulher, está me ouvindo? Eu odeio mulheres que se prestam ao papel de amante. Odeio! Abomino!

Ele saiu batendo a porta e pisando duro.

Inaiá voltou-se para a sogra que olhava agora assustada para ela e falou:

— Eu nunca o vi o Roberto assim. Ele simplesmente ficou transtornado. É como se tivesse um trauma.

— E ele têm, minha nora.

Inaiá se surpreendeu com as revelações.

— Ele tem um grande trauma com isso – continuou Margarita. – Eu vou lhe contar tudo, mas você nunca deve dizer a ele que lhe contei, por favor. Se ele souber, é capaz de me pôr na rua da amargura.

— Calma, Dona Margarita, Roberto ama a senhora. Ama até mais do que a mim, bem sei. Jamais faria algo contra a senhora.

Foi nesse dia que Inaiá conheceu toda a história que envolveu Mario Corridoni e Gianluza Nunnari. Logicamente que Margarita contou tudo detalhadamente. Partindo do princípio. De quando ela e o marido conheceram Gianluza e Gianni Nunnari no navio que vinha para o Brasil

– É uma história impressionante – afirmou Inaiá. – Quem ouvir jamais vai pensar que deu no que deu.

– Sem dúvida. Imagine o que eu senti quando descobri que meu marido se tornara amante da minha melhor amiga, a mulher que mais ajudei na vida.

– Não deve ter sido fácil.

– Nunca é para uma mulher que ama o seu marido.

Ela assentiu em silêncio e depois de breve reflexão falou:

– Nossa, deve ter sido muito difícil para um adolescente, praticamente um menino ter visto o que viu.

– Se foi. Por isso eu compreendo por que Roberto é tão agressivo de vez em quando.

A nora assentiu.

– Inaiá, por favor, eu lhe peço. Não o deixe nunca saber o que eu lhe contei.

– Fique tranquila, minha estimada sogra. Minha boca é um túmulo.

Meio minuto depois, Margarita disse em tom de desabafo:

– Apesar de tudo que Gianluza fez para mim, depois de tudo de bom que fiz para ela, eu não guardo mais ressentimento de sua pessoa. Na verdade, culpo-me por termos partido da fazenda na calada da noite, deixando a ela e os três filhos à mercê de sabe lá Deus quem.

– Não se culpe, minha sogra.

– Culpo-me sim. Não acho que devemos pagar o mal com o mal. Isso não faz bem para a nossa alma. Eu jamais deveria ter acatado o que Roberto decidiu fazer com eles. Jamais. Além do mais...

Diante de sua dificuldade, Inaiá a incentivou:

– Diga.

– Eu não cumpri o prometido a meu marido.

Inaiá se interessou:

– Prometido?

– Sim, o que prometi a ele em seu leito de morte. Ainda que ele não tenha cumprido o que prometeu a Deus no altar no dia do nosso casamento, eu me sinto mal, muito mal por não ter cumprido o que lhe prometi.

– E o que a senhora lhe prometeu, minha sogra?

– Que daria a Gianluza e os filhos o dinheiro para voltarem para a Itália. Não cumprir um prometido é uma falta grave. Na minha opinião, é o mesmo que trair um cônjuge.

Inaiá ficou pensativa.

CAPÍTULO 38
QUANDO O AMOR ACONTECE...

Cinco meses depois, num domingo ensolarado, Umbelina chegava mais uma vez de Santa Mariana, da casa dos Domingues, onde fora almoçar com a família de seu pretendente. Trazia consigo uma grande novidade:
– Mamãe, Humberto me pediu em casamento.
– Pediu, filha! Mais que notícia boa!
O rosto da jovem de 18 anos não se alegrou tanto quanto era de se esperar, diante de uma notícia tão maravilhosa quanto aquela.
– Mamãe, como vou saber se o amo de verdade?
– Ouvi certa vez um bom conselho – respondeu Gianluza, achegando-se à filha. – Imagine seu pretendente com um resfriado terrível, falando fanhoso, espirrando e com os olhos vermelhos e lacrimejantes. O que você ainda sentiria por ele?
Umbelina fez uma careta de espanto, Gianluza ponderada completou:
– A espécie de amor que uma mulher deve sentir por um homem é, acho eu, o amor carregado de ternura, que inclui afeto, atura resfriados e pequenas manias em toda a sua amplitude.
– É um bom teste – admitiu Umbelina, visualizando Humberto com um terrível resfriado, falando fanhoso, espirrando e com os olhos vermelhos e lacrimejantes.
– E daí, Umbelina?
– Bem, mamãe...
– Diga.
A jovem sorriu e seu simples sorriso disse mais do que palavras para a mãe.

Nos dias que se seguiram, listas de convidados foram feitas. Da parte da noiva, os convidados não foram muitos, pois eles não conheciam muita gente e sendo Lamartine também novo na região também não tivera tempo ainda de fazer muitos amigos. Portanto, a lista foi mesmo completada pelo Senhor Domingues que fez questão de convidar a cidade inteira ainda mais quando soube que Lamartine o ajudaria com as despesas da festa.

Os convites foram impressos em Serra Dourada.

Quanto à festa após a cerimônia religiosa, decidiu-se que seria feito um churrasco no barracão da cidade ao lado da igreja e o bolo e os doces seriam feito pela mãe do noivo com a ajuda de suas irmãs, comadres e tias. Gianluza e as filhas também ajudariam. Era muito comum nessa época as mulheres se unirem para preparar os quitutes que seriam servidos em uma celebração como esta. Obviamente que não havia bufês (Buffett) como nos dias de hoje, facilitando tudo. Até mesmo a igreja era enfeitada pelas mulheres que tinham mais bom gosto para esse tipo de arte.

Parte da carne para o churrasco foi doada por Lamartine que também fez questão de pagar pelo vestido da noiva. Umbelina chegou a pensar em ir a Serra Dourada, a cidade onde ouviu dizer que havia uma costureira de *mão cheia* que fazia vestidos de noiva lindíssimos, mas sua futura sogra lembrou-a de um fato importante:

– Amélia, minha cunhada é também uma costureira de *mão cheia*... Seus vestidos de noiva são tão lindos que chegam a tirar suspiros até dos homens que não se atêm muito a esses detalhes. Você não vai se arrepender de fazer seu vestido com ela.

Umbelina acabou aceitando a sugestão da mulher que não exagerara ao fazer elogios a Amélia, que era de fato uma sumidade na arte da costura. Medidas foram tiradas e modelos lhe foram sugeridos.

– São todos tão lindos – suspirou Umbelina em dúvida quanto ao que escolher.

– São, não são? Mas precisamos testar, ver qual deles ficará melhor em você.

– E isso é possível?

– Claro que sim, querida.

A mulher pegou uma armação prendeu na cintura de Umbelina, depois jogou o pano por cima dela, prendendo os franzidos com alfinetes, dando laçarotes com fitas, jogando o pano para o véu, tule, para ver com ficava, fez arranjos no cabelo, presos cada qual com um laço diferente e tudo diante do espelho para que a noiva pudesse se admirar e escolher qual lhe caía melhor. Luvas também foram testadas. Gianluza e Liberata assistiram a tudo quietas.

– A senhora não diz nada, mamãe? – perguntou Umbelina lembrando-se da presença da mãe e da irmã. – E quanto a você, Liberata, dê uma opinião, por favor.

– É você quem tem que escolher, Umbelina – respondeu Gianluza com carinho. – Você que tem que se decidir por aquele que mais lhe agradou, com o qual você se achou a mais bonita.

Depois de refletir um bocado, ela acabou optando pelo terceiro modelo que experimentou.

– O que acham?

– Eu sabia – alegrou-se Gianluza. – Sabia que optaria por esse.

– Eu também – admitiu Liberata. – É de fato o que melhor ficou bem em você.

O rosto da noiva resplandeceu-se de alegria.

– Será que o Humberto vai gostar?

– É lógico que ele vai gostar – adiantou-se a costureira. – Pelo que ouço por aí, ele é simplesmente apaixonado por você, Umbelina, e um homem apaixonado, querida, adora sua mulher amada de todo o jeito.

– Mas eu quero que ele me ache linda por eu estar linda realmente.

– E você estará, meu anjo. Pode ter certeza de que estará!

Umbelina suspirou e Gianluza e Liberata concordaram com a costureira.

Toda vez que a mulherada se reunia para fazer os doces na casa de Dona Domingues era assunto que não acabava mais. Seus casamentos eram rememorados...

– Quando me casei foi uma festança só... Meu vestido foi o mais lindo porque eu queria o mais lindo...

Outra dizia:

– Fizemos tanto doce que sobrou para um mês. Foi um exagero.

Risos.

Outra dizia:

– Eu tremia tanto quanto entrei na igreja que pensei que fosse desmaiar. Faltava-me o ar, foi um horror. Ao passar por uma tia ela me disse baixinho, ao ouvido: preste atenção na imagem de Jesus e você se acalmará. E foi o que eu fiz e funcionou, relaxei mesmo. Depois disso correu tudo às mil maravilhas!

Outra comentou:

– Torci o pé bem quando subia o degrau que levava à porta da igreja. Cheguei ao altar mancando. Quase morri de vergonha. Foi preciso que meu pai me apoiasse até lá. Alguns dos convidados não se contiveram, tiveram de baixar o rosto ou virar noutra direção para esconder o riso. Depois, até eu acabei rindo da situação.

Novos risos.

– Cheiro de queimado – comentou Gianluza, a seguir.

– O creme! – exaltou-se a Senhora Domingues correndo para o fogão.

– Ficamos tão atentas ao bate-papo que descuidamos do fogão.

– Uma de nós tem de ficar aí para que isso não mais aconteça.

E assim foram os dias em que as mulheres se reuniam na casa dos Domingues para preparar os doces que seriam servidos na festa de casamento de Umbelina Nunnari e Humberto Domingues.

Visto que Umbelina se casaria, Gianluza achou por bem ter uma conversa séria com a filha:
– Agora, mocinha, precisamos ter uma conversa séria. Está na hora de eu lhe ensinar todos os detalhes sobre a direção de uma casa. E também dos compromissos de uma mulher para com seu marido.
Umbelina se interessou.
– Sente-se aqui, meu anjo. Vou explicar tudo para você. Antes, porém, vamos chamar sua irmã. Está na hora também de ela saber tudo a respeito.
Assim que Liberata se juntou a elas, Gianluza voltou a falar:
– Muitas mães não têm coragem de ensinar esses pormenores para suas filhas, por vergonha, preconceito, com isso elas acabam aprendendo da pior forma. Tendo a impressão de que o sexo é a coisa mais indecente que há na vida e eu não quero, não mesmo, minha querida, que você o encare dessa forma. Não faz bem para a cabeça nem para a saúde. Não há coisa pior para uma mulher do que se obrigar a deitar com seu marido acreditando estar fazendo a pior coisa do mundo, especialmente diante de Deus.
É importante que saiba que Deus não fica vigiando seus atos de amor nem os de ninguém. Minha mãe era chamada de imoral por suas irmãs, amigas e parentes por falar de sexo tão abertamente conosco e nos fazer ver pureza no ato em si. Mas é um ato puro sim, acredite-me, o mal está na mente e no coração daqueles que o veem como mal.
Umbelina e Liberata ouviram tudo com grande atenção e, por isso, tiveram uma vida a dois muito mais sadia do que muitas mulheres que se casavam sem saber de nada sobre sexo ou sabiam de uma forma equivocada. Pecaminosa.

O dia do casamento finalmente chegou e a igreja estava cheia, vazando convidados pelas portas quando Umbelina entrou conduzida por Lamartine até o altar. Humberto estava lindo dentro de um terno propício para a ocasião, o melhor que um noivo poderia usar na época. Foi o padre italiano quem celebrou a cerimônia religiosa e foi uma priminha de Humberto quem entrou levando as alianças. Ao final, os recém-casados receberam uma chuva de pétalas e ao saírem da igreja, arroz. Houve também uma salva de palmas a pedido do Senhor Domingues que até mesmo em cerimônias como essa adorava dirigir os acontecimentos.
Silas, um dos melhores amigos de Humberto só conseguiu cumprimentar

o amigo durante a festa:

— Parabéns, meu amigo! Parabéns por essa data tão especial.

— Ah, Silas, meu amigo... Umbelina é o mundo inteiro para mim!

— Quem diria que você, hein, Humberto? Um rapaz tão tímido acabasse conquistando uma mulher tão linda e agradável quanto Umbelina?

— Sofri muito por causa da minha timidez, meu amigo. Devo meu casamento com Umbelina a meu pai, se não fosse ele ter dado um empurrãozinho.

— Quer dizer que em certos momentos da vida, para certas coisas, o homem precisa de um empurrãozinho, é isso?

— Pelo menos os tímidos, meu amigo. Pelo menos os tímidos...

Os dois riram e após trocarem um novo forte abraço, Silas perguntou:

— Quem é aquela jovem?

Humberto voltou-se discretamente na direção que ele indicou e respondeu:

— Aquela é Liberata, irmã de Umbelina.

— Ela é linda... — elogiou Silas, disfarçando o olhar, evitando olhá-la de frente.

— Sim, ela é.

— Está, digamos, disponível?

— Infelizmente não, meu amigo. Foi apaixonada por um rapaz que desapareceu da noite para o dia. Foi, não! Ainda é apaixonada por ele. Acredita quer ele voltará arrependido do que fez e, finalmente, casará com ela.

— É mesmo?!

— Sim, *senhor*. É uma história linda e trágica ao mesmo tempo.

— Se esse rapaz que ela tanto ama não voltar, ele é um estúpido. Onde já se viu deixar uma mulher tão linda esperando por ele por tanto tempo?

— Eu também penso assim, meu amigo.

Os olhos de Silas estudaram mais atentamente Liberata e quando ela percebeu que era observada, tratou imediatamente de fugir da sua vista.

Enquanto isso a festa de casamento de Umbelina e Humberto continuava animada.

A noite de núpcias do casal foi cercada de inseguranças, tanto da parte dele quanto da parte dela. Ele, como todo moço inseguro, diante desse momento, procurou beber para relaxar e ela procurou lembrar-se dos conselhos da mãe que recebera de sua avó. Um conselho que lhe serviu como luva, deixou-a finalmente preparada para fazer amor com seu marido de uma forma agradável sem ver o ato em si com malícia. Um conselho que a ajudou fazer com que o próprio marido relaxasse durante o intercurso, pois, o medo de falhar na hora continuava a martirizá-lo mesmo alcoolizado.

Por fim, a noite de núpcias dos dois, cercada de tanta tensão, a princípio, acabou sendo algo bonito e agradável para se guardar para sempre na memória e sempre que lembrada provocar em ambos boas sensações.

Uma vez que Umbelina se casou e foi morar na cidade, Gianluza na casa-grande com Lamartine, Liberata tornou-se a única moradora da casinha modesta que abrigou Gianluza e os filhos quando se mudaram para a fazenda. Apesar de Lamartine insistir para ela ir morar com ele e Gianluza no casarão, a jovem preferiu ficar morando ali até que Roberto, como ela tanto acreditava, voltasse à fazenda para buscá-la. Não queria em hipótese alguma comprometer a liberdade da mãe com seu novo marido e, também, não se sentiria bem, vivendo sob o mesmo teto com o homem que matou a sangue frio seu cachorro adorado.

Havia se passado uma semana desde o casamento em questão, e Gianluza estava a sós com o marido, sentados na varanda da casa-grande, ela degustando um delicioso copo de garapa e, ele, seu cigarrinho de palha*. A italiana aproveitou para lhe perguntar o que há muito queria:

— Você nunca mais teve notícias da ex-dona desta fazenda? Digo, dela e do filho?

— Soube que eles se mudaram para Serra Dourada, a cidade que fica a uns 150, 200 km daqui.

Gianluza, rememorando o rosto de Margarita, admitiu:

— Gostaria de saber como ela está. Se está bem de saúde, se é feliz nesse lugar... Gostava dela. Gostava muito. Ela foi muito boa para mim e os meus filhos. No entanto, eu...

Ela encheu o pulmão de ar e expeliu lentamente. Só então falou:

— Acho melhor que você saiba de toda história que nos envolveu. Para que não pense que sou uma santa. Para quando se casar comigo no papel, case sabendo que tenho lá minhas fraquezas, que errei tanto quanto acertei na vida.

Antes que ela fosse além, Lamartine Millenotti a interrompeu:

— Eu já sei de tudo, Gianluza. Soube de tudo o que aconteceu entre você e o pai de Roberto há muito tempo. Foi Elenara quem me contou após Maurizio lhe expor toda a verdade.

— Quer dizer...

— Sim, eu sempre soube de tudo.

— E mesmo assim me quis?

— Meu amor por você me fez aceitá-la sem julgá-la, o que foi surpreendente para mim.

— É, está sendo surpreendente para mim também, Lamartine. Faz com que eu me sinta ainda mais amada por você!

Depois de um longo olhar de admiração de um para o outro, a italiana de 38 anos nesta época, disse:

— Quero saber, ou melhor, preciso saber se o filho de Margarita, Roberto Corridoni se casou?

— É tão importante assim? – surpreendeu-se Lamartine.

— É.

— Posso saber por quê?

— Eu explico: minha filha Liberata apaixonou-se por ele e acredita ainda que ele voltará para ela, que ainda não voltou por algum imprevisto. Mesmo eu deixando-lhe bem claro que Roberto a fez se apaixonar por ele para depois sumir de sua vida para machucar a ela, a mim, a todos nós para vingar sua mãe por eu ter me envolvido com seu pai, Liberata acredita que se isso for mesmo verdade, ele ainda perceberá a tolice que fez e voltará para ela cedo ou tarde. Na minha opinião, esse rapaz nunca mais aparecerá por essas bandas, mas de nada adianta eu tentar abrir seus olhos, ela não acredita em mim, nem em ninguém. A paixão para muitos, você sabe, deixa os apaixonados cegos.

— Se sei...

— Preciso abrir os olhos de Liberata antes que seja tarde. Antes que desperdice uma vida inteira por um rapaz que não a merece, que não está nem aí por ela.

— Eu falarei com ela se quiser.

— Agradeço sua gentileza, todavia, quero que faça algo diferente disso para ajudá-la. Quero que a leve até a tal cidade onde Roberto e Margarita residem atualmente para que ela veja, com os próprios olhos, o que Roberto Corridoni fez de sua vida.

Ele, sorrindo para ela, respondeu:

— Faço o que você quiser, meu amor.

Ela lhe agradeceu, beijando-lhe o dorso da mão.

Dias depois, Lamartine contava a futura esposa o que descobriu:

— Roberto Corridoni se casou já faz anos e trá lá lá e a esposa está prestes a dar à luz ao quarto filho do casal.

Gianluza, abobada, falou:

— Eu sabia! Pobre Liberata, quando souber da verdade terá outra forte decepção.

— Às vezes precisamos nos decepcionar para acordar para outras realidades da vida, Gianluza. Realidades que nos farão melhor e mais felizes.

— Verdade... Falarei com ela, se não me acreditar teremos mesmo de levá-la até a tal cidade onde aquele danado reside atualmente para que veja com os próprios olhos quem ele se tornou.

Assim que achou oportuno, Gianluza achegou-se a Liberata e disse:
— Liberata, precisamos conversar.
O tom da mãe assustou a moça.
— Aconteceu alguma coisa, mamãe? A senhora está tão séria.
— Não, mas vai acontecer. Com você!
— Comigo?!
— Sim, querida.
— O quê?! O que pode acontecer de ruim comigo?
— Já está acontecendo, filha. Você está desperdiçando uma vida inteira por causa de um homem que não a merece.
— Lá vem a senhora de novo com essa história.
— Você precisa saber, Liberata. Saber de uma vez por todas, tomar consciência de que Roberto não mais voltará para você. E antes que você me pergunte o porquê eu respondo: porque ele se casou com outra!
Os olhos da mocinha se arregalaram de espanto e pavor.
— Estou falando sério, Liberata. Essa informação vem de fonte fidedigna.
— Por que está fazendo isso comigo, mamãe?
— Ora, filha... Porque quero vê-la casada com um homem que realmente a mereça e que a faça feliz. Quero vê-la feliz e com filhos.
— Roberto não pode ter me esquecido...
— Infelizmente esqueceu, Liberata e, você, precisa aceitar esse fato para dar outro rumo a sua vida, um rumo que a leve de volta para a alegria de viver.
A adolescente de 17 anos intensificou seu ar de dúvida.
— Confie em mim, querida. Eu só quero o seu bem. Você precisa se libertar dessa paixão que lhe cega a visão.
— Mas ele dizia que me amava tanto.
— Quantas vezes vou ter de repetir que ele não foi sincero com você?
— Como pode ter mentido com tanto empenho?
— Alguns seres humanos são assim: mentem tão bem que chegam até a acreditar em suas próprias mentiras.
— Eu preciso ir vê-lo, mamãe. Olhar fundo em seus olhos para saber se o que ele sente por mim, o que dizia sentir por mim, era da boca para fora.
— Está bem, querida. Lamartine irá levá-la até a cidade onde Roberto reside atualmente com a mãe.
— O Senhor Lamartine?
— Foi o próprio quem se ofereceu para levá-la. Como vê, ele não é tão

mau assim. Penso que ninguém é de fato, os que aparentam ser, precisam apenas serem despertados para outra realidade de vida.

Ela mordeu os lábios, pensativa. A mãe aguardou por suas palavras finais:

— Se ele puder me levar, o quanto antes, eu agradeço.

— Falarei com ele.

— Obrigada.

E foi assim que Liberata Nunnari chegou novamente a Roberto Corridoni. Pela estrada, antes de chegarem a Serra Dourada, Lamartine Millenotti aproveitou para fazer as pazes com a jovem que desde o episódio com o cão o evitava.

— Eu queria que soubesse que me arrependo muito do que fiz naquela tarde, digo, em relação ao cão. Eu não deveria ter feito aquilo, não mesmo, foi precipitação da minha parte, afinal, não havia provas conclusivas, mas eu achei que ninguém se importaria tanto com um animal. Não vejo porque se importar se eles não têm alma.

A resposta da mocinha o surpreendeu:

— Para mim eles têm sim... Apenas a inteligência diverge da do ser humano. É limitada. E é assim por uma razão sábia que só Deus, o Criador, por enquanto conhece. Para mim, tudo que há na Terra, há por uma razão importante; caso contrário Deus não teria criado.

— Eu nunca havia visto a vida por esse ângulo.

— Aprendi muito nesse tempo em que fiquei aguardando Roberto regressar para mim, Senhor Millenotti.

— Pelo visto está certo quem diz que de tudo nessa vida, até mesmo das piores circunstâncias, tiramos algum proveito.

Liberata não disse nem que sim nem que não. A seguir, Lamartine aproveitou para se desculpar:

— Queria muito que me desculpasse pelo que fiz ao seu bichinho de estimação. Agora que estou vivendo com sua mãe, não queria que tivéssemos inimizade.

Ela lhe respondeu com outra pergunta:

— O senhor está feliz, digo, feliz ao lado de minha mãe?

Um sorriso largo resplandeceu na face afunilada do homenzarrão.

— Se estou feliz? Muito! Da mesma forma que fui ao lado de minha primeira esposa. Sua mãe é encantadora, sempre que estou ao seu lado, me sinto um menino. Sinto-me também importante; porque sinto que sou importante para ela da mesma forma que ela é importante para mim. Jovem Liberata, a senhorita pode ter certeza de uma coisa, certeza absoluta: eu amo sua mãe. Bendito o dia em que seu irmão levou Elenara para longe de mim. Aquilo foi uma bênção. Como eu disse há pouco: até das piores coisas tiramos proveito!

– É o que parece.

O silêncio imperou por um longo tempo até que a charrete chegasse à cidade de Serra Dourada. Durante boa parte do trajeto, Lamartine assoviou alegremente enquanto repassava em memória os momentos felizes que estava vivendo ao lado de Gianluza Nunnari. A certa hora disse:

– Minha primeira esposa não pôde ter filhos e, eu, queria muito tê-los. Pelo menos um. Quando conheci Elenara achei que esse meu sonho se realizaria, mas ela exigiu de mim, antes de casarmos que eu não a forçaria a engravidar, porque não queria que seu corpo ficasse disforme, como se isso realmente acontecesse com todas as mulheres que engravidam.

Ele riu e completou:

– De qualquer modo, sua mãe me permitiu realizar meu sonho, pois estando ao lado de vocês é como se fossem meus filhos. Não sei se gostam da ideia, mas eu a aprecio muito.

Uma hora depois eles chegavam a Serra Dourada e pedindo informação ali e acolá, logo localizaram onde poderiam encontrar Roberto Corridoni àquela hora.

– Aquele é o banco de sua propriedade, minha jovem – explicou Lamartine, apontando com o dedo na direção.

– Banco?

– Sim. Segundo soube, Roberto Corridoni comprou parte da sociedade do banco logo que chegou a essa província.

– Nossa!...

– Pelo visto ele é um jovem ambicioso...

Ele cuspiu longe o catarro acumulado na garganta e completou:

– Você quer que eu vá com a senhorita?

– Por favor. Eu apreciaria muito.

Ele saltou da charrete e a seguir, ajudou a jovem a descer.

– Obrigada.

Aproximavam-se do banco quando Roberto deixava o local. Ao vê-lo, o coração de Liberata se inflamou.

– Roberto – chamou ela.

Ele estava prestes a se voltar na sua direção quando reconheceu a voz.

– Roberto! – tornou ela, ansiosa.

Ele fechou os olhos, quase que espremendo a vista e continuou andando, estugando os passos. Liberata, indignada com sua reação, correu atrás dele. Lamartine fez menção de impedi-la, mas achou por bem deixá-la, para que encarasse o moço e tirasse tudo aquilo a limpo, de uma vez por todas.

— Roberto — repetiu Liberata segurando firmemente seu braço por de trás.

Não havia escapatória, ele agora tinha de encará-la. Sendo assim, ele voltou-se lentamente para trás e mirou seus olhos.

— Pois não? Nos conhecemos? — falou tendo o cuidado para não soar cínico.

— Roberto, sou eu.

— Eu? — ninguém até então fingira-se tão bem de desentendido quanto ele. — Desculpe-me, mas... não me recordo de você. Qual é a sua graça?

A resposta dela estava na ponta da língua quando avistou a aliança de casado no dedo dele.

— Então é verdade... — murmurou ela, arrasada. — Você realmente se casou...

— E meu quarto filho está para nascer.

Sua frieza e cinismo deixaram Liberata certa de que ela desconhecia Roberto Corridoni totalmente.

— O que quer de mim? — perguntou ele a seguir, com toda frieza do mundo. — Tenho mais o que fazer.

Diante do silêncio da moça, dos seus olhos em choque, ele simplesmente fez uma reverência com o chapéu e partiu dizendo:

— Passar bem, senhorita.

Liberata ficou congelada naquela posição, Lamartine, então, aproximou-se, enlaçou a jovem e a encaminhou de volta para a charrete de luxo.

— Por aqui, senhorita. Por aqui.

Depois de ajeitá-la no assento, ele tomou seu lugar, as rédeas e pôs o veículo em movimento.

— Eu sei como deve estar se sentindo decepcionada, minha jovem — argumentou. — Foi assim que eu me senti ao descobrir que Elenara não prestava. Mas hoje penso que algumas decepções são necessárias na nossa vida para nos despertar de ilusões, ilusões que criamos, ilusões que alimentamos em nosso coração... Tudo fruto de uma paixão, muitas vezes, insana! Isso que você está sentindo vai passar, acredite-me!

— Nunca vai passar... — respondeu com voz entrevada de dor.

Ele, ponderado, opinou:

— Numa hora dessas pensamos que é o fim do mundo, queremos simplesmente morrer, mas depois, quando tudo passa e olhamos para trás, agradecemos a Deus por tudo ter passado. É como se tivéssemos recebido uma bênção de Deus.

Ele olhou para o perfil da mocinha que se mantinha estático, como se houvesse sido congelado naquela posição e falou:

— Agora, acho melhor você tomar um pouco de garapa, a bebida é ideal para acalmar os nervos.

A volta se seguiu em profundo silêncio, pelo menos por parte de Liberata. Lamartine, vez ou outra, assoviava e cantarolava e procurava entretê-la, contando passagens de sua vida, ele sabia que ela não o ouvia, mas aquilo fazia a viagem passar mais rápido.

Assim que chegaram à Fazenda Millenotti, Liberata correu para os braços da mãe que àquela hora estava na casinha ajudando as escravas a fazerem uma limpeza geral. Umbelina também estava ali, fora à fazenda com o propósito de consolar Liberata quando lá regressasse.

– Oh, minha filha – murmurou Gianluza, alisando os cabelos sedosos da jovem. – Como eu não queria vê-la sofrendo mais por esse rapaz.

– Mas isso vai passar, mamãe – opinou Umbelina, categórica. – Vai passar, sim. Nenhuma mulher merece sofrer por um homem que não lhe quer. Isso não é certo, isso não é justo.

Liberata voltou-se para a irmã, abraçou-a e desabafou, chorando:

– Como eu fui tola, minha irmã. Fui tola e imbecil. Se é que existe uma diferença no significado dessas duas palavras.

Desfazendo o abraço, Umbelina olhou bem para ela e disse:

– Você agora merece encontrar um moço bom para se casar e ser feliz.

– Quem vai me querer neste fim de mundo?

– Alguém há de querê-la, meu anjo.

Nem bem fechou a boca, o relincho de um cavalo alcançou seus ouvidos.

– Quem é? – perguntou Gianluza para Lamartine que também se voltara na direção da frente da casa-grande.

– Eu não sei...

O visitante, ao avistá-los em frente à casinha, cavalgou até lá.

– *Boas tardes* – saudou tirando e repondo o chapéu na cabeça.

– *Boas tardes* – cumprimentou Lamartine. – O que o traz às minhas terras?

– Não está me reconhecendo, cunhado?

Lamartine estreitou os olhos.

– Sou eu – adiantou-se o recém-chegado – Durval Tácito, seu cunhado.

Só então Lamartine reconheceu a figura. O moço desmontou do cavalo, tirou novamente o chapéu, ajeitou os fios que se desalinharam e cumprimentou cada uma das mulheres como se fosse um *gentleman*.

Lamartine então falou:

– Este é Durval o irmão de Elenara.

– E este é meu cunhado Lamartine – completou o moço, indo abraçá-lo.

– Alto lá – repreendeu Lamartine, impedindo o rapaz que se aproximasse dele com as mãos. – Sou seu ex cunhado. Uma vez que sua irmã me deixou, sou seu ex cunhado!

– Elenara o deixou?! Como?! Para onde foi?! O que aconteceu?!

– Ela, simplesmente, fugiu!

– Fugiu!

– Sim, com outro.

– Elenara?!!! Meu cunhado só pode estar brincando comigo!

– Ex-cunhado!

Os olhos do moço tornaram a se arregalar.

– Venha até a minha casa e eu lhe explico tudo.

O moço montou no cavalo e aguardou por Lamartine, que, antes de partir, falou baixinho para as três mulheres, especificamente para Liberata:

– Escolha qualquer homem para se casar, senhorita, exceto este, não passa de um almofadinha... Um folgado.

Elas esconderam o risinho por trás das mãos.

Assim que chegaram à casa-grande, Lamartine serviu um licor para o ex-cunhado e contou-lhe toda a história.

– Quer dizer que minha irmã jogou tudo isso para o alto?! – ele apontou com as mãos o interior da casa. – Jogou tudo fora por causa de um rapazola?! Estou pasmo!

– Pois esse rapazinho me prestou um tremendo favor em levar Elenara para longe de mim. A princípio não percebi, mas depois... Foi uma bênção para mim ela ter me deixado.

– E meu cunhado não teve mais notícias dela desde então?

– Ex-cunhado – corrigiu Lamartine secamente. – Não tive não! Nem quero ter! Ou melhor, quero sim, para que possamos legalmente dar fim a nossa união. Assim que encontrá-la passe-lhe o recado.

– Eu, mamãe e papai, estávamos certos de que ela estava aqui morando com você, como havia de ser, e que não nos dava notícias por estar tudo bem, por estar sem tempo por causa dos afazeres de uma esposa com sua casa.

– Afazeres? Elenara? Por favor... Vocês desconhecem realmente Elenara.

O rapaz fez bico. Lamartine tomou o último gole, estufou a pança e falou:

– Agora vá e lhe dê o recado assim que encontrá-la. Acabei de chegar de viagem, preciso tomar um banho, jantar e descansar.

Lamartine sabia que se não arrastasse o rapaz pelo braço até a varanda, ele não deixaria a casa tão cedo.

– Passar bem – finalizou fazendo sinal para o capataz acompanhá-lo até a saída da fazenda o qual obedeceu, prontamente. Assim que se viu livre do moço, suspirou aliviado.

CAPÍTULO 39
UM PRETENDENTE...

Assim que Gianluza chegou à casa-grande, Lamartine desabafou:
– Aquele rapaz é um estorvo.
– Parecia-me um bom rapaz.
– As aparências enganam, minha cara.
– Se ele nada sabe de Elenara então... para onde aqueles dois malucos foram? Onde se meteram? Receio que meu Maurizio esteja passando necessidade.
– Ele deve estar bem, minha querida, não se preocupe. Se não estivesse já teria voltado para pedir a sua ajuda.
– Ele não ousaria pôr os pés nessas terras outra vez. Deve temer sua reação, não sabe do nosso envolvimento, de nada do que se passou depois que fugiu com aquela usurpadora de corações.
– Isso é verdade. Você, por acaso, disse: usurpadora de corações?
– Disse, sim. É o que ela é.
– Boa definição, meu amor.
O homem gargalhou e isso é o que mais o surpreendia: além do amor que Gianluza despertava nele, ela lhe despertava também bom humor e, por isso, ele andava sempre bem humorado o que para ele era uma dádiva.

Na tentativa de encontrar um pretendente para a irmã, Umbelina fez uma lista dos rapazes disponíveis que havia na cidade e nos seus arredores, morando em chácaras, sítios e fazendas... Rapazes que pudessem se interessar por Liberata bem como ela se interessar por eles. Diante da lista, Humberto perguntou:
– Você se esqueceu de pôr o nome do Silas aí.
– O Silas?!
– Sim, ele. Além de culto é gentil e bem arrumado.

— Minha irmã não precisa de um homem culto, gentil e bem arrumado, Humberto. Precisa é de um homem, um homem de verdade que a faça se sentir uma mulher de verdade! Além do mais, o Silas não me parece querer se casar tão cedo. Liberata precisa de um homem que se case com ela o mais breve possível. Quanto mais velha mais dificuldades uma mulher encontra para engravidar e filhos ela quer, eu sei.

O marido mordeu a língua e murmurou:

— Eu ainda acho que eles dois poderiam se dar muito bem. Ele já comentou dela comigo. Acha-a bonita e atraente.

— Bah! Bobagem!

Subitamente, Umbelina sentiu uma fisgada no estômago.

— O que foi?

— Uma cólica ou qualquer coisa semelhante. É a segunda ou a terceira do dia.

— Se continuar, é melhor chamar o médico.

— Isso é coisa de mulher, não se preocupe.

Dias depois, chegava à fazenda Millenotti um escravo, trazendo um recado de seu senhorio Humberto Domingues.

— Dona Umbelina adoeceu, quer ver a mãe e a irmã se possível.

Lamartine tratou logo de levá-las até Santa Mariana na sua charrete mais possante.

Umbelina julgou primeiramente estar com algum tipo de doença intestinal; sentia-se como se estivesse morrendo. Todavia, era algo bem diferente, constatou o médico após o exame. Eram os primeiros sintomas de que ela ia ter um bebê.

— Um bebê, doutor?

— Sim, senhora.

Gianluza se alegrou:

— Mas que notícia mais maravilhosa! Vou ser avó!

— E eu, pai! – exclamou Humberto, felicíssimo.

O marido beijou a esposa seguido de Gianluza e Liberata.

— Parabéns, maninha.

Nisso a escrava entrou no aposento e pediu permissão para falar.

— O senhor Silas Barcelos acabou de chegar. Posso mandá-lo entrar?

— Sim, por favor – respondeu Humberto mal se contendo de felicidade.

Quando o amigo entrou, Humberto foi até ele, abriu os braços e falou:

— Dê-me um abraço, meu amigo! Pois em breve serei papai!

— Papai?! Meus sinceros parabéns, Humberto!

Foi durante o abraço que Silas notou a presença de Liberata. Quando seus olhos se encontraram com os dela, algo definitivamente se acendeu em seu coração. Somente Umbelina percebeu e foi, desde então, a maior incentivadora daquela união.

Somente quando Silas se aproximou dela é que Liberata prestou melhor atenção a ele. Sua voz era grave, com um leve sotaque cuja procedência ela não conseguiu identificar. Ele tinha uma beleza meio rude e era muito alto, possivelmente uns 20 centímetros a mais do que ela.

– Olá!

Ela, muito timidamente, respondeu:

– Olá.

Algumas rugas ladearam a boca de Silas quando ele sorriu. Havia alguma coisa de familiar nele, percebeu ela. Só então lembrou que ele era o moço que avistara, por diversas vezes, observando-a durante a festa de casamento de sua irmã.

Naquele primeiro encontro, os dois conversaram sobre amenidades, Silas era muito bom em dar início a uma conversa e mantê-la interessante. Quando soube que ela já não mais esperava por aquele que considerou o maior amor de sua vida, pediu permissão a Gianluza Nunnari para cortejar a filha. O pedido foi aceito juntamente com sua bênção. Foi assim que eles começaram a namorar e Liberata pôde, finalmente, viver outra realidade afetiva, mais feliz e compensadora.

Enquanto isso na Itália...

– Estou com saudade do nosso filho, meu marido – dizia Chiara para Filomeno Nunnari. – Por que ele está demorando tanto para vir me ver?

– Deve estar trabalhando muito, meu bem.

– Pois lhe escreva dizendo que quero vê-lo o quanto antes. Não é assim que se trata uma mãe. Não é porque fiquei velha que tenho de ser largada às traças.

– Mas Gianni mora tão longe, Chiara.

– Não importa. Exija que ele venha me ver, diga que sou eu, sua mãe quem faz tal exigência.

Filomeno mordeu os lábios, apreensivo.

Nesse ínterim, nasceu o quarto filho de Roberto e Inaiá, outro menino que foi batizado com o nome de Homero. Inaiá se viu feliz por dar um novo menino para o marido e torceu para que ele se desse por satisfeito tendo quatro filhos. Roberto, entretanto, estava determinado a ter mais e, por isso, não deixou a esposa em paz até que estivesse grávida novamente.

Ela aguentou o que foi forçada a fazer contra a sua vontade, calada, mais uma vez, como faziam a maioria das esposas na época.

Era noite de lua cheia e Liberata estava só em sua casa quando ouviu o que lhe pareceu ser o relincho de um cavalo. Teria sido mesmo ou estaria ouvindo coisas? Não, não estava, o relincho do animal ecoou até seus ouvidos outra vez e, em seguida, ouviu toques na porta. Quem seria àquela hora, tão tarde? Deveria atender à porta ou fingir que não ouviu? Os toques se repetiram e ela se viu aflita quanto ao que fazer. Seria Silas que fora até lá por algum motivo em especial? Ela se arrastou até a porta e perguntou, baixinho:

– Quem é?

Logo ouviu uma voz de homem sussurrada:

– Liberata?

– Sim.

– Abra.

– Quem é?

– Não está reconhecendo a minha voz?

A jovem por um momento acreditou que a desconhecia por completo, levou quase um minuto para que se desse conta de que era na verdade uma voz muito familiar.

– Maurizio... – murmurou.

A porta finalmente foi escancarada e para sua total surpresa e alegria, era ele mesmo, Maurizio Nunnari, em pessoa.

– Maurizio, meu irmão! – exclamou ela, feliz.

Ele a abraçou e chorou de saudade em seu ombro.

CAPÍTULO 40
MATANDO A SAUDADE

Abraçados permaneceram por um longo minuto.
– Oh, meu irmão... que saudade... Quanta falta você nos fez.
Ele afastou o rosto para poder vê-la melhor.
– Você está linda, Liberata... Linda, minha irmã.
Ela, com os olhos cheios d'água respondeu emocionada:
– Você também está muito bem, Maurizio. Um pouco abatido, só isso.
– Estou exausto, foram dias e dias de viagem.
– Deve estar faminto.
– Estou.
– Venha até a cozinha que vou lhe preparar algo para comer.
– Antes quero passar uma água no corpo, posso?
– É lógico que sim, meu irmão.
Após o banho, o moço dirigiu-se para a cozinha onde Liberata lhe serviu o que restou do almoço e do jantar naquele dia. Ele também se serviu de pão caseiro com manteiga e tomou leite à beça com café.
– Estava morto de fome – admitiu quando esvaziou a boca.
– Estou vendo.
Houve uma breve pausa até que eles pudessem conversar sobre assuntos mais sérios. Liberata perguntou:
– Como vai Elenara? Por que não veio com você?
– Não a vejo já faz um longo tempo.
– Vocês não estão mais juntos?
– Não. Ela me trocou por um velho ricaço.
– Não?!
– Sim! Já deveria ter previsto que faria algo do tipo, louca como é. A princípio fiquei fulo da vida com ela, quis matá-la, mas acabei percebendo, graças a Deus, que esse não era o caminho. Então decidi continuar onde estava até perceber que não havia porque continuar lá, trabalhando, solitário...

Meu único objetivo em viver longe daqui era por causa de Elenara, uma vez que ela não estava mais ao meu lado...

— Eu o compreendo. Deve ter sido sofrido para você.

— Foi, não posso deixar de admitir que foi, mas tudo que vivi ao lado daquela louca me ajudou a amadurecer, o que foi ótimo para mim, de certo modo.

— Quer dizer que está certo quem diz que de tudo, até mesmo dos momentos maus, tira-se algum proveito?

— Está absolutamente certo.

Os dois sorriram.

— E mamãe? Onde está ela? Umbelina?...

— Ambas se casaram.

— O quê?!

— Sim. Umbelina se casou com Humberto Domingues, um rapaz que era apaixonado por ela já há muito tempo e hoje moram na cidade. O pai dele abriu uma loja de secos e molhados para eles tomarem conta e logo, logo ela dará à luz ao seu primeiro bebê.

— Que maravilha!

— Quanto à mamãe, bem...

— Diga, não me mantenha mais em suspense, por favor.

— Ainda bem que está sentado, caso contrário cairia ao saber com quem ela se casou.

— Quem?!!!

— Com o Senhor Lamartine Millenotti.

— Estou pasmo!

— Nós sabíamos que ficaria quando soubesse.

— Como aconteceu?

Liberata então contou com detalhes tudo sobre o envolvimento da mãe e o proprietário da fazenda Millenotti. A seguir contou como conheceu Silas Barcelos e como se desiludiu de uma vez por todas com relação a Roberto Corridoni.

— Pobre maninha.

— Mas agora estou bem, Maurizio, Silas é um amor para comigo. Estou muito feliz de estar sendo cortejada por ele. Nosso casamento será logo.

— Estimo.

Os dois se admiraram por instantes até ele perguntar:

— Quero ver a mamãe, você sabe...

— Sim, eu sei. Amanhã você a vê, hoje já está um bocado tarde para isso, não acha?

— Concordo, só que você terá de ir até à casa-grande pedir para que ela venha até aqui me ver, tendo o cuidado, logicamente, de não deixar que o Senhor Millenotti saiba que estou aqui. Se souber receio que me mate.

– Duvido muito. Ele não é mais aquela pessoa austera e bronca que você conheceu.

– Será mesmo?

– Acredite-me.

No dia seguinte, logo pela manhã, Liberata foi chamar a mãe.

– Você disse que tem uma surpresa para mim – indagou Gianluza enquanto seguia a filha pela alameda que levava até a humilde casa.

– Sim, senhora. Uma linda e magnífica surpresa.

Gianluza ficou ainda mais curiosa e quando viu o filho, correu até ele, abraçou-o e o beijou e chorou no seu peito:

– Maurizio, Maurizio, Maurizio... Que saudade, meu filho!

– Oh, mamãe... Eu também estava morto de saudade da senhora.

O abraço se intensificou.

– Você foi um louco em ter fugido com aquela sirigaita.

Ele riu e admitiu:

– Sei que fui, mamãe, mas é que eu estava louco por ela.

Gianluza desfez o abraço, girou o pescoço e perguntou com certo desdém:

– E onde está a maluca?

Maurizio riu e se avermelhou, no minuto seguinte se pôs a contar tudo o que se passou entre ele e Elenara.

– Eu já esperava por isso, Maurizio – admitiu Gianluza ao término da narrativa.

– Esperava? E porque nunca me disse?

– Primeiramente porque você fugiu me impossibilitando de lhe dizer e, segundo, porque por mais que eu lhe dissesse, apaixonado como estava por ela, não me acreditaria.

– A senhora tem razão, não teria mesmo dado crédito as suas palavras.

Ele sorriu, ela também.

– Agora, diga-me mamãe – continuou ele – que história é essa de a senhora ter se casado com o senhor Millenotti?

– Casado entre aspas, Maurizio.

– Ahn?

– Não pudemos nos casar até então porque precisamos localizar Elenara para que assine os papéis da separação.

– Ah!...

– Agora você vai poder nos dizer onde encontrá-la para que possamos agilizar os documentos.

– Digo sim, se o Senhor Lamartine prometer não se vingar dela.
– Lamartine é hoje um homem muito mudado, filho. Você verá.
– A senhora acha mesmo que deve dizer a ele que estou aqui?
– Sim. E fique tranquilo, nada de mal lhe acontecerá, acredite-me.

Gianluza, admirando o filho mais uma vez, com seus apaixonantes olhos de mãe devotada a sua prole, comentou:

– A vida é mesmo muito louca. Nunca podemos prever aonde vai dar. Quando pensamos que estamos definitivamente no seu comando, que suas rédeas estão em nossas mãos, ela nos surpreende, tomando um outro rumo.

Maurizio e Liberata tiveram de concordar com a italiana porque aquilo era a mais pura verdade.

No minuto seguinte Gianluza partiu em busca do marido e assim que o encontrou lhe revelou o que precisava ser revelado.

– Maurizio... – começou ela.
– Maurizio?! – alarmou-se Lamartine. – O que tem ele?
– Soubemos que ele e Elenara não estão mais juntos. Ela o abandonou por causa de um ricaço.

O homem levou algum tempo para compreender o que de fato ouviu. Por fim, rindo, comentou:

– Pobre Maurizio, fez tudo por aquela danada e acabou com os burros n'água!
– A vida é mesmo assim, Lamartine: nem sempre ganhando nem sempre perdendo...

Gianluza afirmou o que afirmou por acreditar que estava bem certa do que dizia.

– O rapaz impetuoso arriscou a vida para se realizar no amor – continuou o homenzarrão –, concretizar sua grande paixão e acabou morrendo na praia. Coitado...
– É o poder que certas mulheres exercem sobre os homens, especialmente sobre os imaturos e tolos.

Houve uma breve pausa até que ela dissesse:

– Só lhe contei tudo isso porque acredito que entre nós não deve haver segredos. Contei-lhe também por acreditar que desistiu mesmo de se vingar de meu filho e de Elenara por terem se tornado amantes. Não quero pôr em risco a vida de nenhum dos dois.
– Pode ficar tranquila, meu amor. Nada de mal lhes farei.
– Pois bem, Maurizio está aqui na fazenda.
– Aqui?!
– Sim, na casinha com Liberata.

As sobrancelhas do homem se arquearam, denotando outra grande surpresa.

– Quero vê-lo – admitiu meio minuto depois.

– Eu sabia que gostaria, por isso vim lhe contar. Só lhe peço que seja tolerante para com ele.

– Serei.

Minutos depois, o casal chegava a humilde casinha. Maurizio levantou o queixo, inclinando-o até seus olhos se encontrarem com os de Lamartine.

– Olá, meu rapaz – cumprimentou o homenzarrão num tom simpático.

Maurizio, corando até a raiz dos cabelos, respondeu, esticando-lhe a mão:

– Como vai o senhor?

O homem apanhou sua mão no ar, consumando o cumprimento e respondeu com grande satisfação:

– Bem, melhor do que nunca agora que estou casado com sua mãe.

Maurizio procurou sorriu, mas não conseguiu.

– Eu queria lhe pedir desculpas pelo que fiz – continuou ele com voz inibida – eu não queria, mas Dona Elenara me forçou, seduziu-me...

– Você não tem de me explicar nada, meu rapaz. Tudo o que ela o forçou a fazer com ela me foi de grande valia, permitiu que eu me cassasse com sua mãe, essa mulher maravilhosa, e me tornasse outra vez um homem feliz como fui com minha primeira esposa.

– O senhor fala sério?

– Sim. E suponho que você voltou para cá para ficar, não é mesmo? Se assim é, precisará de um emprego... Pois bem, você pode voltar a trabalhar na fazenda, estamos mesmo precisando de mais gente para ajudar a dar conta de tudo isso.

Maurizio mal podia acreditar no que ouviu.

– Aceita minha proposta?

Gianluza, por meio do olhar, incentivou o filho a dizer "sim". Maurizio, vermelho agora de felicidade respondeu, entusiasmadíssimo:

– Sim, meu senhor, é lógico que aceito.

E foi assim que Maurizio voltou para junto de sua família, para o seu antigo trabalho e para a chance de voltar a encontrar a felicidade tão almejada por todos nós.

Umbelina, ao rever o irmão também chorou devido a forte emoção do reencontro.

– Calma, maninha – pediu Maurizio –, senão o bebê nasce prematuro.

Todos riram.

No dia seguinte, Lamartine mandou um advogado atrás de Elenara, no endereço que Maurizio havia lhe passado para que ela assinasse os papéis da separação, o que a moça fez sem nenhuma objeção. Assim, Gianluza e Lamartine puderam se casar legalmente.

Foi durante a festa de casamento de Liberata e Silas que Maurizio conheceu uma moça que novamente arrebatou seu coração. Foi quando corria os olhos pelos convidados que avistou a tal figura... Quando seus olhares se cruzaram, um sorriso bonito despontou na face de ambos e, assim, ele avançou na sua direção, como que atraído por um ímã. Nem quis saber seu nome, simplesmente a convidou para dançar e esse foi o primeiro elo entre os dois.

Passaram o restante da festa sem desgrudar um do outro, conversando e trocando ideias, rindo muito. Foi um sonho para Maurizio, o renascimento da esperança de voltar a ser feliz no amor, como todos sonham ser.

Quando chegou a hora de se despedirem, Maurizio, sem esconder a ansiedade perguntou:

— Quando posso voltar a vê-la?

— Que tal amanhã? – respondeu ela mirando seus olhos com seu ar de lince.

— Para mim está ótimo, onde devo procurá-la, a que horas?

— Pode ser por volta das quatro da tarde, se puder. Estou hospedada na casa de uma parente, vim para a cidade somente por causa do casamento do meu primo.

— Ah, você é parente do Silas?

— Sou, sim.

— Eu sou seu cunhado agora que ele se casou com a minha irmã.

— Eu sei.

— Então você já sabia quem eu era.

— Desde que o observei na igreja, quis saber a seu respeito e, minha prima me deu todas as informações.

— *Mamma mia!*

— *Mamma mia!*

Os dois sorriram e se despediram. Renata, Renata Barcelos, era o nome da moça que deixou Maurizio Nunnari tão abestalhado quanto ficou no passado por Elenara Domingues. Agora ele podia dizer que estava curado de sua paixão pela provocante, ousada e sedutora moça... Que as feridas que ela deixou em sua pessoa estavam definitivamente se cicatrizando, caso contrário não teria se empolgado tanto com Renata.

Nas tardes que se seguiram, os dois se encontravam e faziam planos para um futuro lado a lado. Maurizio mal se continha de ansiedade para se ver casado com Renata Barcelos... Gianluza se entusiasmou com a empolgação do filho com relação a essa nova mulher em sua vida, queria vê-lo feliz, desperto novamente para o amor por uma moça de boa índole que realmente o merecesse e o fizesse feliz.

Enquanto isso, Liberata e Silas viviam uma linda e inesquecível lua de mel. Haviam seguido para Santos, onde puderam desfrutar de empolgantes e deliciosos banhos de mar e banhos de sol.

Enquanto isso, Inaiá aguardava a chegada de sua quinta criança. Por sorte, Roberto nunca desconfiou que os filhos eram amamentados também pela escrava de nome Tunai que tinha leite abundante para uma prole de bebês. Quando Margarita suspeitou, achou melhor deixar o filho por fora do que supunha, para evitar brigas e também por perceber que a nora não daria conta de todas aquelas crianças, ainda mais estando grávida de mais uma, tão seguida do último nascido.

CAPÍTULO 41
FECHA-SE UMA PORTA, ABREM-SE DUAS...

O pior aconteceu quando Maurizio descobriu que Renata era casada. Foi quando Silas voltou e soube do seu envolvimento com ela que ele lhe contou.
– O quê?! – surpreendeu-se Maurizio –, você só pode estar brincando comigo, meu cunhado.
– Antes eu estivesse, meu caro. Só não entendo por que Renata não lhe contou.
– O porquê é tão óbvio, Silas – observou Liberata. – Ela queria tirar uma lasquinha do Maurizio e conseguiu.
– Não posso acreditar nisso... – murmurou Maurizio, lutando contra a verdade.
– Pois acredite, é a mais pura verdade – confirmou Silas, seriamente.
Sem mais delongas, Maurizio montou seu cavalo e partiu atrás de Renata Barcelos.
– Tudo o que Silas lhe disse é verdade, sim – confirmou a moça. – Sou mesmo casada e ia lhe contar. – Só não fiz porque temi que se soubesse se afastaria de mim sem ter a chance de me conhecer melhor, de se apaixonar por mim. Entende?
– Não, não entendo. Só sei que você me fez de bobo...
– Não, Maurizio...
– Fez, sim.
– Eu estou louquinha por você e penso que podemos continuar nosso romance às escondidas.
– Que proposta mais indecente a sua.
– Você acha?! Pois eu a considero muito decente. Você gosta de mim, eu gosto de você.
– Pois eu não quero um relacionamento desse tipo para mim, Renata. Nunca mais!

Quando ela fez menção de abraçá-lo e beijá-lo ele a impediu com as mãos e disse:

— Adeus! Volte para o seu marido...

— Eu não gosto dele tanto quanto gosto de você, Maurizio.

— Isso é um problema seu, eu sinto muito. Passar bem.

Sem mais, ele montou seu cavalo e partiu, de volta para a fazenda. Nunca mais quis revê-la, ainda que Renata Barcelos o procurasse para tentar convencê-lo a se tornar seu amante.

Chegara o momento de Roberto realizar seu maior sonho: candidatar-se a prefeito da cidade. Não foi preciso, mencionar nas rodas de amigos que ele pretendia se candidatar ao cargo, a própria cidade ofereceu-lhe o posto e garantiu sua vitória. Foi um dia de grande festa para todos.

Margarita, radiante pelo filho, congratulou-o:

— Parabéns, meu querido. Parabéns pela vitória!

— Eu disse, não disse, mamãe, que um dia isso aqui tudo seria meu?

— Sim, você disse, filho. Seu pai sentiria muito orgulho de você se estivesse vivo.

— Ele está vivo sim, minha mãe, só que noutro plano.

— Você acredita mesmo nisso?

— Acredito. E é isso que me dá forças para continuar, para provar a ele que sou melhor do que ele. Bem melhor!

— Filho, você me parece tão rancoroso.

— Rancor é pouco para expressar meus sentimentos por meu pai, minha mãe.

Intensificou-se o ar de preocupação no rosto de Margarita, especialmente quando o filho acrescentou:

— É porque sei que ele está vivo noutro plano que fiz o que fiz com aquela mulher e os filhos, mamãe.

— Você se refere a...

— Não repita o nome daquela biscate na minha frente. Fiz o que fiz com eles porque sabia que meu pai me veria do inferno que hoje é sua morada e enlouqueceria por não poder fazer nada para impedir a desgraça deles.

— Você fala de um modo... Se sobrevivemos à morte será mesmo que não temos como intervir no mundo dos vivos?

— A senhora alguma vez já viu isso acontecer?

Margarita corou. Depois disse:

— Se isso é verdade, digo, se os mortos podem mesmo acompanhar a vida dos vivos e se desesperarem por quererem intervir a favor de alguns e não puderem, penso que a vida é, neste caso, de certo modo, cruel.

— A vida é cruel, sim, minha mãe. Se não fosse, não teria permitido que aquela vadia e seus filhos tivessem cruzado o nosso caminho e causado tanta dor na senhora.

Margarita estremeceu diante de uma rajada de lembranças quase que simultâneas a dominar sua mente na velocidade de um raio. Com voz partida, comentou:

— Só me pergunto como eles estão... Para onde foram? Que fim levaram... Apesar de tudo tenho pena deles, muita pena.

— Pois eu não tenho pena alguma.

— Pois eu acho que no fundo tem, pelo menos dela... Liberata.

— Pois a senhora me conhece muito pouco, mamãe, se me conhecesse de verdade saberia que não sinto nada por ela. Na verdade, nunca senti.

Margarita aquietou-se, indagando-se intimamente se aquilo era realmente verdade ou algo que o filho insistia muito em querer acreditar.

Nas semanas que se seguiram, Maurizio andou cabisbaixo pela fazenda por causa do que viveu com Elenara e com Renata.

— Até parece que tenho o dom de me interessar somente pela mulher errada – desabafou, certo dia, com Liberata. – Até parece uma doença... Com tantas mulheres solteiras naquela festa para eu me interessar fui me interessar justamente por uma casada, outra vez.

— Aconteceu, ora – opinou a irmã. – Não quer dizer que terá de ser sempre assim, maninho.

— Deus a ouça, minha irmã. Deus a ouça!

Foi quando ele saiu, certa noite, para espairecer que as portas do amor novamente se abriram para ele. De cima de uma parte elevada da fazenda, ele deixou seus olhos correrem pela plantação iluminada pelo luar onde tudo parecia ter sido banhado por uma fina camada de prata. Foi nesse momento que ele avistou Glória, a escrava mulata, uma das vinte escravas de Lamartine Millenotti, sentada num tronco nas proximidades da senzala, admirando a lua majestosa, brilhando no céu. Ele já a tinha visto, mas nunca lhe prestado a devida atenção.

— Uma escrava quase branca não pode ser uma escrava – comentou com seus botões.

Subitamente quis saber mais a seu respeito, saber por que ela, quase branca, era uma escrava. Assim, ele foi até ela que o saudou com um sorriso gentil nos lábios carnudos. Foi como se ela o reconhecesse. Como se fosse um velho conhecido seu de outrora.

Diante dela, ele deu um suspiro ansioso e perguntou:

– Acordada até esta hora?

Ele nunca havia se dirigido a uma escrava com tanta naturalidade.

– Sim, senhor. Gosto da noite, gosto do luar. Faz-me sentir mais viva e... bonita.

As palavras dela despertaram novamente um sorriso bonito em seus lábios.

– Gostaria de saber por que você, quase branca, é uma escrava.

– Sou mulata, meu senhor. Minha mãe era negra e meu pai, branco. Ele era capataz da fazenda em que minha mãe era propriedade, os dois se tornaram amantes e quando ela engravidou de mim, meu pai, por medo de ser punido pelo patrão, por ter engravidado uma negra, pediu demissão da fazenda antes que eu nascesse e revelasse a todos o que ele fizera. Por isso nasci escrava e penso que mesmo que meu pai dissesse que eu era filha dele, continuaria sendo escrava. Ele não poderia mudar o meu destino, mesmo sendo um branco.

– Compreendo.

– Fui criada nesta fazenda e minha mãe teve uma outra filha, dessa vez de um escravo da fazenda que foi forçado a copular com ela para gerar filhos para que no futuro ajudassem no lugar. Muitos senhorios agem assim para economizar gastos, estarem sempre renovando seu grupo de escravos sem ter de pagar por novos.

– Já ouvi falar a respeito.

– Essa é a minha história.

– E por onde anda sua família? Por que veio parar aqui?

– Porque o proprietário da fazenda em que nasci, faleceu, e diante de safras frustradas, os herdeiros optaram por vender alguns escravos e eu e minha irmã fomos nessa leva.

– E onde está sua irmã?

– Idausina, é o nome dela. Foi comprada antes de mim no mercado de escravos por um homem detestável. Tanto ela quanto eu imploramos-lhe que nos comprasse juntas, mas ele se recusou terminantemente. Penso que fez de propósito, para não nos dar o prazer de continuarmos lado a lado, para nos separar de vez. Aí, então, apareceu o Senhor Lamartine que me comprou para ajudar sua esposa Elenara.

– Mas, eu nunca vi você ao lado de Elenara.

– O senhor nunca me viu ao lado dela porque ela não me quis. Preferiu sempre a ajuda de escravas mais velhas ou de escravos, os mais moços.

Maurizio, rubro, respondeu:

– E eu entendo por que.

Fez-se um breve silêncio até ele dizer:

– Foi bom falar com você, Glória.
– Gostei também de falar com o senhor.
– Pode me chamar de você, Glória.
– Não sei se posso.
– É lógico que sim.
– Não sei se vou conseguir.
– Tente, pelo menos tente.
Ela corou. Ele se despediu.

Nos dias que se seguiram, Maurizio Nunnari ficou a observar Glória, discretamente. Ainda que ela não o encarasse, ele conseguia perceber que ela também o observava a distância tendo sempre muito cuidado para não ser notada.

– Olá – disse ele, tomando finalmente a iniciativa de ir até ela, trocar novamente algumas palavras.

Ela novamente o recebeu com seu sorriso bonito bailando em seus lábios carnudos. Só mesmo sob a luz do sol é que ele pôde observá-la melhor. Era uma moça alta e magra, parecendo ter mais do que seus vinte anos reais. Sua expressão era mais doce do que tímida. Sua figura graciosa, de suaves olhos castanhos e seus belos e delicados contornos deixaram Maurizio estupidamente encantado. Quando ele percebeu que estava aéreo, forçou sua mente a retornar à conversa.

– Como vai? – perguntou, tentando encontrar algo para dar início à conversa.

– Bem, e você? – respondeu ela com voz suave e gentil com as mãos agarradas aos cotovelos para sustentar seu corpo trêmulo.

– Melhor, agora que estou aqui.

A resposta dele a fez sorrir, exibindo seus dentes lindos e brancos como a neve.

– Seu sorriso é deveras encantador – elogiou ele, compenetrado na sua boca.

– Obrigada.

Então, ele lhe pediu permissão para se sentar ao seu lado.

– Posso?

– Por favor.

Um minuto depois, Maurizio se sentia disposto a se abrir com Glória, contar-lhe tudo, *tim-tim por tim-tim* sobre o seu envolvimento com Elenara e tudo que aprendeu, vivendo ao seu lado. Glória ouviu tudo pacientemente e com grande interesse.

– A vida é mesmo muito louca, não? – completou Maurizio ao término de sua narrativa. – Não sabemos aonde vai dar. Quando pensamos que ela está definida, que suas rédeas estão em nossas mãos, ela nos surpreende, tomando um outro rumo, não concorda?

– Sim, a vida é louca e, ao mesmo tempo, surpreendente.

– É como o amor, não acha?

– Não sei porque nunca amei, não como você amou Dona Elenara.

– Minha mãe disse, certa vez, para mim e minhas irmãs, que o amor é um sentimento que quando se divide, se multiplica.

Ao perceber que ela não o havia compreendido, ele usou outras palavras para que ela o entendesse:

– Quis dizer que quanto mais amor você dá ao próximo, mais ele se expande e nos engrandece.

– Que bonito...

– Eu também acho muito bonito.

Nenhum deles soube precisar o momento em que suas mãos se tocaram, entrelaçaram e aconteceu o beijo, o primeiro beijo entre os dois. Só souberam precisar, mais tarde, que foi um beijo lindo e apaixonante. Surpreendentemente lindo e apaixonante.

Logo veio outro, e mais outro... E foi assim que Maurizio Nunnari começou a viver uma linda e fascinante história de amor ao lado de Glória, uma história que revolucionou tanto sua vida quanto a da escrava mulata.

Quando todos souberam do seu envolvimento com a moça, houve muito preconceito como existe até hoje quando um branco se envolve com uma negra e vice-versa.

– Estou surpresa com você, Maurizio – admitiu Gianluza de imediato. – Mas se você realmente está se interessando por essa moça, penso que deve seguir em frente.

– Eu concordo com a mamãe – opinou Liberata.

Umbelina também deu seu parecer:

– Só penso que muitos vão falar de vocês dois, meu irmão. A sociedade em que vivemos é muito racista, você sabe... Tanto no Brasil quanto na Europa.

– Pois falem de mim o que quiserem. Não viverei com os racistas, viverei com Glória...

– Você está certo, Maurizio, mas é bom que saiba, desde já, o que seu envolvimento com essa moça pode acarretar a vocês dois e aos filhos que por ventura possa ter com ela, caso se casem no futuro.

– Obrigado pelo conselho, mamãe.

Diante do rumo que tomou a vida de seu enteado, Lamartine falou:

– Já que você e ela pretendem ficar juntos, acho mais do que justo que

Glória seja alforriada, não? Para que seja uma mulher livre, livre para você e para a vida, Maurizio.

O rapaz, emocionado, agradeceu:

— Eu lhe agradeço muito, Senhor Millenotti, se fizer isso por mim e por Glória. Agradeço do fundo do meu coração.

O homem sorriu, transparecendo felicidade por poder unir um casal que se amava e, também, por perceber que não guardava nenhum tipo de ressentimento por Maurizio ter se tornado amante de Elenara no passado. Perdoar ao próximo era realmente uma dádiva, um elixir para a paz, percebia Lamartine mais uma vez, agradecendo a Deus por ter compreendido tal fato para sempre em sua vida.

Quando Maurizio descobriu que os escravos da fazenda vinham evitando Glória por ela ter se envolvido com ele, um branco, o italianinho ficou surpreso e, ao mesmo tempo, indignado.

— Eu esperava que os brancos, não todos, certamente, vissem a nossa união com os olhos do preconceito e do racismo, Glória – desabafou com ela. – Mas os da sua raça, isso eu jamais pensei que aconteceria.

— Eu também estou impressionada com a reação de todos.

— Não vejo por que se revoltam.

— Penso que me veem como uma traidora, Maurizio. O certo para eles é que todo preto se envolva com preto e branco com branco. O preto que se unir a um branco, ainda que por todo amor desse mundo, deve ser repudiado porque foram os brancos que tiraram os negros à força da nossa terra mãe.

— Eu não os recrimino por pensarem assim, Glória, afinal, foi isso mesmo o que aconteceu. Os brancos, os de alma torpe, logicamente, escravizaram sua raça contra a vontade e isso não foi certo. Não foi, não!

— O que está feito está feito, Maurizio.

— Eu sei, o que se há de fazer?

Só então Maurizio se deu conta do quanto era sofrido para aquela gente de cor diferente da sua viverem como escravos. Sendo punidos em troncos com chibatadas, passando a pão e água, caso desobedecessem às regras, ou se rebelassem contra os brancos. Gente que é obrigada a dormir em senzalas como animais, alimentando-se com uma espécie de comida que mais parecia feno e capim para alimentar cavalos e vacas. Era quase uma condição inumana e, aquilo, agora, para o italianinho lhe era revoltante.

Diante de tudo que ele aprendeu com sua religião, Maurizio foi até Santa Mariana conversar com o padre da paróquia da cidade.

— Padre... – começou ele, ajoelhado no confessionário.

— Sim, meu filho.

— É certo um homem branco se casar com uma negra?
— Não, filho, é lógico que não.
— Ainda que ele a ame, que veja nela a mulher da sua vida?
— Seria certo se a sociedade em que vivemos não fosse tão preconceituosa e racista.
— O Senhor quer dizer que...
— Se esse homem branco quiser ter paz na vida, não quiser ser massacrado pela sociedade em que vive, não deve se envolver com uma negra. Mas se ele quiser seguir o que seu coração manda, ser feliz no amor, suportando depois o peso de uma sociedade preconceituosa e racista, deve se casar com ela.
— Surpreendente suas palavras, padre. Obrigado pelo conselho.
— Que Deus ilumine seus passos, meu rapaz.
O próximo passo de Maurizio foi ir até a senzala quando todos os escravos se encontravam reunidos ali para ter uma conversa séria com todos.
— Escutem aqui – começou ele impostando a voz. – Sei muito bem que não aprovam o meu envolvimento com Glória por ela ser uma negra e eu um branco, mas, pensando assim, vocês estão sendo tão preconceituosos e racistas quanto muitos brancos que conheço. É bom saberem que há brancos e brancos... Eu sou um branco bom, minha mãe, minhas irmãs e o Senhor Lamartine, senhorio de vocês, também são brancos bons. Não fomos nós quem escravizamos a sua raça, tal maldade partiu de outros brancos. Rotular todos os brancos de mau caráter é um equívoco. Querer impedir que um casal se una porque são de cores diferentes é outro equívoco.
Ele puxou Glória para junto dele, enlaçou-a e afirmou categórico:
— Eu vou me casar com Glória e quero que todos vejam a nossa união com bons olhos.
Houve um certo *zum-zum-zum* entre os escravos.
— E tem mais! – continuou Maurizio erguendo a voz. – A partir de hoje eu lutarei junto dos abolicionistas deste país, para que a escravidão tenha fim, para que todos voltem a ser livres como eram na pátria mãe de vocês.
O rosto de todos ali se iluminou. Começavam a ver Maurizio Nunnari a partir de então com outros olhos e, quando ele se tornou um moço engajado na abolição da escravatura, tiveram-no como um herói que deveria ser respeitado acima de tudo.
Maurizio e Glória se casaram logo após ela ter sido alforriada por Lamartine Millenotti. Foi um dia de grande festa na fazenda e o casamento foi celebrado ali mesmo pelo padre italiano que bebeu, bebeu até cair. Um mês depois, Glória estava grávida de Maurizio para a alegria do casal e de toda a família.
Logo Maurizio se tornou querido por todos os escravos da região e

abolicionistas, todavia, odiado pelos escravagistas, sendo um deles, Roberto Corridoni.

– Há um novo abolicionista na região e esse homem é implacável – explicou um dos que eram contra o fim da escravidão para Roberto.

– Esse sujeito tem de ser morto o quanto antes. Como se chama o estafermo?

– Chama-se Maurizio... Maurizio Nunnari.

Os olhos de Roberto denotaram grande espanto.

– Não pode ser... – murmurou, embasbacado.

– O Senhor por acaso o conhece?

– Infelizmente, sim.

Os olhos de Roberto brilhavam de ódio naquele instante.

– Não posso acreditar que essa família continua me perturbando.

Após breve pausa, o escravagista perguntou:

– Quer que armemos uma tocaia para esse sujeito?

– Por enquanto, não. Deixe ele se desgastar um pouco mais em prol da abolição, deixemos ele pensar que está ganhando espaço, tendo progresso na sua empreitada, para que quando for morto os que se empolgaram com sua determinação e seus ideais recuem por medo de acabarem como ele.

– Boa ideia, meu Senhor. Muito boa ideia.

Roberto assentiu, enquanto seus olhos se voltaram para o passado, o passado que viveu ao lado de Maurizio quando criança.

Nesse ínterim, Umbelina e Humberto tiveram seu primeiro filho. Uma menina que foi batizada com o nome de Elaine.

Maurizio e Glória também tiveram o deles, um menino, que recebeu o nome de Giulio. Uma criança mulata linda, que em poucas semanas parecia ter meses de vida.

Inaiá teve outra menina que foi batizada com o nome de Josefina e, mesmo rogando aos céus para que Roberto se contentasse, de uma vez por todas, com cinco filhos, ele, impiedosamente a engravidou pela quinta vez.

Quanto a Lamartine, decidiu levar Gianluza dentro em breve para Europa para rever sua família. Sua decisão foi recebida com grande alegria por Gianluza que há muito almejava rever a família querida.

Em Serra Dourada...

Um dia Margarita pensou que escutara um gato miando, algures, perto de onde se estocava a comida, a dispensa que servia como geladeira na época. Mesmo que tivesse sido, o sensato era chamar uma das escravas para averiguar. A italiana, porém, quis ela própria investigar e o resultado foi uma queda pela escada abaixo e fratura de um braço.

O médico, quando a examinou, manifestou dúvidas quanto à possibilidade de os ossos se unirem outra vez; nessa época não se tirava raio-x e, o conhecimento a respeito de fraturas, pelo menos o que o médico da cidade possuía não era dos melhores. Margarita correspondeu triunfante ao desafio. No devido tempo ela podia novamente usar o braço, embora não pudesse erguê-lo acima da cabeça.

– Eu sabia que superaria mais essa, mamãe – alegrou-se Roberto.

– Depois de tantas que passei, essa foi, talvez, a mais fácil de ser superada, filho – respondeu ela, alegre.

– Minha sogra é uma mulher corajosa – elogiou Inaiá.

Roberto voltou-se para ela como um raio, com o cenho fechado. Ela engoliu em seco, foi como se quisesse engolir as próprias palavras. Assim que o filho se foi, Margarita falou:

– Desculpe o Roberto, minha nora. Deve estar irritado com alguma coisa.

– Comigo, minha sogra. É comigo que ele está sempre irritado.

– É o peso do trabalho. Ele abraçou muitas atividades ao mesmo tempo.

– Às vezes penso que ele não gosta de mim.

– Gosta, sim.

– É como se ele tivesse se arrependido de ter se casado comigo, ou algo parecido.

– Homem tem o gênio difícil, minha nora. Especialmente os italianos.

– Deve ser por isso então...

Inaiá não esperava que Roberto fosse se transformar no que se transformou com ela após terem se casado. Era sempre ríspido para com ela, mal a deixava abrir a boca, sempre repelia suas opiniões ou zombava abertamente delas, deixando-a muitas vezes sem graça diante dos outros. Era só para com a sociedade que ele tinha voz macia e paciência, ouvia a todos com tolerância e sempre oferecia e retribuía sorrisos. Mas de que valia ele ser ótimo para com os outros se dentro de casa era ríspido e grosseiro? Aquilo não era certo. Pelo menos, ela, Inaiá, não achava certo. Por isso ela rezava toda tarde em frente à pequena imagem da Virgem Maria que tinha num cantinho da sala, uma espécie de altar particular e na paróquia que frequentava pelo menos umas três vezes na semana, para que o marido mudasse seu comportamento dentro de casa, fosse tão gentil quanto insistia em ser com a sociedade.

Foi numa conversa franca com uma prima que Inaiá se perguntou se o marido não havia se desinteressado por ela por ter se descuidado com a aparência. A resposta da prima, todavia, surpreendeu-a:

– Mesmo que você estivesse em forma, a meu ver, seria tratada do mesmo modo por seu marido. Há homens que não importa o que você faça para agradá-los, eles são sempre grosseirões para com suas esposas.

– É mesmo?

– Pode observar. Mesmo uma esposa linda e completamente em forma não garante que o marido procure outras para fazer sexo. A natureza dos homens é assim, Inaiá. São aventureiros, grosseirões e infiéis.

Inaiá quedou pensativa.

Dias depois...

...Margarita andava com dificuldades para respirar, acreditando que seu fim se aproximava. Inaiá encontrava tempo para ser atenciosa com ela bem como para cuidar dos cinco filhos. Logicamente que contava com as escravas para dar conta do recado, em especial de Etelvina, a escrava que era seu braço direito.

– Inaiá – chamou Margarita, arquejante.

– Sim, minha sogra.

– Inaiá – tornou Margarita com certo desespero transparecendo na voz.

– Estou aqui – respondeu a moça pegando firme na mão direita da mulher.

Ao sentir seu toque, Margarita pareceu se tranquilizar.

– Preciso de você, Inaiá. Muito.

– A senhora sabe que pode contar comigo para o que der e vier, Dona Margarita.

– Eu preciso vê-la e só você pode me ajudar.

– Vê-la? A quem a senhora se refere?

– A Gianluza, a italiana de que lhe falei. A que se tornou minha amiga durante a viagem de navio para o Brasil. A que...

Inaiá, com medo de que mais alguém a ouvisse, falou:

– Sim, eu sei quem é.

– Mande alguém buscá-la, Inaiá. Por favor. Que venham os filhos também.

– Buscá-la?!!

– Sim. Não tenho mais muito tempo de vida. Preciso falar com ela. Pedir seu perdão. Não posso morrer sem que ela me perdoe. É muito importante para mim que ela me ouça, ouça o que eu tenho a lhe dizer. Ela e os filhos.

– A senhora sabe que Roberto não aprovaria tal coisa.

– Por isso não lhe peço, peço a você porque sei que é capaz de fazer isso por mim.

– Ele também não me perdoaria se soubesse o que fiz.

– Perdoará sim, ao saber que foi porque eu mandei.

— Roberto é tão imprevisível... tão temperamental, a senhora sabe. Se fosse comigo um décimo do que é para com as pessoas lá fora eu já me daria por contente. Às vezes penso que ele me trata assim porque vê em toda mulher a amante do pai.

— Talvez. Mas eu lhe peço, Inaiá, encarecidamente. Ajude essa velha a realizar seu último desejo.

— Está bem, minha sogra. Farei o que me pede. Só não posso garantir que eles aceitarão o convite. Não depois de tudo o que aconteceu entre vocês.

— Peça para quem for lhes dar o recado que insista, por favor. É muito importante para mim.

— Eu sei, minha sogra, sei sim. Farei o que estiver ao meu alcance.

— Obrigada.

O recado chegou à fazenda de Lamartine Millenotti, levada por um escravo a cavalo, causando grande surpresa em todos.

— É um recado de Inaiá, esposa de Roberto o antigo proprietário da fazenda – explicou Gianluza para o marido.

— É mesmo? – surpreendeu-se o homem. – O que ela quer?

— Ela apenas escreve em nome de Margarita Corridoni. A pobre mulher está muito doente e insiste em nos ver. A mim e meus filhos.

Ela suspirou:

— Estou surpresa, Lamartine. Deveras surpresa. Pensei que ela nem se lembrasse mais de nós.

— O que pretende fazer?

— Primeiramente conversar a respeito com meus filhos.

Assim fez Gianluza.

— Estou pasma – admitiu Umbelina. – A vida é cheia de surpresa, mas essa foi demais.

Maurizio opinou:

— É muita petulância da parte dela ter nos mandado esse recado. Só fez porque está morrendo e deve estar apavorada de ir parar nos quintos dos infernos por ter feito o que fez conosco. A senhora não se iluda não, minha mãe, com essa repentina transformação de Dona Margarita.

— Eu não guardo ressentimento dela, meu filho. Se alguém errou de nós duas esse alguém fui eu.

O filho baixou a cabeça e Liberata aproveitou o momento para falar:

— A senhora irá, mamãe?

Gianluza olhou bem para a filha e respondeu:

— Eu tenho de ir. Foi ela quem me estendeu a mão quando eu mais precisei. Não posso negar isso a ela, nem do outro lado da vida.

— Pois eu irei com a senhora.

Os olhos de Gianluza transpareceram surpresa:

— Iria mesmo?

— Sim, mamãe.

— Bem... – manifestou-se Umbelina. – Se Liberata vai com a senhora eu também vou.

Maurizio se opôs:

— Pois eu não irei. Não posso ir. Não depois de tudo o que ela fez conosco.

— Aquilo tudo foi ideia de Roberto, Maurizio...

— Ainda assim ela não se opôs. Que fosse embora, mas que pelo menos tivesse nos deixado o dinheiro que o seu Mario nos prometeu. Especialmente à mamãe.

— Filho – atalhou Gianluza com muita calma – de certa forma eu saí lucrando com o que aconteceu. Graças a tudo isso que acabei conhecendo Lamartine, que tem me feito muito feliz nos últimos anos.

O rapaz não se deixou comover.

— Eu não irei e ponto final.

— Eu irei só com suas irmãs, não se preocupe.

O encontro aconteceu numa quinta-feira do segundo mês do ano de 1804. Roberto não estava na casa, já havia seguido para o trabalho. Foi a própria Inaiá quem foi avisar Margarita que Gianluza e as filhas haviam chegado.

Margarita foi conduzida pela nora até a sala onde Gianluza a aguardava com as duas filhas. Quando ambas se viram, seus olhos se encheram d'água. Gianluza mal pôde reconhecer aquela que tivera por muito tempo como uma amiga, mais do que isso, como se fosse uma irmã de sangue. Os anos pesados haviam escurecido os cabelos dourados de Margarita, roubado o brilho de seus olhos, o bronzeado de seu rosto. Seu corpo voluptuoso havia engrossado.

Elas se abraçaram forte e depois Margarita recuou para olhar melhor para Gianluza.

— Que bom... – falou, lutando com um nó em sua garganta –, que bom que vocês vieram.

— Teria vindo antes se tivesse me chamado – respondeu Gianluza, fazendo força para conter as lágrimas.

As duas repetiram o abraço apertado e lágrimas lhes arderam os olhos. Depois foi a vez de Margarita cumprimentar as duas moças.

— Umbelina, Liberata, vocês estão lindas. Mulheres feitas.

– Já tenho um filho – respondeu Umbelina procurando ser gentil.

– Que maravilha – alegrou-se a italiana verdadeiramente feliz com a notícia.

A seguir as recém-chegadas se acomodaram novamente no sofá enquanto Margarita ocupou a cadeira de sua predileção.

– Está é a minha nora, Inaiá – falou a seguir com grande satisfação.

Inaiá, sorrindo, falou:

– Já nos apresentamos, minha sogra.

Sorrisos.

– Com licença – falou Inaiá em seguida –, vou pedir à escrava que lhes traga algo para beberem e uns biscoitos.

– Não precisa se incomodar – agradeceu Gianluza.

– Incomodo algum – respondeu a dona da casa e após pedir novamente licença, retirou-se.

Margarita cobriu então a nora de elogios:

– Ela é um amor de pessoa.

Gianluza aproveitou para perguntar:

– Soube que não está muito bem, Margarita.

– Estou chegando ao fim, Gianluza, essa é a verdade.

– Não diga isso. Você tem saúde para viver por muitos anos.

Margarita pegou na mão da italiana e disse:

– Roberto não sabe que eu mandei chamá-las aqui. Não permitiria, você sabe. Ele ainda se ressente de tudo o que aconteceu, mas eu não o recrimino. Não por ser mãe, mas por saber que deve ter sido um choque e tanto para ele pegar o pai... você sabe...

Gianluza assentiu.

– Chamei vocês aqui para lhes pedir perdão pelo o que aconteceu. Por termos partido da fazenda sem lhes comunicar. Por não ter lhes dado o dinheiro que prometi a Mario que faria em seu leito de morte.

Voltando-se para Liberata, ela falou:

– Peço desculpas a você também, Liberata. Por Roberto tê-la iludido como iludiu. Eu não sabia de suas reais intenções.

Gianluza e Liberata responderam quase que simultaneamente:

– Eu a perdoo de qualquer coisa que acredite que deva ser perdoada.

A mulher chorou. Todas choraram.

– Agora posso morrer em paz – admitiu Margarita quando se controlou. – Quanto ao dinheiro, juntei algum nesses anos para lhes dar, não é muito, mas foi tudo o que consegui vendendo minhas joias.

– Não precisa nos dar nada não, Margarita.

– Preciso, sim. Não morrerei tranquila se não o fizer.

– Eu agradeço sua preocupação para conosco, mas é importante que saiba que não pretendemos mais voltar para a Itália. Para morar, pelo menos, não. Para passeio, sim.

– É mesmo?!!!

– Sim. Eu me casei novamente.

– Não?!!!

– Sim e com um homem muito especial. O mesmo que comprou a fazenda de vocês. O Senhor Lamartine Millenotti.

– Que esplêndido! Pensei que ele era casado.

– Era, com uma moça uns vinte anos mais jovem do que ele, que fugiu certa noite com um amante.

– *Dio mio!*

– Pois é. Ai então nos apaixonamos um pelo o outro e desde então estamos juntos.

– Benza deus.

– Liberata, Umbelina e Maurizio também se casaram nesse espaço de tempo e nossa vida é, agora, como pode notar, aqui mesmo nesse Brasil sem fim.

– *Mamma mia!* Quantas novidades, que maravilha!

Este foi o momento alegre do encontro. Nem bem a escrava chegou trazendo uma limonada e biscoitos, Roberto apareceu repentinamente.

Que diferenças tinham havido naquele homem, em quatro, cinco anos?, indagou-se Umbelina estudando atentamente seu semblante. No todo, surpreendentemente, muito poucas. Uns cabelos grisalhos, os ombros mais caídos, mas as linhas características do rosto eram as mesmas. Um rosto decidido. Um homem que sabia o que queria e que não pouparia esforços para atingir suas metas. Um homem que, como no passado, quando jovem, fora sempre, de certa forma, cruel e vingativo.

Liberata também analisou Roberto.

O menino bonito de cabelos escuros anelados que brotavam orgulhosamente do teto da testa, de olhos castanhos muito vivos, com um queixo quadrado e agressivo, de nariz reto, cujo ar impudente e levemente irônico ela conhecera no convés do navio e por quem, mais tarde se apaixonou perdidamente a ponto de adoecer, quase morrer por sua causa, já não mais lhe provocava sensação alguma.

– Mamãe! – falou ele como que despertando de um transe. – O que essas mulheres estão fazendo aqui?

– Roberto, meu filho, por favor – suplicou Margarita assustada com sua aparição repentina.

– Eu não dei autorização para a senhora receber em minha casa gente dessa espécie.

– Esta é também minha casa, Roberto – respondeu Margarita a altura. – Você, por acaso, esqueceu-se desse detalhe?

– Não posso acreditar que a senhora recebeu essa gente aqui...

– Eu as convidei, Roberto.

– A senhora o quê?

– É isso mesmo que você ouviu. Eu as convidei. Não poderia morrer sem antes pedir-lhes perdão por não ter cumprido o prometido a seu pai.

– Isso só pode ser um pesadelo.

– Deixe-nos a sós, agora, por favor.

– Não, não e não!

Inaiá olhava para o marido, assustada. Gianluza, Umbelina e Liberata permaneciam sentadas, imóveis.

– Mamãe – continuou Roberto áspero. – Como conseguiu dinheiro para dar a essa gente?

A voz subitamente enfraquecida da mãe chamou sua atenção. Ela parecia péssima, subitamente.

– A senhora está bem?

Uma súbita falta de ar a impediu de responder. Quando fez foi com grande esforço:

– Por favor, Roberto! Deixe-me terminar meu assunto com Gianluza.

Diante da condição da mãe, o filho achou melhor atender ao seu pedido, antes que ela piorasse de nervoso.

A conversa se estendeu com certa tensão desde então. Foi Gianluza quem achou por bem encerrar a visita.

– Nós já vamos indo, Margarita – disse, levanto-se do sofá.

– Já?! Tão cedo?

– Estamos cansadas da viagem, precisamos repousar.

– Eu gostaria tanto de hospedá-las aqui, mas Roberto, vocês sabem...

– Não se preocupe, minha querida. Ficaremos na estalagem e logo pela manhã regressaremos para Santa Mariana.

Despedidas foram feitas a seguir e muitas lágrimas rolaram novamente pelo rosto das duas italianas mais velhas.

Umbelina deixou a casa-grande da fazenda dos Corridoni insatisfeita. Queria porque queria dizer umas poucas e boas para Roberto, que tratara a ela, a irmã e a mãe novamente como se fossem vermes. Diante do impasse, inventou que havia esquecido na casa seu lenço de seda e precisava ir buscá-lo. Nem bem a escrava a atendeu, ela quis saber aonde estava Roberto Corridoni, assim que a escrava lhe deu a informação, ela passou por ela feito um raio e se dirigiu até o local indicado.

— Quem pensa que é, para entrar assim na minha casa?! — exaltou-se Roberto ao ver a italiana.

— Sou quase sua irmã, Roberto — respondeu ela em italiano.

O rosto pálido de Roberto avermelhou.

— Irmã?! — exclamou, dando uma risada sem alegria. — Você de mim não é nada, nunca foi, nem nunca será!

— Pensei que gostasse de nós.

— Gostar?! Eu apenas os tolerava. Agora não preciso mais fingir. Nenhum de vocês nunca se punham no seus devidos lugares. Você, Umbelina, era a pior de todos, com seu jeito arrogante... Meu pai foi mesmo um tolo em tê-los levado para aquela fazenda.

— Foi um gesto de bondade da parte dele.

— Pois sua bondade nos custou caro! A mim e a minha mãe! Especialmente a ela, pobrezinha.

— O que você fez com Liberata é imperdoável. Fazê-la se apaixonar por você para depois...

Com a cara mais deslavada do mundo ele respondeu:

— Liberata era uma moça graciosa, sem dúvida, muito graciosa, mas muito cheia de si. Demais para o meu gosto.

Umbelina deu um passo à frente e quando fez menção de lhe dar um tapa, ele agarrou seu punho e o torceu. Ela, entre lágrimas, falou:

— Eu sinto asco de você, Roberto Corridoni. Um dia eu o amei como a um irmão, agora eu sinto asco.

— Terminou?

— Solta-me.

Ele soltou e bramiu:

— Fora daqui, Umbelina. Você e sua laia nunca mais ponham os pés nesta propriedade!

Ela voltou a enfrentá-lo:

— Cuidado, Roberto. Muito cuidado. Aqui se faz aqui se paga!

Ele riu, debochado. Ia dizer alguma coisa, mas mudou de ideia:

— Fora, vai!

Ela finalmente atendeu ao seu pedido. Assim que deixou a casa, procurou se recompor, não queria que a mãe e a irmã soubessem o que havia se passado há pouco entre ela e Roberto.

— Encontrou? — quis saber Liberata assim que Umbelina montou na charrete.

Ela ainda estava tão aturdida que demorou para compreender a irmã.

— Encontrou o quê? — indagou transparecendo esforço de concentração.

– Do que está falando, Liberata?
– Do que você esqueceu na casa.
Só então ela caiu em si.
– Ah, sim, encontrei.
Ela tentou fingir normalidade, mas Gianluza percebeu que algo há pouco havia tirado a filha do sério e não precisou ser vidente para saber o que foi.

Assim que se viu a sós com a esposa, Roberto falou:
– Inaiá! Você não deveria ter feito o que fez. Deveria ter me consultado.
– Sua mãe não me permitiu.
– Toda esposa tem obrigação de consultar o marido para qualquer coisa.
– Eu sinto muito.
– De que adianta sentir muito, agora?! Eu abomino essa gente! Simplesmente abomino!
Ouviu-se um toque na porta; como eles demoraram para atender, os toques se redobraram.
– O que é? – trovejou Roberto ao encontrar uma escrava ali.
– Sua mãe, sinhô. Ela não está passando bem.
Roberto correu imediatamente para junto de Margarita.
– Mamãe! O que a senhora está sentindo?
Margarita arquejava e transpirava muito. O moço, aflito, gritou:
– Chamem o médico, rápido!
Margarita, com a mão direita, trêmula, acariciou o rosto do filho e disse com muita dificuldade:
– Acabou, filho. Minha vida termina aqui.
– Não termina não, mamãe!
Ela assentiu, fechou os olhos, lentamente os reabriu e disse:
– Seu pai* esteve aqui, há pouco...
Os olhos do moço denotaram espanto.
– Ele me disse para dizer a você que...
A falta de ar a interrompeu.
– Perdoe, Roberto. Perdoe eles...
O moço sabia a quem a mãe se referia.
– Só assim – continuou Margarita –, só assim você encontrará a paz dentro de você.
Roberto suspirou, tenso. A mãe esperou que ele se pronunciasse, mas em silêncio ele permaneceu. Não levou mais que alguns segundos para que Margarita Corridoni desse o seu último suspiro.

---

*Inúmeros são os casos de pessoas que pouco antes de desencarnarem veem desencarnados ao seu redor e conversam com elas. (N. dos A.).

A notícia da morte de Margarita logo se espalhou pela cidade, consequentemente, chegou aos ouvidos de Gianluza na estalagem.

– Margarita, morta... – murmurou ela entristecida. – Que bom que viemos, filhas. Sentir-me-ia péssima se soubesse que ela havia morrido sem ter falado conosco como tanto queria.

Gianluza enxugou as lágrimas e acrescentou:

– Com a morte de Margarita não poderemos voltar para Santa Mariana amanhã de manhã como havíamos planejado. Quero ir ao seu velório e ao seu enterro.

– E se Roberto se opor a nossa presença – observou Umbelina – como fez quando quisemos ir ao velório do Sr. Corridoni?

– É verdade, mamãe – observou Liberata.

– Ainda assim quero ir. Preciso ir. É o mínimo que podemos fazer por Margarita, por tudo que ela fez por nós.

Dito e feito, assim que Roberto avistou as três mulheres chegando para o velório, pediu que se retirassem. Gianluza dessa vez lhe respondeu a altura:

– Você pode nos impedir de entrar no velório de sua mãe como fez quando seu pai morreu. Mas a rua é pública, nela anda quem quer. Ninguém, nem mesmo você, com toda a sua autoridade pode nos impedir de acompanhar o enterro de sua mãe e nós o acompanharemos.

Roberto ficou rubro, a cólera o havia dominado.

– Você é uma prostituta – ralhou ele, entre dentes – para não chamá-la de coisa pior. Eu nunca aceitei e nunca vou aceitar uma mulher da sua laia!

Inaiá tentou acalmar o marido:

– Roberto, por favor, acalme-se. Um escândalo aqui não fará bem para uma pessoa pública como você.

Dessa vez, pela primeira vez, ele a ouviu. Quando seus olhos cruzaram-se com os de Liberata, seu cenho se fechou ainda mais. Ela, dessa vez, peito-o com o olhar. Umbelina estava certa quando a aconselhou: nada de submissão diante dele! Ele não é nada mais do que nós. Não é porque tem dinheiro, posses e poder que deve ser tratado diferentemente. Valorize-se!

Dessa vez foi Roberto quem desviou os olhos por sentir-se fraco diante da moça.

Horas depois, teve início a missa de corpo presente e ao término desta todos os presentes seguiram o enterro até o pequeno cemitério da cidade. Foi ali, diante da cova que todos que estimavam Margarita Lozano Corridoni lhe deram um último adeus. Nesse momento, Roberto cedeu, humanizou-se, chorou como uma criança e foi nos braços da esposa que encontrou algum conforto. Fato que comprova mais uma vez que até mesmo os homens mais durões são tombados pela morte.

Na volta para casa, Liberata perguntou à mãe:
– O que é a morte, afinal, mamãe? Aonde vai dar?
– A morte é o fim de todos, minha filha. Na minha mais humilde opinião, tudo o que se fala sobre vida após a morte, algo que nunca se provou nem se provará é porque não existe nada além.
– Será mesmo, mamãe? Algumas pessoas acreditam tão piamente que a vida continua num outro plano.
– Acreditam para suavizar o efeito da morte em si mesmos.
Umbelina opinou:
– Outro dia minha sogra falou algo muito bonito sobre a morte.
– É mesmo?! – alegrou-se Liberata. – O que foi?
– Disse que entre nós e a morte paira uma cortina invisível e que quando alguém que estimamos morre essa cortina se abre, ao menos por uns minutos, para que possamos vê-la e senti-la, e assim irmos nos acostumando com ela para quando chegar a nossa vez não nos impressionemos tanto.

As três mulheres refletiram enquanto o som dos cavalos guiando a charrete de luxo seguia o seu caminho. Foi o trotar dos animais que despertou Umbelina.
– Diga-me, Liberata – disse ela, voltando-se para a irmã. – Como foi reencontrar Roberto mais uma vez depois de tanto tempo?

Liberata demorou alguns segundos para responder. Deu a impressão à mãe e à irmã que ela queria encontrar as palavras certas para se expressar e, por isso, as escolheu com cuidado:
– Foi bom reencontrá-lo, maninha. Agora sei, definitivamente, que Roberto Lozano Corridoni não tem mais nenhum poder sobre mim. Estou curada da paixão que um dia senti por ele.
– Que bom ouvir isso, filha – congratulou a mãe.

Liberata suspirou, aliviada. Umbelina deu seu parecer:
– Você pode estar curada, Liberata e quanto a ele? Será que ele realmente se esqueceu de você?

Liberata, em meio a um risinho, falou:
– Há muito, muito tempo que se esqueceu. Se não seu comportamento teria sido outro ao me ver.
– Pois para mim – continuou Umbelina – Roberto gostou de você, sim senhora, minha irmã! Gostou e muito! A princípio se envolveu com você para usá-la como vingança, mas depois acabou envolvido e deve ter sido isso que o infernizou e penso que o infernaliza até hoje. A impressão que tive de Roberto Lozano Corridoni foi essa, a de um homem infernizado por algo. Para

mim ele ainda gosta de você, é apaixonado por você. Esse é o seu inferno!

— Se isso é verdade, o problema é dele. Em mim ele nunca mais tocará sequer um dedo. Nem que me encontre numa vida além da morte caso exista.

Liberata suspirou e prosseguiu, com ímpeto:

— E por falar em morte, agora percebo que a paixão também morre, e que benção é para nós quando isso acontece, pois nos liberta da amargura e do sofrimento que nos causa! É lógico que estou falando de uma paixão que só nos faz sofrer.

Gianluza e Umbelina assentiram.

— Só sei que fizemos muito bem em termos vindo, atendido ao pedido de Margarita – admitiu Gianluza em seguida. – Sinto-me mais tranquila agora, com a paz novamente me envolvendo por dentro e por fora.

A mãe enlaçou uma filha e depois a outra e completou:

— Obrigada, minhas queridas. Muito obrigada pelo que fizeram por mim e Margarita Corridoni.

A charrete continuou caminho, vez ou outra se chacoalhando toda devido aos buracos na estrada.

Quando a noite caiu, Inaiá, assim que terminou de dar o jantar para os filhos, foi até a sala chamar o marido. Por não encontrá-lo ali foi até o quarto do casal a sua procura, mas ali ele também não estava. Só foi encontrá-lo na varanda, encostado numa coluna, fumando um cigarrinho de palha.

— Roberto – disse ela, pausadamente.

Ele não respondeu.

— O jantar está servido.

Ele arremessou um cuspe ao longe, voltou o rosto para o lado, sem encará-la e respondeu, asperamente:

— Deixa-me em paz! Não percebeu que eu não estou para comida, nem pra conversa. Suma daqui!

Ela pensou em insistir para que ele se alimentasse, mas achou melhor atender ao seu pedido. Respeitar a sua dor, seu luto. Assim, ela se retirou.

Dos olhos do moço de 21, quase 22 anos completos escorriam lágrimas agora, eram lágrimas contidas, que haviam rolado por sua face por uma força maior, pois ele fizera de tudo para contê-las, como se derramá-las fosse um sinal de fraqueza, de baixa masculinidade.

Então, subitamente a imagem de Liberata voltou a sua memória, o modo como ela o olhou, peitando-o com o olhar, de uma forma audaciosa, não mais submissa, sem temor a ele, nenhum temor e isso o fez novamente se sentir inquieto.

CAPÍTULO 42
TENTATIVAS...

Enquanto isso na Itália...
Chiara Nunnari, adoentada, chorosa, dizia ao marido:
— Não dará tempo de rever meu filho, Filomeno. Vou morrer sem revê-lo.
— Não diga tolices, Chiara. Você ainda é muito moça para morrer.
— Sinto que estou nas últimas, Filomeno. Eu sinto, acredite-me.

Filomeno ficou ainda mais apreensivo diante das palavras da esposa e da situação em si. De fato, aquele parecia realmente o fim da esposa amada e adorada. E agora, como realizar seu último sonho? Gianni Nunnari estava morto a mais de dez anos e aquele era o pior momento para contar a ela que ele mentiu aqueles anos todos a respeito de sua morte, ainda que fosse para preservá-la da dor da perda do filho adorado. Que situação... A verdade agora seria fulminante para Chiara, aceleraria, com certeza, os dias para a sua morte. Que Deus tivesse piedade dele e da mulher naquele instante.

Quando Filomeno chorou, Gianni em espírito, consolou-o por meio de uma energia positiva emanada por espíritos do bem.

Nesse ínterim, em Serra Dourada...
Havia se passado um mês desde a morte de Margarita e Inaiá acreditou que sem a mãe ali, Roberto lhe daria mais atenção, especialmente se o tratasse ainda mais carinhosamente.

Roberto chegou à casa por volta das dezoito horas. Inaiá aguardava por ele, serena e elegante, com um vestido de seda verde caindo graciosamente sobre seu corpo bem proporcionado. Nos dedos longos e nas orelhas miúdas havia joias delicadas. Ao vê-la, ele a mediu da cabeça aos pés e disse:
— Quem está casando hoje?!
Os olhos de esmeralda dela se arregalaram, surpresos.
— Ninguém, Roberto.
— Então porque está vestida assim?
— Para você.

Antes ela tivesse o poder de ignorar sua total falta de romantismo, ser até uma especialista na arte de esquecer suas grosserias, mas não, ela era sensível, e aquilo estava começando a matá-la aos poucos de decepção, tristeza e revolta.

Quanto mais ela tentava se aproximar dele, mais ele era grosseiro para com ela, frio e insensível. Já não lhe dava mais beijos, tampouco fazia-lhe carícias quando a luz da vela que iluminava o quarto do casal era apagada por ela. Aquilo foi deixando Inaiá com dificuldades para dormir, com a cabeça em torvelinho, cheia de pensamentos confusos. Queria deixar a cama, abrir uma janela e respirar o ar da noite, mas não ousava se mover para não acordar o marido, temia que se o fizesse ele a ferisse ainda mais com palavras verrinosas.

E essa era a vida do casal: diante da sociedade um casal perfeito, dentro de quatro paredes, dois indivíduos que mais pareciam tolerar um ao outro. Só que Inaiá amava Roberto, esse era o seu pior defeito: amá-lo demais.

Ao tentar falar com o marido a respeito do seu modo rude de tratá-la, a resposta foi rápida e direta:

– O papel de uma esposa devota ao marido não é o de lhe fazer perguntas sobre o seu comportamento, tampouco acusá-lo de ríspido. É o de cuidar da casa, dos filhos, satisfazê-lo na cama e o de gerar outros filhos, se assim ele quiser. O papel da mulher na sociedade é esse. Se quiser um homem que fale macio com você, procure um homem florzinha. Um maricas, um invertido! Eu sou macho e macho que é macho, age assim.

Inaiá não sabia mais o que dizer, arrependeu-se amargamente de ter aberto a boca.

– E hoje você dorme no chão ou noutro quarto, menos aqui. Não suporto mais olhar para a sua fuça.

Naquela noite Inaiá chorou um bocado, baixinho, no quarto dos filhos. Decidiu que dali em diante nunca mais enfrentaria o marido. No outro dia, pela rua, diante das pessoas, Roberto era só simpatia, mantendo com supremacia sua imagem de marido ideal, pai ideal, cidadão ideal. Ninguém desconfiava de sua real personalidade, somente as escravas sabiam quem ele era no íntimo, mas um escravo não tinha direito de falar e mesmo que o fizesse, ninguém jamais acreditaria nele.

Depois de todos os imprevistos, Gianluza e Lamartine finalmente partiram para a Europa. A bordo do navio, já em alto mar, ela voltou-se para o marido e comentou:

– Nem acredito que estou voltando para a Itália depois de tanto tempo. Quase dez anos completos desde que parti de lá. *Dio mio,* quantas mudanças vivi desde então... Quantas turbulências... Quantos desafios...

— O importante é que você conseguiu superar todos eles, Gianluza. E isso, a meu ver, é admirável.

— Sim, Lamartine, admirável. E superei tudo com a graça de Deus.

Ele puxou a esposa para junto dele, abraçou-a e beijou-a, externando todo o seu afeto por ela.

Rever a mãe e o pai, os irmãos, tios, tias, primos e primas queridas, amigos de longa data foi algo emocionante para Gianluza. Foram abraços apertados e muitas lágrimas corridas pela face de todos. Houve almoços e jantares em família, na casa de amigos, onde a conversa rolou solta em meio a risos e muitas recordações. Lamartine participou de tudo pacientemente, não compreendia o italiano perfeitamente, somente algumas palavras, mas Gianluza sempre que possível o incluía na conversa, traduzindo para o português o que fora dito.

— Gosto de vê-la assim, feliz – confessou Lamartine, certa noite, para a esposa.

Ela sorriu e o beijou.

— Obrigada, querido – agradeceu do fundo de seu coração – obrigada por estar me propiciando tudo isso. Muito obrigada.

Ele recebeu o agradecimento, abraçando-a e beijando com carinho. Minutos depois, ressurgindo para a realidade, a italiana falou:

— Amanhã será o momento mais difícil para mim. Irei ver Dona Chiara e seu Filomeno, pais de Gianni.

Só então Gianluza pôs Lamartine a par da mentira que Filomeno contava para a esposa durante aqueles últimos anos.

— Estou surpreso – admitiu Lamartine. – Não reprovo o gesto dele, não! De jeito nenhum. Fez o que fez por amor à esposa, para não fazê-la sofrer e isso, a meu ver, é admirável.

— Eu também acho. Por isso peço-lhe que não me acompanhe até a casa deles, se Dona Chiara o vir, vai querer saber quem é e eu não posso lhe dizer a verdade.

— Eu a compreendo, meu amor. Pode ir tranquila que eu aguardarei aqui por sua volta.

No dia seguinte, como prometera a si mesma, Gianluza chegou à casa dos Nunnari. Filomeno já esperava por ela, pois já haviam se encontrado antes para combinar o que seria dito para Chiara quando ela fosse visitá-los.

Gianluza adentrou o quarto da sogra somente depois que Filomeno entrou e disse para a esposa:

— Chiara, meu bem... Há uma visita para você.

Os olhos da mulher acamada se transformaram ao ver Gianluza entrando.

— Gianluza! – exclamou vertendo-se em lágrimas. – Finalmente vocês vieram me ver!

Tanto Gianluza quanto Filomeno se emocionaram.

— Como vai a senhora?

Gianluza curvou-se sobre a mulher estirada na cama e beijou-lhe a testa.

— Muito melhor agora que você e meu Gianni vieram me ver.

O comentário fez com que Gianluza voltasse os olhos para Filomeno. Ele, por sua vez, fez sinal para que ela não questionasse o que a esposa lhe dizia, acreditava que ela dizia o que dizia, por não estar mais, certamente, concatenando bem as ideias.

A verdade é que ela via mesmo Gianni ao lado de Gianluza porque ele estava realmente ali e aquilo confortou Chiara de uma forma surpreendente. Gianni, em espírito, também se curvou sobre a mãe e a beijou e foi para ela como se ele estivesse mesmo ali em carne e osso, tanto que pôde sentir o impacto de seus lábios tocando-lhe a pele.

— Eu a amo, muito, mamãe – disse ele, ao perceber que ela, pela primeira vez, podia vê-lo.

Assim que Gianluza e Filomeno ficaram a sós, noutro cômodo, Gianluza perguntou:

— Ela falou como se Gianni estivesse ali conosco.

— Eu percebi.

— Curioso, não?

— De fato.

— Só me pergunto se ela o veria sabendo que ele está morto há quase dez anos.

— Isso nunca saberemos, pois estou decidido a deixá-la morrer sem saber da verdade. Quero que morra feliz, sem nunca provar a dor que é para um pai e uma mãe perderem um filho.

— Eu o compreendo.

Os olhos do italiano se encheram d'água. Houve uma pausa, uma breve pausa, até que ele fosse até o armário e apanhasse as cartas que escreveu, fingindo ser o filho.

— Aqui estão elas – disse, mostrando para Gianluza. – As cartas que forjei em nome de Gianni.

Ao baixar a cabeça por causa de um choro repentino, Gianluza foi até ele e o consolou em seus braços. Ela também chorou com ele, um choro sentido, de saudade infinita. Quando ele se recuperou, ela pediu permissão para ler as cartas em questão.

— Fique à vontade – disse Filomeno, sentando-se com ela no sofá e lhe dando uma carta por vez, na ordem em que foram escritas.

Gianluza surpreendeu-se de imediato com a caligrafia.
– Mas é a caligrafia do Gianni escrita!
– Você acha?
– Sim. Se compararmos com as cartas e cartões que ele me escreveu, os quais devo ter ainda guardado na casa de minha mãe, as diferenças serão mínimas.
– Eu tentei imitar sua caligrafia para que Chiara não percebesse minha letra. Não pensei, porém, que houvesse imitado tão bem.
– Ficou perfeito.
Gianluza pôs-se a ler as cartas então com crescente interesse.

As charretes trazendo os Corridoni e nós, Gianluza e meus três filhos, mais a bagagem, subiram uma longa alameda sinuosa, cercada de eucaliptos, até chegarmos a um pátio de cascalho, em frente a uma casa de arquitetura retangular que chamou a atenção de todos. Era sem dúvida uma morada bem maior do que projetamos em nossas mentes. Era também mais bonita do que imaginamos.
"Venham", Mario Corridoni convidou todos. "A casa nos espera!"
Todos seguimos o italiano pelo gramado que se estendia em frente ao casarão de onde se tinha uma bela vista do bosque de eucaliptos que se estendia até uma colina, e além dela, até perder-se no céu azul com nuvens brancas esfumaçadas.
A primeira atitude de Margarita Corridoni foi a de puxar as cortinas para deixar que o sol iluminasse totalmente o aposento. Logo, a grande e confortável sala estava toda iluminada. Os vasos de cor amarela que haviam sido deixados ali pela antiga dona, brilhavam diante dos poderosos raios do sol.
O pé direito deveria ter quase uns três metros. O piso de tábua corrida fora bem lustrado, por isso parecia novinho em folha. A mobília foi o que mais impressionou as mulheres. Os móveis de carvalho escuro e metais reluzentes de no mínimo 40 anos de idade foram tão bem cuidados pelos moradores que pareciam novos. A morada tinha um ar harmonioso e irreal. Como o de um palácio.
"Venham", convidou Mario novamente. "Venham conhecer os outros cômodos."
Assim fizemos. Havia dois fogões a lenha na cozinha e dois do lado de fora sob um cobertinho. Fora projetado assim pelos antigos moradores, para que houvesse bastante água quente durante o inverno.
"Quatro fogões!", exclamou Margarita, surpresa. "Que maravilha, não?"

"Sem dúvida", concordou Gianluza. "E os móveis? Quantos móveis, hein?"

"Impressionante", concordou Margarita, agitando as mãos à moda italiana.

"Não pensei que as casas do país, ainda mais de uma fazenda, fossem tão equipadas."

"Nem eu, querida, nem eu", respondeu a simpática italiana.

Houve uma breve pausa até que Margarita olhasse bem para sua mais nova amiga e dissesse:

"Como vê, Gianluza, a casa é bastante grande, dá para todos morarem."

A resposta de Gianluza foi rápida e precisa:

"É grande sem dúvida, Margarita, ainda assim, não queremos aborrecer vocês, vindo morar aqui.

"Ainda assim vocês ficarão aqui e não se discute mais a respeito."

Gianluza aquietou-se.

Em seguida os novos proprietários foram apresentados aos escravos da fazenda e ao novo capataz que fora contratado por Mario antes de regressar à Europa para buscar a mulher e o filho.

Foi quando eu (Gianni), Gianluza e nossos filhos saímos para dar uma volta em torno do casarão que avistamos uma casinha humilde que muito nos chamou a atenção.

"Quem será que mora ali?", indagou Umbelina, olhando atentamente para a simples morada.

"Vamos descobrir", respondeu Maurizio, dando um passo à frente.

Atravessamos um jardim um pouco abandonado, onde havia um banco rústico de madeira, bastante judiado pelo tempo. Batemos à porta da frente da casinha e aguardamos pelo morador. Ninguém apareceu.

Batemos novamente e outra vez nada se ouviu, vindo do interior da humilde morada. Gianluza então ousou tocar na porta e para sua surpresa ela se abriu, estava destravada por dentro. Outra surpresa para todos nós foi descobrir que o local estava completamente abandonado, cheirando a mofo. A sala era até que ligeiramente espaçosa, mobiliada de forma modesta por uma mobília coberta de pó, muito pó, por sinal, indicando que ninguém habitava o local há pelo menos um ano.

O choque entre a casinha e a casa-grande da fazenda era gritante. Era como se estivéssemos adentrando uma casa de boneca, bem diferente do casarão cujo interior parecia um palácio.

"O que acharam?", perguntou Gianluza para nossos filhos. "É uma casinha simples, mas aconchegante, não? Penso que seria melhor para todos nós, morarmos aqui..."

E foi assim que fomos morar nesta casa que logo foi limpa e teve suas avarias consertadas pelos escravos. Mario e Margarita não concordaram de imediato com nossa mudança para lá, mas acabaram aceitando depois de Gianluza pedir com jeitinho.

Outro importante fato se deu quando todos nós avistamos os escravos da fazenda reunidos pelo capataz para serem apresentados para os novos moradores. As crianças prestaram atenção a eles que olhavam para os recém-chegados com certa desconfiança, na certa perguntando-se se eles seriam tão bondosos quanto os antigos donos do lugar.

Logo descobri que Mario Corridoni era contra qualquer tipo de maus tratos e punições, violência em geral contra os negros. Queria construir um lugar pacífico e estava determinado a isso.

Gianluza tirou os olhos da carta, voltou-se para Filomeno e comentou:
– Como o senhor pode ter descrito tudo com tantos detalhes?
– Acho que foi inspiração, sei lá... Talvez o desespero... Ao escrever essas cartas sentia meu coração se aliviar, uma quentura pelo corpo, uma paz me envolver...
– O mais impressionante é que tudo o que o senhor descreve aqui aconteceu exatamente desta forma. O único senão é a presença de Gianni durante esses acontecimentos. O que eu não consigo compreender é como o senhor pôde ter sido tão exato na descrição dos lugares e acontecimentos se não estava lá e eu fui bem sucinta na descrição dos mesmos em minhas cartas. Há detalhes que sequer mencionei, mas o senhor os menciona aqui.
– Eu não sei explicar, Gianluza. Pus no papel o que me veio à mente naquele instante.

A italiana voltou a ler outra carta forjada pelo sogro.

Em dois meses a fazenda começou a ganhar novos ares com a ajuda dos escravos. O que precisava ser consertado, o que precisava ser feito, era, e sem a necessidade de chicotadas ou punições para que tudo corresse às mil maravilhas por lá. Como disse, Mario Corridoni era contra qualquer tipo de violência contra os negros.

Foi na fazenda com seu cenário deslumbrante esculpido lindamente pelas mãos de Deus que as crianças começaram se empolgar com a nova vida no novo país. Logo, Maurizio caminhava pelos arredores falando alto, fingindo ser quem inventava na sua imaginação. Seguia saltitante muitas vezes, abrindo os braços, sacudindo a cabeça, murmurando frases, engrossando a voz.

Tão absorvido vivia nestas fantasias que muitas vezes nem se apercebia dos que se aproximavam dele.

Logo, chegaram à fazenda duas moças que moravam na cidade mais próxima, a cidade chamada Santa Mariana para ensinar o português a todos: ler e escrever e a pronunciar a língua também da melhor forma. Sem o aprendizado seria muito difícil para nós nos comunicarmos com os brasileiros.

Ao contrário do que acontece com muitos, estudar para todos nós era um prazer. Estudávamos o português com afinco, não só porque seria importante aprender a língua, mas também porque nos ajudava a entreter o tempo. Mais divertido ainda era, sem dúvida, ficar falando em português para treinar a língua.

Ainda assim a língua italiana continuou imperando durante as nossas conversas e o português só era usado mesmo quando aparecia alguém de fora na fazenda ou quando íamos à missa em Santa Mariana e trocávamos algumas palavras com os moradores.

Até o padre da paróquia da cidadezinha viera da Itália e parecia ansioso por encontrar italianos para falar sua língua nativa da qual sentia tanta falta.

Gianluza, surpresa mais uma vez com o que leu, apanhou outra carta.

Certa tarde, as quatro crianças se reuniram mais uma vez no ribeirão da fazenda. Foi quando Maurizio levantou uma questão para que todos refletissem:

"E se os peixes falassem?"

"O quê?!", espantaram-se todos.

"Você ficou maluco de vez, hein, Maurizio?", zombou Roberto.

"Imaginemos que eles falem", continuou Maurizio sem dar trela para o menino. "Eles poderiam nos contar como é a vida debaixo da água, não acham?"

"É...", murmurou Umbelina, visualizando a cena.

Roberto, mal-humorado mais do que o normal naquele dia, fez nova crítica:

"Nunca ouvi tanta bobagem."

"Nós só estamos brincando, Roberto", lembrou Umbelina, procurando manter a paciência para com o garoto. "Entre na brincadeira, vamos!"

O menino fez bico. Maurizio então sugeriu:

"Imaginemos que somos os peixes e cada um vai contar o que já viveu no fundo do ribeirão, que tal?"

"Ótima ideia!", empolgou-se Umbelina, dando um pulo.

Roberto acabou achando graça do seu jeito despojado e acabou tomando parte da sugestão de Maurizio. Foi tudo tão divertido que risos e alegrias se misturavam sob a luz dourada projetada pelo astro-rei.

Gianluza estava agora transpassada com a quantidade de detalhes ali espelhando a realidade de outrora.

Nas noites, sob a luz de velas, Gianluza conta ou lê historinhas para as nossas crianças. É por esse momento que Liberata mais anseia. É diante desse fato e de tantos outros que tenho, mais uma vez, a certeza de que Gianluza é uma mãe formidável, dedicada e amorosa, sempre presente e disposta a ouvir os filhos e educá-los da melhor forma possível.

Noutra carta forjada, lia-se a respeito da visita de Gianluza e Margarita à Dona Imaculada.

– Estranho... – murmurou Gianluza voltando os olhos para o passado. – Não me recordo de ter falado sobre Dona Imaculada em nenhuma das cartas que enviei para o senhor.

– E não falou.

– Não?!

– Não, pelo que me recordo, não. Escrevi sobre essa mulher para que a carta de Gianni fosse o mais longa possível, pois percebi que, para Chiara, quanto mais linhas tivesse, melhor ela se sentia.

Gianluza ficou abobada mais uma vez com o relato do sogro.

– Que fenômeno é esse, meu Deus! – exclamou Gianluza, suspirando. – Foi como se o senhor tivesse tido uma vidência. Estou impressionada.

– Eu também estou, agora que está me revelando tudo isso.

Nem Filomeno nem Gianluza sabiam, não tinham condições de saber que as cartas contavam tudo com tantos detalhes porque haviam sido ditadas por Gianni que tivera a oportunidade, muitas vezes, de acompanhar a família na sua nova vida no Brasil.

Quando Filomeno Nunnari se juntou à esposa novamente naquele dia, ela perguntou:

– Nosso filho e sua esposa já partiram?

– Sim, meu bem. Deixaram um beijo para você.

Ela fez ar de contente e disse:

– Gianni está tão lindo, não está, Filomeno? Tão iluminado.

O esposo aproximou-se mais da mulher e perguntou:

– Ele, por acaso, disse alguma coisa para você, meu bem?

Ela pareceu refletir.

– Disse que sentia muito por ter demorado tanto para vir me ver. Eu o repreendi, certamente, quis dar-lhe um puxão de orelha, só para brincar com ele, é lógico. Entendo... Entendo sim os motivos que o fizeram ficar longe de mim por tanto tempo. Praticamente dez anos, dez longos anos.

– Que bom que entende, Chiara. Que bom.

Nas semanas que se seguiram, Gianluza e Lamartine foram fazer um tour pela Itália e outros países da Europa, visitando os lugares mais bonitos e interessantes de cada local.

Enquanto isso no Brasil...

Tudo ia bem entre Liberata e Silas até que, certo dia, numa roda de amigos na taverna da cidade, ele ouviu um comentário que o deixou com a pulga atrás da orelha.

– Coitado desse amigo meu – comentava um dos presentes entre uma talagada e outra de bebida. – Só foi descobrir que a noiva não era mais virgem quando se casou com ela, quando percebeu que ela não havia sangrado na noite de núpcias. Coitado do homem que não se ativer a esse fato, importante, a meu ver, que comprova que a mulher se casou realmente virgem com ele.

Silas ficou cabreiro com o comentário. Por mais que tentasse, não conseguia lembrar se havia alguma mancha de sangue no lençol na manhã do dia seguinte das núpcias do casal. Teria, e ele é que não havia notado por estar aéreo com tudo? Ou de fato não havia nada mesmo, por isso não prendeu sua atenção, provando, agora, que Liberata casara-se com ele já deflorada por um outro homem. Foi então que ele se lembrou do tal rapaz por quem ela foi apaixonada e aguardou por tanto tempo sua volta. Teriam os dois se deitado e... Ele se arrepiou só de pensar e, desde então, a sombra da dúvida passou a torturá-lo.

Chegou a pensar em abandoná-la, voltar para a casa dos pais quando não pôde mais suportar a dor da desconfiança, mas teve medo de estar cometendo um equívoco, um equívoco que poderia afastá-lo de Liberata para sempre o que ele não queria, porque a amava muito.

Todavia, o ciúme e o sentimento de ter sido enganado por ela atingiu o ápice e o fez tomar uma decisão de vez quanto àquilo. Já era tarde quando ele voltou para a casa humilde em que vivia com a esposa na fazenda dos Millenotti.

– Silas, é você? – perguntou Liberata, do quarto do casal onde já havia se recolhido, assim que ouviu a porta se abrindo.

Num instante, postou-se ao seu lado e disse:

– Olá. Hoje você demorou. Estava preocupada. O que houve?

Ele, ainda que incerto se deveria ou não falar, acabou dizendo:

– Precisamos conversar, Liberata.

– Pode dizer, Silas. O que foi?

Ele afrouxou o colarinho e disse:

– É sobre você e aquele rapaz por quem você foi apaixonada por muito tempo.

Suas palavras surpreenderam a moça.

– Por que falar dele agora, Silas?

– Por que estou com uma dúvida cruel me apunhalando a mente.

– Dúvida, sobre o quê?

– Sobre a sua virgindade.

O rosto dela se alarmou. Jamais pensou que falaria a respeito com um homem, ainda que ele fosse seu marido. Sem notar seu constrangimento e seu quase desespero diante do assunto, Silas continuou, ácido:

– Seja sincera para comigo, Liberata. Você não se casou virgem, não é mesmo?

A boca dela se abriu, de espanto. Ele, aflito, insistiu:

– Diga-me, Liberata, por favor. Esse tal rapaz a deflorou, não deflorou?

As palavras finalmente vieram aos lábios dela:

– Não, Silas... Eu juro que não! Mas que ideia absurda!

A voz dela foi sumindo.

– Você mente!

– Não Silas, eu digo a verdade.

– Mentira!

Ela se assustou com o seu tom.

– Você mente para se proteger. Quão estúpido fui eu, agora vejo tudo claramente. Você esperou que ele voltasse para você porque ele a deflorou!

– Não!

– Não adianta continuar negando! Eu sei! Eu sei!

– Eu nunca me deitei com outro homem senão com você, Silas!

Ele mergulhou as mãos no cabelo e desabafou, aflito:

– Incrível como você continua mentindo deslavadamente.

– Sua dúvida está me ferindo, Silas.

– É para ferir mesmo, quem sabe assim você sangra o que deveria ter sangrado na nossa noite de núpcias.

O horror tomou conta do rosto de Liberata. Diante de seu estado desesperador, ele continuou:

– No momento eu não percebi, só depois... Não houve sangramento e se não houve é porque você já não era mais virgem. É simples!

– Não, Silas! Não é simples assim!
– Pois para mim é!
– Eu sangrei, sim. Você é que não percebeu.
– Agora é fácil falar.
– Pois se tinha dúvida a meu respeito que tivesse prestado atenção na hora. Ou depois de consumar o ato.
– Eu não aceito. Não aceito viver ao lado de uma mulher que foi deflorada por outro homem. Um que pode estar rindo as minhas custas: dizendo para si mesmo e para os outros: lá vai o otário, pensa que foi o primeiro homem de sua esposa, quando, na verdade, fui eu, eu quem a desvirginou. E todos riem as minhas costas! Eu não suporto. Não, mesmo!

Ele suspirou e deixou o corpo cair, pesado, numa cadeira. Quando pareceu mais controlado, voltou-se para ela e disse com todas as letras:
– Eu não quero mais você, Liberata! Você me enganou e eu não suporto quem me engana.
– Eu jamais fiz isso com você, Silas.
– Fez sim, eu sei. E vai pagar por ter me feito de otário.

Sem mais delongas, ele foi até o quarto do casal, fez as malas e voltou.
– Onde vai? – quis saber ela espantada por vê-lo com a bagagem nas mãos.
– Embora, Liberata. Voltarei para a casa dos meus pais. Adeus.

Ela pensou em reagir, pedir a ele que ficasse, talvez fosse isso que ele esperasse que ela fizesse, entretanto, ela permaneceu imóvel e em silêncio.

Não é preciso um sábio para constatar que na vida todos têm problemas, uns mais do que os outros, mas todos têm desafios a superar. Tolo quem pensa que somente ele e os seus é quem os possui.

E foi assim que Liberata Nunnari e Silas Barcelos se separaram.

Umbelina estava revoltada:
– Estou indignada e revoltada ao mesmo tempo com o Silas! Como pôde ter abandonado você por uma tolice dessas?!

Liberata foi enfática.
– Decidi dar-lhe um tempo para pensar.
– Pensar?! Que tempo para pensar que nada Liberata!
– Acalme-se, Umbelina e agora ouça a notícia boa que tenho para lhe dar: estou grávida.
– Grávida?!
– Sim, não é o máximo?
– Silas já sabe?
– Ainda não. Direi quando achar que é o momento certo.

– Faça como achar melhor. De qualquer forma, parabéns, maninha.

Umbelina abraçou a irmã, mas logo desfez o abraço porque a filha chorou e ela correu para ampará-la.

– Vá se acostumando com a vida de mãe, Liberata – falou Umbelina – criar filhos não é fácil. São uma gracinha, mas dão um trabalhão danado.

Liberata achou graça.

Segundos depois, Elaine mamava com vontade no seio da mãe. Foi neste exato momento que Umbelina aproveitou para agradecer Liberata pelo que ela vinha fazendo por ela e Humberto nos últimos meses.

– Obrigada, minha querida. Muito obrigada por estar indo fazer as compras em Serra Dourada para a nossa loja de secos e molhados. Se não fosse você...

– Preciso também ganhar algum dinheiro, Umbelina – respondeu Liberata com determinação. – Ainda mais agora que Silas me abandonou.

– Sem dúvida. Se não fosse você, nossa loja teria ficado desfalcada. Comigo ocupada com Elaine e Humberto ocupado com o pai na prefeitura...

– Que bom que posso ajudá-los.

– Só fico pensando, às vezes, se...

– Diga...

– Como reagirá se, por acaso, cruzar, sem querer, com aquele estafermo.

– O quê?

– Refiro-me a Roberto, com você indo a Serra Dourada para fazer compras para nós praticamente três vezes a cada dois meses pode muito bem, numa de suas idas, cruzar com o demônio pelas ruas da cidade.

– Nossa! – avermelhou-se Liberata. – Isso nunca me passou pela cabeça.

– Na minha passou.

O olhar de Umbelina se intensificou sobre a irmã.

– Só fico pensando – continuou ela, imaginativa – o que fará se isso acontecer.

Quando Roberto mandou seus capangas darem um corretivo em Maurizio, só para assustá-lo, fazê-lo desistir de seu engajamento com a abolição da escravatura, ao ver que seus algozes eram negros, Maurizio disse a eles:

– Abram os olhos, meus amigos! Luto para libertar a raça de vocês da escravidão. O que vão ganhar fazendo mal para quem só lhes quer bem? O que vão ganhar, fazendo mal a mando de um branco, rico, que continuará rico deixando vocês, como sempre, na pior? Qual á a vantagem?

O sujeito tinha razão, perceberam os negros enviados a mando de Roberto.

– Juntem-se a mim na luta pela abolição da escravatura – arrematou Maurizio, determinado.

Um dos enviados então falou:

– Se nos rebelarmos, acabaremos mortos, meu senhor.

– Eu sei, por isso não devem impedir um branco como eu, nem qualquer outro abolicionista porque nós, pelo menos, podemos lutar pela causa sem sermos punidos com chibatadas e dias e noites a pão e água, presos a um tronco até o corpo sucumbir.

Os três negros se entreolharam. Outro deles, falou:

– Se voltarmos para a fazenda sem termos feito o que o nosso senhorio nos mandou, seremos levados para o tronco, certamente.

– Não serão, não, pois quem os mandou precisa de vocês para trabalhos sujos como esse. Ainda que mentir seja feio, mintam neste caso, digam a ele que tentaram me encurralar, mas que eu fugi como uma lebre.

Os três homens acabaram concordando com Maurizio e partiram. Quando ele contou à Glória o que se passou, a esposa, novamente se preocupou com o marido.

– Temo por sua segurança, meu amor. Os escravagistas são poderosos, não hesitam em matar aqueles que vão contra suas ideias.

– Se todos continuarem pensando assim, Glória, a escravatura neste país e no mundo nunca terá fim.

A negra quedou pensativa.

CAPÍTULO 43
DE VOLTA AO COMEÇO...

Após meses de viagem, Gianluza e Lamartine regressavam finalmente para o Brasil. Da balaustrada do navio, olhando para o mar, a italiana recordava tudo sobre a sua partida com o marido e os filhos para o continente distante. O sonho de Gianni de vencer no lugar, onde poderia prosperar e, assim, garantir um futuro mais promissor para os filhos.

Lembrou-se do dia do embarque... Do navio grande que tomaram, tal e qual o que ela se encontrava agora; de ela olhando de um canto a outro do cais onde se espalhavam os passageiros e mais passageiros e um tufo de bagagem, prontos para irem a bordo.

Das despedidas que fizeram em meio a muitas lágrimas. Da pequena Liberata chorando porque não queria se desgrudar da avó materna de jeito nenhum. De Gianni pegando-a à força e a levando nos braços, espermeando e aos berros para dentro do navio. Dos passageiros acenando para os seus entes queridos e gritando:

"Boa viagem!!!... Voltem logo!... Lembranças para todos!... Que Deus os proteja! Adeus! Adeus!!!" E para muitos como Gianni foi um adeus eterno.

Gianluza lembrou-se das palavras do marido adorado dizendo para a caçula:

"Nós todos seremos muito felizes no Brasil, Liberata. Acredite em mim, filha. É uma promessa!"

Mas sabia ele que não poderia cumprir a promessa.

Recordou-se então de Margarita, penalizada, achegando-se a eles e tentando consolar Liberata:

"Não chore, minha querida. Você vai gostar da viagem, será muito divertida."

De ela, em seguida, apresentando a si mesma, Mario Corridoni e Roberto seu filho. De Gianni e Mario contando com grande entusiasmo a respeito de seus planos para a nova vida que estava prestes a começar.

Do interesse de Roberto Corridoni, o menino de 10, quase 11 anos de idade com relação à Liberata. Um interesse que tomaria proporções surpreendentes ao longo do tempo.

Diante da amurada do navio, Gianluza recordou o dia em que ela encontrou o marido ali, debruçado, quieto, ouvindo o rufar das ondas, batendo contra as laterais do navio.

"Tudo bem?", perguntou ela, achegando-se a ele.

"Sim, meu amor. Esse rufar das ondas batendo contra as laterais do navio acentua mais e mais a ansiedade de chegar ao Brasil, para dar continuidade à minha vida, romper de vez os vínculos que me prendem ao passado, àquela vidinha financeiramente cheia de limites, frustrações e insatisfações."

Ela assentiu. Ao voltar-se para ela, uma ânsia fez com que Gianni levasse rapidamente a mão à boca e corresse em busca de um lugar onde pudesse vomitar. Ela jamais, em momento algum, pensou que nos dias que se seguissem, Gianni permaneceria se sentindo cada vez pior, mal conseguindo engolir a sopa prescrita pelo médico. Tudo que engolia era logo expelido do seu interior em golfadas de vômito.

Ela ainda se lembrava com nitidez dos filhos ao lado do pai praticamente o dia todo. Procurando conversar com ele, contando-lhe passagens de suas vidas, histórias para alegrá-lo, mas a alegria que se estampava na face de Gianni era puro fingimento, só mesmo para agradar às crianças.

O mesmo fazia ele com relação a ela quando lhe dizia carinhosamente em seus ouvidos:

"Aguente firme, meu amor, muito em breve chegaremos ao Brasil.".

Ele também forçava um sorriso para ela se tranquilizar diante daquilo. Ela então o beijava mais uma vez como se o calor de seu beijo pudesse devolver-lhe a saúde perfeita. A saúde total de que ele tanto precisava para recomeçar a vida no Brasil.

Dos olhos de Gianluza escorriam lágrimas e mais lágrimas enquanto o passado voltava a sua mente em retrospectiva. Lembrou-se a seguir de quando chegou na cabine e encontrou Gianni morto.

"Gianni!", chamou ela, arrojando-se ao pé da cama. "Gianni, pelo amor de Deus, acorde!"

Desesperada, começou a dar palmadas em suas bochechas enquanto o chamava em intervalos cada vez mais curtos. Descontrolada, começou a chacoalhá-lo.

"Acorde, homem. Acorde! Agora não é hora de morrer! Você não pode me deixar sozinha com seus filhos. Acorde, seu desmiolado! Pare de brincar comigo!"

Os três filhos assistiam à cena tomados de horror. A histeria da mãe os assustava bem mais do que o fato de o pai estar morto.

Então, ela pegou um jarro d'água e derrubou sobre o rosto do homem recém-levado para o mundo dos espíritos. Sem obter o efeito desejado, agarrou seu colarinho e voltou a chacoalhá-lo violentamente com uma força até então desconhecida por si própria.

"Acorde, Gianni! Acorde, pelo amor de Deus! Não me deixe só. Você tem seus filhos para criar... Acorde!"

Mas ele não acordou. Mergulhando o rosto entre as mãos enquanto o pranto e o desespero a dominavam como uma entidade do mal domina um ser fragilizado, ela disse:

"Gianni... Deus meu, o que você foi fazer conosco?"

Só então ela se lembrou da presença dos filhos. Liberata e Umbelina choravam baixinho enquanto, Maurizio fazia esforço para não chorar porque aprendera com o pai que homem não chora, mantém-se firme mesmo diante das emoções mais fortes.

Ela abraçou os três filhos, fazendo um círculo e disse:

"Ah, meus queridos... meus amados... O pai de vocês está morto. Precisamos ser fortes diante de um momento como esse!"

– Dio mio – suspirou Gianluza, voltando os olhos do horizonte para as águas revoltas do oceano onde o marido havia sido sepultado. Aquilo foi também algo que muito chocou e de certo modo a revoltou, ter de sepultar o marido no oceano. Mas o que podia fazer se não tinham outra escolha senão aquela? Ela ainda podia visualizar o corpo do marido sendo jogado às águas que pareceram engoli-lo como uma enorme boca. Pobre Gianni, ele não merecia ser deixado ali, o certo era ter seu corpo sepultado num túmulo para que todos pudessem visitá-lo quando bem quisessem.

As palavras que o capitão do navio disse pouco antes de o cadáver do marido ser arremessado ao mar, ecoaram na sua mente a seguir:

"Temos de acreditar que ainda podemos ser felizes depois de tudo o que aconteceu, nos esforçar para nos adaptar a essa nova realidade. Não se conformar, praguejar o rumo que nossa vida tomou só serve para tornar nossa vida mais difícil. Enchendo o peito de insatisfação, transbordarmos de irritação, ódio e rancor."

– Lá se ia uma vida, lá se ia uma história... – repetiu Gianluza as palavras que disse naquele momento e que ainda estavam frescas na sua memória.

Ela inspirou o ar e voltou a se concentrar em seus pensamentos saudosistas. Como lhe foi difícil aceitar que Gianni estava morto, e morto de uma forma tão inesperada e estúpida. Ela o amava. Ele foi, sem dúvida, o grande amor de sua vida...

"Sabe, Gianluza... Você é tudo o que eu tenho no mundo. O que há de mais importante.", disse-lhe certa vez. "Nosso encontro foi assentado no plano espiritual." Ela nunca soube muito bem o significado daquilo, mas era bonito de se ouvir. Haviam sido quase 13 anos de casados. Anos maravilhosos na medida do possível. Anos que se tornaram apenas memórias, nada mais.

Gianni Nunnari estava morto, submerso no oceano gigante e profundo e ela estava viva, com três filhos prosperando na vida como ele tanto sonhara. De certa forma, apesar dos pesares, eles haviam vencido no Brasil como Gianni tanto sonhou. Que ele pudesse ver aquilo de onde quer que estivesse no Além.

– Nós vencemos, Gianni, de certo modo, nós vencemos – murmurou ela, emocionada, voltando os olhos para o céu.

Mas Gianni Nunnari já não podia mais ouvi-la, pois se preparava para reencarnar mais uma vez e, dessa vez, como filho de Liberata, o que permitiria que todos, inclusive ele, pudessem desfrutar da companhia um do outro, mais uma vez, por um longo e adorável tempo.

Gianluza lembrou-se a seguir da importância que Margarita e Mario Corridoni tiveram para ela e os filhos. Sem eles, não teriam tido o amparo necessário naquele país distante para superarem aquela inesperada e dolorosa virada do destino. Por isso era grata a ambos, eternamente.

Foi em meio às lembranças do que viveu ao lado do agradabilíssimo e prestativo casal Corridoni, que Gianluza se lembrou de algo importante, algo que havia se esquecido completamente. O dia em que perguntou a Margarita:

"E você nunca pensou em ter outros filhos?"

E a italiana lhe respondeu com certo abalo:

"Eu e Mario pensamos sim, é lógico que sim, mas... Depois da minha segunda gravidez eu não mais consegui engravidar... Houve um outro depois do Roberto, sabe? Mas nasceu morto.".

"Ah, que pena... Desculpe-me, eu não deveria ter perguntado..."

"Não há do que se desculpar, querida. Você não sabia... Como poderia saber, não é verdade?"

Sim, como ela poderia saber... Então, Margarita completou:

"Foi sem querer, sabe... Foi uma fatalidade...".

Essas palavras fizeram com que Gianluza voltasse os olhos novamente para Margarita e perguntasse:

"Desculpe-me, não compreendi. O que foi uma fatalidade?"

"Ah, querida...", respondeu rápido Margarita, "refiro-me à perda do meu segundo filho."

"Ah, sim..."

"Ele tirou sem querer o banquinho em que eu estava prestes a me sentar."

"Ele?"

"Roberto, meu filho. Assim, caí sentada ao chão, e... É melhor esquecer tudo isso. Pobrezinho, foi um ato totalmente inocente, que maldade tem uma criança de seis, sete anos de idade? Nenhuma, não é mesmo?"

"Oh, sim... É melhor mesmo esquecer."

Aquele era um fato de que Gianluza havia se esquecido totalmente. Roberto havia matado, indiretamente, o próprio irmão, a questão agora era: teria ele realmente tirado sem querer o banquinho que a mãe estava prestes a se sentar, ou fizera, indubitavelmente por querer? Conhecendo Roberto bem melhor agora, depois de todos aqueles anos, algo lhe dizia que o menino fizera aquilo por querer, mas aquilo era um devaneio de sua mente; sim, um devaneio, só podia ser, afinal, Roberto não passava de uma criança, uma criança inocente na época da fatalidade... Não poderia ter feito com segundas intenções, intenções maléficas...

Poderia?

A pergunta ficou ecoando em sua mente.

Lamartine voltou até a esposa e perguntou:

– No que meu amor está pensando?

Ela sorriu para ele, denotando felicidade por sua aparição e respondeu:

– Estava aqui divagando com meus botões... Lembrando-me de tudo o que se passou durante a minha vinda de navio para o Brasil. De quando perdi Gianni, meu marido.

– Deve ter sido muito difícil para você, Gianluza, mas agora creio que pode perceber que foi mais capaz do que pensou que seria na época para enfrentar o rumo que a vida de todos vocês tomou após a perda de seu marido.

– Sim, agora percebo. Fui bem mais forte do que supus. Penso que somos, na verdade, sempre bem mais fortes do que supomos.

Ele sorriu, transparecendo alegria pelo que ouviu. Ela tomou sua mão, beijou-a e disse:

– Você, Lamartine, foi uma grande surpresa na minha vida. Uma surpresa maravilhosa.

– Você também, Gianluza... Você também.

Novo sorriso e os dois fixaram os olhos na superfície misteriosa do oceano. Havia paz agora, ecoando em seus corações. Uma sensação de paz gostosa e perfeita que perdurou até o anoitecer, quando ambos se recolheram em sua cabine para dormir. Foi uma noite serena sob um céu estrelado e teria sido perfeita para Gianluza se ela não tivesse sonhado com o momento em que Roberto puxou o banquinho em que a mãe, grávida de seu segundo filho, ia se sentar e ela caiu ao chão e perdeu o bebê. Por mais que quisesse, Gianluza não mais conseguiu parar de pensar naquilo. Roberto e o banquinho... Roberto tirando o banquinho... Roberto matando o irmão sem querer... Mas ele não passava de uma criança na época, uma criança inocente como todas... Não podia ser diferente das demais... Não podia...

Quando Gianluza voltou da Itália ficou surpresa ao descobrir que Silas havia abandonado Liberata, ainda mais pelo motivo que alegou. Perguntou à filha se ela não deveria procurá-lo para lhe contar que estava grávida, mas Liberata havia decidido deixar Silas desconhecendo esse fato até que não houvesse mais como esconder. O dia mais emocionante para todos ali foi o dia em que a mãe contou às filhas sobre as cartas forjadas por Filomeno, que parecia terem sido escritas pelo próprio Gianni.

Nesse ínterim, Inaiá, teve outra menina que foi batizada com o nome de Florisbela. Com esse parto, o médico conseguiu finalmente convencer Roberto de que a esposa não tinha mais saúde para engravidar e ele pareceu aceitar o fato de uma vez por todas. O que nem Inaiá, tampouco Roberto sabiam é que Florisbela era Mario Corridoni tendo a oportunidade de viver uma nova reencarnação.

Enquanto isso, Giulio, filho de Maurizio e Glória crescia forte e sadio, tendo sempre a mãe a seu lado para ampará-lo e lhe dar uma excelente educação. Crescia também o número de abolicionistas declarados ou não declarados pelo país.

CAPÍTULO 44
INESPERADO AMANHECER...

Naquela noite, quando Maurizio contemplava os últimos raios de sol sobre as verdejantes plantações, Glória sentou-se a seu lado no jardim com o rosto abatido.

— O que foi? – perguntou ele, enlaçando a esposa. – Está abatida.

— Estou preocupada com você, Maurizio.

— Comigo, meu amor? Por quê?

— Porque você está lidando com gente perigosa. Os escravagistas são capazes de matar pelos seus ideais.

— E nós, abolicionistas, também somos capazes de derramar sangue pelo nosso ideal, se preciso for.

— E nós? Não quero perdê-lo, Maurizio.

— Você jamais me perderá, Glória.

— Você pode acabar morto nessa história toda.

— Se isto ocorrer será por uma boa causa. Todos saberão que morri lutando pela liberdade dos negros. Pela igualdade das raças.

— Seu filho chorará eternamente sua morte.

— Meu filho sentirá orgulho de mim, por ter tido um pai que lutou pelos direitos humanos, pelo fim da escravidão, pela liberdade dos negros.

A mulata se agarrou ao marido e silenciou. Minutos depois, os dois foram admirar o filho. Giulio já havia completado um ano nessa época. Era uma criança alegre e sadia.

Os abolicionistas, acompanhados de muitos escravos alforriados, carregavam os machados e bastões virados para o alto, em posição de defesa, enquanto os escravagistas estavam junto à guarda prontos para dispararem suas armas se preciso fosse. Era um momento de grande tensão. Maurizio Nunnari, que liderava o grupo dos abolicionistas, tomou a frente e gritou:

– Justiça aos negros! Justiça!

Roberto, que liderava os escravagistas, deu um passo à frente, peitou Maurizio com seu olhar de superioridade e, ao seu sinal, o confronto começou. Todos partiram uns para cima dos outros como gladiadores da Roma antiga. A certa altura, Roberto empunhou sua arma para o alto e atirou. Fazendeiros que defendiam o mesmo interesse do moço impiedoso imitaram seu gesto e todos, tanto abolicionistas quanto escravagistas fugiram dali para escaparem da morte.

Restaram, na extensa e larga rua, somente Roberto e Maurizio. Os dois voltaram a se enfrentar por meio do olhar, um olhar desafiador.

– Os escravagistas são a maioria, seu estúpido – falou Roberto, enfim soltando a voz. – Desista desta estupidez seu...

– Seu?

– Estúpido.

– Nem morto.

O silêncio tomou conta do lugar. Ouviu-se então um tiro vindo de algum lugar misterioso cuja bala acertou Maurizio de frente e o fez cair de joelhos bem diante de Roberto Corridoni. O moço, suando agora em profusão, estendeu a mão para Roberto e disse, com a voz tépida:

– Ajude-me, Roberto... Ajude-me, por favor.

Roberto mirou bem seus olhos e deteve a mão quando percebeu que a impunha na sua direção.

– Ajude-me – insistiu Maurizio.

Então, o italiano rancoroso, falou:

– Não cometerei o mesmo erro do meu pai. Se ele não tivesse estendido a mão a você, sua mãe e suas irmãs, tudo teria sido diferente. Tudo!

Os olhos transpassados de Maurizio Nunnari abriram-se um pouco mais diante daquelas palavras... Seus lábios tremeram a seguir e um gemido assustador escapou-lhe do peito. Então, subitamente, ele caiu ao chão, morto.

Roberto permaneceu por instantes sem ação, olhando para o cadáver aos seus pés e para sua mão que por pouco estendeu à vítima.

Bem nessa hora ouviu-se um grito ardido de mulher. Era Elenara, que de longe assistira a tudo e que, rapidamente, correu para lá e envolveu o morto em seus braços.

Nesse momento, Roberto já havia partido.

Desmoronando-se num pranto agonizante, Elenara Domingues falou em tom de súplica:

– Resista, Maurizio, por favor, resista, meu amor. Você é muito jovem para morrer. Não vá, eu lhe imploro, não vá!

Elenara passou a mão pela cabeça de Maurizio, externando o seu carinho. Então, seus lábios se aproximaram dos dele, trêmulos de emoção e o beijaram como se aquele beijo pudesse reverter a situação. Fazê-los recuar no tempo, na época em que trocavam desejos e carícias. À época em que ela se achou mais feliz. Quem dera aquele beijo, um simples beijo pudesse mudar o rumo de suas vidas, impedir que a morte tomasse de vez conta do corpo do moço que ela tanto desejou e amou loucamente.

Com os olhos turvos pelas lágrimas, enquanto sua mão acariciava suavemente os cabelos do morto, Elenara confessou:

– Você foi o que de melhor aconteceu na minha vida, Maurizio. Seu jeito inocente, de menino descobrindo os segredos do amor e da paixão eram maravilhosos. Você foi o único que me fez sentir realmente prazer ao me deitar com um homem. Ainda que esse homem não passasse de um rapaz de não mais que dezesseis anos. Levarei, onde quer que eu vá a lembrança dos seus olhos brilhando, ao encaixar seu corpo no meu, propiciando-me tanto prazer e sentido na vida.

Ela suspirou e prosseguiu:

– De certo modo eu o amei, Maurizio Nunnari. Sim, eu o amei muito. De uma forma diferente, sim, talvez a mais certa, a mais bonita, a mais feliz.

Quando Elenara deu por si, seu marido atual estava a poucos metros dela. O senhor endinheirado pelo qual ela havia abandonado Maurizio por não ver nele um futuro próspero como desejava para si, a encarava, seriamente. Ela a soluçar, desesperada, com Maurizio morto em seus braços, nem notou o ódio que transpassava seus olhos.

– Ajude-me – murmurou ela em meio a um choro convulsivo. – Ele não pode morrer. Não pode! Ajude-me!

O marido, espumando de raiva, cego para tudo mais a sua volta, tirou o revólver da cintura, apontou para ela e falou, ríspido:

– Então esse é o seu amante, sua vadia.

O boato de que Elenara tinha um amante já alcançara os ouvidos do sujeito, ele só não sabia que Maurizio não era o seu amante atual e sim, um amante do passado. Mais do que isso, o rapaz, o homem por quem Elenara verdadeiramente se apaixonara perdidamente. Sem mais delongas, o indivíduo atirou na "esposa" e foi assim que Elenara Domingues desencarnou na reencarnação em questão, pouco depois do assassinato de Maurizio Greco Nunnari.

Demorou para que alguém ousasse se aproximar do casal assassinado e estirado na rua. Era uma cena dantesca, triste por demais de se ver.

EPÍLOGO
HORA DO ADEUS...

Quando Umbelina e Liberata souberam da morte do irmão, não tiveram coragem de contar à Glória por receio de que não suportasse a dor.

– Mas alguém tem de lhe contar – lembrou Liberata.

– Sim – concordou Humberto. – Afinal, Glória é a esposa de Maurizio, ela precisa saber.

Umbelina e Liberata se entreolharam e, por fim, chegaram a uma conclusão:

– Nós lhe daremos a notícia.

Assim as duas fizeram. Ao vê-las chegando, Glória soube de imediato que não traziam boa notícia. O silêncio de ambas junto à palidez e olhos vermelhos lhe disseram mais do que palavras.

– Ele morreu, não foi? – disse ela para total surpresa das duas. – Maurizio está morto, não é mesmo?

Liberata usou ambas as mãos para segurar as da cunhada. Pensou que conseguiria dizer o que era preciso, mas não conseguiu.

– Ainda ontem eu o preveni – continuou Glória, entristecida. – Afaste-se disso, Maurizio, você pode acabar morto, mas ele, teimoso como era, respondeu-me que morreria, se preciso fosse, em prol do fim da escravidão no Brasil.

Umbelina opinou:

– Ele morreu como um herói, Glória. Como um herói.

– De que vale o título? Eu o queria aqui ao meu lado, ao lado do nosso filho, por muito, muito tempo.

– Eu sei. E sinto muito...

O silêncio pairou entre as três até ela perguntar:

– E sua mãe, como está?

Foi Liberata quem respondeu:

– Ela ainda não sabe... Preferimos contar primeiramente para você.

Umbelina completou:
– Ela ficará arrasada, certamente. Eu não queria estar na sua pele.
Glória opinou:
– Nessa hora precisamos ser fortes. E creio que Deus nos dá essa força.
As duas cunhadas concordaram com ela.

Apesar de Gianluza dizer com todas as letras que depois de tudo o que passou na vida seria capaz de suportar qualquer coisa, a morte de um filho, supuseram Liberata e Umbelina, seria demais para ela, verdadeiramente, a gota final.
– Mamãe – disse Umbelina quase num sussurro.
Pelo estado da filha, Gianluza soube de imediato que algo de grave havia acontecido.
– É Maurizio, mamãe...
– O que tem ele, Umbelina?
A filha mordeu os lábios e diante da sua dificuldade de falar, Liberata respondeu por ela:
– Ele se foi, mamãe. Maurizio se foi...
Gianluza deixou seu corpo cair na poltrona que havia ali, sem tirar os olhos da filha caçula.
– Maurizio... morto...
– Sim, mamãe. Eu sinto muito.
As duas moças cercaram a mãe e Lamartine entrou na sala, trazendo um copo de água com açúcar mascavo para ela tomar.
Essa era outra realidade com que Gianluza preferiu nunca ter se deparado, mas como fugir das realidades que a vida nos traz? Ela chorou, certamente, acompanhada das duas filhas, mas logo se conteve ao lembrar-se das cartas que o sogro havia escrito para a esposa, fingindo ser Gianni, cartas que ele escreveu, relatando fatos que não poderia saber, cartas com a caligrafia exata de Gianni, cartas que só poderiam ter sido escritas pelo próprio Gianni por intermédio do pai. Era nisso que ela acreditava porque todas as evidências apontavam nessa direção. E foi isso que lhe deu coragem suficiente para enfrentar mais aquele momento difícil de sua vida.

Todos os escravos da fazenda Millenotti e das demais fazendas da região que souberam da morte de Maurizio choraram a sua morte. Negros e abolicionistas baixaram a cabeça em sinal de luto e os que não podiam expressar abertamente seu pesar pela morte do homem que tinham como um herói, choraram quando a sós, num local escondido.
Muitos conseguiram chegar a tempo em Santa Mariana para lhe prestar a

última homenagem. Seguiram o enterro, ombro a ombro, carregando buquês de flores colhidos dos jardins e do meio do mato e, rezando e cantando pela alma de seu herói morto.

Glória percorreu a pé todo o trajeto, de olhos secos e rosto pálido, sem dizer uma palavra a ninguém. Não orava, tampouco chorava. Parecia estar ali somente de corpo presente. Diante do túmulo do marido, fez uma promessa:

– Um dia, meu amado... Um dia a escravidão terá fim e sua morte não será vista mais como em vão. Você será visto como um herói, um herói que lutou até a morte pela liberdade dos escravos.

Foi no enterro que Liberata reviu Silas novamente. Quando ele a avistou, grávida, por um minuto se comoveu, mas seu orgulho ferido o fez continuar austero quanto a sua decisão de nunca mais procurá-la, por acreditar que ela não era mais virgem quando se casou com ele.

Naquela noite, os negros se reuniram na senzala e tocaram seus atabaques enquanto cantavam, na língua que só eles conheciam, cânticos e mais cânticos para preparar o espírito de Maurizio Nunnari para sua jornada na vida após a morte. Um ritual que eles haviam trazido da África e passado para os filhos e netos que nasceram no Brasil. Era bonito de ser ver, era capaz até de alegrar e espantar o peso da dor que a morte derramava sobre a alma de todos.

Naquela mesma noite, Gianluza dirigiu-se aos céus para falar sobre o filho:

– Perdão oh, Deus amado, por Maurizio ter afrontado um dos dez mandamentos: não cobiçarás a mulher do próximo. Foi ela, meu Senhor, Elenara quem o tentou e ele, sendo um jovem inexperiente, caiu em tentação. Perdoe a ele, Senhor. Eu Lhe suplico. Leve em consideração, oh, Pai, o que ele fez de bom em prol dos negros... O fato de ele ter sido também um filho excelente para mim, um exímio trabalhador...

Ela tomou ar e continuou:

– Se errei, Deus Pai, ao me envolver com Mario Corridoni, perdoa-me. Quem nunca errou nessa vida? Quem nunca quis ser desejada, amada e feliz? Quem nunca se sentiu só e carente e, por isso, entregou-se a um amor, muitas vezes insano e indecente? Sou humana, não sou nem nunca fui santa, talvez se eu fosse não estaria aqui, não teria por que ter vindo parar neste planeta. Só sei que é muito difícil viver sem cometer erros. Tentamos não errar, mas nem sempre conseguimos. Por isso Lhe peço compreensão, pois o Senhor fez a vida e por tê-la feito conhece bem nossas fraquezas e por conhecê-las pode nos conceder Seu perdão.

Amém.

Meses se seguiram e Liberata teve finalmente o filho que recebeu o nome de Gianni, em homenagem ao avô. O que eles não sabiam é que a criança era o próprio Gianni Nunnari tendo a oportunidade de viver uma nova reencarnação.

Assim que Liberata pôde retomar sua função de ir à Serra Dourada fazer as compras para a loja de secos e molhados da irmã e do cunhado, sua mãe passou a cuidar do pequeno Gianni para ela poder viajar. Liberata parecia ansiosa para retomar suas atividades. Precisava do dinheiro que recebia por aquilo, ainda mais depois que ficara praticamente sozinha para sustentar o filho.

Ela estava prestes a partir para a tal cidade, quando Umbelina, carregando Elaine no colo foi até ela e disse:

– Diga-me com sinceridade, minha irmã: não tem mesmo medo de encontrar Roberto, por acaso, por uma das ruas de Serra Dourada?

– Ainda que isso aconteça, Umbelina, minha querida irmã, vou ignorá-lo como se ignora o inseto mais insignificante do planeta.

Sem mais delongas, Liberata partiu na carroça guiada por um escravo de confiança do pai de Humberto Domingues.

Ao chegar à cidade em questão, a italiana pediu ao escravo que a esperasse no lugar de sempre e se incumbisse de alimentar e dar de beber aos cavalos que conduziram o veículo até lá. Em seguida, ela tomou a rua e virou à direita na próxima esquina.

Minutos depois, Roberto Corridoni chegava ao endereço que procurava. Antes de entrar na casa em questão, olhou para um lado, depois para o outro, para ver se não era observado por algum dos moradores ou passantes. Havia somente um *bebum* sentado na sarjeta, do outro lado da rua, com o qual não se preocupou.

O sujeito se levantou de onde estava largado, assim que um jovem, que estava de passagem pela cidade, passou por ele. Agarrado pelo braço, ele ouviu a voz amortecida pelo álcool dizer:

– Meu jovem... Cuidado com aquele homem...

Ele se referia a Roberto.

O moço, pego de surpresa, girou o pescoço ao redor, mas não pôde avistar Roberto porque ele já havia entrado na humilde residência do outro lado da rua. O bêbado continuou, afiado, referindo-se a Roberto Corridoni:

– Ouça bem o que eu lhe digo, meu rapaz. Aquele homem tem parte com o demônio. É o diabo em pessoa. Enriquece à custa dos pobres, tolos e miseráveis. Afaste-se dele como deve se afastar do demônio.

O rapazola fez um aceno para o *bebum* e prosseguiu, perguntando-se a quem, afinal, o maluco se referia?

Enquanto isso, na casa em que Roberto acabara de entrar, seus olhos brilhavam diante da mulher com quem foi se encontrar para fazer... *Indecências?*

Essa história contínua no romance "O lado oculto das paixões", segundo volume da Trilogia Paixões.

Participaram dessa primeira fase da história:
Gianni Nunnari (filho de Filomeno e Chiara Nunnari), marido de Gianluza Greco Nunnari com que teve três filhos: Maurizio, Umbelina e Liberata.
Mario Corridoni, esposo de Margarita Lozano Corridoni, pais de Roberto Lozano Corridoni.
Santos, o gentil capataz da fazenda Corridoni.
Mulava, a escrava bonita que perdeu os dentes e se casou com o escravo Gomax com quem teve dois filhos.
Dona Imaculada Tavares e seu marido.
O padre italiano responsável pela paróquia de Santa Mariana.
Os novo proprietários da fazenda Corridoni:
Lamartine Millenotti e Elenara Domingues Millenotti.
Inaiá Amarante, esposa de Roberto Corridoni com quem teve seis filhos:
Mássimo, os gêmeos Matteo e Cecília, Homero, Josefina e Florisbela.
A escrava Glória, esposa de Maurizio, pais de Giulio.
Humberto Domingues, marido de Umbelina, pais de Elaine Nunnari Domingues.
Silas Barcelos, marido de Liberata, pais de Gianni Nunnari Barcelos.
Entre outros...
Lembrando que Florisbela era a reencarnação de Mario Corridoni e Gianni Barcelos, a reencarnação de Gianni Nunnari.

Sucessos de Américo Simões

Até onde você iria por amor?
O amor tudo suporta?
Posso recomeçar a vida?
De onde viemos e para onde vamos?
Qual o sentido disso tudo?
O mundo espiritual pode nos ajudar?

A resposta para essas e outras questões você encontra nas obras fascinantes de Américo Simões. Para saber mais, leia, a seguir, o resumo de cada romance.

O AMANTE CIGANO

Alice se sentia cada vez mais infeliz com seu casamento. Então ela conheceu Miro, o cigano cuja alma era pura sedução, especialmente para as donzelas de espírito sonhador ou infelizes no amor.

Não houvera até então alma feminina que não tivesse se rendido aos seus encantos, se apaixonado perdidamente pelo cigano.

Seus olhos negros pareciam ter o poder de hipnotizar as mulheres, todas, sem exceção, e Miro sabia tirar proveito disso em benefício próprio.

Sua magia dominou Alice totalmente. Nunca um homem fora capaz de lhe prender toda atenção.

Ela deveria ter se afastado, antes que ele tivesse se aproximado dela, com seu cheiro de mato e suas palavras tão sedutoras. Alice ficou tão apaixonada pelo cigano, que seria capaz de abandonar todo luxo e comodidade a que estava acostumada, para seguir com ele e seu povo.

O AMANTE CIGANO vai conquistar você também. Fazê-la refletir:

Até onde você iria por causa de uma inesperada e surpreendente paixão?
Até onde suportaria o ciúme que ela, porventura, possa lhe provocar?

Uma deliciosa aventura amorosa, surpreendente do começo ao fim, impossível deixar de se inspirar por ela.

SEM VOCÊ, É SÓ SAUDADE

Alba Marineli não consegue ter filhos, por isso, adota Cirilo, um menino que se torna sua alegria e a do marido. Em meio a tanta felicidade, Alba finalmente engravida como tanto sonhou. Depois do nascimento da filha, ela devolve Cirilo para o orfanato, uma vez que só o adotara porque até então não conseguira ter filhos.

Quando o marido tem conhecimento desse fato, por ter se apegado ao menino, com a convivência diária, vai buscá-lo de volta no orfanato e descobre, a duras penas, que o pequeno Cirilo foi adotado por um casal que faz parte de um circo que roda o país.

Os anos passam e Cirilo se torna um dos palhaços mais queridos do circo brasileiro. É quando Giovana Marineli, filha de Alba, procura o rapaz para informar-lhe que a mãe quer muito revê-lo. Nesse reencontro Alba lhe pede desculpas por tê-lo devolvido ao orfanato e lhe informa que receberá parte da herança que lhe cabe. Ao saber da decisão dos pais, Giovanna se revolta e obriga Cirilo a abrir mão da herança que recebeu.

Por não ser obcecado por dinheiro, o rapaz atende ao seu pedido. Sua única ambição é conquistar Wanderleia, a filha do dono do circo em que trabalha, que não aceita Cirilo como seu futuro genro, por ser ele simplesmente um palhaço.

Nesse ínterim, o noivo de Giovanna se envolve numa briga e por matar um sujeito é condenado a cinco anos de prisão. Giovanna promete esperar por ele, até que seja liberto, mas por medo de que ele contraia alguma doença transmissível enquanto preso, ela acaba se casando com outro, com quem tem um filho.

Os caminhos de todos voltam a se cruzar no futuro, ensinando preciosas lições para a evolução espiritual de cada um.

SEM VOCÊ, É SÓ SAUDADE vale cada página, cada capítulo. Uma história fascinante que emociona o leitor do começo ao fim.

POR AMOR, SOMOS MAIS FORTES

Augusta Bonini recebe uma carta anônima dizendo que seu marido tem uma amante. Dias depois, ao vê-lo na rua conversando com uma mulher muito simples, ela deduz ser aquela a sua amante e manda lhe dar uma surra. Ao descobrir que se enganou, ela procura a vítima para lhe pedir perdão e fica impressionada com a pobreza em que ela vive com os dois filhos: Maria, uma linda garota e Jonas, um menino com síndrome de Down.

Desde então, Augusta passa a ajudá-los e quando descobre que a pequena Maria dos Reis canta belissimamente bem, investe na sua carreira de cantora. Esse é o primeiro passo para a menina se tornar num futuro próximo, uma das maiores cantoras de rádio do Brasil.

Enquanto isso, noutra cidade do interior paulista, a pequena Cândida Moniz anda apavorada com algo. Sua mãe então desconfia que ela foi aliciada por um sujeito da vizinhança e, por isso, põe a boca no mundo. Por esse motivo, o rapaz perde sua noiva, emprego e acaba em depressão. Mas seria esse realmente o motivo que vinha assustando a pequena Cândida? Ou haveria algo muito pior do que aquilo para apavorá-la tanto?

O tempo passa e a garota, com dezesseis anos na ocasião, é posta para fora de casa pelo pai, que não a aceita grávida, sendo ainda solteira. Sem ter para onde ir, Cândida pede ajuda em um bordel onde acaba trabalhando como faxineira, até dar à luz ao bebê. Depois, para sobreviver, ela também acaba se prostituindo e decide, tempos depois, mudar-se para o Rio de Janeiro, onde poderá ganhar muito mais dinheiro com o que faz. É na cidade maravilhosa do final dos anos trinta, que ela conhece Maria dos Reis, a cantora revelação do Brasil e se tornam grandes amigas.

Maria então se casa com Vladimir, sem saber que ele não gosta de trabalhar. Seu único trabalho é jogar na loteria, pois acredita, piamente, que fará os treze pontos. Maria então, impede, que seu vizinho cometa suicídio, por estar deprimido com a morte de um ente querido. É então que suas vidas tomam outros rumos.

POR AMOR, SOMOS MAIS FORTES aborda o abuso sexual infantil de forma clara, como um alerta para os pais que possam vir a passar por situação similar. Descreve também o preconceito existente na época, contra os artistas, por parte da sociedade brasileira que tanto defendia a moral e os bons costumes. Mostra também o preconceito que muitos pais têm de seus filhos com síndrome de Down. Um romance, enfim, que vale a pena ser lido com muita atenção, pois tem muito a contribuir para o crescimento espiritual de todos nós.

HORA DE RECOMEÇAR

José Augusto Bianucci é um dos homens mais ricos da cidade de São Paulo. Participante assíduo da elite paulistana, vê sua vida virar de ponta cabeça, quando vai à falência. Ao descobrirem o que aconteceu, sua esposa e dois de seus filhos se revoltam contra ele. Apenas Danilo, seu filho que cursa Medicina, permanece ao seu lado, dando-lhe apoio moral para continuar a viver.

Eles perdem tudo: a mansão maravilhosa no bairro do Jardim Europa, os carros luxuosos, os empregados e até mesmo, aqueles que consideravam seus melhores amigos. Tudo o que lhes resta, é uma casa velha no bairro da Vila Mariana onde vão morar.

Para continua a faculdade de Medicina, Danilo Bianucci começa a vender cachorro-quente na rua, para ter com que pagar as mensalidades.

Inês, sua irmã, decide se casar com um sujeito milionário só para se garantir financeiramente, enquanto que, Juliano, seu irmão, entra para a política para poder tirar proveito próprio dos cofres públicos.

HORA DE RECOMEÇAR é um romance que conta uma história atual, de um Brasil atual e estimula todos a dar a volta por cima, porque é baseado em fatos reais, e nada melhor do que o real para nos ajudar a sair do fundo do poço quando precisamos.

QUEM EU TANTO AMEI

Miguel Mietto tem duas paixões na vida, uma é sua esposa, a belíssima Beatriz, a outra é o jogo, no qual mais ganha do que perde. Eis que surge então, Henrique Quaresma, um agiota impiedoso que se apaixona perdidamente por Beatriz que sente repugnância só de vê-lo.

O tempo passa e uma inesperada falta de sorte no jogo faz com que Miguel tome emprestado dinheiro de Henrique, a juros altíssimos.

Ao perceber que o marido não tem como pagar o que deve, Beatriz pede clemência ao agiota que lhe propõe perdoar a dívida, se ela se deitar com ele. Indignada, Beatriz volta para casa, mas, ao ver o marido à beira da loucura pela falta de dinheiro, ela acaba por aceitar a proposta indecente.

Henrique Quaresma propõe, com mais ousadia ainda, que Beatriz abandone o marido para ficar com ele, mas Beatriz se recusa, terminantemente, por amar Miguel, incondicionalmente.

Ao perceber que ela realmente não quer nada com ele, Henrique acaba se mudando para a Europa onde se casa e tem um filho. Vinte anos se passam e ele decide voltar para o Brasil, e é quando conhece a jovem e belíssima Helena e se apaixona por ela. Tudo vai bem até que Henrique descobre que seu filho, Rodrigo Quaresma, também está apaixonado pela moça. E as coisas se complicam ainda mais quando ele descobre que Helena é filha de Beatriz, a mulher que ele tanto amou no passado.

QUEM EU TANTO AMEI é um daqueles romances de tirar o fôlego do leitor a cada página, especialmente quando os personagens embarcam no famoso transatlântico Titanic.

AMANDO EM SILÊNCIO

Hamilton e Michael são irmãos por parte de pai. Ambos se adoram. Hamilton está noivo de Edith e Michael namora seriamente a adorável Melissa.

Tudo vai bem até que Hamilton vai fazer um estágio em Londres e encontra Melissa fazendo um curso ali. Dispostos a fazer companhia um para o outro, ambos começam a sair juntos para conhecerem os pontos mais atrativos da cidade londrina. É por meio dessa aproximação que um acaba se apaixonando pelo outro, uma paixão proibida, afinal, Melissa é a namorada adorada de Michael e ele, Hamilton, está noivo de Edith, moça muito direita e apaixonada por ele.

Mesmo assim, Hamilton e Melissa se tornam amantes e quando decidem revelar tudo, para que possam ficar juntos e se casarem, Michael descobre que precisa de um transplante de medula para sobreviver.

Visto que o rompimento afetivo só o deixaria ainda mais fragilizado diante das circunstâncias, Hamilton pede a Melissa que mantenha em sigilo, o amor que um sente pelo outro. Pede a ela também que se case com Michael, pois esse é o seu maior sonho. Quer pelo menos realizá-lo, caso, porventura, o transplante não surta efeito.

E por aí segue este tocante e maravilhoso romance que fará o leitor sentir na pele o drama de cada personagem, perguntando-se, também, o que faria se estivesse na mesma situação que eles.

O DOCE AMARGO DA INVEJA

Belinha tem duas irmãs: Assunta e Durvalina. Enquanto Belinha se casou com um sujeito bacana, tem dois filhos maravilhosos, mora numa casa nova e confortável, tem carro e faz viagens até para o exterior, suas irmãs não tiveram a mesma sorte.

Uma, o noivo não compareceu no dia do casamento, sumiu

misteriosamente sem deixar paradeiro; a outra, o pai não permitiu que se casasse por querê-la ao seu lado, para cuidar dele na velhice. Conclusão, Assunta e Durvalina vivem infelizes dentro de uma casa velha, num sítio onde o maior contato das duas é somente com vacas, porcos e galinhas.

Revoltadas com a vida que levam, elas acabam desejando a morte do próprio pai, por acreditarem que, só assim, poderão alcançar a felicidade que tanto almejam. Por fim, o homem acaba morrendo de morte natural e a convite de Belinha, suas irmãs se mudam para a cidade onde ela vive, para que possam ficar mais em contato. É aí que piora a inveja que ambas sentem da irmã. Inveja essa que poderá causar transtornos irreversíveis a vida de todos.

O DOCE AMARGO DA INVEJA é um daqueles romances para se descontrair, apesar de o tema, a inveja, ser muito sério. Destaca também o amor, amor capaz de fazer com que qualquer invejoso se torne mais humano e feliz. Romance indicado pelos leitores.

POR UM BEIJO ETERNO

Cristal sofreu muito, desde menina, por poder ver e se comunicar com os espíritos dos mortos. Foi preciso seus pais procurarem tratamento espiritual para ela, o que muito a ajudou a superar tudo aquilo.

Anos depois, ao visitar um crematório, Cristal encontra um rapaz que está desesperado por não ter conseguido chegar a tempo de participar da cerimônia do adeus ao seu irmão morto. Nessa hora, Cristal também conhece Mark, com que passa a conversar sem perceber, a princípio, que ele é o espírito do irmão do rapaz desesperado.

De volta a Nova York, a cidade onde Cristal mora e trabalha, Mark reaparece para ela e ambos vão se tornando cada vez mais íntimos. Tudo vai bem até que John, o namorado da Cristal, volta de seu estágio na Europa e começa a ter surtos de loucura.

Estaria ele usando drogas, bebendo demais ou sendo obsediado por um espírito obsessor?

Cristal precisa encontrar a resposta, antes que John possa fazer mal a ela, a si mesmo e a terceiros.

POR UM BEIJO ETERNO é um romance cheio de suspense, de tirar o fôlego do leitor a cada página. Fala de obsessão, precipitação, egoísmo e os danos causados pelo alcoolismo. Uma leitura interessante e importante também para os jovens e todos aqueles que desejam conhecer um pouco mais sobre mediunidade.

DÍVIDAS DE AMOR

Num reino persa, a rainha finalmente dá à luz ao herdeiro do trono. Grande festa é feita em sua homenagem, mas quando o menino fica maior, a mãe logo percebe que ele tem um desvio de caráter, pois está sempre fazendo maldades e culpando os outros pelo que fez.

O rei não acredita na esposa até que ele próprio vê o filho tentando assassinar a irmã. Aí, sim, ele compreende que o garoto realmente é um perigo para todos, especialmente para o reino, se vier a ocupar o trono, num futuro próximo.

Para evitar a desgraça, o rei pede à filha, que é muito semelhante ao irmão, que se passe por ele, quando ele tiver de assumir o trono. Sem ver outra escolha, a garota aceita o pedido do pai, enquanto o verdadeiro herdeiro é mantido preso numa masmorra.

O plano segue bem até a chegada de Dario com sua noiva. Ao se perceber apaixonado pelo novo rei, Dario se sente mal e, por isso, o rei conta-lhe que na verdade é uma mulher se passando por um homem e lhe apresenta seus motivos. Os dois passam então a viver uma linda e secreta história de amor até que a noiva de Dario descobre o romance e decide desmascarar a farsa.

Para evitar confusões, o verdadeiro rei é solto e quando ele conheceu a ex-noiva de Dario, apaixona-se por ela, casam-se e têm um filho. Tudo vai bem até que o marido tira dela o menino, levando-o para um lugar em segredo, e passa a exigir dela, atitudes desumanas, caso ela queira rever a criança.

DÍVIDAS DE AMOR é uma fascinante história de rei, rainha, príncipe e castelos suntuosos do reino persa. O leitor sentirá na pele, as emoções vividas por cada personagem e se tornará mais forte, por meio da superação que aprenderá com cada um deles.

SUAS VERDADES O TEMPO NÃO APAGA

No Brasil do Segundo Reinado, em meio às amarguras da escravidão, Antônia Amorim descobre que está gravemente doente e se sente na obrigação de contar ao marido, Romeu Amorim, um segredo que guarda durante anos. Sem coragem de lhe dizer olhos nos olhos, ela opta por escrever uma carta, revelando tudo, porém, para ser entregue somente após a sua morte. Romeu se surpreende com o segredo, mas, por amar muito a esposa, perdoa-lhe.

Tempos depois, os filhos do casal, Breno e Thiago, atingem o ápice da adolescência e para Thiago, o pai prefere Breno, o filho mais velho, o que o faz se revoltar contra os dois.

O desgosto leva Thiago para o Rio de Janeiro onde conhece Melinda Florentis, moça rica e de família nobre e europeia.

A ardente paixão entre os dois torna-se o centro das atenções da Cidade Maravilhosa; pois nenhum casal parece ser tão perfeito quanto eles. Tudo rui, quando Melinda descobre que o marido esconde algo de muito grave em seu passado e passa a chantageá-lo por causa disso, fazendo-o provar de seu próprio veneno.

Suas verdades o tempo não apaga é um dos romances mais elogiados por leitores de todas as idades, especialmente porque retrata o Brasil do Segundo Reinado, com os costumes da época de forma realista e surpreendente.

SE NÃO AMÁSSEMOS TANTO ASSIM

No Egito antigo, 3400 anos antes de Cristo, Hazem, filho do faraó e herdeiro do trono, se apaixona perdidamente por Nebseni, uma linda moça, exímia atriz. Com a morte do pai, Hazem assume o trono e se casa com Nebseni.

O tempo passa e o filho tão necessário para o faraó deixar como herdeiro do trono não chega. Nebseni se vê forçada então a pedir ao marido que arranje uma segunda esposa para poder gerar a criança, algo tido como natural na época.

Sem escolha, Hazem aceita a sugestão e se casa com Nofretiti, jovem apaixonada por ele desde menina e irmã de seu melhor amigo.

Não é somente o filho que Nofretiti quer dar ao marido, ela quer também destruir sua primeira esposa, apagá-la para todo o sempre de seu coração para que somente ela reine ali.

Mas pode alguém realmente apagar do coração do outro, quem ele tanto ama? E tão facilmente?

SE NÃO AMÁSSEMOS TANTO ASSIM vai deixá-lo intrigado a cada página e surpreendido com seu final avassalador.

Indicado pelos leitores.

A LÁGRIMA NÃO É SÓ DE QUEM CHORA

Christopher Angel, pouco antes de partir para a guerra, conhece Anne Campbell, uma jovem linda e misteriosa, que se tornou muda depois de ter presenciado uma tragédia que abalou profundamente sua vida.

Os dois se apaixonam perdidamente e prometem se casar, assim que a guerra tiver fim. Nos campos de batalha, Christopher, por momento algum, tira Anne dos pensamentos e anseia arduamente voltar para casa, para se casar com ela e ter os filhos com quem tanto sonham.

É ali que ele conhece Benedict Simons de quem se torna grande amigo. Ele é um rapaz recém-casado que também anseia voltar para a esposa que deixara grávida.

No entanto, durante um bombardeio, Benedict é atingido e antes de morrer implora a Christopher que ampare sua esposa e o filho que já deve ter nascido.

É assim que Christopher Angel conhece Elizabeth Simons e, juntos, descobrem que quando o amor se declara nem a morte separa quem tanto se ama.

A Lágrima não é só de quem chora é um romance imprevisível, sensível e fará o leitor, ainda que não queira, julgar até onde se deve ir para se conquistar seu grande amor.

VIDAS QUE NOS COMPLETAM

Com a morte de seus pais, a jovem Izabel da Silva é convidada por Olga Scarpini, proprietária da fazenda onde Izabel nasceu e cresceu, a viver com a família no Rio de Janeiro.

Izabel se empolga com o convite, pois vai poder ficar mais próxima de Guilhermina Scarpini, filha de Olga, por quem nutre grande afeto.

No entanto, os planos são alterados assim que Olga percebe que o filho está interessado em Izabel e, para afastá-los, ela manda a jovem ir morar em São Paulo, por meio de uma desculpa.

E lá que Izabel conhece Rodrigo Lessa, por quem se apaixona perdidamente, sem desconfiar que o rapaz vem a ser o grande amor da vida de Guilhermina Scarpini. Quando tudo vem à tona, a culpa cai sobre Izabel, que por estar grávida do rapaz é obrigada a abortar a criança a mando de Olga.

VIDAS QUE NOS COMPLETAM é o romance ideal para quem deseja conhecer mais sobre as leis espirituais que regem a nossa vida, por meio de uma história interessante e cheia de emoção.

NINGUÉM DESVIA O DESTINO

Heloise e Álvaro se casam porque realmente se amam. Mudam-se para uma casa lindíssima construída sobre um penhasco, onde o casal pretende viver maravilhosamente bem. Então, pesadelos começam a perturbar Heloise. Seria um aviso de que algo de mal vai lhe acontecer num futuro próximo? Ou lembranças de fatos de uma vida passada que marcaram profundamente sua alma?

O pior acontece quando ela percebe que o homem que tenta matá-la em seus pesadelos, é seu marido. Estaria ela dormindo com um psicopata? Capaz de persegui-la e matá-la num amanhã próximo? O que fazer para escapar daquilo, caso seja verdade?

Ninguém desvia o destino conta também os horrores da época em que as mulheres eram acusadas de bruxaria e queimadas vivas em fogueiras em praças públicas. É, enfim, um romance empolgante do começo ao fim, por isso vem sendo elogiado pelos leitores desde sua primeira edição.

SÓ O CORAÇÃO PODE ENTENDER

Bianca namorou por quase dez anos um rapaz que, subitamente terminou o namoro com ela para se casar com outra, em menos de oito meses. Receosa de ficar solteira pelo resto da vida, Bianca decide namorar outro sujeito, mesmo não gostando dele. O pior acontece quando ele morre, pouco antes de começar a cerimônia religiosa do seu casamento.

Para se recuperar da tristeza vivida, Bianca vai passar um tempo na casa dos tios no interior de São Paulo, onde ela conhece um caipira chamado José Rufino que percebe seu desespero para se casar e passa a atazaná-la por causa disso, a ponto de ela querer vê-lo morto. O duelo entre os dois toma, então, proporções gigantescas e cômicas...

Só o coração pode entender é um daqueles romances para se ler sempre que se está de baixo astral. Porque é divertido e altamente verdadeiro, além de transportar o leitor para a doçura da vida no campo que é tão saudável para a mente e para o corpo.

OBRAS DO AUTOR
1. A ETERNIDADE DAS PAIXÕES
2. AMANDO EM SILÊNCIO
3. AS APARÊNCIAS ENGANAM
4. A OUTRA FACE DO AMOR
5. A VIDA SEMPRE CONTINUA
6. A SOLIDÃO DO ESPINHO
7. A LÁGRIMA NÃO É SÓ DE QUEM CHORA
8. AS PAZES COMIGO FAREI
9. DÍVIDAS DE AMOR
10. DEUS NUNCA NOS DEIXA SÓS
11. DEPOIS DE TUDO, SER FELIZ
12. E O AMOR RESISTIU AO TEMPO
13. ENTRE O MEDO E O DESEJO
14. FALSO BRILHANTE, DIAMANTE VERDADEIRO
15. HORA DE RECOMEÇAR
16. MULHERES FÊNIX
17. NENHUM AMOR É EM VÃO
18. NEM QUE O MUNDO CAIA SOBRE MIM
19. NINGUÉM DESVIA O DESTINO
20. O QUE RESTOU DE NÓS DOIS
21. O AMIGO QUE VEIO DAS ESTRELAS
22. O DOCE AMARGO DA INVEJA
23. O AMOR TUDO SUPORTA?
24. O LADO OCULTO DAS PAIXÕES
25. PAIXÃO NÃO SE APAGA COM A DOR
26. POR ENTRE AS FLORES DO PERDÃO
27. POR UM BEIJO ETERNO
28. POR AMOR, SOMOS MAIS FORTES
29. PAIXÕES QUE FEREM
30. QUANDO É INVERNO EM NOSSO CORAÇÃO
31. QUANDO O CORAÇÃO ESCOLHE
32. QUEM EU TANTO AMEI
33. SE NÃO AMÁSSEMOS TANTO ASSIM
34. SEM VOCÊ, É SÓ SAUDADE
35. SEM AMOR EU NADA SERIA
36. SÓ O CORAÇÃO PODE ENTENDER
37. SUAS VERDADES O TEMPO NÃO APAGA
38. SOLIDÃO, NUNCA MAIS
39. VIDAS QUE NOS COMPLETAM
40. CASTELOS DE AREIA
41. O AMANTE CIGANO
42. SEGREDOS
43. DEPOIS DE TER VOCÊ